重庆工商大学学术专著出版基金资助

国家社会科学基金项目（10XTJ003）研究成果

人口普查质量评估理论与实践

胡桂华 武 洁◇著

中国社会科学出版社

图书在版编目（CIP）数据

人口普查质量评估理论与实践/胡桂华，武洁著.—北京：
中国社会科学出版社，2016.12
ISBN 978 - 7 - 5161 - 8497 - 4

Ⅰ.①人…　Ⅱ.①胡…②武…　Ⅲ.①人口普查—评估
Ⅳ.①C921.2

中国版本图书馆 CIP 数据核字（2016）第 154212 号

出 版 人	赵剑英
选题策划	卢小生
责任编辑	谢欣露
责任校对	周晓东
责任印制	王　超

出　　版	中国社会科学出版社
社　　址	北京鼓楼西大街甲 158 号
邮　　编	100720
网　　址	http://www.csspw.cn
发 行 部	010 - 84083685
门 市 部	010 - 84029450
经　　销	新华书店及其他书店

印　　刷	北京君升印刷有限公司
装　　订	廊坊市广阳区广增装订厂
版　　次	2016 年 12 月第 1 版
印　　次	2016 年 12 月第 1 次印刷

开　　本	710×1000　1/16
印　　张	27.25
插　　页	2
字　　数	446 千字
定　　价	90.00 元

凡购买中国社会科学出版社图书，如有质量问题请与本社营销中心联系调换
电话：010 - 84083683
版权所有　侵权必究

序

对每个国家来说，人口普查都是一项非常重要的国情调查。许多民众包括一些非专业的人士常将普查理解为简单的人口登记，对他们来说，只要做到不重不漏，普查是一项简单的、没有多少技术含量的工作。实际情况恰好相反，人口普查是一项过程十分复杂、工作极其繁重的系统工程。问题就在于如何解决人口登记中的"不重不漏"。实际上，由于主观的或客观的，有意的或无意的，基于个人、家庭或少数单位、地方政府利益等种种原因，普查要做到不重不漏是根本不可能的。例如，如何针对长期在外的流动人口进行登记，如何处理及修正主观有意隐瞒所引起的漏报问题。因此每次人口普查登记工作结束后，要对其登记质量进行评估，对登记误差作必要的修正。所以，人口普查不仅要求在实施中有健全而严密的组织、规范而严格的流程，还需要科学而可行的方法。

人口普查质量评估主要就是对人口普查各类误差的评估及其修正。例如，普查净误差是评估中必须要计算的一个重要指标。人口普查净误差定义为普查登记人数与实际人数之差。对此，需要构造实际人数的一个估计量用以计算上述净误差。美国在1980年率先在人口普查质量评估中使用双系统估计量来构造实际人数的估计量，该估计量源自统计中的"捕获—再捕获"模型。从此以后，双系统估计量的研究和应用成为人口普查质量评估领域的国际前沿。

重庆工商大学胡桂华教授紧紧追踪这一国际前沿，历经十余年的潜心研究，完成了这本专著。本书也是2010年立项的由胡教授主持的国家社会科学基金项目的最终研究成果，是以作者在相关领域长期作研究的成果撰写而成的一部系统阐述以双系统估计量为核心内容的人口普查质量评估基础理论和基本方法的学术专著。

本书吸收、运用当代国际先进理论与方法，尤其是数理统计模型和分析技术，全面系统地对人口普查质量评估工作全过程的各个环节进行理论与实践相结合的阐述，深入解析其中深层次的理论问题。本书还从中国人口普查质量评估实践出发，研究人口普查质量评估的各种方法，对未来人口普查质量评估可能采取的方法也做了前瞻性探索。这为建立符合中国国情的、科学、合理、可行的、具有国际领先水平的人口普查质量评估体系奠定了基础。书中给出了若干数值模拟案例，演算了双系统估计量及其方差估计量的完整计算过程。这为我国未来人口普查质量评估提供了具体的计算方法和程序，有助于实际部门工作人员理解和应用本书提出的理论，实现了用理论解决实际问题的目标。

我与本书的两位作者虽然从未一起共事，但因曾多次参与国家社会科学基金项目（统计学）及全国统计科学优秀成果的评审工作，同时与国家统计局，特别是有关统计调查方面（包括人口普查及抽样调查）有较多的联系，故对他们的工作都有相当了解。胡桂华教授在人口普查质量评估领域有相当高的学术造诣，曾主持过多项与人口普查质量评估相关的国家级、省部级科研项目，在《统计研究》、《数量经济技术经济研究》、《中国人口科学》、《数理统计与管理》等学术期刊发表过许多有关人口普查质量评估的论文。可以说，他是目前我国在人口普查质量评估领域成果最多、最权威的研究工作者。武洁高级统计师长期从事人口抽样调查的研究，她是我国第五次、第六次人口普查质量评估方案的主要制定者，她在本书中详细介绍这些方案及其实施细则，也具有十分重要的研究价值。

希望本书的出版能够对我国的人口普查质量评估起到积极引导作用，带动国内更多学者从事这一领域的研究，使我国这个人口大国在不久的将来走在世界人口普查质量评估的前列，做出对国际社会应有的贡献。

在此也特别感谢中国社会科学出版社及重庆工商大学对本书的出版所做的贡献和努力。

冯士雍

2016 年 8 月于北京

前　　言

　　本书《人口普查质量评估理论与实践》是 2010 年立项的国家社会科学基金项目的最终研究成果。本书是在学习和归纳世界上绝大多数进行人口普查的国家的人口普查质量评估工作经验，以及吸纳国际相关前沿研究成果的基础上，撰写而成的一部系统阐述人口普查质量评估基础理论和基本方法的学术专著。

　　中国、美国等国的国家统计部门在人口普查登记工作结束后都要进行人口普查登记质量评估工作。通过评估，告诉各类用户普查数据的质量，为其决定是否及怎样使用普查数据提供参考。评估方法有内部一致性检验、逆记录检查、行政记录比较、人口统计分析模型和质量评估抽样调查。其中，质量评估抽样调查是目前的主流方法。人口普查质量评估包括覆盖评估和内容评估。覆盖评估就是估计覆盖误差，该误差使全国或各个地区的普查登记人数高于或低于实际人数。内容评估就是估计内容误差，该误差使某些人口类别的普查登记数偏离实际数。相比于内容评估，覆盖评估的研究空间与研究价值更大。本书只研究覆盖评估。

　　本书共分十章，另加绪论。在绪论的第一节指出并论证了，人口普查质量评估工作中所估计的人口普查净误差实际上并不能说明人口普查数字的准确性，而只能说明人口普查登记工作的质量。这个指标就其统计学性质来说，其实是描述人口普查结果这个随机变量散布特征的一种统计特征数。这有助于把人们对人口普查质量评估工作的注意力引到正确的方向。在绪论的第二节对人口普查质量评估方法及其在一些国家的实践进行了综述，尤其是对双系统估计量的历史、现状、未来发展做了深度剖析。

　　第一章作为评估人口普查登记质量的基本知识，列举并定义了各种不同登记质量水平的人口普查指标；展示了人口普查登记人数以及总体实际人数与上述各种类型的登记指标之间的结构关系；介绍了几种常见的用于评价人口普查登记工作质量的统计量。

第二章为构造双系统估计量提供理论基础，详细阐述了捕获—再捕获模型的统计学原理，包括模型的试验背景、模型估计量及其无偏性、模型的应用条件、模型应用中的总体和样本。

第三章介绍了构造双系统估计量的基本理论问题。它们是：用人口普查—再普查资料构造的双系统估计量与捕获—再捕获模型的对应关系，以及据此所建立的双系统估计量框架；双系统估计量的无偏性；按普查登记概率对总体人口的分层；用加权优比排序法选择影响人口普查登记概率的变量。

第四章详细地介绍了美国和瑞士人口普查质量评估调查样本的抽取方法，并对这两个国家的抽样方法进行了点评；利用设计效应，给出了测算人口普查质量评估调查样本量及其在各个地区或抽样层分配的计算公式。

第五章对世界上进行人口普查质量评估的国家和地区收集样本数据的操作规程加以概括和提炼，归纳了收集样本数据的最终目的、住房单元调查及匹配性比对、个人调查及匹配性比对等要点。

第六章针对质量评估调查收集样本数据会发生各种情况的数据缺失，介绍了住房单元未调查、个人的一部分人口统计特征遗漏、个人的匹配状态或住处状态悬而未决等数据缺失情况的插补技术。

第七章是人口普查净误差的估计。净误差估计可以归结为双系统估计量的建立。双系统估计量需要在人口普查中登记概率大致相等的人口层（事后层）构造及使用。为此需要选择反映人口普查登记概率大小的变量对总体人口分层。受样本量所限，一些变量不得不舍弃。Logistic回归模型比较好地解决了分层变量受样本量所限的问题。在此基础上，建立基于对总体人口分层的双系统估计量和基于 Logistic 回归模型的双系统估计量。利用人口普查覆盖修正因子构造估计区域人数的合成估计量。由于双系统估计量和合成估计量构造复杂，需要使用分层刀切方差估计量近似计算。

第八章为人口普查多报人数的估计。普查多报人数为普查登记人数与在普查中登记的且属于普查目标总体的人数之差。引入普查登记信息完整人数这一辅助变量构造在普查中登记的且属于目标总体的人数的比率估计量。该估计量方差使用分层刀切方差估计量近似计算。

第九章进行双系统估计量数值模拟。双系统估计量是本书的主线。用人口普查质量评估抽样调查样本构造双系统估计量的估计量，以及用大折刀方法估计它的方差所需要的计算程序相当纷繁复杂。本书作者有责任把它们向读者交代清楚。而完成此种任务最好的办法是，用数字资料带领读者把计算的全过程走一遍。本章就是为了完成这件事情而设置的。先给出了一个假设的在一个省的范围内进行的人口普查质量评估抽样调查案例；然后借助这个案例，模拟在抽样后分层基础上构造双系统估计量估计事后层及全省人数，以及用大折刀法（分层刀切方差估计量）估计其方差的计算过程。

第十章介绍中国人口普查事后质量抽查方案设计及其实施细则。包括 2000 年中国人口普查事后质量抽查、2010 年中国人口普查事后质量抽查、中国人口普查事后质量抽查实施细则。

本书第一至九章由重庆工商大学胡桂华教授执笔，第十章由国家统计局武洁处长执笔。

本书学术创新体现在如下几个方面：

第一，首次提出估计人口普查多报人数的比率估计量，比较好地解决了现行比较法由于样本中可能只观察到很少甚至观察不到普查多报人口，从而给通过样本直接估计总体普查多报人数所带来的困难，并且避免了比较法复杂的比较程序和可能产生的比较误差。由于该估计量利用了普查信息登记完整人数这一辅助信息，因而能提高普查多报人数估计的精度。与该估计量有关的论文《人口普查净误差构成部分的估计》和《人口普查中多报人口数的估计》分别于 2011 年和 2016 年发表在国内重要学术期刊《统计研究》及《中国人口科学》上。

第二，首次创建人口普查质量评估调查样本量测算技术，解决了当今人口普查质量评估领域主观或根据研究目标、经费多少确定样本量的问题，为科学测算人口普查质量评估调查样本量提供了技术支持。与该技术有关的论文《关于我国 2010 年人口普查事后质量检查样本量测算的建议》于 2008 年发表在国内重要学术期刊《数理统计与管理》上。

第三，首次提出加权优比排序法，为正确选择总体人口分层变量提供了依据，也为人口普查净误差估计精度的提高提供了保障。人口普查质量评估研究人员往往根据对本国社会、经济、人口状况的了解以及以往人口普查质量评估工作的经验主观确定对总体人口进行分层的变量。与该方法有关的论文《人口普查质量评估中抽样后分层变量的选择》于 2015 年发表在国内重要学术期刊《数理统计与管理》上。

第四，首次从理论上完整地构造了基于 Logistic 回归模型的双系统估计量，给出了评判 Logistic 回归模型预测功能的对数罚函数和交叉实证统计量。这解决了作为当今人口普查质量评估主流方法的双系统估计量所存在的登记概率异质性偏差问题，也为未来构造基于 Logistic 回归模型的三系统估计量奠定了理论基础。与该估计量有关的论文《Logistic 回归模型在人口普查质量评估中的应用》于 2015 年发表在国内重要学术期刊《数量经济技术经济研究》上。

第五，在国际人口普查质量评估学术领域，首创性地用随机试验观点认识人口普查工作、用随机试验的散布特征数阐释人口普查质量评估工作中所计算的人口普查净误差。这些创新性研究向传统的用人口普查质量评估结果评价人口普查数字准确性的观念提出了挑战，把人们对人口普查质量评估关注的视线引导到正确的方向。与该观点有关的论文《人口普查误差刍议》于 2011 年发表在国内重要学术期刊《统计与信息论坛》上。

第六，目前所能够见到的人口普查质量评估工作文献资料大多属于工作方案、工作报告的性质，并没有系统阐述该工作的完整逻辑体系和技术细节。这就形成了构建人口普查质量评估理论方法体系的文献空白。本书独立思考地填补了这些空白，为构造各国人口普查质量评估基础理论体系提供了丰富的文献资料。

本书可作为政府统计部门研究和制订人口普查质量评估方案及相关领域研究人员进行科学研究的参考用书，也可以作为统计学专业本科生、硕士研究生、博士研究生选修人口统计调查课程的教学用书。

感谢为我选择人口普查质量评估研究方向及为我从事这一领域研究给予直接和间接帮助的天津财经大学周恒彤博导、肖红叶博导、李腊生博导、周国富博导、马薇博导、曹景林博导，中国科学院冯士雍研究员，中国人民大学金勇进博导，重庆工商大学丁宣浩博导，国家统计局人口司有关领导和同行！也感谢重庆工商大学为本书出版给予经费支持！

尽管我们尽了最大努力，但本书仍然会有一些遗憾。对于本书中

的不足，恳请各位专家和读者提出宝贵意见，以便再版时修改与
完善。

重庆工商大学　胡桂华

国家统计局　武　洁

2016 年 8 月

目　录

绪 论

第一节 怎样看待和使用人口普查净误差

对人口普查结果的怀疑、质询乃至非议，就像是人口普查的孪生兄弟。每次人口普查工作一结束，这个孪生兄弟就会随之出现。这不是哪一个国家或地区的特色，世界上所有进行人口普查的国家和地区都是如此。于是，对人口普查结果进行质量评估这一工作环节便应运而生。普查机构求助于它，希望它能够解开公众心中的疑云，为用户是否及怎样使用普查数据提供依据。

在人口普查质量评估中，研究人员所要做的一项重要工作是，设法寻求一个目标总体实际人数的确切估计值，以它为基准，将人口普查登记人数与之相减，算出人口普查净误差。寻求目标总体实际人数确切估计值的办法主要有两种：一种是用基于人口行政记录资料的人口统计分析模型来推算；另一种是抽取一个与人口普查独立的样本，把人口普查资料与这个样本中另外一次调查的资料结合在一起，构造基于捕获—再捕获模型的双系统估计量来估计。

然而，面对上述工作，人们不禁产生这样的疑问：通过质量评估调查所获得的实际人数的确切估计值，果真比人口普查的结果更确切吗？如果真的是这样，那为什么不把人口普查的结果淘汰掉，或者用质量评估调查的结果对普查资料进行一番修订，发表一个"人口普查资料的修订版"呢？而反过来，如果后者甚至还不如前者，那我们凭什么用后者做基准去评价前者的质量？当人口普查登记的人数与人口普查质量评估调查估计的人数相减之差的绝对值较大的时候，那是否意味着后者估计的人数的精度一定很低呢？

　　在人口普查质量评估历史上发生过这样一个事件。在美国，通过人口普查获得的各州人数有一个重要的用途，那就是作为国会众议院代表席位名额以及联邦基金在各州之间分配的依据。美国普查局在制订2000年人口普查计划的时候，打算把人口普查质量评估调查的结果用于上述用途。出于这种考虑，为质量评估调查计划抽取比较大的样本，并且开始实施这一方案，抽出了第一步样本。但是，就在第一步样本刚刚抽出之后，美国普查局就接到了美国最高法院做出的一项裁决。该裁决明确表示，反对把人口普查质量评估调查的结果用作国会众议院代表席位名额以及联邦基金在各州之间分配的依据。也就是说，反对使用抽样估计的人口普查净误差率对普查人口数据进行修正。结果，普查局的上述实施方案只得作罢。在1980年和1990年人口普查质量评估中，美国普查局"用估计的人口普查净误差率修正普查人口数据"的计划也被美国最高法院否决（Leo Breiman，1994）。

　　这件事情耐人寻味的是：美国普查局为什么会提出把人口普查质量评估调查的结果用于上述用途和其他社会行政管理呢？特别是为什么直到1980年才提出这样的工作计划？须知，美国对人口普查进行质量评估的历史是悠久。早在1790年美国进行第一次人口普查的时候就进行了质量评估工作，只是比较粗糙而已。规范的质量评估工作，也早在20世纪50年代就开始了。那么，为什么在1980年以前没有这样做呢？再就是，美国最高法院为什么将普查局的工作方案否决了呢？

　　现在，让我们暂时把人口普查及其质量评估的事情放一放，转过头来想一想测量天体距离也许能够得到一点启示。

　　测量天体距离和人口普查有点相像。首先，天体距离的实际数值和人口的实际数值一样，我们都是始终无法得到的。其次，测量天体距离与测量一个比较小的物体的长度不一样，虽然这二者的测量值都会偏离实际值，但是由于人们对较小物体的长度能够有一个感性的、直观的判断，于是可以用自己的主观判断对测量值进行评价，只要是测量值与自己的主观判断相一致，这个测量值就能被人们所接受；测量天体距离则不然，人们不可能对天体距离做出感性的、直观的判断，也就无法直观地、感性地对天体距离测量值进行主观的判断和评价，于是对这类测量值的疑虑就很容易产生；人们对人口规模往往也缺乏自己的感性的、直观的判断，因此没有能力对人口普查数字进行主观上的判断和评价，于是也就会自然地对人口普查数字产生疑虑。

天体距离是一个未知的常量 θ，对 θ 进行观测，观测结果为 X，观测误差为 $\xi = X - \theta$。在指定的观测人员、观察仪器工具、观测环境这一组不变的初始条件下，由于各种偶然因素的影响，观测结果不能唯一确定。所以，给定一组不变的初始条件所进行的观测定义了一个随机试验，相应的观测结果 X 和观测误差 ξ 是两个具有与该随机试验对应的特定概率分布的随机变量。我们进行一次观测，得到一个具体的观测值 x 和具体的误差值 e（$e = x - \theta$），即随机变量 X 和随机变量 ξ 的一个样本值。

怎样评价一个观测的效果呢？自然首先会想到，用误差值 e 来评价观测的效果。显然，这个值越小，观测的效果就越好。但是，由于 θ 未知，所以误差值 e 也未知。可见，我们没有办法评价实际得到的现实观测结果的效果。

现在我们转而考虑设法评价为观测 θ 所进行的随机试验（或者说观测结果 X）的效果。这当然也是有实际意义的：一个由最佳观测人员、最佳仪器工具、最佳观测环境定义的随机试验和一个由不佳观测人员、不佳仪器工具、不佳观测环境定义的随机试验相比，前者（效果好的随机试验）实际得到的一个现实观测结果显然比后者（效果差的随机试验）实际得到的更可信。

怎样评价为观测 θ 所进行的随机试验（或者说观测结果 X）的效果呢？这时可能会想到，寻求观测误差的平均水平，也就是寻求随机变量 ξ 的数学期望值 $\mathrm{E}(\xi) = \mathrm{E}(X - \theta)$。由于有的时候会有 $\mathrm{E}(X) = \theta$，因而可能会无法用观测误差的平均水平来评价观测行为随机试验的效果。为了绕过这个困难，可以考虑改为求 $X - \theta$ 的绝对值的数学期望值或者求 $X - \theta$ 的平方的数学期望值。下面我们考虑后者。

$X - \theta$ 的平方的数学期望值称作观测结果 X 的均方误差，记作 $MSE(X)$，即：

$$MSE(X) = \mathrm{E}(X - \theta)^2 \tag{0.1}$$

我们对 $MSE(X)$ 做一点进一步的推导，看一看它更深入的内容：

$$
\begin{aligned}
MSE(X) &= \mathrm{E}(X - \theta)^2 \\
&= \mathrm{E}\left[(X - \mathrm{E}(X)) - (\theta - \mathrm{E}(X)) \right]^2 \\
&= \mathrm{E}\left[X - \mathrm{E}(X) \right]^2 + \mathrm{E}\left[\theta - \mathrm{E}(X) \right]^2 - 2\mathrm{E}\left[X - \mathrm{E}(X) \right]\left[\theta - \mathrm{E}(X) \right]
\end{aligned}
$$

$$= E[X - E(X)]^2 + [\theta - E(X)]^2 - 2[\theta - E(X)]E[X - E(X)]$$
$$= E[X - E(X)]^2 + [\theta - E(X)]^2 \tag{0.2}$$

在式（0.2）的推导过程中，注意到 $E(X) - \theta$ 是常量。另外，$E(X) - \theta$ 叫作观测的偏差，它和观测的误差 $e = x - \theta$ 不同。误差是指实际得到的观测结果偏离 θ 的情况，偏差是指为观测 θ 所进行的随机试验所有可能得到的结果"平均地来说"偏离 θ 的情况。若 $E(X) = \theta$，这时偏差等于 0，我们说为观测 θ 所进行的随机试验（或者说观测结果 X）无偏；若 $E(X) \neq \theta$，这时偏差不等于 0，我们说为观测 θ 所进行的随机试验（或者说观测结果 X）有偏。在式（0.2）中，$E[X - E(X)]^2$ 是我们非常熟悉的一个特征数，它是 X 的方差 $V(X)$，即：

$$V(X) = E[X - E(X)]^2 = \sigma_X^2 \tag{0.3}$$

于是，在式（0.2）中可以看到，观测结果 X 的均方误差可以分解为两个部分：一是 X 的方差；二是 X 的偏差的平方。

观测结果 X 的方差是 X 的散布特征数，描述了为观测 θ 所进行的随机试验所有可能得到的结果数值大小的均匀性（也就是这些数值在数轴上散布的集中或分散的情况）。显然，我们可以用它来评价 X 的效果。这是因为，随机试验所有可能得到的结果数值大小较均匀，表明这个随机试验受不确定因素的扰动较小，随机试验结果的不确定性较小。这种评价方法的缺点是，不能反映观测结果 X 对 θ 的偏差，也就是说，如果为观测 θ 所进行的随机试验存在系统性偏差（例如，由于仪器的某种缺陷导致所有可能的观测结果都偏大），方差无法将其反映出来。在这方面，均方误差就优越得多。一方面，均方误差中包含了方差，因而凡是方差能够反映的信息，均方误差也都能够反映出来；另一方面，均方误差中还包含了偏差平方，因而它还具有方差所缺少的反映观测结果 X 对 θ 的偏差的功能。我们把由方差所反映出来的观测结果 X 的效果叫作观测的"精确度"；把由均方误差所反映出来的观测结果 X 的效果叫作观测的"准确度"。方差和均方误差是总体（随机变量 X）的参数，均需要用样本来估计。

我们把观测 θ 的同一个随机试验独立重复进行 n 次，得到容量为 n 的简单随机样本 $X_1, X_2, \cdots, X_n$，用来构造修正的样本方差：

$$S_{(n-1)}^2 = \frac{1}{n-1} \sum_{i=1}^{n} (X_i - \bar{X})^2 \tag{0.4}$$

式 (0.4) 中，

$$\overline{X} = \frac{1}{n} \sum_{i=1}^{n} X_i \tag{0.5}$$

我们熟知，式 (0.4) 是总体 (随机变量 X) 方差 σ_X^2 的无偏估计量。于是，可以计算式 (0.4)，并用它来评价观测 θ 所进行的随机试验 (或者说观测结果 X) 的效果。当然，只能评价它的精确度，而不能评价它的准确度。

由于对样本 X_1，X_2，$\cdots$，X_n 只能得到各次试验 θ 的观测值 x_1，x_2，$\cdots$，x_n，而不能得到观测的误差值 e_1，e_2，$\cdots$，e_n，因而无法用样本来估计均方误差 $MSE(X)$。

现实观测值 x 的确切误差 $e = x - \theta$ 固然无从得知，那么能否退而求其次，寻求它的估计值呢？寻求 e 的估计值，关键是要寻求 θ 的估计值。我们知道，事实上，前面说的进行观测 θ 的独立重复随机试验所得到的简单随机样本 X_1，X_2，$\cdots$，X_n 的样本均值式 (0.5) 就可以作为 θ 的一个估计量。它是 θ 的无偏估计量，而且随着 $n \to \infty$，它会无限地向 θ 逼近。于是我们构造：

$$\hat{e} = x - \overline{X} \tag{0.6}$$

式 (0.6) 中，$\overline{X}$ 由式 (0.5) 定义。随着独立重复随机试验的次数 n 的增大，$\hat{e}$ 会越来越接近 e。另外，$\hat{e}$ 是 e 的无偏估计量：

$$\mathrm{E}(\hat{e}) = e = x - \theta \tag{0.7}$$

在独立重复试验条件下，我们会分别得到各次试验的实际观察值 x_1，x_2，$\cdots$，x_n。这时，式 (0.6) 和式 (0.7) 中的 x 可以是这些观察值中的任何一个。

现在回过头来看人口普查及其质量评估调查。

我们先假定，在人口普查登记工作结束之后所进行的质量评估调查是重新进行一次与前者独立重复的人口普查，不妨称之为"再普查"。比照观测天体距离的例子，这实际上是观测 θ 的两次独立重复的随机试验。我们把人口普查结果以及"再普查"结果 (它们都是随机变量) 分别记作 X_1 和 X_2。这是一个容量为 $n = 2$ 的样本。

我们在观测天体距离的例子中用观测结果 X 的方差 (式 0.3) 来描述观测的精确度。实际上，还可以用观测结果 X 的平均差，它和方差具有相同的描述意义。现在我们写出观测全国人口规模的结果 X 的平均差 $M.D.(X)$。它是 X 与其数学期望值离差绝对值的数学期望值，即：

$$M.D.(X) = E|X - E(X)| \tag{0.8}$$

我们用样本的平均差作为总体平均差的一个估计。这里把估计量是否无偏的问题绕过不论。样本平均差是下面的式（0.9）：

$$M.D._{(n)} = \frac{1}{n}\sum_{i=1}^{n}|X_i - \bar{X}| \tag{0.9}$$

式（0.9）中的 $\bar{X}$ 用式（0.5）定义。在样本只有人口普查结果 X_1 和"再普查"结果 X_2 的情况下，式（0.9）成为：

$$M.D._{(2)} = \frac{1}{2}(|X_1 - \bar{X}| + |X_2 - \bar{X}|) \tag{0.10}$$

式（0.10）中：

$$\bar{X} = \frac{1}{2}(X_1 + X_2) \tag{0.11}$$

对式（0.10）进一步推导：

$$M.D._{(2)} = \frac{1}{2}(|X_1 - \bar{X}| + |X_2 - \bar{X}|)$$

$$= \frac{1}{2}[(\max(X_1, X_2) - \bar{X}) - (\min(X_1, X_2) - \bar{X})]$$

$$= \frac{1}{2}[\max(X_1, X_2) - \min(X_1, X_2)] \tag{0.12}$$

式（0.12）的分子表示人口普查结果 X_1 和"再普查"结果 X_2 之中数值较大的一个减去数值较小的一个。

现在可以回答开始提出的几个问题了。我们分别就两种情况来讨论。

第一种情况：在质量评估调查中用通过人口行政记录资料推算的人数来代替"再普查"结果 X_2，然后以人口普查结果 X_1 与其相减来评价人口普查质量。

在这种情况下，只要将这个差除以 2，便得到样本平均差式（0.12）。可见，上面所计算的 X_1 与 X_2 之差并不是"人口普查净误差"，而是人口普查结果的平均差，所描述的是人口普查工作的精确度。此时，并不是用 X_2 去估计 θ，所以没有必要考虑 X_2 是否比 X_1 更接

近 θ。

说到这里必须指出，许多人在使用上述 X_1 与 X_2 之差的时候，并没有认识到"它是人口普查结果的平均差"这一实质，而是错误地把它当作"人口普查净误差"来使用。其结果会导致下面两个问题：一是用上述 X_1 与 X_2 之差计算"净误差率"并企图据以调整人口普查数字。显然，当我们弄清了这里的 X_1 与 X_2 之差其实是用普查和"再普查"两个数字计算的平均差时，自然会看出所计算的"净误差率"以及用"净误差率"对人口普查数字所做的调整全都毫无意义。二是对人口普查准确性状况产生误导。上述 X_1 与 X_2 之差其实和人口普查的准确性是两码事。可是，由于错误地把它当成了"人口普查净误差"，因而就使它得以从旁干扰人们关注"准确性"的视线：假若人口普查结果是无偏的，那么人口普查结果的实际观察值误差小的概率较大，普查结果应该被认为是比较准确的，但是所计算的 X_1 与 X_2 之差却可能是一个较大的数值，使人们误以为普查结果很不准确；假若人口普查结果是有偏的，那么人口普查结果的实际观察值误差大的概率较大，普查结果应该被认为是较为准确的，但是所计算的 X_1 与 X_2 之差却可能是一个较小的数值，使人们误以为普查结果很准确。

第二种情况：在质量评估调查中独立重复地实地进行"再普查"（在实际操作中，"再普查"不是普查，而是抽样调查，对这一点，我们此处不去计较）。普查结果为 X_1，"再普查"结果为 X_2，设法用 X_1 和 X_2 来估计 θ。

我们在测量天体距离的例子中说过，θ 可以用 n 次独立重复试验结果的算术平均数估计。那么现在就是用 X_1 和 X_2 的平均数估计。但是，这个估计的样本量是 $n=2$。样本量太小了！如此小的样本量，会导致估计量的方差相当大，估计的精确度很差。

幸好，统计学家找到了另外一种估计量，即"双系统估计量"（Dual System Estimator，DSE）。双系统估计量圆满地把普查和"再普查"的双重信息结合在一起来估计 θ。它是 θ 的无偏估计量，并且在精度效果上远远好于用 X_1 和 X_2 的平均数所充当的估计量。在后面的章节中将详细介绍这个估计量。由于 DSE 是 θ 的一个不错的估计量，所以，$X_1 - DSE$ 可以被认为是人口普查净误差的估计量，而不像 $X_1 - X_2$ 那样只能当作人口普查结果的平均差。

　　双系统估计量是 θ 的无偏估计量。这是美国普查局打算把它用于社会行政管理的理由。从时间上说，美国从 1980 年开始大规模在人口普查的质量评估中计算双系统估计量，在 1980 年以前的质量评估调查中缺乏 θ 的良好估计量，所以那时不会提出把质量评估调查结果用于行政管理的动议；在 1980 年将双系统估计量投入使用后，需要有一个通过总结经验对其进行改进和完善的过程。这个过程是通过双系统估计量在 1980 年人口普查质量评估中的应用以及在其他领域中的应用后完成的。到制订 2000 年人口普查质量评估调查计划时，双系统估计量的研究已经比较成熟，所以在这个时候提出把它用于社会行政管理的实施计划。但是，这个实施计划存在一个认识上的问题。那就是，不能把"双系统估计量"等同于 θ。双系统估计量实际上是我们所抽取的容量为 2 的简单随机样本的样本统计量，是个随机变量。我们实际计算出的 DSE 数值是这个随机变量的一个样本观察值。无偏性意味着，我们能够保证双系统估计量"平均地来说"等于 θ。但是，仅此而已。至于说我们实际计算出的 DSE 数值，它为随机变量的一个样本观察值，却并不会等于 θ。它与 θ 到底有多大的差距，谁也无法说清楚。在这样的情况下，用什么数字作为国会众议院代表席位名额以及联邦基金在各州之间分配的依据呢？显然还是用人口普查的数字更稳妥些。

　　总之，如同观测天体距离一样，人口普查是一种观测总体人口规模的随机试验。人口普查结果是一个随机变量。我们在人口普查中所得到的人数是这个随机变量的一个样本值。由于人口规模的真值始终无法确切得知，所以，在人口普查质量评估中计算的人口普查净误差指标，并不能表明普查得到的人数与人口规模真值之间的距离。这个指标就其统计学性质来说，其实是描述人口普查结果这个随机变量散布特征的一种统计特征数。它描述的是人口普查的精确度而不是它的准确度。因此，有人企图评论人口普查数字有多大"缺口"，这是没有意义的；有人想要用人口普查质量评估工作中计算的人口普查净误差去调整人口普查数字，这不仅是一种理论错误，而且会带来实践上的失误：经过如此调整后的人数有可能偏离真实值更远。

第二节　人口普查质量评估国内外文献综述

人口普查数据能否使用是一个重要的统计问题，直接关系到与之相关政策制定的科学性及有效性。在历次人口普查中，美国普查局都会因为数据的质量受到联邦法院的质疑或起诉，仅 1980 年就超过 50 次（Kirk，1986）。在其他国家，也或多或少地存在类似的问题。于是，世界各国在每次人口普查登记工作结束后一段时间内都要安排一个独立于它的工作环节，即人口普查质量评估抽样调查，简称质量评估抽样调查，又叫作事后计数调查。通过评估，告诉用户普查数据的质量，以供其决定是否使用数据，以及如何使用。有的国家规定，对通过质量评估发现的有缺陷的普查数据，不能直接应用，而要与其他独立来源的同类数据结合在一起来进行各种重要的决策。

人口普查质量评估目标有两个：一是估计覆盖误差（Kirk，1986；Mulry and Spencer，1988；胡桂华，2011；Hogan et al.，2013）；二是估计内容误差（United Nations Secretariat，2010；Statistics South Africa，2012）。覆盖误差是指在普查计数过程中因遗漏或重复或错误包括人口与住房单元而引起的误差，它直接影响人口总数的准确性。内容误差是指由于在普查计数过程中因对个人、家庭和住房单元特征的不正确报告或错误记录而引起的误差，它影响各类人数的精度。目前，绝大多数发达国家只是估计覆盖误差，而发展中国家同时估计覆盖误差与内容误差。覆盖误差进一步分为净误差及普查多报与漏报人数。

评估人口普查登记质量的方法主要有质量评估抽样调查、人口统计分析模型、行政记录比较、逆记录检查、质量评估调查记录比较等。目前用得最多的是质量评估抽样调查。

净误差通常使用质量评估抽样调查或人口统计分析模型来估计（Andrew Keller and Tyler Fox，2012；Devine et al.，2012），而普查多报人数与普查漏报人数可以使用质量评估抽样调查、行政记录比较、逆记录检查等来估计。内容误差一般使用质量评估抽样调查来估计。不难看出，质量评估抽样调查适用范围最广。

相比覆盖误差估计，内容误差估计相对较为简单，而且有比较成熟的研究成果。鉴于此，本书只进行覆盖误差估计研究。下面分别综述质量评估抽样调查、人口统计分析模型、行政记录比较、逆记录检查、质量评估抽样调查记录比较和普查数据一致性检验法在人口普查覆盖误差估计中的应用。

一 人口普查质量评估方法

（一）质量评估抽样调查

估计人口净误差有两种方法。一是将普查登记人数减去总体实际人数（胡桂华，2011）。由于普查登记人数已知，所以净误差估计的关键是构造实际人数的估计量。估计实际人数的常用方法是质量评估抽样调查（Hogan，1992；Bell，1993）。二是将普查多报人数减去普查漏报人数（Statistics Canada，2015；Davis and Mulligan，2012）。目前，除加拿大外，其他国家和地区都是使用第一种方法估计净误差。

质量评估抽样调查的核心工作是构造双系统估计量，而双系统估计量以捕获—再捕获模型为理论基础（Petersen，1896；Lincoln，1930；Schnabel，1938；Anne Chao et al.，2008；杨贵军等，2011；胡桂华和廖歆，2012；杨贵军等，2013）。最初用于估计野生动物数目的捕获—再捕获模型的典型问题是，对封闭鱼池中的鱼进行两次独立捕捞，用两次捕到的鱼的数目的乘积除以同时在两次捕捞中出现的鱼的数目来估计鱼池中鱼的数目。该模型所用的估计量是以多项分布为试验背景推出的。这一试验背景规定了应用捕获—再捕获模型必须遵守的三个原则：总体封闭原则；个体同质原则；独立性原则。可以证明，在符合这三个原则的条件下，上述估计量是鱼池中鱼的数目的无偏估计量。在人口普查质量评估工作中，把人口普查中对普查时点上目标总体人口的非重复登记的人口名单看作对鱼的第一次捕获，把质量评估抽样调查中对普查时点目标总体人口追溯登记的人口名单（称为再普查名单）看作对鱼的第二次捕获。用两个全面调查名单人数的乘积除以两个名单匹配部分的人数，称之为双系统估计量。可以证明，在符合下列两个原则的条件下，这个估计量是目标总体人数的无偏估计量。这两个原则是：第一，人口普查与再普查相互独立；第二，人口总体中每一个人的登记概率相同。在实际工作中，通过对人口普查质量评估工作进行一系列的制度规定来满足第一个原则。至于第二个原则，则是通过对总体人口进行登记概率大致相同的分层来满足。具体来说，就是寻找适当的人口统计特征作为分层标志。这些分层标志应当能够做到，把在人口普查登记概率大致相同的人口放在同一个层，把登记概率不同的人口放在不同的层。对这些选定的分层标志可以有两种使用方式。一种是用这些分层标志对总体分层（在实际操作中用抽样后分层来实现），分别在各层构造双系统估计量，然后将各层的估计量在整个总体（全国）进行合成；另一种是把选定的分层变量作为回归自变量，分别构造以人口普查正确登记概率的 Logistic 变换为因变量，以及质量评估抽样调查登记与普查登记匹配概率的 Logistic 变换为因变量的两个 Logistic 回归模型（胡桂华和武洁，2015），对普查登记全国名单中每个人的普查正确登记概率预测值除以质量评估抽样调查登记与普查登记匹配概率预测值的商求和，将其作为全国人数的估计量。可以证明，如果这里使用的回归自变量与前一种方式使用的分层变量相同，那么这里构造的估计量与前者的全国合成估计量相等。

进行登记概率同质性分层时分层标志的选择，可以用下列方式来进行：首先根据社会学等有关学科的知识和实际经验，找出与"是否进行人口普查登记"这一结果变量有影响关系的诸种人口统计特征作为备选解释变量群；然后用适当的统计方法分别对每一个解释变量测定其与因变量之间的统计相依关系程度；将所有备选解释变量按上述统计相依关系强弱程度排序，根据事先确定的选用解释变量的数目在上述队列中由高向低进行选取。在这里，可以用优比作为测定解释变量与因变量之间统计相依关系程度的工具（胡桂华，2015）。在计算优比的时候需要注意，假若想要分别测算 A、B、C、D 四个备选解释变量与因变量之间的优比，那么这里所计算的每一个优比都应该是在其他三个解释变量固定不变下的条件优比。

人口普查质量评估抽样调查时所进行的人口登记，应该是对普查时点人口的追溯登记（Hogan，2003；Mule and Konicki，2012；Mule，2012）。可是，进行此种登记的时间已经离开了普查时点，过去了一段时间，在这段时间里会发生人口的移动。就一个调查小区来说，普查时点该小区的常住人口，在这段时间里可能会有些人迁离该小区（称之为向外移动者）；普查时点常住在其他地方的人口，在这段时间内可能会有些人迁移至该小区（称之为向内移动者）。于是，在进行人口普查质量评估抽样调查时，我们看到的是该小区的无移动者和向内移动者。

可是，按照追溯登记的要求，该小区的无移动者和向外移动者，才是追溯登记的该小区的普查时点人口。然而，调查人员不可能追踪每个向外移动者的去向，找到其本人进行登记。这些向外移动者的情况，只能通过访问留在该小区的知情人来获得。有研究表明，这样获得的追溯登记普查时点人数有相当大的误差。相反，如果在质量评估抽样调查时，对所看到的调查小区无移动者和向内移动者进行登记，与前者相比误差要小得多。事实上，如果把向国外移动以及从国外移入的人口忽略不计，那么就全国来说，全国调查小区的向内移动者人数之和等于向外移动者人数之和。因此，可以用向内移动者人数来代替双系统估计量公式中所需要的向外移动者人数。双系统估计量公式中与之相应需要向内移动者中进行了普查登记的人数（称之为与普查匹配人数）。这个数字要靠推算得到。推算方法是，用向外移动者的匹配率（向外移动者中的匹配人数除以向外移动者人数）乘以向内移动者人数。

　　双系统估计量公式中有人口普查登记人数、人口普查正确登记人数、无移动者人数、向内移动者人数、向外移动者人数、无移动者匹配人数和向外移动者匹配人数七个指标。这里的七个指标都是总体值。在对人口有限总体实施概率抽样的条件下，须依据所用的抽样方法构造七个指标的估计量，用以代替公式中的七个指标，这样得到的结果是双系统估计量的估计量（U. S. Bureau of the Census，2004；Ikeda，2010）。

　　人口普查质量评估中所使用的抽样方法属于复杂抽样设计，所以双系统估计量的估计量方差不能用数学解析式直接计算，而需要选择适当的近似方法来估计（胡桂华等，2016）。本书建议使用分层刀切方差估计量（Efron，1979；Wolter，2007）。它是把第一步样本中的各个抽样单元（调查小区）逐一重置轮换切掉，每刀切一个单元之后，用样本中余下的其他抽样单元，按双系统估计量的估计量计算程序，计算切掉该单元的切断后复制估计量。每个样本单元的切断后复制估计量与无切断估计量的差平方的平均值即为所需要的分层刀切方差估计量估计方差。在这里，各个切断后复制估计量与无切断估计量相比，除了丢失掉一个样本单元，余下的各个抽样单元的抽样权数，也会随着它们各自与被切掉单元之间关系的不同情况而发生不同的改变。

　　由于人口调查比捕获动物要复杂得多，所以用实际调查数据构造双系统估计量需要解决许多技术细节问题。从美国 1980 年、1990 年、

2000 年和 2010 年人口普查质量评估方案中，可以看到双系统估计量逐步自我完善和自我优化的过程（Ericksen et al. , 1985；Hogan, 1993；Whitford, 2008；National Research Council, 2009；胡桂华, 2014；Scott Konicki, 2012）。

下面简述其中的一件事情，即怎样为调查状态悬而未决者在双系统估计量中计数。在前面所说的双系统估计量的理论框架中需要三个计数——CE、N_p、M_p。关于第一个计数：如果普查登记名单中的一个登记是正确登记（一个应该进行普查登记的人所进行的登记），那么它应该以标志值 1 参加 CE 的计数；如果这个登记是错误登记（对一个虚构者的登记或是一个重复登记），那么它应该以标志值 0 参加 CE 的计数；如果一个登记所提供的个人信息不完整，使我们无法判断这个登记究竟是正确的还是错误的，则称这是一个悬而未决的登记，它应该以一个 0—1 之间的数值（这个登记"属于普查中正确登记"的概率）参加 CE 的计数。关于第二个计数：如果质量评估抽样调查登记名单中的一个登记是一个普查日的居民，那么它应该以标志值 1 参加 N_p 的计数；如果这个登记不是一个普查日的居民，那么它应该以标志值 0 参加 N_p 的计数；如果一个登记所提供的个人信息不完整，使我们无法判断这个登记究竟是不是普查日的居民，则称这是一个悬而未决的登记，它应该以一个 0—1 之间的数值（这个登记"是普查日居民"的概率）参加 N_p 的计数。关于第三个计数：如果质量评估调查登记名单中的一个登记能够与普查登记名单匹配，那么它应该以标志值 1 参加 M_p 的计数；如果这个登记不能与普查登记名单匹配，那么它应该以标志值 0 参加 M_p 的计数；如果一个登记所提供的个人信息不完整，使我们无法判断这个登记究竟能不能与普查登记名单匹配，则称这是一个悬而未决的登记，它应该以一个 0—1 之间的数值（这个登记"与普查登记匹配"的概率）参加 M_p 的计数。这里需要回答的是，怎样确定悬而未决状态的计数值呢？对上面提出的确定三种悬而未决状态的计数值，美国 1990 年方案设计了 Logistic 回归模型策略，即分别构建以悬而未决者所做登记"属于普查中正确登记"的概率、"是普查日居民"的概率和"与普查登记匹配"的概率三种概率的 Logistic 变换为因变量的 Logistic 回归模型，用悬而未决者的模型预测值在双系统估计量中为其计数。由于这个方法难以理解、不便操作，在学术界引起不小的争议，而且，进一步研究表明，为悬而未决者计算精确的概率对双系统估计量精确性的贡献其实并不大。因此，美国 2000 年方案放弃了 Logistic 回归模型策略，而改为使用较简单的估算单元平均数替代策略。它的操作方法，以估算一个悬而未决的普查登记"属于普查中正确登记"的概率为例，这时要先看该登记提供了人口统计特征的哪些项目的信息，然后用这些人口统计特征为分组标志对调查小区中的人口（无移动者和向外移动者）分组，把标志值水平与该悬而未决者相同的那个组作为估算单元，在该估算单元中计算"在普查中是否正确登记"的状态已经确定的那些人的 CE 计数值（1 或 0）的加权算术平均值，权数是他们每个人的抽样权（入样概率的倒数），用这个结果作为该悬而未决者参加 CE 计数的计数值。其他两种概率的估算方法与此类同。

从 1980 年起，美国将双系统估计量正式投入人口普查质量评估，并获得成功（胡桂华等，2016）。自此以后，德国、赞比亚、希腊、中国、匈牙利、冰岛、埃及、乌干达、南非、阿根廷、英国、巴西和日本等国也先后加入到了应用双系统估计量的行列（United Nations Secretariat，2010；贺本岚等，2010；胡桂华，2013）。联合国统计司 2009 年和 2010 年在世界很多地方组织了一系列研讨班，对人口普查质量评估的各种评估方法进行了回顾，其重点集中在双系统估计量这一方法上。

虽然双系统估计量目前已经达到了高水平，但其自身固有的缺陷却依然存在着。这个固有的缺陷是，由于人口普查与其质量评估调查不独立而引起的交互作用偏差使其对实际人数的估计发生系统性偏差（Juha et al.，1993；Kenneth and David，1999）。交互作用偏差中的"交互作用"是指总体中的某些人容易在人口普查和质量评估调查中被遗漏，而"偏差"是指一些人口被双重遗漏，即既未包括在普查人数中，也未包括在双系统估计量估计的人数中。导致交互作用偏差的原因很多，对难以计数群体（无家可归人口、伤残人口、吸毒人口、精神病患者、流动人口等），双系统估计量的交互作用偏差更大。

有两种测算交互作用偏差的方法。一是在假设女性不存在交互作用偏差的情况下，利用人口统计分析模型估计的全国性别比率（男性人数/女性人数）和使用双系统估计量估计的女性人数的乘积作为估计的全国男性人数，并减去使用双系统估计量估计的男性人数来测算全国男性的交互作用偏差，即双系统估计量低估的男性人数。二是使用关系式

"估计的质量评估抽样调查人数 – 估计的因数据处理误差而引起的正偏差人数 + 因交互作用偏差引起的负偏差人数 = 使用人口统计分析模型估计的人数"来测算全国人口的交互作用偏差。第一种测算方法的精度取决于女性不存在交互作用偏差的假设条件与现实情况符合的程度。第二种测算方法的精度受人口统计分析模型估计的人数，以及估计的质量评估调查人数和估计的数据处理误差人数质量的影响。

交互作用偏差有其自身形成的原因（胡桂华，2013）。它源于统计相依性，即如果某人在普查中登记就会有更大或更小的机会在质量评估调查中登记。这里的统计相依性有两种可能的情况：一种情况是，在普查中登记的人很可能充分意识到了普查的重要性，因而比起那些在普查中遗漏的人更可能参与质量评估抽样调查，从而导致两个系统匹配人数（相对于随机情形来说）倾向于偏大，由于匹配人数是双系统估计量的分母，因而造成双系统估计量低估实际人数；另一种情况是，在普查中登记的人，认为已经回答了普查问题，因而比起那些没有在普查中登记的人更不愿意参加质量评估抽样调查，结果导致两个系统匹配人数（相对于随机情形来说）倾向于偏小，同理造成双系统估计量高估实际人数。可见，统计相依性会导致两种不同方向上的偏差。当总体中不存在异质性（由于年龄、性别、是否拥有属于自己的房屋、所处地理位置等因素而导致的总体中的有些人比另外一些人在人口普查或质量评估抽样调查中登记的概率不同）的时候，人们登记的概率相同，相应地，发生两种不同方向的统计相依性的概率也会大致相同（因为不会出现登记概率大或小的那些人聚集在前面所说的第一种情况或第二种情况），于是，统计相依性所导致的两种不同方向上的偏差会倾向于相互抵消。然而，当总体中存在异质性的时候，情况就不同了。这个时候，人们登记的概率不相同，相应地，统计相依性所导致的发生在一种方向上的偏差的概率会系统地偏大（或偏小），两种方向上的偏差不会相互抵消。所以说，异质性加剧了双系统估计量中的交互作用偏差效应。

上面的分析告诉我们，设法消除总体内的异质性是降低双系统估计量中的交互作用偏差效应的一种可供考虑的途径。目前，在各国实践中都是采用抽样后分层技术来实现总体内同质性的目标。但是，由于在此种技术中不得不舍弃一些分层标志，因此很难做到同一层内的单位完全同质。Logistic 回归模型技术容许把所需要的分层标志尽可能地纳入模型，因而在实现总体内同质的目标这方面的效果更好一些。美国普查局在 2010 年人口普查质量评估中试用了此种技术。遗憾的是，该技术操作比较复杂，所以美国普查局不打算在 2020 年人口普查质量评估中继续采用此种方法。这就意味着，通过追求总体内同质的途径来降低双系统估计量中的交互作用偏差效应没有多大的努力空间。于是，人们更多地把注意力放在设法通过资料校正的途径来降低交互作用偏差。这主要是在人口普查、质量评估抽样调查之外再加入人口行政记录系统构造三系统估计量。

三个系统之间的统计相关关系有多种类型。三系统估计量的一个独特优势在于：它不要求三个系统必须独立，而且其基本理论中给出了每种类型的三系统估计量数学解析式。只要有样本数据，使用不完整三维列联表和对数线性模型工具，判定现实问题中三个系统的关系究竟属于哪一种，就可以选用与该类型相应的三系统估计量来完成估计人数的任务（胡桂华和丁杨，2016）。

三系统估计量研究经历了三个阶段。首先是基本理论研究（Birth，1963；Fienberg，1972；Marks et al.，1974；Bishop et al.，1975；Dempster and Rubin，1977；Smith，1988；Madigan and York，1997；Bohning and Schon，2005；Congdon，2005；Bernard Baffour–Awuah，2009）。主要研究三系统估计量的构造方法（最大似然估计、对数线性模型、非参数估计、贝叶斯估计等）及其选择方法（对数似然比率检验统计量等）。其次是在特殊人群数目估计中的应用研究。Nandram 和 Zelterman（2007）利用美国纽约州 1969—1974 年患有脊柱裂病人资料汇编的不完整三维列联表，使用拒绝性采样和贝叶斯对数线性模型构造的三系统估计量估计病患人数。最后是在人口普查质量评估试点中的应用研究。这主要是借助已有的人口普查资料辅以其他资料在小范围进行的用三系统估计量估计人数的试验。Zaslavsky 和 Wolfgang（1993）使用由 1988 年试点人口普查及其质量评估调查和人口行政记录构造的三系统估计量估计美国 1988 年密苏里州圣路易斯市黑人成年男性人数。Thurston（1995）利用美国 1990 年人口普查及其质量评估调查和人口行政记录构造的三系统估计量估计北卡罗来纳州和佛罗里达州的难以计数者人数。试点结果表明，双系统估计量严重低估了难以计数者人数、总人数以及人口普查净误差，而三系统估计量能显著提高它们的估计精度。

虽然三系统估计量优于双系统估计量（Zaslavsky，1993），但迄今为止它还未被任何一个国家或地区的政府统计机构所采纳。然而，美国计划在 2020 年人口普查质量评估中首次使用三系统估计量估计总体实际人数及人口普查净误差（Richard Griffin，2014）。这表明三系统估计量还有很大的研究空间与研究价值，应用前景广阔。

（二）人口统计分析模型

严格意义上的人口统计分析模型由普林斯顿大学的 Coale（1955）和他的同事创立。它利用人口的出生、死亡、迁移和其他数据（性别比率、生命周期表、历史普查数据序列、医疗保险系统、抽样调查数据），通过下面的公式推算目标总体人数，即期末人口总数＝期初人口总数＋（出生人数－死亡人数）＋（迁入人数－迁出人数）。由于用于构建人口统计分析模型的这些数据存在各种误差，所以需要采取适当的方法对这些数据进行修正。这些数据本身的质量及其修正的效果直接决定人口统计分析模型估计的实际人数的精度（Coale and Zelnick，1963）。

然而，同其他任何统计模型一样，人口统计分析模型也有它的局限性和不确定性。首先，它缺少估计特殊人群的数据，例如缺少估计美国亚裔人、拉美血统人、美洲印第安人及其他人口统计组（拥有房屋的人和租房的人）实际人数的数据；其次，它只能提供全国和大类人口的实际人数的估计值，而无法提供国内各地区人数的估计值，因为它缺少国内地区之间和国内各地区与国际之间迁移的准确人数；再次，它提供的人数具有较大程度的不确定性；最后，它需要准确的出生、死亡等行政记录数据，而这些数据在大多数发展中国家是很难或无法准确提供的；它只能提供人口普查净误差，而不能提供普查多报与漏报。

（三）行政记录比较

行政记录比较是指，通过对比从人口行政记录系统中抽取的人口记录与普查人口记录而获得普查多报与漏报估计值的一种方法。如果某人登记在行政记录系统而未在普查中登记，就称为普查漏报；如果某人在普查时登记但未在行政记录系统中登记，就称为普查多报。如果某人同时在行政记录系统和普查中登记，就称为匹配。使用行政记录比较法的前提条件是，建立覆盖总体范围广的人口行政记录系统（Bean and Bauder，2002；Berka et al.，2010）。对发达国家，这没有困难；但对发展中国家，则有不少难度。

行政记录比较的优势是：不必为了与普查比较而另外组织一次调查，因而节约了成本开支；另外容易在普查中漏报的人口（无家可归者、吸毒贩毒者等）很可能包括在行政记录系统中，因而能够提供精度较高的普查漏报人数。

行政记录比较也有劣势。一是如果人口行政记录系统覆盖总体范围有限，那么很可能低估普查漏报人数或高估普查多报人数；二是尽管采取措施剔除重复人口，但行政记录系统仍然可能存在一定数量的重复人口，这不仅给比较工作带来了困难，还会影响到普查漏报与普查多报估计的精度；三是行政记录系统可能偏离普查目标总体，这会给普查漏报与普查多报估计带来困扰；四是行政记录系统可能存在人口统计特征缺失，这使比较工作难以顺利进行，而估计每一个人缺失的特征，又会带来工作量的增加和估计偏差；五是从目前使用行政记录比较法的国家来看，往往只是估计普查多报中的重复，对其他诸如普查日后出生者和普查日前死亡者登记的人数等则未予以估计，这显然低估了普查多报人数。

（四）逆记录检查

本质上来看，逆记录检查属于抽样调查（Price，1940；Gosselin and Theroux，1976）。样本从五个独立的抽样框以个人为抽样单位抽取。这五个抽样框分别是，上次普查登记者数据库、上次逆记录检查确定的普查漏报者数据库、上次到本次普查期间出生人口数据库、上次到本次普查期间迁入者数据库、本次普查日的非永久性居民数据库。样本个人抽取后，在全国本次普查数据库中搜索。如果找到了，就称其为普查登记。如果没有找到，就收集相关信息证实其是否属于普查目标总体。在收集数据之前，通过跟踪获取样本个人最新地址及电话号码，并发送问卷请其填写。如果这些新采集到的信息证实样本个人属于普查目标总体，就再次在本次普查数据库中搜索。如果还是没有找到，就作为普查漏报处理。搜索结束后，逆记录检查样本个人分为四类：普查登记；普查漏报；在人口普查目标总体外；无回答。使用依据抽样设计及考虑无回答因素修正得到的个人抽样权数，将样本普查漏报人口扩大到总体普查漏报人口，以估计全国的普查漏报人数。

逆记录检查的优势在于，样本代表性强、成本低廉、不用编制抽样框、普查与逆记录检查独立。劣势在于，五个抽样框之间可能有重复人口，需要有健全的人口行政记录，一般只能估计全国的总漏报人数而不能估计全国的净漏报人数。

（五）质量评估抽样调查记录比较

质量评估抽样调查记录比较法是指，通过比较样本单位（我国的样本调查小区、美国的街区群、瑞士的建筑物、乌干达的普查计数区等）的质量评估调查人口记录与普查人口记录的方法获得普查多报人数与普查漏报人数估计值（Anne Renand，2004）。

这种方法的优势是适用范围广，既适合于行政记录健全的发达国家，也适合于行政记录不够健全的发展中国家。这种方法的缺陷是，由于质量评估抽样调查与人口普查不独立，因而在普查中未登记的人，也可能在质量评估抽样调查中未登记，导致低估普查漏报人数。同样，也可能低估普查多报人数。

（六）普查数据一致性检验法

这种评估方法的基本思想是，如果同一个人口队列（同年龄、同性别、同文化程度，等等）相邻的两次人口普查数据相同或非常接近，就认为这两次普查数据质量较高，并据此估计上次普查多报人数与普查漏报人数。如果发现两次普查的绝对人数不相同甚至很不相同，以及两次普查结果中这种人口的百分比不相同甚至很不相同，就认为这两次普查数据质量不高。另外，根据本次普查数据与外部同类数据（户籍登记数据、其他专题调查数据等）的一致性高，就认为本次普查数据质量高（Robert McCaa 等，2016）。

研究表明，这种评估方法有明显的局限性。首先它假设本次人口普查不存在普查多报或漏报。在每次人口普查中，总是有些人漏报，也有些人多报。在不成立的假设条件下得出的任何研究结论都是不可靠的，其结果是误导人口普查数据用户，使其做出错误的政策或规划决策。其次它将评估对象局限在各个年龄组（尤其是低年龄人口组）、性别人口组、出生或死亡人口组。这偏离了人口普查质量评估的基本目标。包括美国、中国在内的世界上所有国家的国家统计部门都是将人口普查质量评估的基本目标定在全国总人口的人口普查登记质量上。再次它混淆了普查多报、普查漏报、普查净误差概念，误把通过本次普查数据使用生命周期表和其他方法推算的上次人数与上次普查登记人数计算的结果当作是人口普查多报率或漏报率。然而，美国及其他所有国家均是把通过估计得到的总体实际人数与已知的普查登记人数之差再除以前者所得到的结果称之为人口普查净多报率或净漏报率。最后它违背了独立性原则，背离了世界各国人口普查质量评估的主流方法。人口普查质量评估工作从产生的那一天起，世界上绝大多数国家的国家统计部门在制订的人口普查质量评估方案中都明确规定，只能通过在本次人口普查之后组织的质量评估调查对本次（不能对上次或以往历次）人口普查的登记质量进行评估，而且要设法使这两项调查保持实质性独立，例如，使用不同的工作人员、不同的工作手段、不同的工作机构、不同的数据处理方法，等等（胡桂华，2016）。

　　普查数据一致性检验法来源于统计学中的一致性检验法。在统计学研究中，一致性检验法只是用来对统计数据质量做一个大致评价，而不能做精确评价。但人口普查数据的质量需要进行精确评价。因此，普查数据一致性检验法并不适合于人口普查质量评估。正是由于这个原因和它自身固有的局限性，包括联合国统计司、美国普查局、中国国家统计局及其他所有国家或地区的政府统计部门早已不再使用这一评估方法。

　　为了规范各国或地区人口普查质量评估方法，以使各国人口普查评估结果具有可比性，联合国统计司于 2010 年邀请世界知名人口普查质量评估专家，例如，加利福尼亚大学教授 Watcher 和 Freedom，美国普查局专家 Howard Hogan 和 Richard Griffin，哈佛大学教授 Thurston，英国统计局专家 Owen Abbott 等，撰写人口普查质量评估著作 *Post Enumeration Survey*：*Operational Guidelines and Technical Report*（翻译为《事后计数调查——操作指南和技术报告》）。

二　进行人口普查质量评估国家的例子

（一）美国

　　1787 年，美国宪法规定，从 1790 年开始，每隔十年进行一次全国范围的人口普查。每次人口普查后，美国都进行了质量评估抽样调查。自 1950 年起，美国开始进行正式的人口普查质量评估，并把它作为每隔十年一次的人口普查不可分割的一部分。评估采取了不同的方法，包括行政记录比较、逆记录检查、网络抽样询问、人口统计分析模型和质量评估抽样调查（Don Kerr，1998；Bean and Bauder，2002；

U. S. Bureau of the Census, 2004; Mulry et al., 2006; Thomas Mule, 2008)。

1. 行政记录比较

行政记录比较早已用于美国人口普查质量评估和其他统计领域。通过对比超级人口行政记录系统与1940年人口普查记录，结果发现登记在行政记录文件中的一些男性在人口普查中遗漏。随后，美国又进行行政记录文件与人口普查记录、人口普查预演调查和其他统计调查记录的比较。例如，对比医疗保险记录与1970年人口普查记录和1980年质量评估调查记录；对比社会保障记录与1980年质量评估调查记录和1988年普查预演调查记录；对比国家税务局记录与1978年2月的当前人口调查记录、1978年人口普查预演调查记录、1980年质量评估调查记录和1980年人口普查记录；对比电动车驾驶员执照记录与1980年人口普查记录、1970年人口普查记录和1988年人口普查预演调查记录；对比福利记录与1980年人口普查记录；对比老兵行政记录与圣路易斯1988年人口普查预演调查及其质量评估调查记录；对比缓刑中的犯人和假释者姓名和地址记录与1990年人口普查记录。

2. 人口统计分析模型

早在1940年人口普查质量评估中，美国就使用人口分析模型，不过并不成熟。在1950年人口普查质量评估中，美国仍然使用该模型提供普查净误差估计值。美国在1960年人口普查质量评估中首次正式使用人口统计分析模型。美国普查局在1970年人口普查中首次发布了官方的使用人口统计分析模型计算的实际人数估计值。在人口统计分析模型的早期研究中，仅限于估计美国本土出生的白人数。随着时间的推移，把在美国本土出生的黑人也纳入了估计范围，到最后把人口统计分析模型的应用范围扩大到全国所有人口。为了完善人口统计分析模型，美国普查局对其做了许多改进。尽管做了些改进，但由于20世纪80年代许多外来移民涌入美国后因种种原因没有及时办理或无法办理注册登记，这部分外来移民本来应该包括在人口统计分析模型中却没有包括在其中，结果导致它估计的美国1980年全国人口总数明显低于实际人数。美国学者估计了这种低估的程度，提出了评估人口统计分析模型估计值优劣的方法，给出了人口统计分析模型估计值误差分布的均值（Robinson et al., 2002; Robinson et al., 2010; Jennifer, 2012）。此外，也首次估计拉美血统人数。在 2010 年人口普查质量评估中，美国仍然使用人口统计分析模型估计全国实际人数和主要类别的实际人数（黑人/非黑人类）。由于人口统计分析模型估计的结果具有较大程度的不确定性，所以美国普查局一直只是把人口统计分析模型作为双系统估计量的补充，验证其估计结果的准确性（Kirsten West et al.，2010；Eric，2013；Renuka Bhaskar et al.，2013）。

3. 质量评估抽样调查

美国在 1980 年质量评估抽样调查中首次提出三个重要概念。第一，P 样本和 E 样本。P 样本由质量评估抽样调查样本调查小区的当前人口组成，用来估计普查漏报人数。E 样本由同一样本调查小区的普查人口组成，用来估计普查多报人数。P 样本与 E 样本结合在一起构造"双系统估计量"估计普查净漏报人数。第二，足够的比较信息。即一个 P 样本或 E 样本的个人记录应包含足够多的用于比较所需要的信息，其中最重要的是姓名。对信息不足的个人，将其从比较程序中删除。第三，搜索区域。为提高 P 样本匹配率和 E 样本普查正确计数率，如果在本样本调查小区无法找到相应的匹配者，就在其周围区域寻找，这个区域称为搜索区域。

美国 1990 年质量评估抽样调查在四个方面有所改进。首先，为满足双系统估计量等概率要求而进行抽样后分层得到的事后层不再像以前那样局限在州的范围内，而是可以跨越州的边界线；其次，创建了小区域合成估计模型，解决了由于区域规模小、分配的样本量少而导致估计的人数有较大抽样误差的问题；再次，使用等级平滑模型解决质量评估抽样调查数据缺失问题；最后，采用 B 程序处理普查日至质量评估抽样调查日之间的人口移动，即质量评估抽样调查所观察的人口包括无移动者和向内移动者。B 程序的优点是不存在找人的困难，因为 P 样本个人在本样本调查小区；缺点是需要采集向内移动者普查日住处的信息，另外比较向内移动者有较大困难。

1990 年人口普查后，美国不仅进行质量评估抽样调查，还进行了旨在总结人口普查经验的抽样调查，以找出普查误差产生的原因。总结经验调查是这样进行的：由行为研究人员在全国 50 个州和哥伦比亚特区随机抽取 29 个样本调查点，每个样本点包括 1—2 个街区，每个街区大约含有 100 个家庭，前后历时 3 个月。调查工作结束后，一方面比较同一街区的调查人口记录与普查人口记录，以发现普查遗漏人口；另一方面独立撰写 29 个样本点的调查报告；再一方面，由总负责人根据 29 个样本点的调查报告撰写本次总结经验调查的最终报告。最终报告显示：复杂家庭、房屋不规则、街区边界线划分不明确、人口频繁迁移、对政府缺乏信心或考虑自身利益和语言障碍，是产生人口普查误差的主要原因；在人口普查中，尽可能获得当地人的合作、改进当地媒体工作和确认房屋地址，是降低人口普查误差的主要措施。

　　美国 2000 年质量评估抽样调查在六个方面做了改进。第一，抽样单位由街区变为街区群。第二，样本量由 1990 年的 17 万住房单元扩大到 30 万住房单元。第三，为提高匹配率而进行的搜索集中在住房单元地址误差严重的街区群。第四，采用 C 程序处理普查日至质量评估抽样调查日之间的人口移动，即一方面明确指出 P 样本应包括的人员是无移动者和向外移动者；另一方面使用向内移动者人数替代向外移动者人数，但计算其相应的匹配人数时则用向外移动者匹配率替代向内移动者匹配率，即使用向外移动者匹配率和向内移动者人数的乘积计算向内移动者匹配人数。程序 C 的优点是既匡正了 P 样本的概念，又回避了因拘泥于概念而追踪寻找向外移动者的困难；缺点是为了大致计算向外移动者的匹配率，还是不得不跟踪寻找一部分向外移动者。第五，使用单元估算技术替代等级平滑模型以解决质量评估抽样调查数据缺失问题。第六，对估计的净误差和普查个人重复计数的质量进行了再评估，即使用人口统计分析估计的实际人数佐证双系统估计量估计的实际人数的正确性，以及使用进一步的个人普查重复研究（Bean and Bauder，2002）评价质量评估调查估计的个人普查重复计数数目的质量。结果发现严重低估普查重复计数数目，这种低估主要源于质量评估抽样调查方案设计上的局限性，即没有充分考虑到个人在普查日有多个住处，而且这些住处不只是分布在样本街区群或其周围邻近区域，而是全国各个地方。尽管做了上述改进，美国学者依然认为 2000 年质量评估抽样调查存在某些缺陷：一是质量评估抽样调查在某些环节上没有很好地满足双系统估计量的要求（等概率假设、人口普查与质量评估抽样调查的独立性、事后层遗漏率相同）；二是双系统估计量容易产生各种误差（分类误差、合成误差、平衡误差和统计相关偏差）；三是质量评估调查在设计上存在瑕疵（不能直接提供总误差数、不能提供普查过程中的特殊误差、不能提供群体住处人口信息、与人口统计分析模型估计的实际人数存在一定程度的差异）。

美国 2010 年质量评估抽样调查工作主要由以下几个部分构成。

第一，美国在 1980 年、1990 年和 2000 年质量评估抽样调查的主要目标是估计人口普查净误差，为修正普查人口数据提供依据。但是，2010 年质量评估调查目标发生了很大变化，除为历史比较继续估计净误差外，还分别独立估计普查漏报和普查多报，为下一次人口普查方案的改进提供信息。之所以要估计普查漏报和普查多报，是因为净误差可能会掩盖它们的发生。例如，某人本来应该计数在 A 地区，但却错误地登记在 B 地区。对前者来说，这个人是普查漏报，对后者来说，这个人是普查多报。从净误差来看，看不出这个人实际发生的普查漏报和普查多报这样一个事实。美国 2010 年质量评估抽样调查估计了人口普查漏报数和普查多报数：（1）居民及住房单元漏报数；（2）因住房单元漏报而导致的居民漏报人数；（3）地址错误的住房单元数；（4）因住房单元地址错误而导致的居民被计数在错误地址上的人数；（5）居民及住房单元重复登记的数目；（6）因虚构和其他错误登记的居民人数；（7）使用状况被错误登记的住房单元数。为了实现上述七个目标，美国普查采取了五项措施：（1）明确了个人普查正确计数的几个要求，即完整性、适当性、唯一性、登记地点正确、属于人口普查目标总体。以往对普查登记地点正确这个概念的解释是，要求在普查中计数的一个人必须计数在他（她）的常住地或者搜索区域的住房单元中。美国 2010 年质量评估抽样调查则改为，一个应该普查计数的美国人，只要在目标总体所属地理范围内被计数，而不论这项计数的地点是否为本人的常住地，都认为该计数是位置正确的计数。（2）通过个人调查、个人后续调查和改进比较过程来确认个人普查日住处。（3）通过改进比较过程、扩大搜索范围和采集额外信息来确定个人重复计数。（4）通过设计专门的调查项目来估计普查漏报和普查计数估计值。（5）以 Logistic 回归模型替代事后分层来提高净误差估计的精度（Richard Griffin，2006）。也就是说，即把认为应当选为抽样后分层标志的变量全部设置为 Logistic 回归模型的自变量，由于该多元自变量的一个值等同于这些变量交叉分层体系下的一个组格（一个事后层），所以这种做法既满足了分层的要求，又回避了因分层标志过多而产生分层操作困难的尴尬局面。

第二，美国 2010 年抽样设计与 2000 年相类似。2010 年质量评估抽样调查计划的全国样本总量为 300000 个住房单元，其中美国印第安人居留地 10000 个住房单元，波多黎各 15000 个住房单元。实际上，受经费和现场采集数据的限制，最终样本量有所减少。全国样本总量在各个州和哥伦比亚特区按 2000 年普查人数比例进行分配，每个州最少样本量不低于 1800 个住房单元。为了提供精度高的美国本土出生的夏威夷人和太平洋岛人数估计值，从夏威夷州抽取了较大的样本。在每个州，实行三步抽样。为了抽取代表性大的样本，美国普查局在抽取第一步样本之前，对各个州的街区群按规模分层，共分为四个抽样层。它们分别是：（1）小型街区群层，每个街区群含有住房单元 0—2 个；（2）中型街区群层，每个街区群含有住房单元 3—79 个；（3）大型街区群层，每个街区群中含有 80 个或更多的住房单元；（4）美国印第安人居留地层，每个街区群含有 3 个或 3 个以上住房单元。在每一层，以街区群为抽样单位，等概率等距抽取第一步样本。在抽取第二步样本之前，对抽取的第一步样本的大中型街区群及小型街区群进一步分层。其中，按民族及独立地址目录和人口普查地址目录住房单元数的一致性对大中型街区群分层，按住房单元数、是否在美国印第安人居留地和是否在地理位置偏远和人口稀少对小型街区群分层。在每一层，以街区群为抽样单位，等概率等距抽取第二步样本。第二步样本抽取后，发现样本住房单元数超过了预定的 300000 住房单元。于是，美国普查局对所有住房单元数超过 80 个的大型街区群，以"片"（大型街区群里面的邻近住房单元组合）为抽样单位，抽取第三步样本。为便于双系统估计量的计算，要求每个大型街区群的每一个"片"包括的住房单元数相等。

第三，个人调查和个人比较。对抽取的样本街区群，由质量评估抽样调查员使用问卷和计算机收集住房单元地址，住房人数，个人姓名、性别、种族、民族、与户主关系和是否拉美血统等信息。对收集的资料，以样本街区群为单位，比较同一样本调查小区的人口普查登记名单和质量评估抽样调查登记名单（Richard Griffin and Mulry，2011）。比较的内容是这两份人口登记名单的个人信息。比较结果有三种。对质量评估调查人口名单，这三种结果是匹配、未匹配和是否匹配悬而未决。对人口普查人口名单，这三种结果是正确计数、错误计数和是否正确计数悬而未决。利用这些比较结果和样本街区群的抽样权数，为净误差及普查漏报和普查多报的估计提供数据。

第四，为提高净误差估计的精度（Peter and James Mulligan，2012），美国普查局除用 Logistic 回归模型取代事后分层外，还通过使用不同于普查员的工作人员做质量评估调查人口登记工作等措施，来满足双系统估计量要求人口普查与质量评估调查独立的要求。

（二）加拿大

自 1961 年起，加拿大使用逆记录检查估计全国及 10 个省和 3 个特别行政区的人口普查漏报人数和漏报率。1991 年使用空住房单元检查、临时性居民检查、普查重复研究和逆记录检查估计普查覆盖误差。

2011 年使用三种方法估计普查漏报人数和重报人数（Don Kerr，1998；Statistics Canada，2015）。（1）住宅分类调查。估计因住宅分类错误而引起的漏报人数。（2）逆记录检查。其样本个人从五个独立的抽样框抽取：上次普查计数人口数据库、上次逆记录检查漏报人口数据库、上次普查到本次普查出生人口登记册、上次普查到本次普查从国外迁入本国人口登记册、本次普查日的本国非永久性居民登记册。样本个人抽取后，在全国本次普查数据库进行搜索。如果找到了样本个人，就称其普查计数。如果没有找到，就收集相关信息证实其是否属于普查目标总体。在收集数据之前，通过跟踪获取样本个人最新地址及电话号码，并发送问卷请其填写。如果这些新采集到的信息证实属于普查目标总体，就再次在本次普查数据库搜索。如果还是没有找到，就作为普查漏报处理。逆记录检查的优点有三：一是样本代表性强，既包括了难以计数人口又包括了容易计数人口；二是成本低廉，不用编制抽样框，抽样框直接来自人口登记册；三是确保了普查和逆记录检查之间的独立性。不足之处也有三：一是五个抽样框之间可能有重复人口；二是少量人口同时在逆记录检查和人口普查中漏报；三是需要有健全的人口行政记录。（3）普查覆盖研究。它分两步进行：第一步是全面比较由多个人口登记册构成的行政记录系统与本次普查数据库的人口记录。如果前者中的某人对应于后者中的多人，就认为该人为普查重复计数。如果是其他情况，就再做进一步确认。第二步是对未与人口行政系统匹配的本次普查数据库个人记录在本次普查数据库内搜索确认是否重复。

重复研究的优点是：无须支付高额数据采集成本，因为它使用的是现存的人口行政系统。其缺陷是：使用的人口行政系统难以完全不重复地覆盖普查目标总体；只估计了普查多报之一的重复人数，而未估计其他普查多报人数（在加拿大普查局看来，其他多报微乎其微）。

加拿大也使用人口统计分析模型估计人口普查净误差。通过人口统计分析，一方面，提供详细的不同年龄、不同性别以及全国的人数估计值；另一方面，评价使用逆记录检查结果修正某个年龄—性别组人口普查漏报的合理性；再一方面，提供精度较高的老年人口普查修正数据。

（三）澳大利亚

澳大利亚 2011 年质量评估抽样调查（Don Kerr，1998；Australian Bureau of Statistics，2012）提供 2011 年人口普查净误差及其普查漏报和普查多报估计值。从理论上来看，质量评估抽样调查抽样框应该与人口普查范围相同。然而，由于一些实际上的原因，其覆盖范围往往受到限制。澳大利亚 2011 年质量评估抽样调查抽样框没有包括下列人口：公共住宅人口（旅馆、汽车旅馆、医院、老年公寓）；质量评估抽样调查时居住在其他国家的人口；人口普查日后死亡的人口；人口稀少地区（每平方公里不足 0.57 个住宅）人口；遥远地区人口；在澳大利亚的外交官及其家属。

样本采取分层多阶段方式从抽样框抽取。在抽取样本之前，将全国划分为 100 个地区，在每个地区按人口密度、距离远近等标志分层。在每一层，第一阶段，以普查区为抽样单位，采取等距 PPS 方式抽取普查区；第二阶段，对每个抽取的普查区进一步划分为街区，以街区为抽样单位，采取等距 PPS 方式抽取街区；第三阶段，在每个抽取的街区中，以住宅为抽样单位，采取等距 PPS 方式抽取住宅，对抽取的住宅不再进一步抽取个人。对人口稀少地区，在抽取普查区之前增加一个抽样阶段，以避免样本完全按地区均匀分布。

对抽取的样本，使用问卷采集数据。数据采集后进行比较。比较的对象是人口普查与质量评估抽样调查登记的同一住宅或个人记录。住宅比较的目的是确定质量评估抽样调查中的住宅是否在人口普查中登记（如果登记就称该住宅为匹配，反之称未匹配）。对未匹配住宅，现场查看是否实际存在或是否在普查中漏登。所有未匹配住宅都要经过质量评估抽样调查监督员的确认与签字。对经过住宅比较后的匹配住宅，再对其中的人口进行个人记录比较。个人记录比较的内容包括姓名、性别、出生日期、出生地、婚姻状况、是否为澳大利亚本土居民、出生国和与家庭户主的关系。根据比较结果的相似性，判断质量评估抽样调查个人是匹配、未匹配还是是否匹配悬而未决。

住宅和个人比较结束后，下一步所要做的工作是估计人口普查净误差及其构成部分。为提高人口普查覆盖误差估计的精度，质量评估抽样调查必须独立于人口普查，包括操作独立和人口独立。操作独立指人口普查的操作方式不影响质量评估抽样调查。人口独立指人口普查不能遗漏某些人群。净误差定义为应该在人口普查中计数的质量评估抽样调查人数估计值与普查人数之差。其中，应该在人口普查中计数的质量评估抽样调查人数估计值为质量评估抽样调查样本个人抽样权数之和，而普查人数为普查表中的人数加上估算的无答复住宅中的人数。在确定质量评估抽样调查样本个人抽样权数之前，先确定质量评估抽样调查样本住宅最终抽样权数，它等于样本住宅设计抽样权数。如果某样本住宅中的人口全部接受了质量评估抽样调查，那么样本住宅最终抽样权数即是该住宅样本个人抽样权数，反之要根据该住宅在人口普查中漏登或拒绝答复的人口的数目对样本住宅最终抽样权数进行调整才能得到该住宅接受质量评估抽样调查的样本个人抽样权数。净误差构成部分中的漏报人数定义为应该在人口普查中计数的质量评估抽样调查人数估计值与质量评估抽样调查同人口普查匹配的人数估计值之差，重复登记人数定义为重复登记人口的个人抽样权数之和。

2011年澳大利亚普查局提供了全国及其各个地区（新南威尔士、维多利亚、昆士兰、澳大利亚南部、澳大利亚西部、塔斯马尼亚、北领地、澳大利亚首都领地），以及不同年龄、不同性别的质量评估抽样调查人数估计值、人口普查净误差率、人口普查漏报率、人口普查重报率及其抽样标准误差。这些数据用于修正本次普查人数和评价本次人口普查数据采集过程的质量。

自1971年以来，澳大利亚在使用质量评估抽样调查的同时，还使用人口统计分析模型估计人口普查净误差。使用人口统计分析模型的前提条件是，拥有完整的人口出生、死亡和国际净迁移的时间序列数据。由于老年人口时间序列数据需要进行估计，因而使用人口统计分析模型估计的老年人数的精度呈降低趋势。

（四）英国

自 1801 年起，英国（英格兰、苏格兰、北爱尔兰和威尔士）（Don Kerr，1998）每隔十年进行一次人口普查。1961 年开始在人口普查后进行质量评估抽样调查。

英国由若干设计区组成。每个设计区由行政区或邻近的一组行政区构成。如果行政区规模达到 50 万人以上（在英国，很少有人口规模达到 50 万人的行政区），就单独作为一个设计区，反之，就由邻近的一组行政区组合为一个设计区。每个行政区由若干输出区（个人普查登记概率基本相同）组成。按反映人口普查计数难度的六个变量（年龄、住房类型、种族、房屋私人租赁、房屋其他租赁或部分租赁部分抵押、收入）将每个行政区的所有输出区划分在五个抽样层：计数非常容易层、计数容易层、计数有些困难层、计数比较困难层、计数很困难层。每个输出区由若干邮政编码组成。每个邮政编码由若干家庭组成。邮政编码分为样本邮政编码和非样本邮政编码。

2011 年质量评估抽样调查样本量维持在 2001 年水平上，即在全国抽取 30 万—32.5 万个家庭。这样做基于三方面的考虑：一是经费预算有限；二是 2001 年质量评估抽样调查成功的经验表明，2011 年只要设计合理、组织得当，使用与 2001 年相同的样本量也能获得同样精度的估计值；三是 2001 年成功并不意味着 2011 年使用更大的样本量就一定能够获得更大的成功。样本量确定后，按预计的普查漏报情况分配样本量。对预计普查漏报严重的地区分配的样本量要多；反之，要少。一般来说，样本量少的地区估计的精度难以获得普查数据用户的认可。

以行政区为范围，采取分层两阶段方式抽取质量评估抽样调查样本。第一阶段，以输出区为抽样单位，使用不等概率抽取输出区；第二阶段，以邮政编码为抽样单位，使用等概率方式从抽取的输出区中抽取邮政编码。对抽取的邮政编码内的所有家庭 100% 抽取。

样本抽取后，使用问卷采集信息。对采集的信息进行比较。比较包括四个阶段。第一阶段，进行确定性比较。如果普查和质量评估抽样调查的家庭和个人记录完整、准确，就使用计算机比较，即把这两个调查的数据输入装有比较程序的计算机。比较结束后，计算机自动输出比较结果。由于记录完整，所以不会发生比较误差。比较结果为匹配或未匹配。对未匹配记录转入第二阶段做概率比较。第二阶段，概率比较。包括两个步骤：首先，估计未匹配记录转变为匹配记录的总概率权数。它依据未匹配记录的三个变量（姓名、房屋所有权和年龄）的一致性程度来确定。一致性程度越高，概率权数就越大。三个变量的概率权数之和就是总概率权数。然后，比较未匹配记录总概率权数与设定的总概率权数的上下限临界值。比较结果有三种：如果未匹配记录的总概率权数超过了临界值上限，就把它们作为匹配记录；如果未匹配记录的总概率权数小于设定的总概率权数临界值下限，就作为未匹配记录；如果未匹配记录的总概率权数在上述两者之间，就转入第三阶段决定它们是匹配记录还是未匹配记录。第三阶段，手工决定。比较员只需要决定第二阶段转入的未匹配记录是匹配记录还是未匹配记录，而不需要为匹配而在周围区域搜索。比较结果有两种：匹配记录和未匹配记录。第四阶段，手工比较。对第三阶段仍然未匹配的记录，使用严格的比较规则在周围区域进行搜索，看是否能够找到对应的相同记录。比较结果有两种：匹配记录和未匹配记录。

比较结束后，计算与覆盖误差有关的指标。（1）人口普查重复人数估计值。这可以通过四种方法获得：一是检查样本本身的人口普查记录；二是比较人口普查记录与质量评估抽样调查记录；三是现场确认在人口普查记录但未在质量评估抽样调查记录的人口是否实际存在；四是使用各种外部信息来源。（2）计算全国实际人数估计值。先使用双系统估计量估计每个行政区的实际人数；然后把估计的每个行政区的实际人数汇总即为某个设计区实际人数的估计值；其次汇总所有设计区实际人数估计值即得全国估计的实际人数估计值。（3）计算全国普查净误差估计值。它为估计的全国实际人数与全国普查人数之差。（4）计算全国漏报人数估计值。它为净误差与普查重复人数之和。（5）计算全国普查净误差率估计值、全国普查重复计数率估计值、全国普查漏报率估计值。

与此同时，英国还使用人口统计分析模型评估人口普查质量。一方面，把人口统计分析模型结果作为判断质量评估抽样调查结果可靠性的依据；另一方面，使用人口统计分析模型估计普查年和非普查年人数；再一方面，为修正普查人数提供基础数据。

（五）新西兰

1996 年，新西兰进行了它的第一次正式的每隔五年一次的人口普查质量评估抽样调查（Statistics New Zealand，2007）。2006 年质量评估抽样调查的目标是估计普查净漏报人数、漏报人数和重复登记人数。

2006 年质量评估抽样调查抽样总体由新西兰私人住宅的常住居民和在质量评估抽样调查期间居住在新西兰私人住宅里的个人、海外访问者组成。与国际统计惯例相一致，抽样总体没有包括居住或停留在非私人住宅的人口，居住在其他私人住宅（庙宇、有篷的车辆、游艇）的人口，普查日前死亡和普查日后出生的人口，海外的外交官以及他们的家庭成员和与他们住在一起的人口，等等。

样本抽取过程比较复杂。先将全国街区群分层，然后从每一层采取不等概率方法抽取全国劳动力调查样本，接着从该样本中抽取人口普查质量评估抽样调查样本，含私人住宅 10907 个。使用质量评估抽样调查问卷采集抽取的街区群的每一个私人住宅及其家庭成员。如果成员不在家，由其邻居代替回答。对无法调查的住宅或信息不完整的住宅，进行后续调查采集额外信息。

比对同一样本基本抽样单位小组的质量评估抽样调查问卷与普查表信息。比对采取手工方式进行。首先比对住宅，如果问卷中的住宅在普查表中无法找到，就认为该住宅普查漏报。住宅比较的结果有三种：匹配住宅、未匹配住宅和比对状态为悬而未决住宅。对匹配住宅，再比对其中的个人。用于个人比对的变量包括姓名、出生日期、性别、民族和常住居民还是访问者等。个人比对后的结果也有三种：匹配者、未匹配者和比对状态为悬而未决者。

使用［（估计的质量评估抽样调查人数/估计的普查人数）×普查登记人数 +（未返回普查表但有足够证据证实家庭实际存在的普查人数）］作为估计的目标总体实际人数的计算公式。在此基础上计算人口普查误差及净误差率。另外，使用质量评估抽样调查抽样权数估计普查漏报人数与普查重复登记人数。

（六）乌干达

在完成 2002 年人口与住房普查计数工作后，乌干达于 2003 年 1 月进行质量评估抽样调查以估计普查覆盖误差和内容误差（Uganda Bureau of Statistics，2005）。为了成功进行这项调查，乌干达国家统计局从国内各大专院校选调统计学教授、统计分析员，从联合国人口基金委员会聘请专家，邀请当地顾问共同设计质量评估抽样调查方案及起草实施细则。

最理想的质量评估抽样调查是对目标总体再进行一次全面普查。然而，受经费和时间等资源的限制，它只能采取抽样的方式进行。这次质量评估抽样调查把乌干达分为城市层和乡村层。其中，乡村层又进一步分为中部层、东部层、北部层和西部层。在每一层，以计数区为抽样单位，使用单阶段分层整群不等概率抽样方式抽取样本。在全国共抽取 350 个计数区。某个样本计数区的抽样权数等于（所在层家庭总数目）÷（该层计划抽取的计数区个数 × 该样本计数区所含家庭数目）。

样本计数区抽取后，由调查员使用事先设计的问卷采集信息。问卷中包括的调查项目主要有：是否在人口普查中登记过；当前家庭人口数目及其每个人的人口统计特征；普查日居住地；是否有固定住所。

数据采集后进行比较。比较的目标是，通过比较同一样本计数区的质量评估抽样调查与普查家庭或个人记录来发现在质量评估抽样调查中计数的家庭或个人是否普查登记。首先进行家庭比较。比较的内容包括家庭户主名称、家庭成员数及其姓名、家庭地址。如果质量评估抽样调查中的某个家庭在普查的家庭目录中找到了与其相同的家庭，就称为匹配家庭，反之，是未匹配家庭或悬而未决家庭。对悬而未决家庭，由监督员决定其是匹配家庭还是未匹配家庭。然后对匹配家庭进行个人比较。比较的内容包括姓名和四个人口统计特征，即与户主的关系、年龄、性别和婚姻状况。对 10 岁以上的个人，如果在质量评估抽样调查表和普查表中至少有三个特征是类似的，就当作是匹配；对 11 岁以下的个人，如果在与户主的关系、年龄和性别中至少两个是类似的，那么这个人被当作是匹配。对未匹配家庭或个人进行现场确认。根据确认的结果，判断这些家庭或个人是否为质量评估抽样调查的多报或普查多报。

比较结束后，估计普查覆盖误差和内容误差。其中，前者包括估计普查漏报人数、普查漏报率、普查覆盖率、普查多报率、普查净误差率和普查总误差率；后者使用一致性率、总差异率、净差异率、不一致性指数和不一致性总指数估计性别、年龄、与户主关系、婚姻状况和宗教误差率。

（七）中国 2010 年普查事后质量抽查

我国自 1982 年起进行正式的每隔十年一次的人口普查质量评估（国务院人口普查办公室和国家统计局人口和就业统计司，2013；陈培培和金勇进，2014）。相比于加拿大、北欧国家（芬兰、挪威、瑞典、丹麦、冰岛）的人口行政记录，我国无论在数量上还是质量上均存在较大差距。因此，不具备使用人口统计分析、逆记录检查和行政记录比较进行人口普查质量评估的条件。截至 2010 年，我国一直是使用事后质量抽查（即质量评估抽样调查）对人口普查质量进行评估。

2010 年事后质量抽查按照全国总人口漏报率相对误差控制在 5% 以内，人口出生率相对误差控制在 6% 以内，人口死亡率相对误差控制在 8% 以内的目标，全国共抽取 402 个县级单位的 402 个调查小区，约 4 万户 12 万人。按分层、随机、等距、整群抽样方式抽取省级调查小区。根据样本资料估计人口漏报率，包括现有人口漏报率、常住人口漏报率、户籍人口漏报率；估计人口重报率，包括现有人口重报率、常住人口重报率、户籍人口重报率；估计人口净漏报率；估计出生人口和死亡人口漏报率；估计年龄和性别差错率。

三　小结与展望

从前面几个国家的人口普查质量评估可以看出，每一种评估方法都有它特定的使用范围与条件。其中，逆记录检查、行政记录比较和人口统计分析需要有健全的行政记录资料，而绝大多数发展中国家由于缺少这方面的资料，因而难以使用这三种方法。但是，质量评估抽样调查不受资料限制，无论是行政记录不健全的发展中国家，还是行政记录健全的发达国家都可以使用它。目前，世界上共有 126 个国家和地区进行人口普查及其质量评估，其中 96 个国家和地区在人口普查后进行质量评估抽样调查。

（一）小结

美国一方面在质量评估抽样调查中用双系统估计量构造实际人数估计量及人口普查净误差估计量；另一方面与之独立地用人口统计分析模型来估计实际人数，并将其作为前一结果的佐证。双系统估计量是通过移植统计学中用来估计封闭环境中某种自由移动的动物数量的有名的捕获—再捕获模型的方式来构造的；人口统计分析模型设法用人口的出生、死亡、迁移、医疗保险等有关的行政记录资料来获得实际人数的估计值。由于双系统估计量只能在人口普查登记概率相同的层内构造，所以需要对抽取的样本调查小区的人口按反映普查登记概率大小的标志做事后分层。很显然，在样本量一定的情况下，事后分层标志越多，每个事后层分配的样本量越少，估计的人数精度越低。为解决这个问题，美国在 2010 年设计了用 Logistic 回归模型实现事后分层目标的实施方案。再一方面由于普查与其质量评估抽样调查不独立引起的交互作用偏差使双系统估计量低估或高估实际人数和人口普查净误差。为解决交互作用偏差问题，美国在 2000 年进行了基于捕获—再捕获模型的三系统估计量实际人数估计实验。由于三系统估计量构造涉及的一系列复杂的理论和实践问题至今尚未得到很好的解决，因而到目前为止仍然未被美国普查局所采纳。

加拿大行政记录健全，为节约人口普查质量评估经费和节省评估时间，在人口普查质量评估中利用已有的人口行政记录资料，使用逆记录检查、普查重复研究和人口统计分析模型估计人口普查净误差及普查漏报人数和普查重复登记人数。

澳大利亚把人口普查净误差定义为应该在人口普查计数的质量评估抽样调查人数估计值与普查人数之差。这与美国的净误差定义完全不同。由于质量评估抽样调查覆盖人口总体的范围小于质量评估抽样调查与人口普查的组合体，因而由质量评估抽样调查资料构造的单系统估计量往往会低估实际人数。

英国使用双系统估计量未像美国那样增加一个事后分层环节，而是在事前分层中就考虑到人口普查登记的等概率分层问题。另外，先使用双系统估计量估计样本调查小区本身的实际人数，并计算样本调查小区估计的实际人数与其普查人数的比率；然后以这个样本比率逐步估计大范围的实际人数。为验证双系统估计量估计的结果，使用人口统计分析模型估计的相应结果作为参照数据。

新西兰质量评估抽样调查有三个显著特点：一是使用线性估计量而不是双系统估计量估计实际人数；二是质量评估抽样调查样本是从家庭劳动力抽样调查样本中抽取的；三是提供全国和各个地区以及不同类型人口的覆盖误差及其抽样误差的估计值。

我国从 1982 年人口普查起才开始正式的人口普查质量评估工作。由于起步较晚，因而不可避免地存在这样或那样的问题，例如未对抽取的样本做事后分层、未计算双系统估计量的方差，等等。我们应该向美国学习，将其先进的人口普查质量评估理论与方法引入，解决我们自己面对的质量评估问题。

（二）展望

根据人口普查质量评估发展的历史和目前的做法，笔者对未来人口普查质量评估发展趋势做出如下展望。

第一，用三系统估计量取代双系统估计量估计总体实际人数及人口普查净误差是人口普查质量评估发展的必然趋势。笔者的这一预言主要基于三点理由。理由之一：这是允分利用辅助信息的需要。双系统估计量只引进了人口普查这一种辅助信息而放弃了人口行政记录信息。三系统估计量能够把两种辅助信息同时利用起来，会比双系统估计量具有更高的精确度。理由之二：这是摆脱双系统估计量系统性偏误困扰的需要。系统性偏误是双系统估计量的一个致命缺陷，它是由于现实世界无法满足该估计量关于两个资料系统独立的要求造成的。三系统估计量方法中给出了三个资料系统之间各种不同类型统计关系下的无偏估计量公式，这就为双系统估计量的独立性要求松了绑。理由之三：三系统估计量的研究已经达到了投入使用的水平。从文献综述中看到，三系统估计量理论已经有了较大发展，并且积累了在特殊人群乃至区域人口中应用的足够的试点经验。这些理论与实践的研究成果表明，该方法已经具备了投入使用的条件。与此同时，我们也应该看到，由于三系统估计量无论在构造上还是在计算上都比双系统估计量要复杂得多，所以这种替代将需要一个过程。在这个过程中，要做好使用三系统估计量的各种准备，尤其是理论上的知识储备。另外，由于基于 Logistic 回归模型的三系统估计量比基于抽样后分层的三系统估计量复杂许多，所以先使用后者，待条件成熟后再逐步过渡到前者。

第二，美国将在 2020 年人口普查质量评估中首次使用基于抽样后分层的三系统估计量估计总体实际人数及人口普查净误差，以及使用单系统估计量估计普查多报人数和利用净误差、普查多报人数及普查漏报人数的数量关系间接估计普查漏报人数。双系统估计量和人口统计分析模型将只作为三系统估计量的补充。在 2030 年人口普查质量评估中，美国将在三系统估计量中引入 Logistic 回归模型，双系统估计量和人口统计分析模型将被淘汰。

第三，中国将在 2020 年人口普查质量评估中，使用分层整群多步抽样法抽取质量评估调查样本，使用设计效应测算人口普查质量评估调查样本量，估计人口普查净误差及普查多报与漏报人数。其中，净误差同时使用基于抽样后分层的三系统估计量和双系统估计量估计，普查多报人数使用比率估计量来估计，普查漏报人数使用覆盖总体普查漏报人口的合成估计量来估计。在 2030 年，中国将在人口普查质量评估中首次尝试使用基于 Logistic 回归模型的三系统估计量估计人口普查净误差。

第四，新西兰、英国、澳大利亚、加拿大、南非、乌干达等其他国家在未来 20—30 年内，仍将使用双系统估计量或人口统计分析模型估计人口普查净误差，使用单系统估计量估计普查多报人数及普查漏报人数。

第三节　人口普查质量评估抽样调查介绍

前文已述，质量评估抽样调查是评估人口普查登记质量的主要方法，在人口普查登记工作结束后 1—2 个月内进行。研究证实，这项调查比较复杂，任何一个环节出了问题，都会严重影响到人口普查净误差、人口普查多报与漏报人数估计的精度。为便于后续研究，本节先简要介绍一下人口普查的质量评估抽样调查的工作内容：

（1）抽取第一步样本。包括形成基本抽样单位（美国的街区群、中国的调查小区等）、对基本抽样单位分层（按规模、城乡、调查难度等）、在每一层等概率等距抽取基本抽样单位、确定未进入和进入第二步样本的每一个第一步基本抽样单位的抽样权数。

（2）编制住房单元地址目录。包括质量评估抽样调查人员现场核实第一步抽取的基本抽样单位中的每一个住房单元是否实际存在、为每一个基本抽样单位独立编制住房单元地址目录（含住房地址、建筑面积、建筑时间、内部设备、居住用还是商业用等）。

（3）抽取第二步样本。包括先对第一步抽取的基本抽样单位按新的标志重新分层，然后按照事先确定的样本量从第一步样本中抽取部分基本抽样单位以达到压缩第一步样本规模和节约调查经费的目的。

（4）初始住房单元比较和现场后续调查。包括计算机比较、手工比较、手工搜索、确认重复的住房单元、后续调查收集另外信息确认未匹配住房单元是未匹配还是可能匹配或者重复。

（5）目标延伸搜索。包括选出需要进行目标延伸搜索的基本抽样单位，在其周围构建环形区域（称之为延伸搜索区域），到延伸搜索区域进行搜索，以及明确目标延伸搜索的目的（节省搜索经费，提高普查正确登记率和质量评估调查匹配率）。

（6）进行第三步抽样。以由邻近若干住房单元构成的"片"为抽样单位，确定为什么要进行第三步抽样、对什么样的基本抽样单位进行第三步抽样以及怎样进行第三步抽样。

（7）进行个人调查。包括问卷设计、面访调查、电话调查、获得普查日居住在样本住房单元的人口名单及质量评估抽样调查时居住在同一样本住房单元的人口登记名单。

（8）个人比较和后续调查。包括 E 样本与 P 样本的定义及形成、比较匹配住房单元的 E 样本与 P 样本、对未匹配人口组织后续调查收集额外信息再次比较、对比较结果的最终认定。

（9）缺失数据的插补。包括住房单元未调查、人口统计特征遗漏、个人比较结果悬而未决的确认等，缺失数据的插补技术。

（10）人口普查净误差估计。包括对总体人口分层、分层变量选择、双系统估计量七个构成部分的估计、构造双系统估计量的方法、双系统估计量的方差估计、人口普查净误差及其方差估计、人口普查覆盖修正因子、区域人数的合成估计量及其方差估计量。

（11）人口普查多报与漏报估计。包括普查多报人口的范围、与普查多报估计有关的普查登记人数等指标、构造在普查中登记的属于普查目标总体人数的比率估计量、普查登记信息完整人数、普查多报估计量及其方差估计量、普查净误差与普查多报及漏报的数量关系、普查漏报的间接估计及其方差估计。

用图 1 表示上述质量评估抽样调查工作流程：

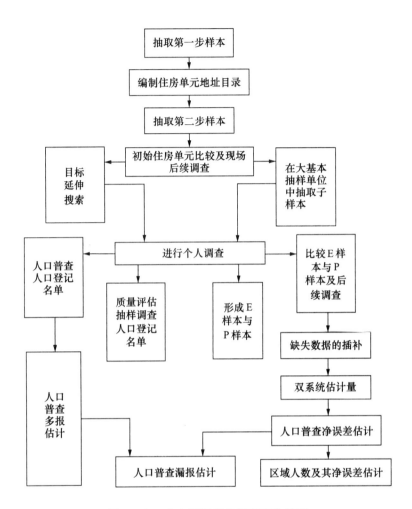

图1　人口普查质量评估调查工作流程

第一章　人口普查的登记质量

第一节　人口普查登记质量的考察点

一　人口总数计数的登记质量和登记项目内容的质量

人口普查登记的质量，广义地说，除包括人口总数计数的登记质量外，还包括登记项目内容的质量。

所谓人口总数计数的登记质量指的是，所发生的登记错误会导致人口总数计数的错误。例如，登记的对象其实不是目标总体的成员（所做的登记为虚构、所做的登记为普查时点前死亡的人或普查时点后出生的人、重复的登记等）会使算出的人口总数多于实际的人口总数；遗漏会使算出的人口总数少于实际的人口总数。

所谓登记项目内容的质量指的是，对人口的某个或某些特征所做的登记不正确。它只会导致人口结构的计数错误，而不会影响人口总数计数的正确性。例如，对确属目标总体成员的性别、年龄、职业等调查项目所做的登记不正确，只会导致算出的人口性别结构、年龄结构、职业结构不正确，而不会对人口总数计数的正确性产生影响。有人在研究我国历次人口普查数据资料时发现，同一个出生年份的人数在两次人口普查之间发生了逻辑性矛盾（例如，这些人在前一次普查时年龄是 40 岁，到 10 年后的下一次普查时是 50 岁，在基本上没有外来移民的我国，后面一次普查时 50 岁人口的数目如果大于前一次普查时 40 岁人口的数目便属于逻辑性矛盾）。这种问题与"出生时间"这一调查项目的登记质量有关。

二　人口普查登记质量的考察点

从人们的愿望来说，在评估人口普查登记质量的时候，对于影响人口总数计数的登记质量以及登记项目内容的质量这两个方面都应该考察。但是，由于考察登记项目内容的质量难度较大，所以世界各国在人口普查质量评估中主要是考察影响人口总数计数的登记质量。本书后面所说的"人口普查登记质量"仅仅是指影响人口总数计数的登记质量。

第二节　人口普查登记质量的诸种状态

一　所做的登记是否属于目标总体

人口普查目标是对人口普查标准时点上的目标总体中的全部人口计数。这就要求，对人口普查标准时点上的目标总体中的人口一一进行登记。但是，在人口普查中的某些"对人口的登记"所针对的却有可能并不是人口普查标准时点上的目标总体中的人口。于是，人口普查中所做的人口登记，就存在下列两种质量状态。

第一，属于目标总体的登记。它是指人口普查中所做的人口登记确系人口普查标准时点上的目标总体中的人口。

第二，不属于目标总体的登记。它是指人口普查中所做的人口登记其实并不是人口普查标准时点上目标总体中的人口。具体来说，包括四种情况：（1）该登记并不对应一个实际上存在的人，例如把宠物当作人登记；（2）该登记为重复登记，例如，某人在三个地点进行了登记，其中两个为重复登记；（3）该登记是一个在普查标准时点后出生或迁入的人；（4）该登记是一个在普查标准时点前死亡或迁出的人。

二　所做的登记是否信息完全

人口普查中编制了以居民户为单位填写的人口普查登记表。该表要求填写该住户每一名常住人口或现住人口的若干个调查项目以用来反映每个人的基本特征，例如姓名、性别、出生年月、民族、与户主的关系等。如果完整无遗漏地填写了人口普查登记表中要求填写的所有调查项目的信息，我们就把这样的登记叫作信息完全的登记。信息完全的登记是明确定义一个人的必要条件。但是，在人口普查登记表的填写结果中，并不是所有进行登记的人口成员的信息是完全的。我们把这方面的质量状态划分为三种情况：调查项目信息完整无缺；调查项目信息有遗漏但是尚能定义登记者；调查项目信息无法定义登记者。

第一，调查项目信息完整无缺。它是指对一个人口成员所做的登记完整无遗漏地填写了人口普查登记表中要求填写的所有调查项目。

第二，调查项目信息有遗漏但尚能定义登记者。它是指对一个家庭成员所做的登记遗漏了普查登记表中要求填写的一些调查项目，但是填写了姓名以及姓名之外的至少一个项目。

第三，调查项目信息无法定义登记者。它是指对一个人口成员所做的登记遗漏了姓名这一最基本的调查项目或者是只填写了姓名而遗漏了姓名之外的所有调查项目。

上面三种情况中所说的"对一个人口成员所做的登记"，包括属于目标总体的登记以及不属于目标总体的登记。显然，对于信息不完全的登记，只有等到对其进行进一步的后续调查把信息补充完全了以后，才能确认它究竟是否属于目标总体的登记。

我们在这里说到了对信息不完全的登记进行后续调查以求把信息补充完全的问题。事实上，在实际操作中，这种后续调查通常只是针对上述第二种情况。对于调查项目信息无法定义登记者的情况，因其最基本的信息缺失，以致后续调查往往会无从下手。另外，对上述第二种情况进行后续调查最终的结果，有可能仍然未能把信息补充完全，以致我们仍然无法判定这个登记究竟是否属于目标总体而使其成为一项悬而未决的登记。对于实际操作中的上述两个问题如何处理，我们将在讨论用样本资料构造估计量的时候再研究。

三　所做的登记其登记地点是否正确

什么是一个人的登记地点呢？世界上所有进行人口普查的国家和地区都是以这样或那样的由居民户的群形成的调查小区为登记范围来开展工作的。例如：在我国，这种调查小区是在城市居委会下属范围内以及农村村委会下属范围内以一个调查员所能够胜任的调查工作量为依据，通过地图作业的方法划分出来的；在美国，这种调查小区是所谓的街区，美国普查局编制有全国的街区地图。人口普查质量评估调查是通过抽取样本来进行的。在我国，是以调查小区为单位抽取样本；在美国，是以街区群为单位抽取样本（街区群由一个或几个地理位置上相邻近的街区构成）。我们考察一个人的登记地点是否正确，是人口普查质量评估调查中的事情，因此用进行人口普查质量评估调查所确定的第一级抽样单位来定义每一个普查登记的登记地点。又如：在我国，是用调查小区来定义登记地点；在美国，是用街区群来定义登记地点。把这种用第一级抽样单位定义的登记地点叫作区域性登记地点。

人口普查要求，目标总体中的每一个人，应该在他（她）的常住地进行登记。如果一个人所登记的居住地的寓所地址就是他（她）的常住地寓所，或者与其常住地寓所属于同一个区域性登记地点，我们说这个登记的登记地点是正确的；如果一个人所登记的居住地寓所地址不属于其常住地寓所所在的区域性登记地点，那么这个登记的登记地点就是错误的。

有的国家（如美国）在进行人口普查质量评估时还规定有所谓目标延伸搜索办法。按照目标延伸搜索办法规定，如果一个人所登记的居住地的寓所地址在他（她）的常住地所在街区群或者是常住地所在街区群周围的一个适当的环形区域内，那么这个登记的登记地点也是正确的；如果不是这样，这个登记的登记地点就是错误的。

考虑一个登记的地点是否正确，通常仅仅是针对属于目标总体的登记来说的。固然，对于不属于目标总体的登记，也存在登记的地点是否正确的问题，不过，既然这个登记本身是错误的（因为其不属于目标总体），因此就没有必要再去讨论登记地点是否正确的问题了。

对于信息不完全的登记，通过对其后续调查把信息补充完全后会发现其中那些属于目标总体的登记也会区分出地点正确的登记和地点不正确的登记两种情况。我们把它们分别叫作信息不完全的地点正确登记和信息不完全的地点错误登记。

第三节　人口普查计数结果按质量状态划分的结构

一　人口普查计数结果按质量状态划分的结构

图1-1表明各种状态登记计数互相之间的关系、各种状态登记计数与普查登记人数之间的关系、各种状态登记数以及普查登记人数与目

标总体实际人数之间的关系。

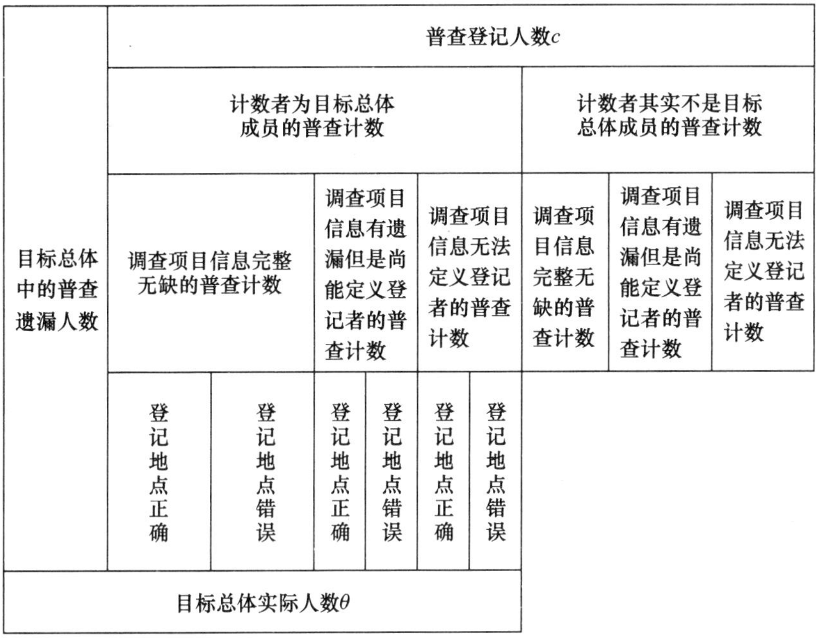

普查登记人数c						
	计数者为目标总体成员的普查计数			计数者其实不是目标总体成员的普查计数		
目标总体中的普查遗漏人数	调查项目信息完整无缺的普查计数	调查项目信息有遗漏但是尚能定义登记者的普查计数	调查项目信息无法定义登记者的普查计数	调查项目信息完整无缺的普查计数	调查项目信息有遗漏但是尚能定义登记者的普查计数	调查项目信息无法定义登记者的普查计数
	登记地点正确	登记地点错误	登记地点正确	登记地点错误	登记地点正确	登记地点错误
目标总体实际人数θ						

图 1-1 人口普查计数结果按质量状态划分的结构

图 1-1 中的"普查登记人数"就是直至人口普查质量评估调查工作开始时质量评估调查工作中心所掌握的人口普查登记人数,它不含"后期完成计数"的人数。所谓"后期完成计数"的人,是指那些直至人口普查质量评估调查工作开始时,其应当进行的人口普查登记工作尚未完毕或是虽然登记完毕但是个人普查登记资料尚未送达质量评估调查工作中心的人。显然,这些人虽然是人口普查登记人口的一部分,但是这要等到将来才能够把他们加进来。在人口普查质量评估调查工作开始时,质量评估调查工作中心所掌握的人口普查登记人口中是不包括这些人的。在图 1-1 中普查登记人数用 c 表示。事实上,对人口规模的观测结果是一个随机变量,实际发生的普查登记人数则是这个随机变量的一个样本观察值。如果说 c 是样本观察值的话,那么我们把它的母体记作随机变量 C。

与质量评估中心此时所掌握的人口普查登记人数的此种口径相对

应，我们用来作为计算人口普查净误差基准的"目标总体实际人数"中自然也不应该包括后期完成计数的人数这部分登记数中那些确属目标总体成员的人。为了计算人口普查净误差，今后我们要讨论怎样用样本资料来估计目标总体实际人数。那时所估计的，其实也不是完整的目标总体实际人数，而是从目标总体中剔除了与后期完成计数的普查登记数相应的目标总体人数之后的人数。用记号 θ 表示不包含后期完成计数的人数的目标总体实际人数。

二 人口普查计数结果的若干基本关系

从显示人口普查计数结果质量状态结构图 1 - 1 中可以看到下列基本关系。

第一，普查登记人数 c。它包括目标总体成员的计数和不是目标总体成员的计数这两部分，即：

$$\begin{array}{c}普查登记\\人数\ c\end{array} = \begin{array}{c}计数者为目标总体\\成员的普查计数\end{array} + \begin{array}{c}计数者其实不是目标\\总体成员的普查计数\end{array} \quad (1.1)$$

第二，计数者为目标总体成员的普查计数。它包括所登记的调查项目信息完整性不同的三种情况：调查项目信息完整无缺；调查项目信息有遗漏但是尚能定义登记者；调查项目信息无法定义登记者。这也就是下面的关系式：

$$\begin{array}{c}计数者为目标\\总体成员的\\普查计数\end{array} = \begin{array}{c}计数者为目标\\总体成员且调查\\项目信息完整\\无缺的普查计数\end{array} + \begin{array}{c}计数者为目标总体成员\\但是调查项目信息有\\遗漏不过尚能定义\\登记者的普查计数\end{array}$$

$$+ \begin{array}{c}计数者为目标总体成员\\但是调查项目信息无法\\定义登记者的普查计数\end{array} \quad (1.2)$$

第三，计数者其实不是目标总体成员的普查计数。它包括所登记的调查项目信息完整性不同的三种情况：调查项目信息完整无缺；调查项目信息有遗漏但是尚能定义登记者；调查项目信息无法定义登记者。这也就是下面的关系式：

$$计数者其实不是 \atop 目标总体成员的 \atop 普查计数 = 计数者其实不是 \atop 目标总体成员但是 \atop 调查项目信息完整 \atop 无缺的普查计数 + 计数者其实不是目标 \atop 总体成员且调查项目 \atop 信息有遗漏但尚能定义 \atop 登记者的普查计数$$

$$+ 计数者其实不是目标 \atop 总体成员且调查项目 \atop 信息无法定义登记者的 \atop 普查计数 \qquad (1.3)$$

第四，计数者为目标总体成员且调查项目信息完整无缺的普查计数。它分为登记地点正确和登记地点错误两种情况，即：

$$计数者为目标总体 \atop 成员且调查项目 \atop 信息完整无缺的 \atop 普查计数 = 计数者为目标 \atop 总体成员、调查 \atop 项目信息完整 \atop 无缺且登记地点 \atop 正确的普查计数 + 计数者为目标 \atop 总体成员、调查 \atop 项目信息完整 \atop 无缺但登记地点 \atop 错误的普查计数 \qquad (1.4)$$

第五，计数者为目标总体成员但是调查项目信息遗漏不过尚能定义登记者的普查计数。它也分为登记地点正确和登记地点错误两种情况，即：

$$计数者为目标总体 \atop 成员但是调查项目 \atop 信息有遗漏不过 \atop 尚能定义登记者的 \atop 普查计数 = 计数者为目标总体 \atop 成员但是调查项目 \atop 信息有遗漏不过尚能 \atop 定义登记者且登记 \atop 地点正确的普查计数 + 计数者为目标总体 \atop 成员但是调查项目 \atop 信息有遗漏不过尚能 \atop 定义登记者且登记 \atop 地点错误的普查计数$$

$$(1.5)$$

第六，计数者为目标总体成员但是调查项目信息无法定义登记者的普查计数。它也分为登记地点正确和登记地点错误两种情况，即：

$$计数者为目标总体 \atop 成员但是调查项目 \atop 信息无法定义 \atop 登记者的普查计数 = 计数者为目标总体 \atop 成员但是调查项目 \atop 信息无法定义 \atop 登记者且登记地点 \atop 正确的普查计数 + 计数者为目标总体 \atop 成员但是调查项目 \atop 信息无法定义 \atop 登记者且登记地点 \atop 错误的普查计数 \qquad (1.6)$$

第七，目标总体实际人数 θ。它包括计数者为目标总体成员的普查计数以及目标总体中的普查遗漏人口，即：

$$
\underset{实际人数\,\theta}{目标总体} = \underset{成员的普查计数}{计数者为目标总体} + \underset{普查遗漏的人口}{目标总体中} \tag{1.7}
$$

式（1.7）的第一项包括调查项目信息完整无缺、调查项目信息有遗漏但是尚能定义登记者、调查项目信息无法定义登记者这三种情况中的登记地点正确的人数和登记地点错误的人数。也就是说，我们可以把式（1.4）、式（1.5）、式（1.6）依次相加后一同代入式（1.7）的第一项。

第四节　人口普查的效果

一　用随机试验的观点看人口普查

人口普查的目标是测量人口总体（全国人口）的规模。为实现该目标，需要在给定的初始条件（一组控制不变的条件）下进行有效的操作。给定的初始条件是：社会历史环境（特定的国家，特定的年代）；实施人口普查的工作方案；实施人口普查的组织机构和工作人员队伍。

由于人口规模的测量十分复杂，测量工作除了受上述初始条件的影响，还受到许多其他未被控制的因素的影响，因此测量结果具有多种可能。在测量工作结束之前，出现何种结果不能确定。所以人口普查是由给定的初始条件所定义的随机试验，人口普查的结果（人口普查登记的人数 C）是一个随机变量。

随机变量 C 服从何种分布？在绪论中我们曾举过测量天体距离的例子。测量天体距离的结果服从正态分布。这是因为，测量天体距离结果的不确定性是由大量均匀小的偶然因素导致的，这样的试验背景决定了试验结果分布的正态性。人口普查则不然。导致人口普查结果不确定性的那些未被控制的影响因素中，除均匀小的偶然因素外，还有许多具有举足轻重影响作用的因素，例如，居民对普查登记项目的理解能力、居民的流动状况、居住地的地理环境，等等。此类因素各自都会对分布规律产生重要影响。因此，人口普查结果（人口普查登记的人数 C）的分布规律未知。

二 在评价意义上层次不同的几种描述人口普查效果的特征数

评价人口普查的效果,可以对人口普查实际获得的结果进行直接的评价,也可以从人口普查工作的角度进行间接的评价——如果工作状态较好,那么工作的结果当然也应该比较可信。这样,我们就可以设计出在评价意义上层次不同的一些描述人口普查效果的特征数。

(一)人口普查净误差

(1)人口普查总体净误差。它是从人口普查结果为随机变量的角度所定义的人口普查误差。记目标总体实际人数为 θ,人口普查的结果(人口普查登记的人数)为 C,则人口普查总体净误差(记作 ξ)定义为:

$$\xi = C - \theta \tag{1.8}$$

由于人口普查的结果(人口普查登记的人数)C 是随机变量,所以人口普查总体净误差 ξ 也是随机变量。

在这里,要把"目标总体实际人数 θ"与"人口普查总体净误差 ξ"两个用语中"总体"一词的含义区别开来。简单地说,在社会经济统计调查中所说的"总体"与数理统计学中所说的"总体"具有不同的含义。在社会经济统计调查中是把调查任务规定范围内的全体统计单位叫作总体(调查对象总体),而在数理统计学中则是把具有特定概率分布的随机变量叫作总体。就我们现在的问题举例来说:在一所结构复杂的房子里停留着不停地移动位置的某一劳动组织的全体成员 20 人,另外房子中还有不属于该劳动组织的其他人。现在要到该房子里调查该劳动组织的人数。这一调查任务要求我们对房子中该劳动组织的全体成员进行调查(清点人数),这些成员(统计单位)组成了调查对象总体,它是我们的目标总体。那么,清点人数的结果会是什么样子的呢?由于清点工作的复杂性,既可能会发生重复计数,也可能会发生遗漏,还可能会把不属于该劳动组织的人计算在内。结果,我们最后得出的数字不一定是 20,而可能是 18、19……,也可能是 21、22……,所有的这些可能性各自具有其确定的出现概率。可见,清点人数的结果是一个具有上述特定概率分布的随机变量,它是属于数理统计学范畴的总体。这个随机变量与 20 相减之差我们称之为清点人数工作的总体误差。

(2)人口普查总体净误差的样本值。它是指实际发生的人口普查登记的人数与目标总体实际人数之差。记目标总体实际人数为 θ，实际发生的人口普查登记人数为 c，则人口普查总体净误差的样本值（记作 e）定义为：

$$e = c - \theta \qquad (1.9)$$

在这里，实际发生的人口普查登记人数 c 是式（1.8）中随机变量 C 的样本值，θ 是常数，所以 e 是随机变量 ξ 的样本值。由于 θ 未知，所以人口普查总体净误差的样本值 e 是无法计算的。

人口普查总体净误差的样本值 e 通常简称为"人口普查净误差"。请注意，我们所说的人口普查净误差指的是计数误差（而不是指调查项目登记内容的误差）。计数误差是指在人口普查中由于遗漏了目标总体中的人口，以及发生了对不属于目标总体对象进行登记而导致的普查登记人数与目标总体实际人数的差异。

把式（1.1）和式（1.7）代入式（1.9）得到：

$$
\begin{aligned}
\text{人口普查净误差 } e &= \left(\begin{array}{c} \text{计数者为目标} \\ \text{总体成员的} \\ \text{普查计数} \end{array} + \begin{array}{c} \text{计数者其实不是} \\ \text{目标总体成员的} \\ \text{普查计数} \end{array} \right) \\
&\quad - \left(\begin{array}{c} \text{计数者为目标} \\ \text{总体成员的} \\ \text{普查计数} \end{array} + \begin{array}{c} \text{目标总体中的} \\ \text{普查遗漏人口} \end{array} \right) \\
&= \begin{array}{c} \text{计数者其实不是} \\ \text{目标总体成员的} \\ \text{普查计数} \end{array} - \begin{array}{c} \text{目标总体中的} \\ \text{普查遗漏人口} \end{array} \qquad (1.10)
\end{aligned}
$$

式（1.10）表明，人口普查净误差实际上是"计数者其实不是目标总体成员的普查计数"与"目标总体中的人口"二者相抵的结果。我们把"计数者其实不是目标总体成员的普查计数"与"目标总体中的普查遗漏人口"叫作人口普查净误差的两个构成成分。

（3）人口普查实际误差的估计。在人口普查实际误差式（1.9）中，c 是已知数，θ 是未知量。所以，估计人口普查实际误差式（1.9）要解决的是怎样估计 θ。一旦得到了 θ 的估计量 $\hat{\theta}$，那么人口普查实际误差的估计量就是式（1.11）：

$$\hat{e} = c - \hat{\theta} \qquad (1.11)$$

从原则上说，如果将某次人口普查独立重复进行 n 次，那么便可以

将这 n 个普查结果的简单算术平均数作为 θ 的一个估计值。然而，从操作上来说，某次人口普查最多只能重复进行两次（其中的第一次指的是正式的人口普查，第二次指的是质量评估调查）。用这两次独立重复进行的人口普查结果构造的双系统估计量 DSE 是 θ 的无偏估计。于是这时有：

$$\hat{e} = c - DSE \tag{1.12}$$

式（1.12）中的 DSE 要用两套全面普查结果的资料来构造。但是，在实际操作中，质量评估调查是从住房单元总体中抽取概率样本进行的，于是构造 DSE 使用的资料就从全面普查资料"退步"成了目标总体的概率样本资料。用这样的资料构造的双系统估计量其实是式（1.12）中的 DSE 的估计量。这时式（1.12）应该改写成：

$$\hat{e} = c - \widehat{DSE} \tag{1.13}$$

（二）人口普查平均差

（1）人口普查平均差的概念。把人口普查结果记作随机变量 X，人口普查平均差指的是随机变量 X 的平均差，它定义为：

$$M.D.(X) = E|X - E(X)| \tag{1.14}$$

人口普查平均差描述了人口普查结果全体可能发生的数值的散布特征。这种特征被定义为人口普查的精确度。

（2）人口普查平均差的估计。独立重复地进行两次人口普查。第一次叫作正式的人口普查，其结果为随机变量 C，第二次叫作"再普查"，其结果为随机变量 REC。这样我们便有了一个容量为 2 的简单随机样本。用这个样本的平均差作为总体平均差（随机变量 X 的平均差）的一个估计：

$$\widehat{M.D.(X)} = \frac{1}{2}(|C - E(C)| + |REC - E(REC)|)$$

$$= \frac{1}{2}[\max(C, REC) - \min(C, REC)] \tag{1.15}$$

（3）用人口行政记录的推算数字充当"再普查"的结果。用行政记录推算全国人数的方法有多种。美国的"人口统计分析模型"是其中比较有代表性的一种。在 1960 年、1970 年、1980 年、1990 年、2000 年和 2010 年，美国普查局同时使用人口统计分析模型和双系统估计量推算人数，并把前者推算的人数作为验证后者推算的人数精度的重要依据。

美国 2000 年的"人口统计分析模型"把全国人口划分为 0—64 岁人口和 65 岁及以上人口两个部分，分别推算这两部分的人数，然后把它们加起来得到对全国 2000 年普查日人数的推算结果。其中，0—64 岁人数用式（1.16）来推算。

$$
\begin{array}{c}
\text{推算} \\
\text{0—64 岁} \\
\text{人数}
\end{array}
=
\begin{array}{c}
\text{自 1936 年} \\
\text{以来出生} \\
\text{人数}
\end{array}
-
\begin{array}{c}
\text{自 1936 年} \\
\text{以来出生后} \\
\text{死亡人数}
\end{array}
+
\begin{array}{c}
\text{自 1936 年} \\
\text{以来出生后} \\
\text{从国外迁来} \\
\text{国内人数}
\end{array}
-
\begin{array}{c}
\text{自 1936 年} \\
\text{以来出生后} \\
\text{从国内迁往} \\
\text{国外人数}
\end{array}
$$

$$（1.16）$$

而 65 岁及以上人数用式（1.17）来推算：

$$
\begin{array}{c}
\text{推算的 65 岁及} \\
\text{以上人数}
\end{array}
=
\begin{array}{c}
\text{参加医疗保险的} \\
\text{65 岁及以上人数}
\end{array}
+
\begin{array}{c}
\text{估计未参加医疗} \\
\text{保险的 65 岁及} \\
\text{以上人数}
\end{array}
\qquad（1.17）
$$

在美国应用"人口统计分析模型"的实际操作中，式（1.16）和式（1.17）所需要的有关数据的获取方法简要介绍如下：

第一，出生人数。它由美国健康统计中心系统提供。这个系统自 1933 年开始提供全国的出生人口总数。由于出生人数在式（1.10）中占的比例最大，所以出生人数相对小的误差对人口推算值的影响也将是很显著的。为了获得尽量准确的出生人口数据，美国分别于 1940 年、1950 年和 1964—1968 年对健康统计中心系统登记的出生人口的完整性使用小规模调查进行了测试并计算了校正因子，分别为 92.5%、97.9% 和 99.2%。校正因子定义为：目前登记的出生人数除以实际应该登记的出生人数。测试年的校正因子根据小规模调查数据计算；根据测试年的数据，用插值法和外推法计算其他年份的校正因子；用各年的校正因子对健康统计中心系统登记的当年出生人数进行校正，得到各年出生人数的校正值。

为了使人口统计分析模型估计的人数与人口普查登记人数具有可比性，必须确保出生人口与人口普查登记人口种族分类的一致性。换句话说，同一个人出生时在健康统计中心登记的种族和在人口普查时登记的种族必须相同。美国出生者的种族由其父亲或母亲决定。如果父亲和母亲属于同一种族，就不会发生任何分类问题，否则就可能会发生问题。

分类错误虽然不影响人口总数的计数结果，但却影响不同种族人数的计数。1989 年，美国健康统计中心系统为出生者的种族分类制定了"母亲规则"，明确规定母亲的种族就是出生者的种族而不管其父亲的种族。

第二，死亡人数。它也由美国健康统计中心系统提供。死亡人口比出生人口登记完整。除婴儿死亡外，其他死亡者在这个系统中都能及时登记。据估计，1960 年以前死亡的婴儿，未登记的比例只有出生婴儿未登记比例的 50%。对少量未登记的死亡者，通常用适当的推算方法来估计。

第三，从国外迁入国内的人数。它等于"合法移民人数"和"其他移民人数"之和。合法移民由移居美国的合法永久性居民、来自波多黎各的净迁入居民、临时居住在美国但尚未办理签证的外来移民（留学生、季节性工人，但不包括旅行者和生意人）、临时迁入美国居住的美国公民（美国驻海外大使馆官员家属）和美国海外净迁入军人组成。其他移民由未经授权移民（签证到期后可能成为非法移民）、非法移民和难民等构成。

在从国外迁入国内的人数中，包括：

其一，合法永久性居民迁入人数。这类移民占合法移民人口总数的比例最大。合法永久性居民迁入人数来自美国"移民和入国籍服务系统"的行政记录。《移民和入国籍法案》把合法迁移定义为一个过程。通过这个过程，非美国公民取得了合法永久性居民资格。美国普查局把合法永久性移民分为三类：新来美国的移民、移民状态身份由悬而未决转为合法永久性居民（如特殊农业工人、1982 年以前迁入美国者），以及受庇护者和难民。与其他迁入人口相比，由行政记录提供的合法永久性居民的人数是很准确的。

其二，来自波多黎各的净迁入人数。这部分只能估计，并且估计的不确定性很大。1990 年前，每年净迁移人数根据波多黎各普查人数和在波多黎各出生的但居住在美国的居民人数的比例估计。1990—2000年每年净迁入人数在 1980 年净迁入人数基础上进行连续预测得到。

其三，临时迁入的外国居民人数。它包括为特殊目的而临时居住在美国的外国留学生、季节性工人，但不包括旅游者和生意人。通过这些国外出生的，非美国公民、上大学、居住在美国不足三年等特征的确认来估计其人数。

其四，临时迁入的海外美国公民人数。有些美国公民在国外工作，其中一些人因为某种原因临时迁入美国居住。其数据来源有二：一是由美国国防部提供的美国海外军人家属花名册；二是由联邦人事管理办公室提供的海外美国联邦雇员花名册。

其五，美国海外军人净迁入人数。数据来源渠道有三：一是由美国国防部提供的驻扎在海外的美国军人花名册；二是由美国国防部提供的驻扎在海外的美国军人死亡花名册；三是由美国国防部提供的海外新招聘的军人花名册。这些花名册非常完整、准确，是可靠的行政记录。

其六，其他迁入移民人数。这部分人数根据美国 2000 年人口普查时的外国出生人数及死亡、迁出居民人数估计值推算得到。这里的外国出生指的是出生时不是美国公民但以后迁入美国的公民。其计算公式为：其他移民迁入人数 = 美国 2000 年国外出生者普查人数 −［合法迁入移民人数 −（合法迁入移民死亡人数 + 合法迁入移民迁出人数）］− 临时合法迁入移民人数。

第四，从国内迁入国外的人数。它等于"外国出生的合法美国居民人口总数"与"不同年龄组迁出者加权迁出平均比例"的乘积之和。前者由美国普查局提供；后者先连续抽取若干年不同年龄组外国出生者样本，并计算迁出者样本比例，然后以各个年龄组外国出生者人数为权数计算迁出者加权样本平均比例，最后将前者与后者相乘即可。

第五，65 岁及以上人数。这类人口由"参加医疗注册者"和"未参加医疗注册者"组成。"参加医疗注册者人数"来源于美国医疗融资管理中心提供的行政记录数据。虽然医疗注册系统很完整，但考虑到有些人可能遗漏，因而对其登记的医疗注册人数进行定期或不定期修正还是必要的。"未参加医疗注册者人数"根据医疗注册系统覆盖范围的调查估计值及参加医疗注册者进入该系统时的年龄估计。

在人数估计工作中使用行政记录资料有两个基本条件：一是所需要的行政记录有没有；二是它的质量怎么样。例如，2010 年 0—64 岁的人是 1946 年以来出生的，但在新中国成立前以及成立初期，我国基本上是没有人口出生和死亡行政记录登记的，所以 2010 年我国不具备使用"人口统计分析模型"方法推算 64 岁及以下年龄的人数的条件。再如，美国在 1980 年人口普查质量评估中使用"人口统计分析模型"估计的人数精度较低。其中一个重要的原因是当时有大量非法移民进入美国。这些人为了逃避美国当局遣送回国而拒绝提供任何个人信息，因而使得人口迁入行政记录的质量受到了很大的影响。

第二章　捕获—再捕获模型的统计学原理

捕获—再捕获模型是双系统估计量的理论基础。这里的捕获相当于人口普查,再捕获相当于人口普查质量评估调查,两次都捕获到的动物相当于同时被人口普查与质量评估调查登记的人口,动物总体相当于人口普查目标总体,估计动物总体规模相当于估计普查总体人数。这样一来,估计动物数目的捕获—再捕获模型通过一定的技术手段可以移植到人类总体构造双系统估计量。

第一节　捕获—再捕获模型的内容

一　捕获—再捕获模型概述

捕获—再捕获模型是为了解决这样一类问题提出来的:假若有一个封闭的鱼塘,里面养了很多鱼,我们想要知道鱼的数目。当然,可以把鱼捕捞上来数一数。但问题是,我们没办法做到把鱼塘中的鱼全部捕捞上来,进行全数的清点。所以,用这个简单而笨重的办法无法解决问题。研究人员发明的"捕获—再捕获"模型(Cormack,1989;Kenneth,2000;Anne Chao,2001)提供了解决这个问题的工具。

这个工具的使用方法是:先对鱼塘中的鱼进行一次捕捞,捕捞上来后一方面登记鱼的数目,另一方面为这些鱼涂上不会被水冲掉的记号,然后把它们放回鱼塘;待池塘中的鱼混合均匀后,再进行一次捕捞,捕捞上来后,一方面记下它们的数目,另一方面记下其中涂有记号的鱼的数目。于是,用第二次捕捞上来的鱼中涂有记号的鱼所占比例的倒数乘以第一次捕捞上来的鱼的数目,便得到池塘中鱼的数目的估计。

捕获—再捕获模型可以按两大标准进行分类。按捕获次数的多少,分为两样本捕获—再捕获模型和多样本捕获—再捕获模型（John et al.，1993）。按总体是否开放分为封闭捕获—再捕获模型和开放捕获—再捕获模型。迄今为止，所有国家在人口普查质量评估中使用的是基于两样本封闭捕获—再捕获模型的双系统估计量。杨贵军等（2011）做过两样本封闭捕获—再捕获模型模拟研究。研究表明，只有当两次捕获的个体数目接近总体规模时，使用该模型估计的总体个体数目的精度高。

捕获—再捕获模型可以追溯到拉普拉斯 1786 年所写的一篇论文（Seber，1982）。在 1802 年，拉普拉斯利用出生登记册和全面调查资料构造的捕获—再捕获模型估计法国人口数。虽然那时这个模型在理论上还存在瑕疵，但它得到的结果比人口普查全面计数的精度还要高。

为捕获—再捕获模型推广应用作出杰出贡献的是丹麦的卡尔·乔治·约翰尼斯·彼得森和美国的弗雷德里克·林肯。彼得森是一位渔业生物学家，为了研究鱼的数目估计，他发明了给鱼做记号的黄铜标签。在 1896 年研究鲽鱼迁移规律时，他发现被渔夫捕获到的鱼中做上记号的鱼的数目比例是估计动物总体规模的基础（Petersen，1896）。这项工作成果是捕获—再捕获模型发展史上的里程碑。林肯毕生研究鸟类，负责生物调查鸟类绑带工作。在 1930 年的一篇论文中，他用自己发明的绑带恢复模型估计水鸟数目（Lincoln，1930）。

随着捕获—再捕获模型研究的深入，该模型逐步应用到人类总体规模估计及人口普查质量评估。

二　捕获—再捕获模型的研究对象与符号设定

这里所说的捕获—再捕获模型指的是捕捞数目不固定、封闭环境下的二系统模型。研究的问题是池塘中鱼的数目估计。

设 N 是池塘中鱼的数目，$n_{1\cdot}$ 是第一次捕捞上来的鱼的数目，$n_{\cdot1}$ 是第二次捕捞上来的鱼的数目，$n_{2\cdot}$ 是第一次捕捞中未出现的鱼的数目，$n_{\cdot2}$ 为第二捕捞中未出现的鱼的数目，n_{11} 是在第一次捕捞和第二次捕捞中都出现的鱼的数目，$n_{12}=n_{1\cdot}-n_{11}$ 是在第一次捕捞中出现而在第二次捕捞中未出现的鱼的数目，$n_{21}=n_{\cdot1}-n_{11}$ 是在第二次捕捞中出现而在第一次捕捞中未出现的鱼的数目，n_{22} 是第一次捕捞和第二次捕捞均未出现的鱼的数目。将这些数据编排成一个 2×2 列联表，如表 2-1 所示。

表 2 – 1　　　　　　　　捕获—再捕获中出现的鱼的数目

		是否在第二次捕捞中出现		合计
		出现 （$j=1$）	未出现 （$j=2$）	
是否在第一次捕捞中出现	出现 （$i=1$）	n_{11}	n_{12}	$n_{1\cdot}$
	未出现 （$i=2$）	n_{21}	n_{22}	$n_{2\cdot}$
合计		$n_{\cdot 1}$	$n_{\cdot 2}$	N（未知）

三　捕获—再捕获模型估计量

用捕获—再捕获中出现的鱼的数目来估计池塘中鱼的总数 N 的公式如下：

$$\hat{N} = n_1 \cdot \left(\frac{n_{\cdot 1}}{n_{11}} \right) \tag{2.1}$$

毕晓普等（Bishop et al.，1975）在《离散多元分析：理论与实践》一书中给出了上述估计量。下面解读其中的内容。

（一）试验背景

假定我们所关心的封闭鱼塘对应着一个想象中的能够无限重复地进行发生球的随机试验机器。这个随机试验机发生的球分为四种类型：涂有红色和白色两种记号（发生的概率记作π_{11}），只涂有红色记号（发生的概率记作π_{12}），只涂有白色记号（发生的概率记作π_{21}），未涂任何记号（发生的概率记作π_{22}），$\pi_{11} + \pi_{12} + \pi_{21} + \pi_{22} = 1$。记$\pi_{11} + \pi_{12} = \pi_{1\cdot}$，$\pi_{21} + \pi_{22} = \pi_{2\cdot}$，$\pi_{11} + \pi_{21} = \pi_{\cdot 1}$，$\pi_{12} + \pi_{22} = \pi_{\cdot 2}$。随机试验的概率分布如表 2 – 2 所示。

表 2 – 2　　　　捕获—再捕获模型对应的发生球随机试验的概率分布

		发生之球是否涂有白色记号		合计
		是 （$j=1$）	否 （$j=2$）	
发生之球是否涂有红色记号	是 （$i=1$）	π_{11}	π_{12}	$\pi_{1\cdot}$
	否 （$i=2$）	π_{21}	π_{22}	$\pi_{2\cdot}$
合计		$\pi_{\cdot 1}$	$\pi_{\cdot 2}$	1

在这里，用红色记号代表捕鱼中的第一次捕获；用白色记号代表捕鱼中的第二次捕获。随机试验机的三个自由参数（π_{11}、π_{12}、π_{21}）是按

照表 2 - 1 对应组格的概率来设定的，但是具体被设定为什么数值我们不知道。现在用这个随机试验机重复进行发生球的随机试验，各次试验结果独立，且同服从表 2 - 2 中的概率分布。这样的试验进行了若干次以后，机器停了下来。这时，记下了涂有红色和白色两种记号的球发生的次数是 n_{11} 次，只涂有红色记号的球发生的次数是 n_{12} 次，只涂有白色记号的球发生的次数是 n_{21} 次，记 $n_{11} + n_{12} + n_{21} = n$。不幸的是，没有记下未涂任何记号的球发生的次数，也没有记下试验进行的次数。要求我们根据上面给出的已知条件来猜测试验进行的次数 N。

（二）组格概率和边缘概率之间的关系

由于 π_{11}、π_{12}、π_{21} 是按照表 2 - 2 所反映的捕获—再捕获过程的组格概率来设定的，又由于两次捕获是相互独立的，所以各个组格概率等于相应的行、列边缘概率的乘积，即成立下列关系：

$$\pi_{11} = \pi_{1\cdot} \times \pi_{\cdot 1} \tag{2.2}$$

$$\pi_{12} = \pi_{1\cdot} \times \pi_{\cdot 2} = \pi_{1\cdot}(1 - \pi_{\cdot 1}) \tag{2.3}$$

$$\pi_{21} = \pi_{2\cdot} \times \pi_{\cdot 1} = (1 - \pi_{1\cdot})\pi_{\cdot 1} \tag{2.4}$$

$$\pi_{22} = \pi_{2\cdot} \times \pi_{\cdot 2} = (1 - \pi_{1\cdot})(1 - \pi_{\cdot 1}) \tag{2.5}$$

另外，由于 $\pi_{11} + \pi_{12} + \pi_{21} + \pi_{22} = 1$，因而有：

$$\pi_{11} + \pi_{12} + \pi_{21} = 1 - \pi_{22} = 1 - (1 - \pi_{1\cdot})(1 - \pi_{\cdot 1}) \tag{2.6}$$

（三）组格条件概率

现在所关心的是：在一次随机试验中，如果已经知道所发生之球涂有记号，在此已知条件下，该球涂有红色和白色两种记号、只涂有红色记号、只涂有白色记号的概率各为多少？显然，这几个条件概率是：

$$P\left(\begin{matrix}\text{该球涂} \\ \text{红与白}\end{matrix} \middle| \begin{matrix}\text{该球涂} \\ \text{有记号}\end{matrix}\right) = \pi_{11|c} = \frac{\pi_{11}}{\pi_{11} + \pi_{12} + \pi_{21}} = \frac{\pi_{1\cdot} \times \pi_{\cdot 1}}{1 - (1 - \pi_{1\cdot})(1 - \pi_{\cdot 1})}$$

$$\tag{2.7}$$

$$P\left(\begin{matrix}\text{该球只} \\ \text{涂有红}\end{matrix} \middle| \begin{matrix}\text{该球涂} \\ \text{有记号}\end{matrix}\right) = \pi_{12|c} = \frac{\pi_{12}}{\pi_{11} + \pi_{12} + \pi_{21}} = \frac{\pi_{1\cdot}(1 - \pi_{\cdot 1})}{1 - (1 - \pi_{1\cdot})(1 - \pi_{\cdot 1})}$$

$$\tag{2.8}$$

$$P\left(\begin{matrix}\text{该球只} \\ \text{涂有白}\end{matrix} \middle| \begin{matrix}\text{该球涂} \\ \text{有记号}\end{matrix}\right) = \pi_{21|c} = \frac{\pi_{21}}{\pi_{11} + \pi_{12} + \pi_{21}} = \frac{(1 - \pi_{1\cdot})\pi_{\cdot 1}}{1 - (1 - \pi_{1\cdot})(1 - \pi_{\cdot 1})}$$

$$\tag{2.9}$$

在这里，我们用 C 表示事件 {发生之球涂有记号}。

（四）条件多项分布和条件似然函数

1. 一次试验情形

我们的随机试验共有四种可能的互不相容的结局，即所发生之球涂有红色和白色两种记号、只涂有红色记号、只涂有白色记号、未涂任何记号。现在用随机向量：

$$X = \begin{pmatrix} X_{11} \\ X_{12} \\ X_{21} \\ X_{22} \end{pmatrix}$$

表示随机试验的结果，其中的 X_{11}、X_{12}、X_{21}、X_{22} 是随机变量，它们各自的取值规则是：

$$X_{11} = x_{11} = \begin{cases} 1 & (发生之球为红白记号) \\ 0 & (发生之球为红色记号) \\ 0 & (发生之球为白色记号) \\ 0 & (发生之球没有涂记号) \end{cases}$$

$$X_{12} = x_{12} = \begin{cases} 0 & (发生之球为红白记号) \\ 1 & (发生之球为红色记号) \\ 0 & (发生之球为白色记号) \\ 0 & (发生之球没有涂记号) \end{cases}$$

$$X_{21} = x_{21} = \begin{cases} 0 & (发生之球为红白记号) \\ 0 & (发生之球为红色记号) \\ 1 & (发生之球为白色记号) \\ 0 & (发生之球没有涂记号) \end{cases}$$

$$X_{22} = x_{22} = \begin{cases} 0 & (发生之球为红白记号) \\ 0 & (发生之球为红色记号) \\ 0 & (发生之球为白色记号) \\ 1 & (发生之球没有涂记号) \end{cases}$$

这里，小写记号 x_{11}、x_{12}、x_{21}、x_{22} 表示相应随机变量的取值。我们说随机向量 X 服从四点分布，其参数向量为：

$$\pi = \begin{pmatrix} \pi_{11} \\ \pi_{12} \\ \pi_{21} \\ \pi_{22} \end{pmatrix}$$

其中，π_{11} 是 $X_{11} = 1$ 的概率，π_{12} 是 $X_{12} = 1$ 的概率，π_{21} 是 $X_{21} = 1$ 的概率，π_{22} 是 $X_{22} = 1$ 的概率。四点分布 X 的概率密度函数为：

$$P(X = x;\ \pi) = P(X_{11} = x_{11},\ X_{12} = x_{12},\ X_{21} = x_{21},\ X_{22} = x_{22};\ \pi_{11},$$
$$\pi_{12},\ \pi_{21},\ \pi_{22})$$
$$= \pi_{11}^{x_{11}} \pi_{12}^{x_{12}} \pi_{21}^{x_{21}} \pi_{22}^{x_{22}} \tag{2.10}$$

若对于试验结果，已知有事件 $C = \{$发生之球涂有记号$\}$ 发生，在此条件下，试验结果还剩下三种可能的不相容结局，即发生之球涂有红色和白色两种记号、只涂有红色记号、只涂有白色记号。此时，所关心的试验结果就成为一个三点分布 $(X_{11} = x_{11},\ X_{12} = x_{12},\ X_{21} = x_{21})$，其条件密度函数为：

$$P(X_{11} = x_{11},\ X_{12} = x_{12},\ X_{21} = x_{21} \mid C;\ \pi_{11|c},\ \pi_{12|c},\ \pi_{21|c}) = \pi_{11|c}^{x_{11}}$$
$$\pi_{12|c}^{x_{12}} \pi_{21|c}^{x_{21}} \tag{2.11}$$

2. 独立重复试验情形

现在对四点分布的随机试验独立地重复做 N 次，以 $\eta_{ij}(i = 1,\ 2;\ j = 1,\ 2)$ 表示 N 次试验中表 2 - 2 的 ij 格结局出现的次数。此时有随机向量：

$$\eta = \begin{pmatrix} \eta_{11} \\ \eta_{12} \\ \eta_{21} \\ \eta_{22} \end{pmatrix}$$

服从四项分布。可以证明，多项分布（这里是四项分布）是二项分布的自然推广。仿照二项分布，写出四项分布的概率密度函数：

$$P(\eta_{11} = n_{11},\ \eta_{12} = n_{12},\ \eta_{21} = n_{21},\ \eta_{22} = n_{22};\ N,\ \pi_{11},\ \pi_{12},\ \pi_{21},\ \pi_{22})$$
$$= \frac{N!}{n_{11}!\ n_{12}!\ n_{21}!\ n_{22}!} \pi_{11}^{n_{11}} \pi_{12}^{n_{12}} \pi_{21}^{n_{21}} \pi_{22}^{n_{22}} \tag{2.12}$$

其中的 n_{11}、n_{12}、n_{21}、n_{22} 分别表示相应随机变量 η_{11}、η_{12}、η_{21}、η_{22} 的取值。

若知道在独立重复试验中事件 $C = \{$发生之球涂有记号$\}$ 出现的次数为 n，也就是知道 $n_{11} + n_{12} + n_{21} = n$，在此条件下，以重复试验次数 N 和四种可能结局出现的概率 π_{11}、π_{12}、π_{21}、π_{22} 为参数的四项分布转化为以事件 $C = \{$发生之球涂有记号$\}$ 重复出现次数 n 和在事件 $C = \{$发生之球

涂有记号⼲出现条件下的三种可能结局发生的条件概率 $\pi_{11|c}$、$\pi_{12|c}$、$\pi_{21|c}$ 为参数的三项分布。此时的概率密度函数是：

$$P(\eta_{11} = n_{11},\ \eta_{12} = n_{12},\ \eta_{21} = n_{21} \mid C;\ n,\ \pi_{11|c},\ \pi_{12|c},\ \pi_{21|c})$$

$$= \frac{n!}{n_{11}!\ n_{12}!\ n_{21}!} \pi_{11|c}^{n_{11}} \pi_{12|c}^{n_{12}} \pi_{21|c}^{n_{21}} \qquad (2.13)$$

3. 独立重复试验情形下的似然函数

假设我们把四点分布随机试验独立重复进行了 N 次，得到了来自随机向量 X 的简单随机样本 $(X_1 = x_1,\ X_2 = x_2,\ \cdots,\ X_N = x_N)$，那么，由式（2.10）知，这个随机样本的分布，决定于：

$$\begin{aligned}
g(x_1, x_2, \cdots, x_N; \pi) &= \prod_{k=1}^{N} P(x_k; \pi) \\
&= \prod_{k=1}^{N} \pi_{11}^{x_{k11}} \pi_{12}^{x_{k12}} \pi_{21}^{x_{k21}} \pi_{22}^{x_{k22}} \\
&= \pi_{11}^{\sum_{k=1}^{N} x_{k11}} \pi_{12}^{\sum_{k=1}^{N} x_{k12}} \pi_{21}^{\sum_{k=1}^{N} x_{k21}} \pi_{22}^{\sum_{k=1}^{N} x_{k22}} \qquad (2.14)
\end{aligned}$$

式（2.14）中，$x_{k11}(k = 1, 2, \cdots, N)$ 是一个 0 与 1 的数列，其中，1 表示试验结果为发生涂有红色和白色两种记号的球，0 表示试验结果为发生其他类型的球，所以有，$\sum_{k=1}^{N} x_{k11} = n_{11}$，并且同理有，$\sum_{k=1}^{N} x_{k12} = n_{12}$，$\sum_{k=1}^{N} x_{k21} = n_{21}$，$\sum_{k=1}^{N} x_{k22} = n_{22}$。考虑到在上述四个进行求和的 0 与 1 的数列中，在满足上述四个求和结果的条件下，四个数列中 0 与 1 的位置可以有若干种不同的搭配方式，根据不相容事件的概率加法定理，发生随机样本 $(X_1 = x_1, X_2 = x_2, \cdots, X_N = x_N)$ 的概率应该是发生每一种搭配方式的概率的和。由于发生每一种搭配方式的概率是相等的，而不同的搭配方式的种数是 $N! / (n_{11}! n_{12}! n_{21}! n_{22}!)$，所以，发生随机样本 $(X_1 = x_1, X_2 = x_2, \cdots, X_N = x_N)$ 的概率应该是：

$$\begin{aligned}
L(x_1, x_2, \cdots, x_N; \pi) &= \frac{N!}{n_{11}! n_{12}! n_{21}! n_{22}!} g(x_1, x_2, \cdots, x_N; \pi) \\
&= \frac{N!}{n_{11}! n_{12}! n_{21}! n_{22}!} \prod_{k=1}^{N} P(x_k; \pi) \\
&= \frac{N!}{n_{11}! n_{12}! n_{21}! n_{22}!} \pi_{11}^{n_{11}} \pi_{12}^{n_{12}} \pi_{21}^{n_{21}} \pi_{22}^{n_{22}} \qquad (2.15)
\end{aligned}$$

式（2.15）叫作参数组（π_{11}、π_{12}、π_{21}、π_{22}）的似然函数。我们看到，式（2.15）等号的右端与式（2.12）等号的右端形式相同，但是一定要注意，此二式具有不同的含义。在式（2.12）中，参数组（π_{11}、π_{12}、π_{21}、π_{22}）是固定的数值，各类试验结果的次数 n_{11}、n_{12}、n_{21}、n_{22} 则是可变的，该式所表达的是：在固定的参数组（π_{11}、π_{12}、π_{21}、π_{22}）下，试验结果次数 n_{11}、n_{12}、n_{21}、n_{22} 在总和等于 N 的约束条件下的各种可能的搭配出现的概率。在式（2.15）中，参数组（π_{11}、π_{12}、π_{21}、π_{22}）被看作是可变的，而各类试验结果的次数 n_{11}、n_{12}、n_{21}、n_{22} 则是现实发生的一组固定数值，该式所表达的是：在可变的参数组（π_{11}、π_{12}、π_{21}、π_{22}）（以其和等于 1 为约束）的各种不同的取值下，发生现实的试验结果次数 n_{11}、n_{12}、n_{21}、n_{22} 的概率。

若知道在独立重复试验中事件 $C = \{$发生之球涂有记号$\}$ 出现的次数为 n，也就是知道 $n_{11} + n_{12} + n_{21} = n$，在此条件下，参数组（$\pi_{11}$、$\pi_{12}$、$\pi_{21}$、$\pi_{22}$）的似然函数式（2.15）转化为以此种条件下的条件概率为参数的参数组（$\pi_{11\,|\,c}$，$\pi_{12\,|\,c}$，$\pi_{21\,|\,c}$）的似然函数。仿照式（2.14）和式（2.15）的讨论可知，现在的这个似然函数的形式与式（2.13）相同，即：

$$L(\eta_{11} = n_{11},\ \eta_{12} = n_{12},\ \eta_{21} = n_{21} \mid n_{11} + n_{12} + n_{21} = n;\ \pi_{11\,|\,c},\ \pi_{12\,|\,c},\ \pi_{21\,|\,c})$$

$$= \frac{n!}{n_{11}!\ n_{12}!\ n_{21}!} \pi_{11\,|\,c}^{n_{11}} \pi_{12\,|\,c}^{n_{12}} \pi_{21\,|\,c}^{n_{21}} \tag{2.16}$$

（五）红色记号球发生概率 $\pi_{1\cdot}$ 和白色记号球发生概率 $\pi_{\cdot 1}$ 的最大似然估计

把式（2.7）、式（2.8）、式（2.9）代入式（2.16），写出：

$$L(\eta_{11} = n_{11},\ \eta_{12} = n_{12},\ \eta_{21} = n_{21} \mid n_{11} + n_{12} + n_{21} = n;\ \pi_{11\,|\,c},\ \pi_{12\,|\,c},\ \pi_{21\,|\,c})$$

$$= \frac{n!}{n_{11}!\ n_{12}!\ n_{21}!} \pi_{11\,|\,c}^{n_{11}} \pi_{12\,|\,c}^{n_{12}} \pi_{21\,|\,c}^{n_{21}}$$

$$= \frac{n!}{n_{11}!\ n_{12}!\ n_{21}!} \left[\frac{\pi_{1\cdot} \times \pi_{\cdot 1}}{1 - (1 - \pi_{1\cdot})(1 - \pi_{\cdot 1})} \right]^{n_{11}}$$

$$\left[\frac{\pi_{1\cdot}(1 - \pi_{\cdot 1})}{1 - (1 - \pi_{1\cdot})(1 - \pi_{\cdot 1})} \right]^{n_{12}} \left[\frac{(1 - \pi_{1\cdot})\pi_{\cdot 1}}{1 - (1 - \pi_{1\cdot})(1 - \pi_{\cdot 1})} \right]^{n_{21}} \tag{2.17}$$

注意在式（2.17）中，$\pi_{1\cdot}$ 和 $\pi_{\cdot 1}$ 是变量，概率 L 是它们的函数。找出使得概率 L 最大的 $\pi_{1\cdot}$ 和 $\pi_{\cdot 1}$ 的值，这样的值称作 $\pi_{1\cdot}$ 和 $\pi_{\cdot 1}$ 的最大似然估计。为此，首先将式（2.17）取对数，然后针对取对数的结果分别求关于$\pi_{1\cdot}$和$\pi_{\cdot1}$的偏导数，并令所求之偏导数等于0，从而得到关于$\pi_{1\cdot}$和$\pi_{\cdot1}$的联立方程组，最后从方程组中求得$\pi_{1\cdot}$和$\pi_{\cdot1}$的解。它们是：

$$\hat{\pi}_{1\cdot}=\frac{n_{11}}{n_{\cdot1}},\quad \hat{\pi}_{\cdot1}=\frac{n_{11}}{n_{1\cdot}} \tag{2.18}$$

式（2.18）便是$\pi_{1\cdot}$和$\pi_{\cdot1}$的最大似然估计。注意到红色记号球发生概率$\pi_{1\cdot}$是基于发生白色记号球的信息来估计的，而白色记号球发生概率$\pi_{\cdot1}$则是基于发生红色记号球的信息来估计的。

（六）试验次数N的最大似然估计

如果我们对发生球的随机试验，只关心所发生的球是否涂有记号，这样，试验结果就只有"涂有记号"和"未涂记号"这样两种对立的结局。这是一个贝努里试验。在N次独立重复试验中，涂有记号的球发生的次数n服从二项分布，参数是在一次试验中涂有记号的球发生的概率$\pi_{11}+\pi_{12}+\pi_{21}=1-\pi_{22}=1-(1-\pi_{1\cdot})(1-\pi_{\cdot1})$和未涂记号的球发生的概率$\pi_{22}=(1-\pi_{1\cdot})(1-\pi_{\cdot1})$以及试验次数$N$。$n$的二项分布概率密度函数是：

$$P(\eta_{11}+\eta_{12}+\eta_{21}=n;\ N,\ \pi_{11}+\pi_{12}+\pi_{21},\ \pi_{22})$$
$$=\frac{N!}{n!\ (N-n)!}\left[1-(1-\pi_{1\cdot})(1-\pi_{\cdot1})\right]^{n}\left[(1-\pi_{1\cdot})(1-\pi_{\cdot1})\right]^{N-n} \tag{2.19}$$

式（2.19）中，n是现实的样本观察值，并且，$\pi_{1\cdot}$和$\pi_{\cdot1}$是已知的数值时，我们写出试验次数N的似然函数：

$$L(n,\ \pi_{1\cdot}\ \pi_{\cdot1};\ N)=\frac{N!}{n!\ (N-n)!}\left[1-(1-\pi_{1\cdot})(1-\pi_{\cdot1})\right]^{n}$$
$$\left[(1-\pi_{1\cdot})(1-\pi_{\cdot1})\right]^{N-n} \tag{2.20}$$

式（2.20）中，概率L是N的函数，我们的目标是找出使得概率L最大的N的值。为此，首先将式（2.20）取对数，然后针对取对数的结果求关于N的导数，并令所求之导数等于0，从而得到关于N的方程，最后从中求得N的解。它是：

$$\hat{N}=\left[\frac{n}{1-(1-\pi_{1\cdot})(1-\pi_{\cdot1})}\right] \tag{2.21}$$

式（2.21）中的方括号表示取小于或等于方括号内计算结果的最大整数值。最后把式（2.18）代入式（2.21），若不考虑方括号，就得到：

$$\hat{N} = n_1 . \frac{n_{\cdot 1}}{n_{11}} \qquad (2.22)$$

这正是式（2.1）。

（七）估计量的方差

毕晓普等（1975）在《离散多元分析：理论与实践》一书中给出了估计量式（2.1）的渐近方差估计。它是下面的表达式：

$$\hat{V}(\hat{N}) = \frac{n_1 . n_{\cdot 1} n_{12} n_{21}}{n_{11}^3} \qquad (2.23)$$

现在使用 Delta 法证明式（2.23）。Delta 法（Bernard Baffour – Awuah, 2009）的基本思路是：先利用多项概率分布写出人数复杂估计量函数 $\hat{N}(n_{11})$ 的概率表达式，其次假定表达式中的总体人数 N、$n_1 .$、$n_{\cdot 1}$ 固定不变，但允许同时被两个人口系统登记的人数 n_{11} 变动，而且 $E[n_{11}]$，$V[n_{11}]$ 能够容易地计算，最后通过公式和利用自变量 n_{11} 的方差推出函数 $\hat{N}(n_{11})$ 的方差。函数 $\hat{N}(n_{11})$ 基于 Delta 法的方差估计公式为：

$$V[\hat{N}(n_{11})] \approx \left[\left(\frac{\partial \hat{N}}{\partial n_{11}}\right)^2\right]_E V(n_{11}) \qquad (2.24)$$

式（2.24）中的 E 为中括号中偏导数的数学期望。

用 $\pi_1 .$、$\pi_{\cdot 1}$ 表示池塘中的鱼在第一次和第二次捕获的概率，假设 N、$n_1 .$、$n_{\cdot 1}$ 已知，把 n_{11} 视为随机变量，服从二项分布，其均值与方差分别为：

$$E(n_{11}) = N \pi_1 . \pi_{\cdot 1} = N \frac{n_1 .}{N} \frac{n_{\cdot 1}}{N} = \frac{n_1 . n_{\cdot 1}}{N} \qquad (2.25)$$

$$V(n_{11}) = N \pi_1 . (1 - \pi_1 .) \pi_{\cdot 1} (1 - \pi_{\cdot 1})$$

$$= \left(\frac{n_1 . n_{\cdot 1}}{N}\right) \left(1 - \frac{n_1 .}{N}\right) \left(1 - \frac{n_{\cdot 1}}{N}\right) \qquad (2.26)$$

式（2.22）的方差为：

$$V(\hat{N}) = V\left(\frac{n_1 . n_{\cdot 1}}{n_{11}}\right) = (n_1 .)^2 (n_{\cdot 1})^2 V\left(\frac{1}{n_{11}}\right) \qquad (2.27)$$

又依据式（2.24）得到：

$$V\left(\frac{1}{n_{11}}\right) = \left[\frac{\partial}{\partial n_{11}}\left(\frac{1}{n_{11}}\right)\right]_E^2 V(n_{11})$$

$$= \left(-\frac{1}{[E(n_{11})]^2} \right)^2 \times \left(\frac{n_1. \, n._1}{N} \right) \left(1 - \frac{n_1.}{N} \right) \left(1 - \frac{n._1}{N} \right)$$

$$= \frac{N^4}{(n_1. \, n._1)^4} \frac{n_1. \, n._1 n_2. \, n._2}{N^3} = \frac{N}{(n_1. \, n._1)^3} n_2. \, n._2 \qquad (2.28)$$

将式（2.28）代入式（2.27）得到：

$$\hat{V}(\hat{N}) = \frac{\hat{N} n_2. \, n._2}{n_1. \, n._1} \qquad (2.29)$$

我们将 $n_2. = n_{21} + n_{22}$，$n._2 = n_{12} + n_{22}$，$n_1. \, n._1 = n_{12} n_{21} + n_{21} n_{11} + n_{12} n_{11} + (n_{11})^2$，以及 $n_{22} = (n_{12} n_{21})/n_{11}$，$\hat{N} = (n_1. \, n._1)/n_{11}$ 一并代入式（2.29），并做简单计算，即可得到式（2.23）。

第二节　捕获—再捕获模型应用的一般问题

一　试验背景的考察

捕获—再捕获模型的试验背景是四项分布随机试验。在上一节我们用发生四种类型的球的随机试验机来模拟此种试验背景。事实上，还可以列举其他一些等价的例子。

例2.1，加工产品随机试验。用一台机器加工某种产品。产品质量划分为四个等级，各等级产品发生的概率是固定的。对于一次试验，观察加工出来的产品为何种等级，此时加工结果即随机向量 $X = (X_1, X_2, X_3, X_4)$ 服从四点分布；对于独立同分布的 N 次重复试验，观察各等级产品发生的件数，此时各等级产品发生的件数即随机向量 $\eta = (\eta_1, \eta_2, \eta_3, \eta_4)$ 服从四项分布。

例2.2，随机投点试验。某一地理区域划分为四个没有重叠、紧密连接没有间隙的地块，四个地块合在一起就是整个地理区域。现在向该地理区域投射随机点，随机点投射到地理区域任何一个位置的可能性相等并且只能投射在地理区域范围内而不会投射到范围之外。显然，随机点投中某一个地块的概率与地块的面积成比例。对于一次试验，观察随机点投中哪一个地块，此时投点结果即随机向量 $X = (X_1, X_2, X_3, X_4)$ 服从四点分布；对于独立同分布的 N 次重复投点，观察各地块被投中的次数，此时各地块被投中的次数即随机向量 $\eta = (\eta_1, \eta_2, \eta_3, \eta_4)$

服从四项分布。

例2.3，有放还抽球随机试验。袋中装有 8 个球，其中，红白双色球 1 个、全红色球 1 个、全白色球 3 个、无色透明球 3 个。现将它们充分混匀，从中抽出一个，抽取时，袋中所有的球都有可能并且有相等的可能被抽到，抽取一次后将球放回再抽下一次。对于 1 次抽取，观察所抽之球为何种颜色，此时抽球结果即随机向量 $X = (X_1, X_2, X_3, X_4)$ 服从四点分布；对于独立同分布的 N 次重复抽取，观察各种颜色的球出现的次数，此时各种颜色的球出现的次数即随机向量 $\eta = (\eta_1, \eta_2, \eta_3, \eta_4)$ 服从四项分布。

捕获—再捕获模型与这些案例的关系是：池中的 N 条鱼相当于这些案例中的 N 次独立重复随机试验所发生的结果。我们可以想象，池中的这 N 条鱼是由一台随机试验机生产出来后放入池中的，每一条鱼都是一个具有固定的概率分布的随机变量的样本观察值。这个固定的概率分布是：所生产出来的鱼将来在第一次捕捞和第二次捕捞中都被捕到的概率是 π_{11}，所生产出来的鱼将来只是在第一次捕捞中被捕到而在第二次捕捞中未被捕到的概率是 π_{12}，所生产出来的鱼将来只是在第二次捕捞中被捕到而在第一次捕捞中未被捕到的概率是 π_{21}，所生产出来的鱼将来在第一次捕捞和第二次捕捞中都未被捕到的概率是 π_{22}（$\pi_{11} + \pi_{12} + \pi_{21} + \pi_{22} = 1$）。这几个概率值是多少呢？当我们对池中的鱼实际进行捕获—再捕获的操作，获得了数据 $n_1.$、$n._1$ 以及 n_{11} 后，便可通过式（2.18）得到对它们的估计，就是：$\hat{\pi}_{11} = \hat{\pi}_1. \times \hat{\pi}._1$，$\hat{\pi}_{12} = \hat{\pi}_1. - \hat{\pi}_{11}$，$\hat{\pi}_{21} = \hat{\pi}._1 - \hat{\pi}_{11}$，$\hat{\pi}_{22} = 1 - (\hat{\pi}_{11} + \hat{\pi}_{12} + \hat{\pi}_{21})$。

请特别注意一下例2.3。如果把这个例中的口袋类比成鱼池，把袋中的 8 个球类比成池中的 N 条鱼，那是不对的。事实上，例2.3 中的口袋相当于随机试验机，从袋中抽出的球相当于随机试验机生产出来的鱼，红白双色、全红色、全白色、无色透明四种特征相当于所生产出来的鱼将来在第一次捕捞和第二次捕捞中都被捕到、所生产出来的鱼将来只是在第一次捕捞中被捕到而在第二次捕捞中未被捕到、所生产出来的鱼将来只是在第二次捕捞中被捕到而在第一次捕捞中未被捕到、所生产出来的鱼将来在第一次捕捞和第二次捕捞中都未被捕到四种情况。假设我们从袋中有放还抽球 24 次，那么抽取的结果是：红白双色球出现 4

次，全红色球出现 5 次，全白色球出现 8 次，无色透明球出现 7 次。这里的 24 相当于池中的 N 条鱼，4 相当于 n_{11}，$4+5=9$ 相当于 $n_{1\cdot}$，$4+8=12$ 相当于 $n_{\cdot1}$。4、5、8、7 的结构比例不同于 1、1、3、3 的结构比例，这是由于抽样的机会误差所致。假若我们在有放还抽球的重复试验中由于疏忽，没有记住试验次数 24 和无色透明球出现的次数，那就和"捕获—再捕获"模型的背景完全一样了。

二 捕获—再捕获模型应用条件的审视

（一）捕获—再捕获模型的应用条件

捕获—再捕获模型基本的估计量式（2.1）是以多项分布为试验背景推出的，因此当我们想要用这个模型去解决某一个研究对象问题的时候，必须先要仔细审查，我们的研究对象是否满足多项分布的试验背景，是否相似于池塘中鱼的捕获—再捕获。多项分布的试验背景对池塘中鱼的捕获—再捕获限定了下列一些条件，它们也是我们需要对自己手中想要应用捕获—再捕获模型的研究对象进行审查的要点。这些要点，就形成了应用捕获—再捕获模型必须遵守的几个原则：

1. 总体封闭原则

这是要求两次捕捞所针对的应该是同一个研究对象。这个要求的道理是显然的。从试验背景来看，池塘中鱼的总数实际上是多项分布随机试验的样本容量。我们的两次捕捞实际上是对多项分布随机试验的同一个样本来进行的。顺便说一句，从多项分布随机试验的角度来说，所谓总体封闭原则，其实是样本同一原则。

总体封闭原则从直观上来说，就是要求池塘中鱼的数目在两次捕捞期间保持稳定不变，即既没有新增也没有减少。

固然，统计学家后来进一步发明了把捕获—再捕获模型应用于开放总体的技术，但那并不是意味着对"总体封闭"这一基本条件的否定，而是发明了如何使开放总体满足"总体封闭"这一基本条件的措施。

2. 个体同质原则

这是要求所有个体应当能够看作同一个个体样式的复制。个体同质原则从统计学的概念上来说，是要求：第一，池塘中的每一条鱼在第一次捕捞中被捕到的概率 $\pi_{1\cdot}$ 应该都相同；第二，池塘中的每一条鱼在第二次捕捞中被捕到的概率 $\pi_{\cdot1}$ 应该都相同。这是由于，捕获—再捕获模型以四项分布随机试验为背景，而四项分布随机试验是独立重复的 N

重四点分布随机试验。池塘中的一条鱼是一次试验的结果，池塘中的所有鱼则是独立重复的 N 重试验的结果。换句话说，池塘中的所有鱼都来自同一个四点分布总体，是对同一个总体的反映，因而从统计学的概念上来说，每一条鱼应该有相同的概率分布，也就是说，各条鱼的 π_{11}、π_{12}、π_{21}、π_{22} 应分别相等，从式（2.2）至式（2.5）可知，这只要有各条鱼的 $\pi_{1\cdot}$ 相等和 $\pi_{\cdot 1}$ 相等就够了。

个体同质原则，从直观上来说，就是要求所有的鱼在与捕获—再捕获概率有关的特征上做到：第一，所有的鱼生活习性相同；第二，所有的鱼游动能力相同，对捕捞工具和诱饵的反应相同；第三，所有的鱼能够在池塘中自由游动从而自动充分混匀。

3. 独立性原则

这是要求两次捕捞相互独立。也就是要求，第二次捕捞结果的概率分布不受第一次捕捞发生何种结果的影响。从定义上来说，就是要求成立 $\pi_{ij} = \pi_{i\cdot} \times \pi_{\cdot j}$（$i=1,2;j=1,2$）。

回顾导出式（2.22）的过程看到，上述定义的关系式 $\pi_{11} = \pi_{1\cdot} \times \pi_{\cdot 1}$ 是建立推导过程的一个基石。因此，要求两次捕捞遵守独立性原则是必须的。

独立性原则，从直观上来说，就是要求注意寻找有可能导致伤及独立性的因素并设法避免之。例如，若第一次捕捞中被捕到的鱼在捕获和作记号过程中受到伤害，就会降低其在第二次捕捞中的被捕获概率；又如，若捕获时采用诱饵方式，则曾经被捕到的鱼，在再次诱捕时被捕到的概率可能会受到影响，有可能提高，也有可能降低。

（二）对实际问题与理论原则之间的差距进行分析

在实际应用中，严格满足上述原则的对象是很难遇到的。面对研究对象的实际情况与理论原则之间的差距，研究人员应该做的事情是：第一，发现所面临的问题，也就是发现实际问题与理论原则之间的所有分歧点；第二，评估各个分歧点问题的严重程度；第三，寻找解决问题的办法，设计缩小分歧的策略。

在上面的三件事情中，第一件事情是最为重要的。因为，实际问题与理论原则之间的差距会使分析结论发生偏差。假若实际问题与理论原则之间有很大的差距而未被发现，人们就会把错误的分析结论误认作正确去当作决策依据加以使用而导致决策错误；相反，只要发现了实际问题与理论原则之间的差距，即便没有找到满意的解决差距的办法，我们至少还可以就此发出警示，提醒资料的使用者注意，分析结论"仅供参考"。前面关于这第一件事情，我们特别使用了"发现"一词。因为，实际问题与理论原则之间的分歧点并不是摆在桌面上的，这些分歧点多数是潜在的，要靠研究人员通过小心而缜密的思考去发现。当然，这就有赖于研究人员对理论原则的深刻理解以及对实际问题所在领域的丰富知识。

第三节　总体和样本

在绪论、第一章以及本章中，我们多次使用了"总体"、"样本"这两个术语，并且有的时候，对同一个对象，我们在一种场合把它叫作总体，而在另一种场合又把它叫作样本。这两个术语交替使用的情形，在今后的章节中还会经常出现。因此，我们现在借用阐述"捕获—再捕获"模型统计学原理的机会，对总体和样本的有关概念进行阐释。

一　总体和样本基本概念概说

（一）"总体"一词在统计学中的两种不同的含义

在统计学中，"总体"这一术语会分别用于两种不同的场合，在各自的场合，分别有各自不同的含义。

一种场合：当我们对一个集团现象（例如全国经济单位的集合）进行统计调查时，把统计调查任务所规定的属于调查范围的该集团现象的全体基本单位的集合叫作总体。在这里，统计调查所要收集的数据的承担者是该集团现象的每一个基本单位，它们被称作调查单位。因此，这里所说的总体，我们不妨把它叫作"由调查任务定义的总体"。由于这种总体由特定的调查任务规定了观察的范围，因此它有明确的边界，它所包含的单位数是有限的，在这个意义上，有的文献将其称之为"有限总体"。

另一种场合：有的时候我们会面对一个具有随机性的研究对象。这里所说的随机性，指的是下面两种情况之一：事情还没有发生，将要发生的结果呈现不确定性；事情已经发生，但发生何种结果我们不知道，对所发生的结果的猜测呈现不确定性。对于所面对的这个具有随机性的研究对象，我们可能想要了解它的某种或某些种未知特征，为此要收集来自这个研究对象的数据。这时，把来自这个具有随机性的研究对象的数据叫作样本，相应地把产生数据的那个具有随机性的研究对象叫作总体。我们知道，在统计学中，对于一个具有随机性的研究对象，是用随机试验来定义的，而研究者所关注的试验结果则被定义为一个适当的随机变量。我们还知道，概率分布是对随机变量最完整的描述。因此，这里所说的总体，实际上是由特定的随机试验定义的具有特定概率分布的随机变量，我们不妨把它叫作"由随机试验定义的总体"。例如，由"抛掷一枚均匀的骰子观察出现的点数"这一随机试验定义的总体是具有下列概率分布的随机变量 X：

$$X \sim \begin{bmatrix} 1 & 2 & 3 & 4 & 5 & 6 \\ \dfrac{1}{6} & \dfrac{1}{6} & \dfrac{1}{6} & \dfrac{1}{6} & \dfrac{1}{6} & \dfrac{1}{6} \end{bmatrix} \tag{2.30}$$

有的人把这里的总体说成是（1，2，3，4，5，6），那是不对的。（1，2，3，4，5，6）仅仅是随机试验的六种互不相容的结局，把各种结局和各种结局出现的概率结合在一起才是抛掷骰子随机试验定义的总体。如果有的读者习惯于把总体看作一些元素的集合，那么我们可以这样理解现在的这个总体：假若独立重复地把这个抛掷骰子的随机试验无限地进行下去，把每一次抛掷结果出现的点数记录下来，我们会得到一个由若干个 1、若干个 2、若干个 3、若干个 4、若干个 5、若干个 6 这样一些数字组成的无限数列。随着数列的项数趋于无穷大，数列中 1、2、3、4、5、6 出现的频率会分别向 1/6 逼近。这个由若干个 1、若干个 2、若干个 3、若干个 4、若干个 5、若干个 6 这样一些数字组成的无限数列与式（2.24）是等价的，也就是我们现在所说的总体。在无限地重复进行同一个随机试验得到一个由试验结果组成的无限数列的意义上，有学者把"由随机试验定义的总体"叫作"无限总体"。随机试验有可重复和不可重复两种情形。当然，对不可重复情形，无所谓"无限总体"之说。

（二）两种不同含义的总体之间的联系

例 2.4，在连续重复加工产品过程中抽取随机样本。用一台机器在一组不变的条件下连续重复地加工某种产品。在这一过程中截取了某一个时间段内加工完成的 N 件产品。任务 1：想要通过这 N 件产品估计该加工过程产品尺寸的数学期望值 μ 和产品合格的概率 π。任务 2：一位购买者购买这 N 件产品时，想要知道产品的质量状况特别是产品的尺寸是否符合要求。为此，他测量了每一件产品的尺寸，计算出平均尺寸 $\bar{X}$，并依据质量标准检验了每一件产品是否合格，计算出产品合格率 P。

先看任务 2。显然，就任务 2 而言，这 N 件产品是一个"由调查任务定义的总体"。为完成任务 2 所做的调查工作同我们常见的各种社会经济统计调查（例如对全国经济单位总体进行的经济普查）性质是一样的。在本项任务中计算的平均尺寸 $\bar{X}$ 和产品合格率 P 是对 N 件产品（由调查任务定义的总体）现实状态的描述。

再看任务 1。就任务 1 而言，这 N 件产品是来自"由随机试验定义的总体"的简单随机样本。说得确切些：若把产品尺寸记作 ξ，则由随机试验定义的总体是正态随机变量 $\xi \sim N(\mu, \sigma^2)$，样本是 $\xi_1, \xi_2, \cdots,$ ξ_N；若把产品是否合格记作 ζ，则由随机试验定义的总体是具有概率分布式（2.31）的随机变量 ζ，样本是 $\zeta_1, \zeta_2, \cdots, \zeta_N$。在这里，

$$\zeta \sim \begin{bmatrix} 1 & 0 \\ \pi & 1-\pi \end{bmatrix} \tag{2.31}$$

式（2.31）中，1 表示产品合格，0 表示产品不合格。另外，之所以说样本 $\xi_1, \xi_2, \cdots, \xi_N$ 和 $\zeta_1, \zeta_2, \cdots, \zeta_N$ 是简单随机样本，是因为各个 $\xi_i(i=1, 2, \cdots, N)$ 相互独立，并且都和 ξ 具有相同的分布，各个 ζ_i $(i=1, 2, \cdots, N)$ 相互独立，并且都和 ζ 具有相同的分布。最后还要注意到，在任务 2 中计算的平均尺寸 $\bar{X}$ 和产品合格率 P 拿到任务 1 中，是任务 1 中的样本统计量，可以用来充当 μ 和 π 的估计量，我们知道，它们是 μ 和 π 的无偏估计量。

我们想要用例 2.4 说明这样一件事情，那就是：任何一个"由调查任务定义的总体"都可以看作某一个适当的实际发生的或想象中的"由随机试验定义的总体"的简单随机样本。

统计学中有所谓"描述统计学"和"推断统计学"之说。在例 2.4 中，任务 2 是描述实际发生的事物的现实状态，属于描述统计学范畴；任务 1 是用来自具有随机性的研究对象的数据（样本）去推断这个研究对象的未知特征，属于推断统计学范畴。由于作为任务 2 描述对象的

"由调查任务定义的总体"其实是"由随机试验定义的总体"的样本，所以在统计学中对描述统计学有"描述统计是就样本来描述样本"这样的说法。

（三）有限总体概率抽样

例 2.5，从例 2.4 抽取的 N 件产品中抽取概率样本。假设例 2.4 中抽取了 N 件产品，N 很大，对这些产品逐一进行检查有困难。于是从中不放还地抽取了一个容量为 n 的简单随机样本。一方面，对这 n 件产品逐一测量它们的尺寸，测量结果记作 x_1，x_2，$\cdots$，x_n，计算它们的平均数 $\bar{x}$；另一方面，对这 n 件产品逐一检验它们是否合格，检验结果记作 z_1，z_2，$\cdots$，z_n，计算合格品所占的比例 p。用 $\bar{x}$ 充当 $\bar{X}$ 的估计量，用 p 充当 P 的估计量。我们知道，$\bar{x}$ 和 p 分别是 $\bar{X}$ 和 P 的无偏估计量。

首先，虽然这里的 n 样本和例 2.4 中的 N 样本都叫简单随机样本，但抽取方式却是不相同的。例 2.4 是在独立重复进行的随机试验过程中抽取样本，只要在这个过程中截取一个段落就可以了，N 样本就是这样得到的；本例是在一个有限总体中抽取样本，要想从有限总体中得到一个概率样本，必须要对抽取行为专门进行精心的组织，使得每一次抽取行为都成为一个随机试验，这里的 n 样本是经过对有限总体的 N 件产品逐一编号，然后用随机数表读取 n 个随机数这样的操作抽取出来的。

其次，本例中用 $\bar{x}$ 和 p 去估计 $\bar{X}$ 和 P，这种工作是描述还是推断？一方面，这种工作归根结底是为了完成 $\bar{X}$ 和 P 所担负的任务，而在例 2.4 的任务 2 中，$\bar{X}$ 和 P 所担负的是描述的任务，所以，用 $\bar{x}$ 和 p 去估计 $\bar{X}$ 和 P，从工作目标来说属于描述统计范畴；另一方面，这种工作在路径上是用来自具有随机性的研究对象的数据（样本）去推断这个研究对象的未知特征，所以，用 $\bar{x}$ 和 p 去估计 $\bar{X}$ 和 P，从方法论来说属于推断统计范畴。

最后，有许多时候会近似地用 n 样本的 $\bar{x}$ 和 p 去完成估计 μ 和 π 的任务。这时，我们一定要明白，这是在代替 N 样本的 $\bar{X}$ 和 P 去执行任务，其效果无疑较之用按理应当使用的 N 样本的 $\bar{X}$ 和 P 的效果要差。二者差距的大小取决于什么呢？下面我们只用估计 μ 的任务来说明。显然，二者差距的大小要看样本 x_1，x_2，$\cdots$，x_n 与样本 ξ_1，ξ_2，$\cdots$，ξ_N 接近的程度。这两个样本接近的程度表现在两个方面：一是样本量 n 与 N 之间的接近程度。我们希望 n 尽可能接近 N；二是各个 $x_i (i = 1, 2, \cdots, n)$ 的分布（它们是同分布的）与各个 $\xi_i (i = 1, 2, \cdots, N)$ 的分布（它们也是同分布的）接近的程度。我们希望 x_i 的分布尽可能接近 ξ_i 的分布。x_i 的分布与 ξ_i 的分布之间的差距取决于什么呢？我们知道，各个 $\xi_i (i = 1, 2, \cdots, N)$ 的分布与总体 $\xi \sim N(\mu, \sigma^2)$ 的分布相同，而各个 $x_i (i = 1, 2, \cdots, n)$ 的分布与产生 n 样本的有限总体的分布相同。产生 n 样本的有限总体是我们从生产线上抽出（截取）的 N 件产品。如果我们对这 N 件产品的尺寸进行组距式分组整理，然后画出频率分布直方图，那么这个直方图是对产生 n 样本的有限总体的分布的一个描述。我们知道，其实这个分布是 $\xi \sim N(\mu, \sigma^2)$ 的经验分布。经验分布与理论分布的接近程度取决于样本量 N 的大小。N 越大，经验分布就越接近于理论分布。可见，x_i 的分布与 ξ_i 的分布之间的差距取决于 N 的大小，N 越大，x_i 的分布越接近于 ξ_i 的分布。

二　捕获—再捕获模型中的总体和样本

（一）想要对池塘中的鱼点数

我们想要知道池塘中鱼的数目，最原始的想法是对池塘中的鱼点数。这个任务和例 2.4 的任务 2 属于同一类型。这里的池塘中所有的鱼和那里的顾客想要购买的 N 件产品一样，都是"由调查任务定义的总体"。为了完成点数的任务，当然需要把鱼捕捞上来。我们先后捕捞了两次，每一次捕捞的结果都是从池塘中所有的鱼这个有限总体中抽取的概率样本。

在这个工作中，不幸的是，不论是哪一次捕捞，都没有把池塘中所有的鱼全部捕捞上来，因此，对每一次捕捞所清点的鱼的数目都不是池塘中所有的鱼的数目。于是就提出了一个问题：怎样根据手中得到的数据去估计池塘中鱼的数目。

（二）随机化推断和模型化推断

Cochran（1977）和冯士雍等（2012）介绍了有限总体概率抽样中的随机化推断理论框架和模型化推断理论框架。所谓随机化推断理论框架是把有限总体的统计指标数值看作固定不变的，用概率样本来估计这个数值。所谓模型化推断理论框架是把有限总体看作一个超总体的随机样本，把有限总体的统计指标看作由该超总体的某个适当的数学模型所定义的随机变量。至于我们所面对的那个特定的有限总体的统计指标数值则看作是上述模型的一个具体实现。

（三）用模型化推断理论框架解决池塘中鱼的数目的估计问题

池塘中鱼的数目的估计问题无法用随机化推断理论框架去解决，只能求助于模型化推断理论框架。在模型化推断理论框架下，池塘中的鱼被看作一个超总体的随机样本。这里所说的超总体，现在指的是一个由随机地产生鱼的随机试验机定义的四点分布随机变量。随机试验机所产生的鱼有下列四种可能的互不相容的结局：x_{11} = |所产生出来的鱼将在第一次捕捞和第二次捕捞中都被捕到|，x_{12} = |所产生出来的鱼将只是在第一次捕捞中被捕到而在第二次捕捞中未被捕到|，x_{21} = |所产生出来的鱼将只是在第二次捕捞中被捕到而在第一次捕捞中未被捕到|，x_{22} = |所产生出来的鱼在第一次捕捞和第二次捕捞中都未被捕到|。这个四点分布随机变量可以表示为具有概率密度函数式（2.10）的随机向量 X，也可以表示为具有下面的分布列的随机变量 X：

$$X \sim \begin{bmatrix} x_{11} & x_{12} & x_{21} & x_{22} \\ \pi_{11} & \pi_{12} & \pi_{21} & \pi_{22} \end{bmatrix} \tag{2.32}$$

式（2.10）和式（2.32）中，π_{11}、π_{12}、π_{21}、π_{22} 分别表示发生 x_{11}、x_{12}、x_{21}、x_{22} 的概率，$\pi_{11} + \pi_{12} + \pi_{21} + \pi_{22} = 1$。在模型化推断理论框架下，池塘中的鱼这个有限总体的统计指标即鱼的数目 N 被看作由上述四点分布随机变量的某个适当的数学模型所定义的随机变量。这里所说的适当的数学模型，现在指的是似然函数式（2.20）。在这个似然函数中，N 被看作随机变量，而我们所关心的那个特定的池塘中的鱼的数目则是随机变量 N 的一个具体实现。

三　人口普查中的总体和样本

（一）想要清点全国人数

人口普查的目标，就是要清点全国人数。这实际上也就是要对由全国所有的人口组成的这一集团现象中的每一个基本单位做调查。这个任务同清点池塘中鱼的数和例2.4的任务2都属于同一类型；这里的全国所有人口，同池塘中所有的鱼以及例2.4任务2中顾客想要购买的 N 件产品一样，都是"由调查任务定义的总体"。

非普查年的全国人数是通过抽样调查来估计的。此时，被抽样的总体和人口普查时定义的总体一样，是全国人口总体，属于"由调查任务定义的总体"。这时的抽样和例2.5一样属于有限总体概率抽样。不过，例2.5是以总体基本单位（单件产品）为抽样单位，而此时的抽样是以由总体基本单位（人）组成的群为抽样单位，例如在我国是以调查小区为抽样单位。

（二）把人口普查与测量天体距离类比

我们在绪论中曾把人口普查与测量天体距离类比。在这种类比中，抽象掉了人口普查的工作方式和工作内容，把人口总体想象成一个物体，把人口普查想象成用一根大尺去测量这个物体的长度。此时的总体是一个具有特定概率分布的随机变量 X。这个特定的概率分布用人口普查计数结果的各种可能发生的数值与发生这种数值的概率结合在一起的分布列来描述。所进行的人口普查，是来自这个总体的一个样本量为1的样本，如果又进行了一次再普查，那么便有了一个样本量为2的样本。

四　人口普查质量评估中构造双系统估计量时的总体和样本

（一）人口普查和再普查

我们假定在进行人口普查质量评估时重新进行了一次普查，追溯登记人口普查时点上的状态，将其称之为再普查。

于是，我们所关注的目标总体相当于池塘中的鱼，我们所进行的人口普查相当于对池塘中的鱼的第一次捕捞，质量评估时进行的再普查相当于对池塘中的鱼的第二次捕捞。下面第三章的内容就是基于这样的观点阐述的。

（二）用抽样调查进行人口普查质量评估

实际工作中，人口普查质量评估并不是进行再普查，而是从人口有限总体中抽取概率样本来进行的。在我国是以调查小区为单位抽取样本，在美国是以街区群为单位抽取样本。这就好比是，对池塘中的鱼进行第一次和第二次捕捞时，都把捕到的鱼分放到若干个指定的容器中，以容器为单位抽取概率样本，仅仅对抽到的容器中的两次捕获的鱼进行计数。

我们曾经说过，相对于池塘中所有的鱼来说，第一次捕捞的结果是它的一个样本，第二次捕捞的结果是它的另一个样本，都属于有限总体概率样本。而现在，相对于抽取到的容器中第一次捕到的鱼来说，第一次捕到的鱼的全体成为总体（有限总体），容器中第一次捕到的鱼是它的概率样本，我们需要用这个样本估计第一次捕到的鱼的全体的数目用以参加"捕获—再捕获"模型的计算；同样，相对于抽取到的容器中第二次捕到的鱼来说，第二次捕到的鱼的全体应看作总体（有限总体），容器中第二次捕到的鱼是它的概率样本，要用这个样本估计第二次捕到的鱼的全体的数目用以参加"捕获—再捕获"模型的计算；另外，相对于抽取到的容器中两次捕捞都出现的涂有记号的鱼来说，两次捕捞都出现的涂有记号的鱼的全体是它的总体（有限总体），我们需要用容器中两次捕捞都出现的涂有记号的鱼来估计两次捕捞都出现的涂有记号的鱼的全体的数目用以参加捕获—再捕获模型的计算。

第三章　构造双系统估计量的
几个基本理论问题

　　本章介绍依据人口普查登记名单和质量评估抽样调查登记名单构造基于捕获—再捕获模型的双系统估计量的基本理论和基本概念。诚然，在实际工作中，对人口普查的质量评估调查是通过抽取样本来进行的，但是在本章，为了便于讲清双系统估计量的基本理论和基本概念，我们假定人口普查的质量评估抽样调查是进行全面调查，也就是进行一次全国人口的再普查。包括美国在内的所有国家也都是在这样的假定条件下构造和应用双系统估计量的。我们假定再普查已经采取了各种必要的工作措施从而足以满足以下两个规则：

　　其一，再普查要追溯描述人口普查时点的人口状态，它所算出的人数计数结果是对人口普查时点上目标总体规模的一个测量。

　　其二，再普查与刚刚完成的人口普查相互独立，也就是说，一个对象在再普查登记中发生各种质量状态的概率与刚刚完成的在人口普查中发生何种登记质量的状态无关。

　　构造双系统估计量涉及四个基本理论问题：

　　一是双系统估计量的模型式框架，研究该估计量的资料来源、两种形式，以及每一种形式的各个构成部分的构造方式。

　　二是双系统估计量的无偏性讨论，探讨满足该估计量无偏性条件及其统计学意义。

　　三是对目标总体人口分层，满足双系统估计量在等概率人群中构造的要求。由于这种分层实际上是在质量评估调查样本抽取后进行的，所以又称之为事后分层。

　　四是人口普查质量评估中抽样后分层变量的选择，研究如何选择用于事后分层的变量。

第一节　双系统估计量的模型式框架

一　E普查与P普查

（一）人口普查—再普查的计数同池塘中鱼的捕获—再捕获计数之间的差别

我们在上一章曾经把人口普查—再普查同池塘中鱼的捕获—再捕获做了相互的对应。但是，这种对应只能算是一个粗略的说法。事实上，人口普查—再普查远比池塘中鱼的捕获—再捕获情况复杂得多。这主要表现在如下三个方面：

其一，人口普查—再普查中会发生错误的人口登记。池塘中鱼的捕获不会发生捕捞错误的情况。就是说，不会发生捕捞上来的鱼不属于池塘的情况。当然，假若用渔网，有可能会把虾蟹以及其他杂物连同鱼一起捕捞上来，但绝不会把这些东西连同鱼放在一起来计数。人口普查和再普查则不然，在人口普查—再普查中会发生错误登记。也就是说，有可能把不属于人口普查目标总体的人口，例如，普查时点之前死亡的人、人口普查时点之后出生的人、虚构的人混在目标总体的人口里面一起来进行计数，还有目标总体中的人还可能会被重复登记（自然，重复登记不属于目标总体）。显然，包含如此众多错误计数可能的人口普查—再普查计数结果同池塘中鱼的捕获—再捕获计数结果存在着统计口径上的分歧。这就要求我们把上述这些错误登记的计数剔除出去。在人口普查—再普查的计数中，只有那些正确登记的计数才是与池塘中鱼的捕获—再捕获计数统计口径一致的计数。

其二，人口普查—再普查中会发生信息不完整的人口登记。对鱼的计数是面对一个一个的鱼的实体来进行计数。面对一个实体，该不该对它进行计数，当场就可以决定。人口普查—再普查则不然，在人口普查—再普查中并不是面对人口的实体来计数，而是用由被调查者填写的人口普查登记表形成的一套人口登记名单来计数。在这份人口登记名单中，要靠每个人的诸如姓名、性别、年龄、民族、与户主的关系等这些调查项目的内容来认定一个人（他/她是哪一个人，他/她不会是另外别的什么人）。对于能够这样加以认定的人，才能进行计数。另外，把调查项目填写齐全，才有可能在进行质量评估时仔细地考察所登记的人是否属于目标总体。可是，对有的人所做的登记，没有把应该填写的调查项目填写齐全。对这样的登记，我们无法考察另外一个相同姓名的登记与他/她究竟是不是同一个人，也无法考察他/她究竟是不是属于目标总体。更有甚者，名单中的有些登记，没有填写姓名或者是只填写了姓名而其他的调查项目一概未填，对这样的登记，我们无法将其作为一个人来认定，也就是说，它们是连人口登记的最起码的要求都没有达到的登记。显然，对人口普查—再普查中所获得的登记名单，必须要对其中的上述两种不合格的登记予以处理，然后才谈得到依据名单进行计数，再后才谈得到从所做的计数中把错误登记的计数剔除出去而获得与池塘中鱼的捕获—再捕获计数统计口径一致的计数。

其三，人口普查—再普查中要设置两次调查的人口登记名单比对环节。在池塘中鱼的捕获—再捕获中，我们可以给第一次捕到的鱼涂上记号，通过点验第二次捕到的鱼中涂有记号的鱼的数目获知在两次捕捞中都出现的鱼的数目。人口普查—再普查则不然。由于人口普查—再普查是用名单（而不是用人的实体）来计数的，所以没有办法从再普查的登记名单中用清点有记号的单位的办法直接认出也曾经在普查中出现的那些人。基于人口普查—再普查用名单计数这一特点，为了获得同时在普查和再普查中出现的人数，必须使用名单作业的方法。这就需要专门设置一个工作环节，称之为人口普查登记名单与再普查登记名单之间的比对。简单地说，就是把再普查登记名单中的每一个单位拿到普查登记名单面前与之对比检查，看是否能够在普查登记名单中找到相应的单位，若找到了相应的单位，称该单位在两个名单之间匹配。经过这样的比对检查，最终得到两个名单之间匹配的人数，也就是同时在普查和再普查中出现的人数。由于在普查—再普查中设置了两个名单"比对"这样一个专门的环节，相应地提出了一个问题：是否两个名单中所登记的所有人都有资格参加比对？若不是，那什么样的人才有资格参加比对？这个问题，留待下面再做回答。另外，顺便说一句，人口普查登记名单与再普查登记名单之间比对这个环节，在实际工作中是在各个调查小区（在美国是街区群）分别进行的。具体的比对操作是先进行住房单元比对（若发现匹配情况不清晰的问题，就收集额外信息做进一步调查，力求把情况弄清楚），然后再在此基础上进行个人比对。

（二）人口普查—再普查中的前一个资料系统和 E 普查

这里所说的人口普查—再普查中的前一个资料系统指的是正式进行的人口普查资料系统。下面结合第一章中的图 1-1 来讨论，怎样从正式进行的人口普查资料系统中得到与池塘中鱼的第一次捕获数目也即第二章式（2.1）中的 n_1. 统计口径一致的人口计数。

1. 人口普查资料中什么样的人口登记有资格参加与再普查资料的比对

我们刚才说过，今后将要进行人口普查登记名单与再普查登记名单之间的比对工作环节。现在考虑，是否普查登记名单中所有的人都有资格参加这样的比对？

首先，关于"调查项目信息无法定义登记者的普查计数"。我们注意图 1-1 中 c 的一个组成部分："调查项目信息无法定义登记者的普查计数"。在图 1-1 中，它被分列在"计数者为目标总体成员的普查计数"和"计数者其实不是目标总体成员的普查计数"两款的下面。"调查项目信息无法定义登记者"的人口登记无法用于认定人口，也不可能区分它所代表的究竟是不是目标总体成员。因此，不去区分该人口登记是否属于目标总体成员，也不参加此种比对。

其次，关于"调查项目信息有遗漏但是尚能定义登记者的普查计数"。考虑图 1-1 中 c 的另一个组成部分："调查项目信息有遗漏但是尚能定义登记者的普查计数"。在图 1-1 中，它也是被分列在"计数者为目标总体成员的普查计数"和"计数者其实不是目标总体成员的普查计数"两款的下面。

"调查项目信息有遗漏但是尚能定义登记者"这种登记的一个特点是：它是一种信息不足的登记。由于信息不足，所以无法考察他/她究竟是不是属于目标总体；也由于信息不足，所以无法考察另外一个相同姓名的登记与他/她究竟是不是同一个人，因而无法与再普查登记名单中的单位进行是否匹配的比对。这种登记的另外一个特点是：它尚能定义登记者。由于它尚能定义登记者，因而有可能在进行人口普查质量评估的时候针对登记者进行后续调查收集进一步的信息，把遗漏未填的调查项目补充填写齐全（注意：人口普查的结果已成定局，不能用这种工作改写人口普查的绩效）。

通过这样的工作，便有可能区分他/她究竟是不是属于目标总体。当然，也不排除另外一种可能：后续调查徒劳无功，没有收集到进一步的信息，其结果仍然处于信息不足的状态，仍然无法考察他/她究竟是不是属于目标总体。这种情况的登记叫作悬而未决者。

这样，全国人口普查人数中的"调查项目信息有遗漏但是尚能定义登记者的普查计数"人数现在就分成了三个部分：经过后续调查确认为属于目标总体成员的人数；经过后续调查确认为不属于目标总体成员的人数；悬而未决者的人数。对其中悬而未决人数要做技术处理：将其按一定比例分割成属于目标总体成员的人数和不属于目标总体成员的人数两部分，然后把它们分别合并到上面第一、第二两部分中去。

对悬而未决人数分割的方法如下：先计算任意一个"调查项目信息有遗漏但是尚能定义登记者并且在后续调查中收集到进一步信息的普查登记"为目标总体成员的概率的估计量。显然，这是一个条件概率。这个条件概率是产生目标总体的那个由某一想象中的随机试验定义的统计总体的参数。我们现在用目标总体的一个适当的统计量来充当它的估计量。这个估计量由下面的式（3.1）给出：

$$
\begin{array}{l}
\text{任意一个"调查项目} \\
\text{信息有遗漏但是尚能} \\
\text{定义登记者并且在后续} \\
\text{调查中收集到进一步} \\
\text{信息的普查登记"为} \\
\text{目标总体成员的} \\
\text{概率的估计量}
\end{array}
=
\dfrac{
\begin{array}{c}
\text{调查项目信息有遗漏} \\
\text{但是尚能定义登记者} \\
\text{的普查登记，经过后} \\
\text{续调查确认为属于} \\
\text{目标总体成员的人数}
\end{array}
}{
\begin{array}{c}
\text{调查项目信息有遗漏} \\
\text{但是尚能定义登记者的} \\
\text{普查登记，经过后续} \\
\text{调查确认为属于目标} \\
\text{总体成员的人数}
\end{array}
+
\begin{array}{c}
\text{调查项目信息有遗漏} \\
\text{但是尚能定义登记者的} \\
\text{普查登记，经过后续} \\
\text{调查确认为不是目标} \\
\text{总体成员的人数}
\end{array}
}
$$

$$(3.1)$$

如果悬而未决者的概率与之相同，就可以用这个概率乘以悬而未决者的登记人数，将其分割为属于目标总体成员的人数和不属于目标总体成员的人数两部分。

现在，"调查项目信息有遗漏但是尚能定义登记者"这种情况被分

成了"属于目标总体成员"的登记和"不属于目标总体成员"的登记
两部分。其中的后者，因其不属于人口计数的范围，自然不应该参加与再
普查登记名单中的单位进行是否匹配的比对，而只有前者才参加与再
普查登记名单中的单位进行是否匹配的比对。

最后，关于"调查项目信息完整无缺的普查计数"。考虑图1-1
中c的第三个组成部分："调查项目信息完整无缺的普查计数"。在图
1-1中，它还是被分列在"计数者为目标总体成员的普查计数"和
"计数者其实不是目标总体成员的普查计数"两款的下面。但需要指出
的是，在人口普查资料中，"计数者其实不是目标总体成员的普查计
数"是无法划分出来的（若能够划分出来，早就会把这个人数从人口
普查结果中剔除了）。此类错误的登记只有等到与再普查登记名单中的
单位进行是否匹配的比对时才能发现。所以，在"调查项目信息完整
无缺"的登记中，那些"不属于目标总体成员"的登记只好与"属于
目标总体成员"的登记混在一起，一同参与再普查登记名单是否匹配
的比对了。

2. E 普查

现在把上面的讨论做一个小结。在人口普查所做的人口登记中，下
面诸种情况的登记不参加与再普查登记名单的比对：第一，后期完成计
数的普查登记；第二，调查项目信息无法定义登记者的普查登记；第
三，调查项目信息有遗漏但是尚能定义登记者的普查登记，经过后续调
查确认为登记者其实不是目标总体成员的情形；第四，调查项目信息有
遗漏但是尚能定义登记者的普查登记，经过后续调查仍然悬而未决，后
来经过按比例分割被指认为不是目标总体成员的登记。实际上，与上述
第四种情况相对应的另外一种情况，即被指认为目标总体成员的悬而未
决登记，它们其实也不能参加与再普查登记名单的比对，或者更确切地
说，对悬而未决登记，我们其实只能对其人数进行数值上的分割，而无
法对一个一个具体的登记指派哪一个登记属于此、哪一个登记属于彼。
我们列出第四种情况，只是为了提醒在下面计算 E 普查人数的时候予
以考虑。

从人口普查所做的全部人口登记中排除掉上面四种不能参加与再普
查登记名单比对的情况，剩下的就是可以参加与再普查登记名单比对
的普查登记。Mary 和 Donna（2006）把参加与再普查登记名单比对的

人口普查登记名单叫作 E（Enumeration 的字头）普查名单。

根据上面列示的四种情况，可以写出下面的式（3.2）用来计算 E 普查人数，即：

$$
\begin{array}{l}
\text{E普查}\\
\text{人数}
\end{array}
=
\begin{array}{l}
\text{普查}\\
\text{登记}\\
\text{人数}\,c
\end{array}
-
\begin{array}{l}
\text{调查项目信息}\\
\text{无法定义登记者的}\\
\text{普查计数}
\end{array}
-
\begin{array}{l}
\text{调查项目信息有遗漏}\\
\text{但是尚能定义登记者的}\\
\text{普查登记经过后续}\\
\text{调查确认为不是目标}\\
\text{总体成员的人数}
\end{array}
$$

$$
-
\begin{array}{l}
\text{调查项目信息有遗漏}\\
\text{但是尚能定义登记者的}\\
\text{普查登记经过后续调查}\\
\text{仍然悬而未决的人数中}\\
\text{按比例分配为不是目标}\\
\text{总体成员的部分}
\end{array}
\tag{3.2}
$$

3. 关于人口普查中地点错误的登记

所谓在人口普查中进行登记的地点错误，指的是目标总体中的一个人，既没有在他/她的常住地所在街区群登记，也没有在他/她的常住地所在街区群周围的一个环形区域所在街区群登记，而是在上述两种地方之外的其他地方进行了登记。美国在对 2000 年人口普查进行质量评估时，把这种登记视作错误登记。美国普查局在制定 2010 年人口普查质量评估方案时已经意识到把地点错误的登记视作错误登记是不妥当的，因为这些人确属目标总体的成员，尽管他们没有在自己的常住地登记，毕竟还是应该把他们计算在人口总数之中。如果在质量评估时把这些登记视作错误登记，会无形中夸大了人口普查的误差。不过，他们出于与 2000 年可比性的考虑，在 2010 年计算双系统估计量时仍然沿用了 2000 年的规定。

4. E 普查人数的构成

察看图 1-1，把式（3.2）从 c 中减去的项目除掉，图中剩下的部分就是 E 普查人数的构成内容，即：

$$\begin{matrix}\text{E 普查} \\ \text{人数}\end{matrix} = \begin{matrix}\text{计数者为目标总体} \\ \text{成员且调查项目} \\ \text{信息完整无缺的} \\ \text{普查计数}\end{matrix} + \begin{matrix}\text{调查项目信息有遗漏} \\ \text{但是尚能定义登记者的} \\ \text{普查登记经过后续} \\ \text{调查确认为属于目标} \\ \text{总体成员的人数}\end{matrix}$$

$$+ \begin{matrix}\text{调查项目信息有遗漏} \\ \text{但是尚能定义登记者的} \\ \text{普查登记经过后续调查} \\ \text{仍然悬而未决的人数中} \\ \text{按比例分配为属于目标} \\ \text{总体成员的部分}\end{matrix} + \begin{matrix}\text{调查项目信息完整} \\ \text{无缺但是计数者} \\ \text{不是目标总体} \\ \text{成员的普查计数}\end{matrix} \qquad (3.3)$$

把式（3.3）的前三项合在一起称作"人口普查中的正确计数"，把式（3.3）的第四项叫作"人口普查中调查项目信息完整无缺的错误计数"，于是式（3.3）又可以写作：

$$\begin{matrix}\text{E 普查} \\ \text{人数}\end{matrix} = \begin{matrix}\text{人口普查} \\ \text{中的正确} \\ \text{计数}\end{matrix} + \begin{matrix}\text{人口普查中} \\ \text{调查项目信息} \\ \text{完整无缺的} \\ \text{错误计数}\end{matrix} \qquad (3.4)$$

把式（3.4）的"人口普查中调查项目信息完整无缺的错误计数"也就是式（3.3）的"调查项目信息完整无缺但是计数者不是目标总体成员的普查计数"与式（3.2）的最右边两项合在一起称作"人口普查中的错误计数"。

请注意，在上面的叙述中，"人口普查中的正确计数"包含属于目标总体成员但是登记地点错误的普查登记计数，而在"人口普查中的错误计数"中没有它们。相反，若是按照美国 2000 年人口普查质量评估调查中把地点错误的登记视作错误登记的规定，则"人口普查中的正确计数"不包括属于目标总体成员但是登记地点错误的普查登记的计数，而在"人口普查中的错误计数"中则包括它们。

在 E 普查人数的两个构成部分中的前一个部分"人口普查中的正确计数"是与池塘中鱼的第一次捕获统计口径一致的计数。所以，在构造双系统估计量时应当将其从 E 普查人数中剥离出来加以使用。

（三）人口普查—再普查中的第二个资料系统和 P 普查

这里所说的人口普查—再普查中的第二个资料系统指的是再普查资料系统。由于在实际工作中，人口普查质量评估调查是抽取样本进行的，调查的工作量比全面调查小得多，因此有条件把人口再登记工作做得尽可能地细致，有条件尽可能地减少诸如登记了非目标总体成员、调查项目填写不齐全等问题，所以，我们把这作为再普查资料系统登记质量的假定前提，并且特别假定，再普查资料系统中不存在"调查项目信息无法定义被登记者"这种无信息登记。不过，除假定再普查资料系统中不存在无信息登记以外，另外的两类问题，即非目标总体成员的登记和调查项目填写不齐全的登记毕竟还是有可能存在的，那么，怎样处理它们呢？"P 普查"又是指的什么呢？下面分别叙述。

1. 再普查中调查项目填写齐全的非目标总体成员的登记

当我们将再普查登记名单中调查项目填写齐全的登记一个一个地拿去与 E 普查名单比对时，会发现其中有些属于非目标总体成员的登记。这时，我们当然应该把他们从名单中删去。因此，也可以这样说：真正用来与 E 普查名单进行比对的调查项目填写齐全的再普查登记名单中不包含非目标总体成员的登记。

2. 再普查中调查项目填写不齐全但尚能定义登记者的登记

和处理人口普查登记中此种情况的办法一样，也需要做后续调查进一步收集信息，把遗漏的登记项目填写齐全。如果通过后续调查收集到了进一步的信息，我们就有可能区分出这种登记是否为目标总体成员，于是把其中非目标总体成员的登记删去，只留下属于目标总体成员的登记用来与 E 普查名单进行比对；如果通过后续调查没有或没有很好地收集到进一步的信息，以致我们还是无法区分出这种登记是否为目标总体成员，就把它们当作悬而未决的登记，用通过后续调查区分出来的属于目标总体成员的登记人数以及不属于目标总体成员的登记人数各自占二者之和的比例来分割悬而未决登记的人数，这与式（3.1）处的讨论同理。

3. P 普查

现在把上面的讨论做一个小结。第一，再普查的人口登记中不存在"调查项目信息无法定义登记者"这种无信息登记；第二，调查项目填写齐全的再普查登记区分为登记者是目标总体成员和登记者不是目标总体成员两种情况后，前者参加与 E 普查名单的比对而后者不参加；第三，调查项目信息有遗漏但是尚能定义登记者的再普查登记经过后续调查把信息补充完全的部分被区分为登记者是目标总体成员和登记者不是目标总体成员两种情况后，前者参加与 E 普查名单的比对而后者不参加比对；第四，调查项目信息有遗漏但是尚能定义登记者的再普查登记经过后续调查仍然悬而未决的人数按比例分割为属于目标总体成员的人数和不属于目标总体成员的人数两部分，前者参加与 E 普查名单的比对而后者不参加。

再普查所做的人口登记中属于上面第二、第三条规定的参加与 E 普查名单比对的登记者以及第四条中划归与这些登记者一起计算人数的悬而未决者，是再普查对目标总体成员所做的登记。把参加与 E 普查名单比对的再普查登记名单叫作 P（Population 的字头）普查名单。这就是说，P 普查名单中所做的再普查人口登记都是正确的登记，并且凡是用来和 E 普查名单进行比对的登记，调查项目信息都是齐全的（其中含通过后续调查补充齐全的）。可见，P 普查人数和池塘中鱼的第二次捕获统计口径是一致的，所以在构造双系统估计量时可以直接使用。

4. P 普查和 E 普查的比对以及相互之间的匹配

为了清查目标总体成员同时出现在普查和再普查中的人数，将 P 普查名单中的每个人分别与 E 普查名单的人一一进行比对。比对之后可能会出现的结果如下：第一，发现了 E 普查名单中混杂进来的那些调查项目信息填写齐全的错误登记（不属于目标总体成员的登记）；第二，在 E 普查名单正确登记（属于目标总体成员的登记）的个人中，有些人也出现在 P 普查名单中，有些人未出现在 P 普查名单中；第三，在 P 普查名单中，其中有些人可以在 E 普查名单中找到，有些人不能在 E 普查名单中找到。从上述第二、第三种情况看到，P 普查名单与 E 普查名单二者有一个重叠部分，它们是同时出现在普查和再普查中的人，把这样的人叫作匹配者。比对的结果见图 3-1。

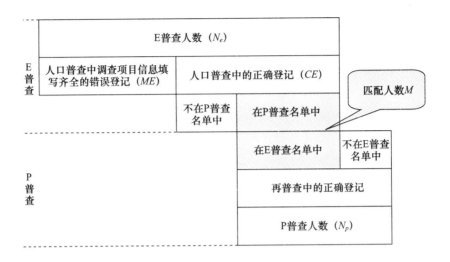

图 3 – 1　P 普查与 E 普查的比对

二　双系统估计量的形式

（一）双系统估计量的基本形式（Ⅰ型双系统估计量）

回顾第二章式（2.1），那里的第一次捕获的鱼的数目 $n_1.$ 相当于这里的人口普查中的正确登记数目 CE，那里的第二次捕获的鱼的数目 $n._1$ 相当于这里的再普查中的正确登记数目，也即 P 普查人数 N_p，那里的在两次捕获中都出现的鱼的数目 n_{11} 相当于这里的再普查登记与普查登记匹配的人数 M。在那里用式（2.1）构造的是池塘中的鱼的数目 N 的估计量，在这里我们要仿照式（2.1）构造目标总体人数 θ 的双系统估计量。这里的"双系统"指我们将要构造的估计量要同时应用普查资料系统和再普查资料系统两个独立的资料系统的数据。仿照式（2.1）写出 θ 的双系统估计量（Dual System Estimation，DSE）的基本结构式（3.5）：

$$\widehat{DSE}_{(I)} = CE\,\frac{N_p}{M} \tag{3.5}$$

我们把式（3.5）叫作 θ 的Ⅰ型双系统估计量，它是 θ 的双系统估计量的基本形式。下面我们将说到，由于普查与再普查之间会发生人口迁移，为此，需要对式（3.5）做某些近似化的处理，我们把近似化处理以后的形式叫作 θ 的Ⅱ型双系统估计量。

（二）双系统估计量的拓展形式（Ⅱ型双系统估计量）

普查—再普查的人口登记是以小区（在我国是调查小区，在美国是街区群）为单位进行的。再普查要求登记各个小区在普查时点的常住人口。可是，自普查时点至进行再普查时这段时间内，人口会发生迁移。于是，进行再普查时，在各个小区所看到的就不只是普查时点的常住人口状态。这就需要在各个小区回顾追溯它们在普查时点的常住人口状态。也就是说，式（3.5）中的 N_p 应该是进行再普查时追溯登记的全国各个小区在普查时点的常住人数之和，而 M 则是这种追溯结果与人口普查名单的匹配部分。在这里介绍美国 2000 年人口普查质量评估调查中构造双系统估计量时处理人口迁移的办法。

进行再普查时，在一个人口登记小区看到的人口迁移状态有三种情况：（1）无移动者。它所指的是这样一些人，这些人在普查时点和进行再普查时都居住在本小区的某个住房单元内，其中包括在本小区内由这个地址迁移到另外一个地址的人。简单地说，无移动者就是指在普查时点直到进行再普查时始终没有离开本小区的人。（2）向外移动者。它所指的是这样一些人，他们在普查时点居住在本小区的某个住房单元内，但是在进行再普查时却已经移居到本小区之外的某个地方。（3）向内移动者。它所指的是这样一些人，他们在进行再普查时居住在本小区的某个住房单元内，但是在普查时点却居住在本小区之外的某个地方。简单地说，向内移动者就是指在普查时点之后由本小区之外迁移到本小区的人。

进行再普查时观察这三种状态的人口数的方法如下：第一，要求在进行再普查时居住在本小区的每一个住房单元的被询问者清楚列出目前在本住房单元居住或暂住的所有人，同时对每一个人注明在普查时点该人是否也在本小区居住或暂住。根据这些信息，能够计算出该小区的无移动者人数和向内移动者人数。第二，要求本小区内每一个住房单元的被询问者尽可能提供他所知道的本小区向外移动者的姓名、新地址等方面的信息。这些信息可能会从三个方面的渠道获得：一个无移动的住房单元中的向外移动者会由该住房单元的被询问者提供出来；一个向外移动的住房单元的信息会被无移动的住房单元中的被询问者提供出来；一个向外移动的住房单元的信息会被向内移动的住房单元中的被询问者提供出来。上述来自三个渠道的关于向外移动者的信息通常是不完整的，并且可能会是有重叠的，经过调查人员进行整理加工，会得到一份不完整的向外移动者名单。

从上面所叙述的取得一个小区的无移动者名单、向内移动者名单、向外移动者名单的操作方式方法不难看出，无移动者名单和向内移动者名单来自当事人自己提供的信息，因此由这两个名单所得到的无移动者人数和向内移动者人数较为可靠；向外移动者名单来自他人提供的信息，由此算出的向外移动者人数通常和实际人数会有较大的差距。

再考虑和 E 普查名单的比对。首先，向内移动者名单的比对。对向内移动者名单进行与 E 普查名单是否匹配的比对时，需要到每一个向内移动者当初进行人口普查时所居住的小区，找出那个小区人口普查登记的名单资料，查看该人是否在这个名单中出现（如果地点登记错误不视作错误登记，则还要找出全国所有小区的人口普查登记资料，查看该人是否在任何一个小区的人口普查登记名单中出现）。由于一个小区的向内移动者会涉及全国的四面八方，因而对向内移动者进行与 E 普查名单匹配的比对难度较大，这就导致了匹配比对的悬而未决率较高，以致计算匹配率遇到困难（P 普查名单中能够与 E 普查名单匹配的人员人数在 P 普查名单人员总数中所占比例称作匹配率）。美国普查局曾在 1990 年人口普查质量评估调查中对向内移动者进行过与 E 普查名单的匹配比对，操作结果的悬而未决率高达 13%。其次，向外移动者名单的比对。在一个小区，调查人员从他人那里获得的关于向外移动者的信息，根据所得信息的情况可将他们分成三类：第一类是信息完整、人员能够落实的向外移动者；第二类是信息不完整、人员悬而未决的向外移动者；第三类是没有人为其提供相关信息、被遗漏的向外移动者。如果只对第一类人进行与 E 普查名单的匹配比对，这时需要做的工作是，对再普查中得到的该小区信息完整、人员能够落实的向外移动者名单中的每一个人，到该小区的人口普查登记的 E 普查名单中去寻找有没有相应的匹配者（如果地点登记错误不视作错误登记，则还要找出全国所有小区的人口普查登记资料，查看该人是否在任何一个小区的人口普查登记名单中出现）。由于这时用来进行比对的两个名单（人口普查的 E 名单和再普查的 P 名单）中的人员都是信息完整的，不存在对人员的确认悬而未决的问题，因而该小区第一类向外移动者的匹配率能够没有困难地被算出。显然，向外移动者形成上述第一类和第二、第三类的这种划分仅仅是因其他居民对这些人的熟悉了解程度不同所导致，与涉及人口普查登记质量的匹配率无关，因此有理由假定，第二、第三类向外移动者的匹配率与第一类向外移动者的匹配率相同。在这样的假定下，可以把已算出的第一类向外移动者的匹配率当作该小区全体向外移动者的匹配率。

为了计算式（3.5），需要具备 P 普查人数 N_p 和再普查登记与普查登记匹配的人数 M。现在从全国的角度来考虑怎样用再普查资料得到这两个数字。

首先，关于 P 普查人数。如果把向外移动者中的迁往国外者以及向内移动者中的由国外迁来者忽略不计，那么全国所有小区的向外移动者人数之和等于向内移动者人数之和。我们把全国所有小区的无移动者人数之和记作 N_n，把全国所有小区的向外移动者人数之和记作 N_o，把全国所有小区的向内移动者人数之和记作 N_i。于是，P 普查人数 N_p 可以通过下面的途径计算，即：

$$N_p = N_n + N_o = N_n + N_i \tag{3.6}$$

由于可靠的向外移动者人数 N_o 不易得到，因而用 $N_n + N_i$ 来计算 N_p 是较好的选择。

其次，关于 P 普查和 E 普查相匹配的人数。我们把全国所有小区的无移动者匹配人数之和记作 M_n，把全国所有小区的向外移动者匹配人数之和记作 M_o，把全国所有小区的向内移动者匹配人数之和记作 M_i，由于全国范围内（把迁往国外者和由国外迁来者忽略不计）的向外移动者和向内移动者其实是同一批人，所以如果向外移动者名单和向内移动者名单都没有疏漏的话，那么 M_o 与 M_i 应该相等，于是有：

$$M = M_n + M_o = M_n + M_i \tag{3.7}$$

不幸的是，不论是 M_o 还是 M_i 都无法直接计算。于是我们只好考虑用匹配率对它们进行推算。用匹配率推算匹配人数的基本关系式为：

$$M_o = N_o \frac{M_o}{N_o}; \quad M_i = N_i \frac{M_i}{N_i} \tag{3.8}$$

式（3.8）中的两个比率分别是全国向外移动者的匹配率和全国向内移动者的匹配率。

注意到这两个匹配率之间的分子相等同时分母也相等，所以这两个匹配率是相等的。前面在谈论对一个小区的观察的时候曾经说到，小区的向外移动者人数误差较大而计算向外移动者匹配率困难不大；另外，刚好相反，小区的向内移动者人数较为可靠而计算向内移动者匹配率困难很大。这也就意味着，在式（3.8）中，全国的向内移动者人数 N_i 较可靠，而全国的向外移动者匹配率 M_o/N_o 容易计算。这时自然会想到，既然式（3.8）中的两个匹配率相等，那么，只要用 M_o/N_o 代替 M_i/N_i 去计算 M_i，如此，我们所需要的 M 就可以通过 $M_n + M_i$ 的关系式得到计算了。这样，就构造出在考虑普查与再普查之间的人口迁移问题条件下的 II 型双系统估计量如式（3.9）：

$$\widehat{DSE}_{(II)} = CE\, \frac{N_n + N_i}{M_n + \dfrac{M_o}{N_o}N_i} \tag{3.9}$$

由于式（3.9）中存在着若干假设，例如，把人口在本国与外国之间的移动忽略不计，仅仅对获得了信息的那一部分向外移动者计算匹配率并将其当作所有向外移动者的匹配率等，因而该式与式（3.5）并不相等，它只是式（3.5）的近似。为了声明两者之间差别，分别使用了"I 型"与"II 型"这样的名称。

第二节　双系统估计量的无偏性讨论

一　双系统估计量无偏的条件

人们熟知，在目标总体参数估计理论体系中，无偏性是优良估计量的重要条件之一。只有无偏的估计量，才能保证估计结果平均等于被估计参数。所以，当人们构造一个估计量的时候，总是十分关注它是否无偏，或者关注在何种条件下才能保证它无偏。现在，把"捕获—再捕获"模型移植到人口普查质量评估工作中构造双系统估计量，由于人口总体和鱼塘中的鱼有很多不同，这就很自然地会想到，"捕获—再捕获"模型的无偏性结论在这里是否成立？也就是说，仿照"捕获—再捕获"模型构造的双系统估计量是否为实际人数的无偏估计量？或者说，双系统估计量在何种条件下是实际人数的无偏估计量？实现双系统估计量无偏性的路径是什么？这就是本节要讨论的问题。

相关文献显示，包括美国在内的所有国家的政府统计部门工作人员，在人口普查质量评估中应用双系统估计量都忽视了它是否无偏这个问题，直接把它当作无偏估计量来使用，只计算它的方差，而未计算它的偏差及均方误差。这是一个理论失误。事实上，双系统估计量本身并不是一个无偏估计量，它成为无偏估计量需要一定的假设条件。也就是说，在某种或某些假设条件成立的情况下，它才可以当作无偏估计量来使用。

本节将在美国普查局专家马尔里和科斯塔尼古（2006）提出的三个假设条件的基础上，按对"人口普查正确登记"所要求满足的不同条件，分别讨论双系统估计量无偏性；另外，运用概率模型理论阐述双系统估计量无偏性的统计学解释，论证人口普查与人口普查质量评估调查独立，以及目标总体中的每一个人有相同的概率在人口普查中登记，有相同的概率在人口普查质量评估调查中登记，是双系统估计量为无偏估计量的必要但非充分条件。这从理论上厘清了相关人员对双系统估计量无偏性的模糊认识，有助于双系统估计量的理论完善与发展（丁杨等，2016）。

（一）双系统估计量基本公式

为便于双系统估计量无偏性讨论，这里只给出双系统估计量的基本公式，即在假设人口普查质量评估调查是对目标总体的全面调查条件下建立的双系统估计量公式。用 θ 表示目标总体实际人数，它是永远无法确切知道的，只能通过科学的方法来估计。估计它的双系统估计量如式（3.10），即式（3.5）：

$$DSE_{(I)} = CE\frac{N_p}{M} \tag{3.10}$$

在式（3.10）等号的左边，$DSE_{(I)}$ 表示 I 型双系统估计量。在式（3.10）等号的右边，CE 表示人口普查登记的目标总体人数；N_p 表示人口普查质量评估调查对普查标准时点追溯登记的目标总体人数；M 表示人口普查与质量评估调查同时登记的目标总体人数。这里的目标总体是指本次人口普查对人口的登记范围。例如，普查标准时点之前出生的婴儿属于本次人口普查登记范围，而在普查标准时点之后出生的婴儿则不在本次人口普查登记范围。

为了获得 M，需要在人口普查登记名单与人口普查质量评估调查登记名单之间进行比较操作。这需要每一个人详细的人口统计特征信息。然而，在人口普查登记工作中，有些人的普查项目登记不完整。为使人口普查登记比较顺利进行，应该从人口普查登记名单中剔除普查项目登记不完整人口。把未包括普查项目登记不完整人口的人口普查称之为 E 普查。与此相适应，把人口普查质量评估调查称之为 P 普查（又叫作再普查）。有关文献把前者叫作"E 样本"，把后者叫作"P 样本"。之所以使用"样本"这一术语，是因为"捕获—再捕获"模型是以多项分布随机变量无限重复的随机试验为背景，由鱼塘中的鱼构成的有限总体是上述背景所定义的无限超总体的随机样本，第一次捕到的鱼、第二次捕到的鱼、在两次捕捞中都捕到的鱼是上述样本中具有指定特征的试验结果。

在人口普查质量评估调查样本的每一个调查小区观察采集本小区属于 CE 的数据、属于 N_p 的数据、属于 M 的数据，然后用样本数据分别构造式（3.10）中三个总量指标的估计量。本节是对双系统估计量进行理论层面上的讨论，所以把式（3.10）中的三个指标一律看作对目标总体全面调查的结果，而不考虑有限总体概率抽样工作环节。

（二）双系统估计量的无偏性论证

美国普查局专家马尔里和科斯塔尼古（2006）论证了在一定假定条件下，双系统估计量是无偏的。为了便于了解马尔里和科斯塔尼古的论证，我们在这里先把论证中用到的有关指标及其分类叙述如下。

目标总体实际人数 θ 分为两部分：一部分是普查漏报人数 OM；另一部分是普查登记人数 C。普查漏报人数 OM 进一步分为两类：一类是被人口普查质量评估调查登记的普查漏报人数 OM_{01}；另一类是未在人口普查质量评估调查登记的普查漏报人数 OM_{00}。普查登记人数 C 进一步分为两类：一类是属于目标总体的普查登记人数 CE，即前面所说的人口普查登记的目标总体人数；另一类是不属于目标总体的普查登记人数 EE。

属于目标总体的普查登记人数 CE 进一步分为四类：（1）普查项目登记完整并登记地点正确的 CE'。CE' 进一步分为在人口普查质量评估调查中登记的 CE'_{11} 和未在人口普查质量评估调查中登记的 CE'_{10}。（2）普查项目登记完整但登记地点错误的 WL。WL 进一步分为在人口普查质量

评估调查中登记的 WL_{11} 和未在人口普查质量评估调查中登记的 WL_{10}。(3) 普查登记项目不完整但能识别登记者的 II。II 进一步分为在人口普查质量评估调查中登记的普查登记人数 II_{01} 和未在人口普查质量评估调查中登记的 II_{00}。(4) 普查登记项目不完整且无法识别登记者的 NDD。NDD 进一步分为人口普查质量评估调查登记的 NDD_{01} 和未在人口普查质量评估调查中登记的 NDD_{00}。

不属于目标总体的普查登记人数 EE 进一步分为三类：(1) 普查项目登记完整但未在人口普查质量评估调查登记的 EE_{10-II}；(2) 普查项目登记不完整但能识别登记者的 EE_{00-II}；(3) 普查项目登记不完整且无法识别登记者的 EE_{00-NDD}。

马尔里和科斯塔尼古（2006）从严格限制式（3.10）中的 CE 和放宽对式（3.10）CE 限制两个方面论证双系统估计量的无偏性。

1. 将式（3.10）中的 CE 限制为 CE'

在将 CE 限制为普查项目登记完整且登记地点正确和属于目标总体普查登记人数 CE' 的条件下，式（3.10）中的 M 其实就是 P 普查与这些人的匹配人数 CE'_{11}。此时式（3.10）中的三个指标变为：

$$CE = CE' \tag{3.11}$$

$$N_p = CE'_{11} + WL_{11} + II_{01} + NDD_{01} + OM_{01} \tag{3.12}$$

$$M = CE'_{11} \tag{3.13}$$

将式（3.11）、式（3.12）和式（3.13）代入式（3.10），所得到的双系统估计量 $DSE_{(I)}$ 为：

$$DSE_{(I)} = CE' \frac{CE'_{11} + WL_{11} + II_{01} + NDD_{01} + OM_{01}}{CE'_{11}} \tag{3.14}$$

马尔里和科斯塔尼古的任务是讨论式（3.14）的无偏性。为进行这一论证，他们提出了下面三条假设：

假设 1——人口普查登记的目标总体人数与目标总体实际人数的比值等于人口普查登记的 P 普查人数与 P 普查人数的比值：

$$\frac{CE' + WL + II + NDD}{\theta} = \frac{CE'_{11} + WL_{11} + II_{01} + NDD_{01}}{CE'_{1i} + WL_{11} + II_{01} + NDD_{01} + OM_{01}} \tag{3.15}$$

假设 2——P 普查登记的普查项目登记完整人数与普查项目登记完整人数的比值等于 P 普查登记的属于目标总体的普查登记人数与人口普查登记的目标总体人数的比值：

$$\frac{CE'_{11} + WL_{11}}{CE' + WL} = \frac{CE'_{11} + WL_{11} + II_{01} + NDD_{01}}{CE' + WL + II + NDD} \tag{3.16}$$

假设 3——普查项目登记完整且登记地点正确的属于目标总体的普查登记人数与普查项目登记完整人数的比值等于 P 普查登记的普查项目登记完整且登记地点正确的属于目标总体的普查登记人数与 P 普查登记的普查项目登记完整的属于目标总体的普查登记人数的比值：

$$\frac{CE'}{CE' + WL} = \frac{CE'_{11}}{CE'_{11} + WL_{11}} \tag{3.17}$$

从上述假设出发进行下面的推演。

首先，由式（3.15）推出：

$$\theta = (CE' + WL + II + NDD) \frac{CE'_{11} + WL_{11} + II_{01} + NDD_{01} + OM_{01}}{CE'_{11} + WL_{11} + II_{01} + NDD_{01}} \tag{3.18}$$

其次，由式（3.16）推出：

$$CE' + WL + II + NDD = \frac{(CE' + WL)(CE'_{11} + WL_{11} + II_{01} + NDD_{01})}{CE'_{11} + WL_{11}} \tag{3.19}$$

把式（3.19）代入式（3.18）有：

$$\theta = \frac{CE' + WL}{CE'_{11} + WL_{11}}(CE'_{11} + WL_{11} + II_{01} + NDD_{01} + OM_{01}) \tag{3.20}$$

再次，由式（3.17）有：

$$\frac{CE' + WL}{CE'_{11} + WL_{11}} = \frac{CE'}{CE'_{11}} \tag{3.21}$$

最后，把式（3.21）代入式（3.20）有：

$$\theta = CE' \frac{CE'_{11} + WL_{11} + II_{01} + NDD_{01} + OM_{01}}{CE'_{11}} \tag{3.22}$$

将式（3.22）与式（3.14）相对照，看到式（3.22）等号右边就是式（3.14）。这意味着，如果马尔里和科斯塔尼古假设绝对成立，那么通过式（3.14）能够计算出目标总体的人数；如果马尔里和科斯塔尼古假设在平均的意义上成立，那么式（3.14）就是目标总体人数的无偏估计量。

2. 将式（3.10）中的 CE 放宽为 $CE' + WL$

在将 CE 放宽为普查项目登记完整且登记地点不正确但是属于目标

总体普查登记人数 $CE' + WL$ 的条件下，式（3.10）中的 M 其实就是 P 普查与这些人的匹配人数 $CE'_{11} + WL$。此时式（3.10）中的三个指标变为：

$$CE = CE' + WL \tag{3.23}$$

$$N_p = CE'_{11} + WL_{11} + II_{01} + NDD_{01} + OM_{01} \tag{3.24}$$

$$M = CE'_{11} + WL_{11} \tag{3.25}$$

将式（3.23）、式（3.24）和式（3.25）代入式（3.10），所得到的双系统估计量 $DSE_{(I)}$ 为：

$$DSE_{(I)} = (CE' + WL)\frac{CE'_{11} + WL_{11} + II_{01} + NDD_{01} + OM_{01}}{CE'_{11} + WL_{11}} \tag{3.26}$$

现在我们来讨论式（3.26）的无偏条件。

前面已经由式（3.15）推出式（3.18），由式（3.16）推出式（3.19），并且将式（3.19）代入式（3.18）得到式（3.20）。我们把式（3.20）与式（3.26）对照，看到式（3.20）等号右边就是式（3.26）。可见，只需要假设 1 和假设 2 成立，不需要假设 3，便可以使双系统估计量具有无偏性。

3. 将式（3.10）中的 CE 放宽为 $CE' + WL + II + NDD$

在将 CE 放宽为无论普查登记项目是否完整或登记地点是否正确，只要求属于目标总体的人口普查登记人数的条件下，式（3.10）中的 M 其实就是 P 普查与这些人的匹配人数 $CE'_{11} + WL_{11} + II_{01} + NDD_{01}$。此时式（3.10）中的三个指标变为：

$$CE = CE' + WL + II + NDD \tag{3.27}$$

$$N_p = CE'_{11} + WL_{11} + II_{01} + NDD_{01} + OM_{01} \tag{3.28}$$

$$M = CE'_{11} + WL_{11} + II_{01} + NDD_{01} \tag{3.29}$$

将式（3.27）、式（3.28）和式（3.29）代入式（3.10），所得到的双系统估计量 $DSE_{(I)}$ 为：

$$DSE_{(I)} = (CE' + WL + II + NDD)\frac{CE'_{11} + WL_{11} + II_{01} + NDD_{01} + OM_{01}}{CE'_{11} + WL_{11} + II_{01} + NDD_{01}} \tag{3.30}$$

现在我们来讨论式（3.30）的无偏条件。

前面已经由式（3.15）推出式（3.18）。将式（3.18）与式（3.30）相对照，看到式（3.18）等号右边就是式（3.30）。可见，只需要假设 1 成立，不需要假设 2 和假设 3，便可以使双系统估计量具有无偏性。

　　由此可以知道，得以使双系统估计量具有无偏性的最基本的条件是假设 1。至于假设 2 和假设 3，它们的作用无非是在我们仅仅使用较高质量的人口普查登记资料去计算双系统估计量时，假定所使用的较高质量的人口普查登记资料与再普查的匹配率近似等于其他未被使用的较低质量的普查登记资料与再普查的匹配率，便可以使得双系统估计量的无偏性得以维系。

二　双系统估计量无偏性条件的统计学意义

　　上面我们说到，马尔里和科斯塔尼古（2006）论证双系统估计量无偏性所提出的三个假设条件中，关键条件是假设 1。现在来考虑，假设 1 在统计学上意味着什么。重新考察一下表述假设 1 的式（3.15）。现在我们改用另外的表达方式来写它：

$$\frac{人口普查登记的目标总体人数}{目标总体实际人数} = \frac{人口普查和再普查同时登记的目标总体人数}{再普查登记的目标总体人数} \qquad (3.31)$$

　　假若把目标总体看作池塘中的鱼，把人口普查看作对鱼的第一次捕获，把再普查看作对鱼的第二次捕获，那么，用第二章表 2 - 1 中的记号，这里的假设 1 又可以写作：

$$\frac{n_1 .}{N} = \frac{n_{11}}{n_{.1}} \qquad (3.32)$$

　　由式（3.32）又可以写出：

$$N = n_1 . \frac{n_{.1}}{n_{11}} \qquad (3.33)$$

　　请回顾一下第二章的式（2.1）以及对式（2.1）的证明过程。在那里的结论是说，假若第一次捕获鱼的数目是 $n_1 .$，第二次捕获鱼的数目是 $n_{.1}$，在第一次捕获和第二次捕获中都出现的鱼的数目是 n_{11} 的话，那么池塘中鱼的数目是 $(n_1 . \times n_{.1})/n_{11}$ 这个数字的概率比是别的数字的概率都大。现在，用式（3.33）提出假定说，池塘中鱼的数目"等于"$(n_1 . \times n_{.1})/n_{11}$。这个假定意味着什么呢？显然，"池塘中鱼的数目等于 $(n_1 . \times n_{.1})/n_{11}$"与"池塘中鱼的数目是 $(n_1 . \times n_{.1})/n_{11}$ 的概率最大"并不矛盾

（并且更进了一步）。具体来说，"池塘中鱼的数目是$(n_{1.} \times n_{.1})/n_{11}$的概率最大"这一结论所要求的充要条件，对"池塘中鱼的数目等于$(n_{1.} \times n_{.1})/n_{11}$"这个假定来说也是必不可少的，是它的必要条件；但是，这种条件并不是仅仅能够导出"池塘中鱼的数目等于$(n_{1.} \times n_{.1})/n_{11}$"的结论，它还可以导出"池塘中鱼的数目虽然不等于$(n_{1.} \times n_{.1})/n_{11}$但是取这个值的概率最大"这样的结论，所以，不是它的充分条件。

既然"池塘中鱼的数目是$(n_{1.} \times n_{.1})/n_{11}$的概率最大"这一结论所要求的充要条件如此重要，那么就请再回忆一下，这个充要条件是什么呢？

我们在第二章为了说明"捕获—再捕获"模型式（2.1）的试验背景，设计了一台分别以确定的概率发生只涂有红色记号、只涂有白色记号、涂有红白两种记号、未涂记号四种球的随机试验机以及相应的用"是否涂有红色记号"和"是否涂有白色记号"两个变量分组的反映上述四种试验结果的四格列联表。当时把"发生涂有红白两种记号的球"的概率记作π_{11}，在N次试验中实际发生的次数记作n_{11}；把"发生只涂有红色记号未涂白色记号的球"的概率记作π_{12}，在N次试验中实际发生的次数记作n_{12}；把"发生只涂有白色记号未涂红色记号的球"的概率记作π_{21}，在N次试验中实际发生的次数记作n_{21}；把"发生未涂记号的球"的概率记作π_{22}，在N次试验中实际发生的次数记作n_{22}。在那里，我们得到的论证结论是：当且仅当下面两个条件同时具备的时候，试验次数N的最大似然估计为$(n_{1.} \times n_{.1})/n_{11}$。这两个条件是：第一，$\pi_{ij} = \pi_{i.} \times \pi_{.j}$（$i=1,2$；$j=1$，$2$），也就是说，"是否涂有红色记号"和"是否涂有白色记号"两个变量独立；第二，N次试验独立，且同分布于同一个四点分布随机试验。

若把"发生涂有红白两种记号的球"换成"发生在两次捕获中都出现的鱼"，概率为π_{11}，在N次试验中实际发生的次数为n_{11}；把"发生只涂有红色记号未涂白色记号的球"换成"发生只在第一次捕获中出现而在第二次捕获中未出现的鱼"，概率为π_{12}，在N次试验中实际发生的次数为n_{12}；把"发生只涂有白色记号未涂红色记号的球"换成"发生只在第二次捕获中出现而在第一次捕获中未出现的鱼"，概率为π_{21}，在N次试验中实际发生的次数为n_{21}；把"发生未涂记号的球"换成"发生在两次捕获中都未出现的鱼"，概率为 π_{22}，在 N 次试验中实际发生的次数为 n_{22}；然后再把上面所发生的鱼统统放入池塘。则，"池塘中鱼的数目的最大似然估计量为 $(n_{1\cdot} \times n_{\cdot 1})/n_{11}$"这一结论成立的充要条件是：第一，$\pi_{ij} = \pi_{i\cdot} \times \pi_{\cdot j}\,(i = 1,2;\ j = 1,2)$，也就是两次捕获行为独立；第二，$N$ 次试验独立，且同分布于同一个四点分布随机试验，也就是每一条鱼在第一次捕捞中出现的概率相同，都是 $\pi_{1\cdot}$，每一条鱼在第二次捕捞中出现的概率也相同，都是 $\pi_{\cdot 1}$（注意：只要有每一条鱼的 $\pi_{1\cdot}$ 相同和 $\pi_{\cdot 1}$ 相同，便保证了每一条鱼的 π_{11}、π_{12}、π_{21} 以及 π_{22} 相同）。

这两个条件是"池塘中鱼的数目 $= (n_{1\cdot} \times n_{\cdot 1})/n_{11}$"这一假设成立的必要但非充分的条件。从而我们也就知道了，马尔里和科斯塔尼古（2006）的假设 1 成立的必要但非充分的条件是：第一，人口普查与再普查相互之间独立；第二，人口总体中的每一个人在人口普查中登记的概率相同，并且在再普查中登记的概率也相同（在人口普查中登记的概率与在再普查中登记的概率可以不相同）。在这里，一个人在人口普查中是否登记与在质量评估调查中是否登记这两个变量通常是相依的，所以，为了叙述简便，对上面第二个条件，我们也可以只简单地说"人口总体中的每一个人在人口普查中登记的概率相同"。

这两个条件也是双系统估计量无偏必须要满足的条件。

在实际工作中，为了满足上述第一个条件，即人口普查与再普查相互之间独立这一条件，通常可以在质量评估调查的工作安排上采取一些措施。例如，设法使质量评估调查时所编制的住房单元地址目录与人口普查时编制的住房单元地址目录相独立；恰当安排质量评估调查开始的时间，尽可能地把这个时间安排在人口普查登记以及登记的复查工作全部结束之后；设法避免由调查员引起的相关性，尽量选用与普查员不同的另外一支人员队伍进行质量评估调查，如果受经费和人力所限而不得不仍然让原来的普查员从事质量评估调查，至少要将他们派往普查时未曾工作过的小区去进行质量评估调查；在人口普查与质量评估调查中使用不同的调查方法；等等。至于怎样在实际工作中满足双系统估计量的上述第二个条件，我们将在下节讨论。

三　结论或建议

第一，对人口普查登记的目标总体人数 CE 限制越严，双系统估计量为无偏估计量所需要的假设条件就越多。

对 CE 放宽限制条件，假设 2 或假设 3 条件实际上是多余的。但无论是对 CE 严格限制还是放宽限制，使双系统估计量具有无偏性最基本的条件是假设 1。那么是否应该对 CE 做严格的限制呢？答案当然是否定的。因为，这会使本属于目标总体的人口普查登记丢弃。例如，一个人本来是该国人口，只不过他错误地在另一个城市进行了登记，便剥夺他是该国人的权利，这难道正确吗？他只不过忘记了填写年龄，便剥夺他是该国人的权利，这难道正确吗？所以说，对 CE 的严格限制，并不是普查登记质量高，而是吹毛求疵。这种吹毛求疵，使得使用双系统估计量估计的目标总体实际人数反而更加不准。

第二，如果在双系统估计量基本公式中，从"人口普查登记的目标总体人数"中，以及相应地从"人口普查及再普查同时登记的目标总体人数"中，把其中普查项目登记不完整的人数剔除，或是进一步再把虽然普查项目登记完整但是登记地点错误的人数剔除，那么在上述无偏性条件之外，还需要进一步要求剔除部分与再普查的匹配率同未剔除部分与再普查的匹配率相等，才能保证双系统估计量无偏。

第三，在使用双系统估计量之前，最好组织一次小规模试点调查，测试采集的人口普查资料与人口普查质量评估调查资料是否满足美国普查局专家马尔里和科斯塔尼古提出的三个假设条件。如果满足其全部或部分假设条件，就可以考虑在未来的人口普查质量评估工作中使用双系统估计量。为使得出的是否使用双系统估计量的结论更加可靠，在经费允许的情况下，再进行一次规模更大一点的试点调查。如果在两次试点调查中，均发现采集的人口普查资料与人口普查质量评估调查资料不满足马尔里和科斯塔尼古提出的假设条件，那么在未来人口普查质量评估中应该放弃使用双系统估计量，而改用人口统计分析模型或多系统模型完成目标总体实际人数及人口普查净误差估计的任务。

第三节　按登记概率对总体人口分层

一　为什么要按人口登记概率的高低对总体人口分层

由上一节我们知道，为了保证双系统估计量无偏，除要设法做到人口普查的质量评估调查与人口普查相独立之外，还要求目标总体中的每一个人在人口普查中登记的概率相同。本节针对"目标总体中的每一个人在人口普查中登记的概率相同"这一要求进行讨论。

　　然而，一个国家中不同的人，在人口普查中登记的概率是有差别的。有房子的人比无房子的人登记的概率大；农村的人比城市的人更愿意接受人口普查；非少数民族的人比少数民族的人登记的概率大；白人登记的概率大于黑人；在所有人群中，孩子们的普查遗漏或重复登记的概率是最高的；老年人比年轻人登记的概率大；等等。不相信政府的人、不愿意别人知道自己居住在何处的人、无家可归的人、在逃罪犯、贩毒分子、外来移民、居住在边远地区的人等，在人口普查中登记的概率很小，因为他们要么故意躲避，要么很难被找到。

　　不同的人在人口普查中登记的概率有差别，这是客观存在的事实，我们没有办法做到把所有的人在登记的概率都变得相同。

　　回过头去想一想，问题是怎样提出来的呢？其实，现在所考虑的"人口总体中的每一个人在人口普查中在登记的概率相同"这一要求，是出于保证双系统估计量无偏性的需要提出来的，而双系统估计量是可以放在目标总体的各个子总体中去分别计算的。于是，我们想到，只要对目标总体按每个人在人口普查中在登记的概率分层，把在登记概率相同的人放在同一个层内，把在登记概率不同的人放在不同的层内，分别在这样划分的每一个层内构造双系统估计量，问题便得到了解决。

　　自然，所谓"登记概率相同"是在相对的意义上来说的。我们能够做的事情只能是，使得划分到同一个层内的那些人在人口普查中登记的概率大致差不太多。换句话说，无法做到同一层的所有人口的普查登记概率完全相等。正因为这个原因，双系统估计量存在一定程度的异质性误差。

　　对人口总体分层，除满足双系统估计量在等概率人口层构造及使用的要求外，另外还有两个目的，那就是获得不同类型人口的实际人数估计值及其人口普查净误差估计值，以及使用合成估计量获得小区域（调查小区、镇、县等）的人数估计值。

　　然而，在人口普查质量评估中，为了使用双系统估计量，对总体人口分层的国家主要是美国、瑞士、澳大利亚和英国等。中国、乌干达和南非等发展中国家对这个问题不够重视，未进行分层，认为是否对总体人口分层对最终估计的人数精度影响不大。

那么，为什么这些发展中国家不重视分层工作呢？一是对双系统估计量的理论基础不是很了解。事实上，作为双系统估计量理论基础的捕获—再捕获模型对池塘鱼的数目估计要求池塘中的每一条鱼有同样的捕获概率。由此可见，加强发展中国家人口普查质量评估基础理论的研究是很必要的和意义重大的。二是全国样本总量的测算缺乏理论依据，往往是凭经验和感觉测算，另外为节省数据采集成本，又进一步压缩样本总量，抽样比例远远小于以美国为代表的发达国家。例如，我国2000年人口普查质量评估调查的调查小区抽样比例仅为0.109‰，而美国街区群抽样比例为3‰。如此小的样本总规模分配到每一个层的样本量也少，从而造成无法估计的尴尬局面，或估计的结果抽样误差过大，使估计失去意义。三是分层程序比较复杂，涉及分层标志（变量）的选择、层的合并、样本调查小区人口在各个层的分配。

二　分层标志（变量）

把普查中登记概率差不太多的人划分到同一个层内，把普查中登记概率差别较大的人划分到不同的层，这是分层的目标。由于一个人在人口普查中登记的概率并不能够明确地表现出来，所以不能把它作为分层标志。为了达到分层目标，尚需另外选择恰当的分层标志。选择分层标志的标准是：第一，它是一个人的能够明确地表现出来的特征；第二，它是足以影响一个人在人口普查中登记概率的重要的变量；第三，分层标志的具体表现资料要能够获得。

下面以美国2000年人口普查质量评估为例（U. S. Census Bureau, 2004），说明分层标志的选择以及用所选择的分层标志所做的交叉分层，以及受人口普查质量评估调查样本量所限而对某些层的合并。

（一）所选择的分层标志以及每个分层标志下所划分的层

下面第一层次标题为所选择的分层标志，第二层次标题为所划分的层。

1. 人口的种族以及是否西班牙血统

（1）居留地上的美洲印第安人或阿拉斯加土著居民；

（2）非居留地上的美洲印第安人或阿拉斯加土著居民；

（3）西班牙血统居民；

（4）非西班牙血统黑人；

（5）土著夏威夷人或太平洋岛居民；

（6）非西班牙血统亚裔人；

（7）非西班牙血统白人或其他种族。

2. 人口的年龄和性别

（1）18岁以下的男性和女性；

（2）18—29岁男性；

（3）18—29岁女性；

（4）30—49岁男性；

（5）30—49岁女性；

（6）50岁及以上男性；

（7）50岁及以上女性。

3. 人口对所在住房单元是否拥有房屋所有权

（1）人口对所在住房单元拥有房屋所有权；

（2）人口对所在住房单元不拥有房屋所有权。

4. 人口常住地所在地区的城市类型

（1）大型城市，普查表的发出与回收区（大型城市指全国最大的10个城市）；

（2）中型城市，普查表的发出与回收区（中型城市指除去全国最大的10个城市以外的，人口规模不少于50万的城市）；

（3）小型城市或非城市，普查表的发出与回收区（小型城市指人口规模少于50万的）；

（4）所有其他的不是普查表的发出与回收区的地区。

5. 人口常住地所在地区的普查表回收率类型

（1）高回收率地区（回收率25%及以上）；

（2）低回收率地区（回收率25%以下）。

6. 人口常住地所在地区的地理位置类型

（1）北部地区；

（2）中西部地区；

（3）南部地区；

（4）西部地区。

（二）交叉分层设计

如果把上面六个标志（我们把"种族以及是否西班牙血统"视作一个标志，把"年龄和性别"视作一个标志）的分层设计完全地进行交叉，那么就会形成 $7 \times 7 \times 2 \times 4 \times 2 \times 4 = 3136$ 个交叉层。出于实际情况的考虑，在进行交叉分层设计时，对上面的某些交叉层做了适当的合并（这些合并是在收集数据之前进行的称之为"前合并"）。

1．"前合并的"具体合并情况

（1）非西班牙血统白人或其他种族的房屋拥有者：不合并。

（2）非西班牙血统白人或其他种族的非房屋拥有者：地理位置表现合并，但普查表回收率表现不合并。

（3）非西班牙血统黑人：地理位置表现合并，普查表回收率表现不合并，城市类型的第一、第二组合并以及第三、第四组合并。

（4）西班牙血统者：地理位置表现合并，普查表回收率表现不合并，城市类型的第一、第二组合并以及第三、第四组合并。

（5）土著夏威夷人或太平洋岛居民：只保留是否拥有房屋所有权下面的分层以及年龄和性别下面的分层，其他变量的分层全部合并。

（6）非西班牙血统亚裔人：只保留是否拥有房屋所有权下面的分层以及年龄和性别下面的分层，其他变量的分层全部合并。

（7）居留地上的美洲印第安人或阿拉斯加土著居民：只保留是否拥有房屋所有权下面的分层以及年龄和性别下面的分层，其他变量的分层全部合并。

（8）非居留地上的美洲印第安人或阿拉斯加土著居民：只保留是否拥有房屋所有权下面的分层以及年龄和性别下面的分层，其他变量的分层全部合并。

经过这些合并以后，年龄和性别以外其他的 1、3、4、5、6 五个分层标志共交叉分成了 64 个层，如表 3 - 1 所示（表中各个组格中的数字是 64 个层的编号）。

把表 3 - 1 中 64 个层的每一个层再进一步按"年龄和性别"这一分层标志划分为 7 个层，就得到了 $64 \times 7 = 448$ 个层。

不过，这还不是交叉分层设计最后的结果。由于在实际工作中，质量评估调查是分别以州为范围、以街区群为单位抽取样本进行的（所谓"P普查"就成了"P样本"），这时，按照上面的交叉分层设计对一个州范围内P样本中的人进行分层后，应能做到每一个层中分到的样本人数都不要太少，因为，如果哪一个层中样本人数过少，将会使得在这个层无法计算双系统估计量。为此，美国的工作方案中提出了一套"后合并"规则。这个规则规定，如果有的层分到的P样本人数不足100人，就进行"后合并"工作。

2. "后合并"的具体合并办法

（1）如果448个层中的某一个层分得的P样本人数不足100人，首先考虑对"年龄和性别"的分层设计进行合并。即如果"年龄和性别"的7个类型中的某一个的P样本人数不足100人，就将"年龄和性别"的7个类型组合并为三个：18岁以下的男性和女性；18岁以上的男性；18岁以上的女性。

（2）如果合并了"年龄和性别"类型组后，仍然有一部分事后层的样本量太少，下一步就合并"地理位置"的类型组。这种合并只适合于在"非拉美血统白人或其他种族"层中进行。在这样的情况下，所有的地理位置类型组全部合并。

（3）合并"人口常住地所在地区的城市类型"的类型组。合并为两类：把"大型城市，普查表的发出与回收区"与"中型城市，普查表的发出与回收区"合并成一类，再把"小型城市或非城市，普查表的发出与回收区"与"所有其他的不是普查表的发出与回收区的地区"合并成一类。

（4）如果还有必要，就把"人口常住地所在地区的普查表回收率"的两个类型组合并起来。

（5）如果仍有必要，就把"人口常住地所在地区的城市类型"的四个类型组进行全部合并。

（6）如果再有必要，就把"人口对所在住房单元是否拥有房屋所有权"的两个类型进行合并。

（7）如果还需要合并，就把"年龄和性别"的全部7个组合并起来，以使该层包括所有年龄和不同性别的人口。

（8）如果"人口的种族以及是否拉美血统"分层标志下的某一个层分得的P样本人数不足100人，就将该层与"非拉美血统白人或其他种族"合并为一层。

表 3 - 1　除去年龄和性别以外其他五个分层标志交叉形成的 64 个层

人口的种族以及是否拉美血统	人口对所在的住房单元是否拥有房屋所有权	人口常住地所在地区的城市类型	人口常住地所在地区的普查表回收率类型							
			高回收率地区				低回收率地区			
			人口常住地所在地区的地理位置类型				人口常住地所在地区的地理位置类型			
			北部	中西	南部	西部	北部	中西	南部	西部
非西班牙血统白人或其他种族（分层设计中的第 7 组）	拥有房屋所有权	收发普查表 大型城市	01	02	03	04	05	06	07	08
		收发普查表 中型城市	09	10	11	12	13	14	15	16
		收发普查表 小城非城	17	18	19	20	21	22	23	24
		不收发普查表	25	26	27	28	29	30	31	32
	不拥有房屋所有权	收发普查表 大型城市	33				34			
		收发普查表 中型城市	35				36			
		收发普查表 小城非城	37				38			
		不收发普查表	39				40			
非西班牙血统黑人（分层设计中的第 4 组）	拥有房屋所有权	收发普查表 大型城市 中型城市 小城非城	41				42			
		不收发普查表	43				44			
	不拥有房屋所有权	收发普查表 大型城市 中型城市 小城非城	45				46			
		不收发普查表	47				48			
西班牙血统居民（分层设计中的第 3 组）	拥有房屋所有权	收发普查表 大型城市 中型城市 小城非城	49				50			
		不收发普查表	51				52			
	不拥有房屋所有权	收发普查表 大型城市 中型城市 小城非城	53				54			
		不收发普查表	55				56			
土著夏威夷人或太平洋岛居民（分层设计中的第 5 组）	拥有房屋所有权		57							
	不拥有房屋所有权		58							
非西班牙血统亚裔人（分层设计中的第 6 组）	拥有房屋所有权		59							
	不拥有房屋所有权		60							

人口的种族以及是否拉美血统	人口对所在的住房单元是否拥有房屋所有权	人口常住地所在地区的城市类型	人口常住地所在地区的普查表回收率类型							
			高回收率地区				低回收率地区			
			人口常住地所在地区的地理位置类型				人口常住地所在地区的地理位置类型			
			北部	中西	南部	西部	北部	中西	南部	西部
美洲印第安人或阿拉斯加土著居民	在居留地（第1组）	拥有房屋所有权	61							
		不拥有房屋所有权	62							
	不在居留地（第2组）	拥有房屋所有权	63							
		不拥有房屋所有权	64							

实际上，在美国 2000 年人口普查质量评估调查工作中，只是使用了上面所列的第一条"后合并"操作，即在 64 个交叉层中编号为 57—64 的这 8 个层的每一个层中，把 7 个"年龄和性别"层折叠成 3 个层（18 岁及以下、男性 18 岁以上、女性 18 岁以上）。这样就又减少了 32 个层（8×4=32），结果，448 个交叉层最终被压缩成 448－32＝416 个交叉层。双系统估计量在 416 个层分别构造及用来估计它们的实际人数及人口普查净误差。在此基础上，估计全国实际人数及全国人口普查净误差。

最后还有一点需要特别说明的是，在进行人口普查登记和质量评估调查登记的时候，一个人对于他（她）自己属于哪一个种族的认识可能会有所改变。美国 2000 年人口普查质量评估调查方案中明确规定，在依照上述分层设计方案对样本中的人员进行分层时，必须以他（她）在人口普查表中实际所做的回答为准，而不允许改变他（她）在人口普查表中所做的回答。

三　人口按登记概率的高低分层条件下的双系统估计量

按照设计，我们在一个州的范围内，把目标总体划分成了 416 个层，为了便于叙述，不妨把其中的每一个层叫作"登记概率同质层"。在这样的观点下，人口普查以及再普查（乃至 E 普查以及 P 普查）所针对的目标总体是这里的每一个登记概率同质层，双系统估计量则是在每一个登记概率同质层中来构造，目标是估计每一个登记概率同质层的目标总体人数。我们把划分的总层数（416 个层）记作 V，把其中的某

一个层记作 v，这时把估计量式（3.9）应用到 v 层有：

$$DSE_{v(II)} = CE_v \frac{N_{v,n} + N_{v,i}}{M_{v,n} + \frac{M_{v,o}}{N_{v,o}} N_{v,i}} \tag{3.34}$$

整个州的目标总体人数估计量则是：

$$DSE_{(II)} = \sum_{v=1}^{V} DSE_{v(II)} \tag{3.35}$$

四　对总体人口分层的时间

我们想要把目标总体划分成 416 个层。这就需要准备一份目标总体按每个人列示的并且提供了每个人的六个分组标志信息的完整的名单。不幸的是，这样一份名单即使是在人口普查登记工作结束以后，在着手准备进行质量评估调查的时候，我们也是不可能拿到的。因此，把目标总体划分成 416 个层的工作无法在进行质量评估调查之前进行。在实际工作中，美国 2000 年人口普查质量评估调查是以街区群为单位抽取样本来进行的。就分层的事情来说，调查人员能够做的是，清查样本街区群中的每一个人，按照这些人的六个分组标志的信息，把样本中的人分别放到 416 个层中去，这是在样本抽取出来之后对样本来进行操作的，抽样理论中将其称作抽样后分层（或事后分层）。

经过抽样后分层之后，应该对我们的研究对象具有下列认识：

第一，随着人口普查质量评估调查样本被划分在 416 个层，整个目标总体也相应地被划分在了 416 个层。

第二，不论是进入样本的每一个住房单元中的居民还是没有进入样本的每一个住房单元中的居民，也都相应地被划分成了 416 个层。同理，不论是进入样本的每一个街区群中的居民还是没有进入样本的每一个街区群中的居民，也都相应地被划分成了 416 个层。只不过，就一个住房单元或者就一个街区群的居民来说，它们被分在 416 个层中，其中有些层里面可能一个样本个人也没有。把总体所有街区群的同一种 v 层合并在一起，就是整个总体的 v 层。总体（或样本）中的任意一个人，必属于并且只属于这 416 个层中的某一个层。

第三，v 层可以被看作由街区群组成，其中的每一个街区群也就是未分层时相应的那个街区群。对于 v 层中的一个街区群和未分层时相应的那个街区群来说，二者是完全一样的。二者所不同的仅仅是"街区群的观察值"。例如我们要观察向外移动人数，对于未分层的街区群，"街区群的观察值"指的是整个街区群向外移动者的人数；将其分层以后，对于第 h 层，"街区群的观察值"指的是原来整个街区群中具有 v 层特征的那些人中向外移动者的人数。

第四，今后，当针对某一个 v 层来谈问题的时候，如果我们说街区群 vi，指的是某一个街区群 i 被划分成 416 个层以后的属于 v 层的那一部分；如果我们说住房单元 vij，指的是某一个街区群 i 中的住房单元 j 被划分成 416 个层以后的属于 v 层的那一部分。

第五，把整个总体所有的街区群 vi 合起来或者所有的住房单元 vij 合起来，就是总体的 v 层。总体 v 层的统计指标用样本中街区群 vi 或样本中住房单元 vij 的信息来估计。

第六，v 层的总体群数 N_v 等于未分层的总体群数 N，v 层的样本群数 n_v 等于未分层的样本群数 n。

第四节 对总体人口分层变量的选择

在本章第三节讲到，为了保证双系统估计量的无偏性，应当按人口登记概率的高低对目标总体分层。那么究竟应当怎样确认影响人口登记概率的变量？在第三节并未作讨论。在本节中，我们将通过一个具体的案例，详细说明如何选择分层变量（胡桂华等，2015）。

在着手做这件事情的时候，研究人员会根据对本国社会、经济、人口状况的知识以及以往人口普查工作的经验，或者再进一步参考别的国家所选用的分层变量，提出自己的备选变量群。

迄今为止，尚未见到任何国家或地区的人口普查机构提出对总体中的人口进行等概率分层的具体方法。本书将在这个人口普查质量评估基本理论问题上实现突破。

本节要讨论的是，怎样对这个备选变量群中的变量进行评定，测算它们各自对人口登记概率影响的大小，根据影响作用的大小做出排序。我们知道，分层标志越多，将它们交叉后所形成的交叉层也就越多，而样本量是有限的，在一定的样本量下，交叉层太多就会导致有的层分得的人数太少甚至没有人，造成构造双系统估计量的困难。所以，选择多少个分层标志受到样本量的制约。在此种制约下，有了备选变量排序的信息，我们便可以优先选择那些对人口登记概率影响较大的变量作为分层标志。

本节将讨论怎样应用优比理论来完成对备选变量群中的变量按影响人口登记概率作用的大小进行排序的任务。全部讨论将借助一个假设的算例来进行。我们的关注点在于怎样应用统计方法而不在于变量选择的结果。所以，在我们的算例中，备选变量群中变量的数目将比实际工作中的这个数目少得多；对于算例中出现的变量，我们的排序结果与现实生活中这几个变量的排序可能也不一致。另外还要说明两件事情：一是对备选变量群中的变量按影响人口登记概率作用的大小进行排序所依据的样本，应当是一个在全国范围内抽取的样本而不应该仅仅使用某一个局部地区的样本。因为地区本身（或者还有，按不同地区聚居的不同的民族）可能就是影响人口登记概率的重要变量。从这一要求出发，我们的算例假设是一个来自全国的样本。二是样本中的人数要足够多。因为我们要处理的是一个用备选变量进行交叉分层的高维列联表，样本中的人数足够多，才能避免有的组格没有人的尴尬局面。

一　算例及其说明

（一）算例

研究人员根据经验及其他有关信息猜想，人口的性别、年龄、受教育程度可能对其在人口普查中登记的概率有影响。现在的任务有两个：一是用样本数据来检验这种猜想是否正确，也就是说，要检验性别、年龄、受教育程度这三个变量各自与"在普查中是否登记"这个变量是统计相依还是统计独立；二是性别、年龄、受教育程度与"在普查中是否登记"的相依程度的顺序。研究人员整理了全国上一次人口普查质量评估抽样调查的资料，得到的数据如表 3 - 2 所示。

（二）对算例的说明

1. 关于样本的抽取方式

计算优比时，需要先计算上面列联表中各组格概率的估计量。我们知道，假若对整个人口有限总体按上面的列联表进行分组，则用这样的分组结果计算的各组格的人口百分比（各组格的频率）是组格概率的无偏估计量（林少宫，1978）。如果我们从人口有限总体中以人为抽样单

表 3-2　　　　　　　各种类型人口进行普查登记的人数　　　　单位：人

| 性别 x | 年龄 y | 受教育程度 z | 在人口普查中是否进行了登记 w | | 合计 |
			是（t = 1）	否（t = 2）	
男 （i = 1）	0—14 岁 （j = 1）	文盲半文盲（k = 1）	1135	170	1305
		小学及初中（k = 2）	1424	158	1582
		高中及以上（k = 3）	6	1	7
		小计	2565	329	2894
	15—59 岁 （j = 2）	文盲半文盲（k = 1）	165	70	235
		小学及初中（k = 2）	7551	2937	10488
		高中及以上（k = 3）	1038	466	1504
		小计	8754	3473	12227
	60 岁及以上 （j = 3）	文盲半文盲（k = 1）	564	132	696
		小学及初中（k = 2）	1198	299	1497
		高中及以上（k = 3）	97	21	118
		小计	1859	452	2311
	合计		13178	4254	17432
女 （i = 2）	0—14 岁 （j = 1）	文盲半文盲（k = 1）	1074	81	1155
		小学及初中（k = 2）	1401	90	1491
		高中及以上（k = 3）	4	1	5
		小计	2479	172	2651
	15—59 岁 （j = 2）	文盲半文盲（k = 1）	172	57	229
		小学及初中（k = 2）	7571	2261	9832
		高中及以上（k = 3）	1042	329	1371
		小计	8785	2647	11432
	60 岁及以上 （j = 3）	文盲半文盲（k = 1）	642	104	746
		小学及初中（k = 2）	1336	254	1590
		高中及以上（k = 3）	127	22	149
		小计	2105	380	2485
	合计		13369	3199	16568
合计			26547	7456	34000

注：本表中的文盲半文盲包括两部分人：一是 0—6 岁人口；二是 6 周岁以上的文盲半文盲人口。

位进行不分层的简单随机抽样，对这个样本按上面的列联表进行分组，则用这样的分组结果计算的各组格的人口百分比是前述人口有限总体组格频率的无偏估计量（Cochran，1977；金勇进等，2010），从而也是无限总体组格概率的无偏估计量。

但是，在人口普查质量评估抽样调查时，不可能做以人为单位的抽样。这是因为，在进行此种抽样时，无法为抽样制备整个目标总体按人编制的抽样框（此时所拥有的在人口普查中登记的人口名单，因其会遗漏一些人口，还会含有一些错误登记，所以不具备充当抽样框的条件）。故此，人口普查质量评估抽样调查通常是把某种地理小区（街区、街区群、调查小区等）作为抽样单位，并且对这种抽样单位进行抽样时还要进行这样或那样的事先分层。在这种采用比较复杂的方式抽取有限总体概率样本的条件下，需要相应地采用较为复杂的构造估计量的方法，才能得到人口有限总体各组格频率的无偏估计量，从而用它充当组格概率的估计量。

先假定表 3 - 2 中的 34000 人是从全国人口有限总体中以人为抽样单位进行不分层的简单随机抽样抽取出来的，以便能够集中精力说明优比的计算和分析过程。然后再就我国人口普查质量评估抽样调查实际采用的抽样方案来说明在此种抽样设计的条件下怎样估计组格概率。

2. 关于人口普查中进行登记的人和遗漏的人

人口普查中进行登记的人有两种情况：一是该人确系目标总体中的成员，应该进行普查登记；二是该人不是目标总体中的成员（如普查时点之前死亡、普查时点之后出生、虚构的一个人等），不应该进行普查登记，称这些人为错误登记的人。在人口普查中遗漏的人只有通过质量评估调查才能被发现。上面我们说，假定表3 - 2 中的 34000 人是从全国人口有限总体中以人为单位抽取出来的。这里所说的"全国人口有限总体"不是指人口普查登记名单，而是指从人口普查登记名单中剔除了错误登记的人，又把在普查中遗漏的人全都补充完整以后的一个理想的新名单。可见，我们的研究所关心的是，一个应该进行普查登记的人是否进行了登记，至于普查中的错误登记则不在我们的研究范围之内。

二　优比的一般概念

王静龙和梁小筠（2005）对优比概念做过详细的阐述。假定随机

变量 ξ 取 A 和 $\bar{A}$ 两个值，随机变量 η 取 B 和 $\bar{B}$ 两个值，它们的联合概率分布和边缘概率分布为下面的四格表（见表 3 − 3）。

表 3 − 3   四格表的组格概率

| | | η | | 合　计 |
		B（列标 = 1）	$\bar{B}$（列标 = 2）	
ξ	A（行标 = 1）	π_{11}	π_{12}	$\pi_{1\cdot}$
	$\bar{A}$（行标 = 2）	π_{21}	π_{22}	$\pi_{2\cdot}$
合　计		$\pi_{\cdot 1}$	$\pi_{\cdot 2}$	1

定义：

$$\frac{P(AB)}{P(A\bar{B})} = \frac{\pi_{11}}{\pi_{12}} \qquad (3.36)$$

为具有属性 A 时 B 发生比 B 不发生（$\bar{B}$ 发生）的优势。定义：

$$\frac{P(\bar{A}B)}{P(\bar{A}\bar{B})} = \frac{\pi_{21}}{\pi_{22}} \qquad (3.37)$$

为具有属性 $\bar{A}$ 时 B 发生比 B 不发生（$\bar{B}$ 发生）的优势。而式（3.36）与式（3.37）之比，即：

$$\frac{\dfrac{P(AB)}{P(A\bar{B})}}{\dfrac{P(\bar{A}B)}{P(\bar{A}\bar{B})}} = \frac{\dfrac{\pi_{11}}{\pi_{12}}}{\dfrac{\pi_{21}}{\pi_{22}}} \qquad (3.38)$$

则定义为优势比，简称优比。优比等于 1 时表明 A 与 B、A 与 $\bar{B}$、$\bar{A}$ 与 B、$\bar{A}$ 与 $\bar{B}$ 两两配对独立，也就是随机变量 ξ 与 η 独立；优比不等于 1 则表明随机变量 ξ 与 η 统计相依；优比的值距离 1 越远意味着随机变量 ξ 与 η 统计相依的程度越强。我们知道，事件 A 与 B 独立的直观意义是，不论 A 是否发生，不影响 B 发生或不发生的概率，或者反过来，不论 B 是否发生，不影响 A 发生或不发生的概率。这也就是优比等于 1 的直观意义。

三　变量 x、y、z 各自与 w 之间的统计相依程度

（一）假定样本用以人为单位的简单随机抽样方法抽出

在我们的算例中，想要知道变量 x、y、z 各自与 w 之间的统计相依程度。这只要分别计算三个优比便能得到说明。它们是，给定 y 和 z 时描述 x 与 w 之间关系的优比 α（$xw\,|\,yz$）；给定 x 和 z 时描述 y 与 w 之间关系的优比 α（$yw\,|\,xz$）；给定 x 和 y 时描述 z 与 w 之间关系的优比 α（$zw\,|\,xy$）。

1. 列联表的组格概率

为了计算所需要的优比，先要获得表附1各组格的组格概率。在这里，我们假定表 3 - 2 中的 34000 人，是从全国人口有限总体中以人为抽样单位进行不分层的简单随机抽样抽取出来的。在这样的假定下，便可以用组格实际频数除以总频数 34000 获得的组格频率 p_{ijkt} 代替组格概率 π_{ijkt}。计算结果如表 3 - 4 所示。

2. 计算优比

（1）给定 x 和 z 时描述 y 与 w 之间关系的优比 α（$yw\,|\,xz$）

由于在本算例中变量 y 有 3 个取值，所以我们要分别在 $y=1$ 变到 $y=2$、$y=1$ 变到 $y=3$、$y=2$ 变到 $y=3$ 三种情形下对 $w=1$ 比 $w=2$ 的概率优势计算优比；而给定 x 和 z 时，又分别有 $x=1$、$z=1$，$x=1$、$z=2$，$x=1$、$z=3$，$x=2$、$z=1$，$x=2$、$z=2$，$x=2$、$z=3$ 这六种情形。把给定 x 和 z 的六种情形与 y、w 取值的三种情形相结合，一共有 18 种情形，于是需要计算 18 个优比。α（$yw\,|\,xz$）则是这 18 个优比的加权算术平均数。计算这 18 个优比所用的计算公式是式（3.38）的推广：

$$\alpha_{(i)\frac{j}{j+v}(k)\frac{t}{t+1}} = \frac{\dfrac{\pi_{(i)j(k)t}}{\pi_{(i)j(k)t+1}}}{\dfrac{\pi_{(i)j+v(k)t}}{\pi_{(i)j+v(k)t+1}}} = \frac{\dfrac{P(y=j,\ w=t\,|\,x=i,\ z=k)}{P(y=j,\ w=t+1\,|\,x=i,\ z=k)}}{\dfrac{P(y=j+v,\ w=t\,|\,x=i,\ z=k)}{P(y=j+v,\ w=t+1\,|\,x=i,\ z=k)}} \tag{3.39}$$

在式（3.39）中，我们用加括号的角标表示给定值的变量 x 和 z 的取值，用 "$y=j+v$" 来表示 $y=j$ 以外的另外一个取值。请注意，我们所计算的每一个优比都应该是将两个优势按照固定的顺序相比，而不要颠倒顺序，所以在这里，v 取整数正值 1，2，$\cdots$，c（在这里，c 表示 y 的取值个数减 j），而不取负值。

表 3 - 4　性别、年龄、受教育程度、普查登记四维列联表的组格概率

| 性别 x | 年龄 y | 受教育程度 z | 在人口普查中是否进行了登记 w | | 合计 |
			是（t = 1）	否（t = 2）	
男 （i = 1）	0—14 岁 （j = 1）	文盲半文盲（k = 1）	0.033382	0.005000	0.038382
		小学及初中（k = 2）	0.041882	0.004647	0.046529
		高中及以上（k = 3）	0.000176	0.000029	0.000205
		小计	0.075440	0.009676	0.085116
	15—59 岁 （j = 2）	文盲半文盲（k = 1）	0.004853	0.002059	0.006912
		小学及初中（k = 2）	0.222088	0.086382	0.308470
		高中及以上（k = 3）	0.030529	0.013706	0.044235
		小计	0.257470	0.102147	0.359617
	60 岁及以上 （j = 3）	文盲半文盲（k = 1）	0.016588	0.003882	0.020470
		小学及初中（k = 2）	0.035235	0.008794	0.044029
		高中及以上（k = 3）	0.002853	0.000618	0.003471
		小计	0.054676	0.013294	0.067970
	合计		0.387586	0.125117	0.512703
女 （i = 2）	0—14 岁 （j = 1）	文盲半文盲（k = 1）	0.031588	0.002382	0.033970
		小学及初中（k = 2）	0.041206	0.002647	0.043853
		高中及以上（k = 3）	0.000118	0.000029	0.000147
		小计	0.072912	0.005058	0.077970
	15—59 岁 （j = 2）	文盲半文盲（k = 1）	0.005059	0.001677	0.006736
		小学及初中（k = 2）	0.222677	0.066500	0.289177
		高中及以上（k = 3）	0.030647	0.009676	0.040323
		小计	0.258383	0.077853	0.336236
	60 岁及以上 （j = 3）	文盲半文盲（k = 1）	0.018883	0.003059	0.021942
		小学及初中（k = 2）	0.039295	0.007471	0.046766
		高中及以上（k = 3）	0.003736	0.000647	0.004383
		小计	0.061914	0.011177	0.073091
	合计		0.393209	0.094088	0.487297
合计			0.780795	0.219205	1

第一，分别计算 18 个优比。

现在我们来计算上面所说的 18 个优比中的第一个，即在给定 $x = 1$、

$z=1$ 的条件下，$w=t$（$w=1$）对 $w=t+1$（$w=2$）的概率优势在 $y=1$ 与 $y=2$（即 $y=j$ 为 $y=1$，$y=j+v$ 为 $y=2$）两种情形下的比。依照式（3.39），这个优比应写为：

$$\alpha_{(1)\frac{1}{2}(1)\frac{1}{2}} = \frac{\dfrac{P(y=1,\ w=1\,|\,x=1,\ z=1)}{P(y=1,\ w=2\,|\,x=1,\ z=1)}}{\dfrac{P(y=2,\ w=1\,|\,x=1,\ z=1)}{P(y=2,\ w=2\,|\,x=1,\ z=1)}} \tag{3.40}$$

式（3.40）中包括四个条件概率，我们来看其中的 P（$y=1$，$w=1\,|\,x=1$，$z=1$）。它的意思是：在我们已经知道被观察者为男性（$x=1$）文盲半文盲（$z=1$）的条件下，其为 0—14 岁（$y=1$）且进行了普查登记（$w=1$）的概率。这个条件概率是被观察者为男性（$x=1$）、0—14 岁（$y=1$）、文盲半文盲（$z=1$）、进行了普查登记（$w=1$）同时发生的概率 p_{1111} 与被观察者为男性（$x=1$）且为文盲半文盲（$z=1$）的概率 $p_{1.1.}$ 之比。在这里，前者可从表 3–4 中直接找到，为 0.033382；后者是被观察者为 0—14 岁或 15—59 岁或 60 岁及以上，进行了普查登记或未进行普查登记的男性文盲半文盲这一复合事件的概率，是表 3–4 中 0.038382、0.006912、0.020470 这三个数字之和。式（3.40）中的其他三个条件概率可依同理计算。把这四个条件概率一并写在下面为：

$P(y=1,\ w=1\,|\,x=1,\ z=1) = 0.507603$，

$P(y=1,\ w=2\,|\,x=1,\ z=1) = 0.076029$，

$P(y=2,\ w=1\,|\,x=1,\ z=1) = 0.073794$，

$P(y=2,\ w=2\,|\,x=1,\ z=1) = 0.031309$。

把它们代入式（3.40）得到：

$$\alpha_{(1)\frac{1}{2}(1)\frac{1}{2}} = \frac{\dfrac{P(y=1,\ w=1\,|\,x=1,\ z=1)}{P(y=1,\ w=2\,|\,x=1,\ z=1)}}{\dfrac{P(y=2,\ w=1\,|\,x=1,\ z=1)}{P(y=2,\ w=2\,|\,x=1,\ z=1)}} = \frac{\dfrac{0.507603}{0.076029}}{\dfrac{0.073794}{0.031309}} = \frac{6.676439}{2.356958}$$

$$= 2.832651$$

依据式（3.39）并仿照上面的过程，可算出其他的 17 个优比。下面表 3–5 中的第（1）栏便是这里算出的 18 个优比。

第二，综合计算给定 x 和 z 不同值的优比的加权算术平均数。

为了综合描述 y 与 w 之间统计相依程度，须计算上述 18 个优比的

加权算术平均数，记作 $\alpha\,(yw\mid xz)$，权数是频数 $n_{i\cdot k\cdot}$，权数值来自表 3－2。加权算术平均数的计算过程如表 3－5 所示。

表 3－5　　　　　　　　　　　　$\alpha\,(yw\mid xz)$ 的计算

组号 τ	$x=i$	$z=k$	$y=j$	$y=j+v$	给定 $x=i$, $z=k$ 时 y 取 j 和 $j+v$ 以及 w 取 1 和 2 的优比 $\alpha_{(i)\frac{j}{j+v}\cdot(k)\frac{t}{t+1}}$	校正方向优比值 $\alpha^{*}_{(i)\frac{j}{j+v}(k)\frac{t}{t+1}}$	$n_{ijk\cdot}$			$n_{i\cdot k\cdot}$	$\alpha^{*}_{(i)\frac{j}{j+v}(k)\frac{t}{t+1}}\times n_{i\cdot k\cdot}$
							$n_{i1k\cdot}$	$n_{i2k\cdot}$	$n_{i3k\cdot}$		
（甲）					（1）	（2）	（3）	（4）	（5）	（6）	（7）
1	1	1	1	2	2.832651	0.353026	1305	235	696	2236	789.3661
2	1	1	1	3	1.562446	0.640022	1305	235	696	2236	1431.0892
3	1	1	2	3	0.551584	0.551584	1305	235	696	2236	1233.3418
4	1	2	1	2	3.505464	0.285269	1582	10488	1497	13567	3870.2445
5	1	2	1	3	2.249409	0.444561	1582	10488	1497	13567	6031.3591
6	1	2	2	3	0.641687	0.641687	1582	10488	1497	13567	8705.7675
7	1	3	1	2	2.725610	0.366890	7	1504	118	1629	597.6638
8	1	3	1	3	1.315087	0.760406	7	1504	118	1629	1238.7014
9	1	3	2	3	0.482493	0.482493	7	1504	118	1629	785.9811
10	2	1	1	2	4.395957	0.227482	1155	229	746	2130	484.5367
11	2	1	1	3	2.148253	0.465495	1155	229	746	2130	991.5044
12	2	1	2	3	0.488688	0.488688	1155	229	746	2130	1040.9054
13	2	2	1	2	4.648610	0.215118	1491	9832	1590	12913	2777.8187
14	2	2	1	3	2.959500	0.337895	1491	9832	1590	12913	4363.2381
15	2	2	2	3	0.636642	0.636642	1491	9832	1590	12913	8220.9581
16	2	3	1	2	1.283881	0.778888	5	1371	149	1525	1187.8042
17	2	3	1	3	0.704237	0.704237	5	1371	149	1525	1073.9614
18	2	3	2	3	0.548522	0.548522	5	1371	149	1525	836.4961
合计					—	—	—	—	—	102000	45660.7376

$$\alpha\,(yw\mid xz)=\dfrac{\displaystyle\sum_{\tau=1}^{18}\alpha^{*}_{(i)\frac{j}{j+v}(k)\frac{t}{t+1}}\times n_{i\cdot k\cdot}}{\displaystyle\sum_{\tau=1}^{18}n_{i\cdot k\cdot}}=\dfrac{45660.7376}{102000}=0.4477$$

对上面的计算过程做两点说明。

首先，关于权数的选择。被平均的每一个优比，分别是在人口总体的 i 性别 k 教育程度复合子总体中计算的。该复合子总体的人口在人口总体总人口中所占的比例，反映了该子总体的优比在被平均的各个优比中的相对重要性。因此，应该以上述比例作为加权算术平均数的权数。上面的计算过程中，采用了上述总体比例的估计量即相应的样本比例来充当权数。

其次，关于校正方向的优比值。下面以 $\alpha_{(1)1/2(1)1/2}$ 为例来说明。这个优比是用 0—14 岁文盲半文盲男性进行普查登记较之不进行普查登记的概率优势（6.676439）除以 15—59 岁文盲半文盲男性进行普查登记较之不进行普查登记的概率优势（2.356958）得到的结果，前者数值大于后者，所得之商是一个大于 1 的数字（2.832651）；相应地，它的倒数 $\alpha_{(1)2/1(1)1/2}$ 即 15—59 岁文盲半文盲男性进行普查登记较之不进行普查登记的概率优势除以 0—14 岁文盲半文盲男性进行普查登记较之不进行普查登记的概率优势则是一个小于 1 的数字（0.353026）。二者的统计意义是等价的，都是描述了在文盲半文盲男性人口子总体中年龄与是否进行普查登记二变量之间统计相依关系的程度。只不过，前者是在大于 1 的方向上来说明问题，而后者是在小于 1 的方向上来说明问题。要注意的是，上面互为倒数的两个优比固然具有等价的统计意义，但它们却是两种不同的用于说明问题的"语言"。表 3－5 把 18 个子总体的优比列示在一起，我们想要对它们进行平均，不言而喻，它们应该是属于同一个类型的语言，即所计算的优比应该要么都在大于 1 的方向上来说明问题，要么都在小于 1 的方向上来说明问题。假若这些优比有的大于 1，有的小于 1，那么这些数据就失去了同质性，不能计算平均数。现在我们约定，统一使用小于 1 的优比值来说明问题。为了满足这一约定，特别对表 3－5 第（1）栏的 18 个优比进行一次方向性校正，定义校正方向优比值，校正结果列在表 3－5 第（2）栏。校正规则如下面的式（3.41），即：

$$\alpha^*_{(i)\frac{j}{j+v}(k)\frac{t}{t+1}} = \begin{cases} \alpha_{(i)\frac{j}{j+v}(k)\frac{t}{t+1}} & (\text{若 } \alpha_{(i)\frac{j}{j+v}(k)\frac{t}{t+1}} \leq 1) \\ 1/\alpha_{(i)\frac{j}{j+v}(k)\frac{t}{t+1}} & (\text{若 } \alpha_{(i)\frac{j}{j+v}(k)\frac{t}{t+1}} > 1) \end{cases} \quad (i=1,\ 2;\ k=1,\ 2,\ 3)$$

$$(3.41)$$

加权算术平均数 $\alpha(yw\mid xz)$ 用表 3 – 5 第（2）栏校正方向优比值计算。

（2）给定 y 和 z 时描述 x 与 w 之间关系的优比 $\alpha(xw\mid yz)$ 以及给定 x 和 y 时描述 z 与 w 之间关系的优比 $\alpha(zw\mid xy)$

仿照上面的过程可以算得，$\alpha(xw\mid yz)=0.7228$，$\alpha(zw\mid xy)=0.8711$。

3. 三个优比之间的比较

我们关心的问题是，性别（x）、年龄（y）、受教育程度（z）这三个变量哪一个与在普查中是否登记（w）的统计相依关系最密切，哪一个次之，哪一个更次之。对上面算出的三个优比进行比较即可回答我们所关心的问题。三个优比的比较见表 3 – 6。

表 3 – 6   三个优比的比较

	欲观察统计相依关系的变量		
	性别 x 与普查登记 w	年龄 y 与普查登记 w	受教育程度 z 与普查登记 w
优比	$\alpha(xw\mid yz)=0.7228$	$\alpha(yw\mid xz)=0.4477$	$\alpha(zw\mid xy)=0.8711$
1 – 优比	0.2772	0.5523	0.1289
优比与 1 距离远近	次远	最远	最近
变量间统计相依强弱	次强	最强	最弱

我们知道，优比等于 1 时表明欲观察统计相依关系的两个变量独立，优比的值距离 1 越远表明欲观察统计相依关系的两个变量相依性越强。从表 3 – 6 看到，对于是否进行普查登记这个变量的影响关系来说，年龄最强，性别次之，受教育程度最弱。所以，在人口普查质量评估工作中出于构造双系统估计量的需要而对样本进行抽样后分层的时候，假若我们想要从年龄、性别、受教育程度三个变量中选择两个，那么在本算例中，应该选择年龄和性别而把受教育程度舍去。

这里有一个问题。上面所算出的三个优比实际上分别是三个样本统计量的观察值，不应该直接用它们来比较大小，而应当分别进行对总体的统计推断，然后用对总体统计推断的结果进行比较。陈家鼎和戴中维（1998）在《生存数据分析的统计方法》一书中介绍了优比区间的估计方法。根据它可以讨论表 3 – 6 中三个加权平均优比的置信区间。

（二）若样本用分层、整群、两步抽样

我国的人口普查质量评估抽样调查所采用的抽样方法是：首先在全国按省（自治区、直辖市）分层，然后分别在各省做如下操作。

第一，分层。先按城乡标志将全省调查小区划分在两个层中；然后，在每一个城市调查小区层以及乡村调查小区层按住房单元数的多少又进一步划分为三个层，即大型调查小区层、中型调查小区层、小型调查小区层。这样，就把全省的调查小区依照城乡类型和规模两个标志交叉划分为 $2 \times 3 = 6$ 个层，在此称作 h 层。$h = 1$、$h = 2$、$h = 3$、$h = 4$、$h = 5$ 和 $h = 6$ 分别表示城市大型层、城市中型层、城市小型层、乡村大型层、乡村中型层和乡村小型层。

第二，抽取第一步样本。分别独立地在上述六个层的每一个层，以调查小区为抽样单位，抽取简单随机样本。

第三，在第一步样本中再分层。分别对每一个 h 层的第一步样本，按调查小区人口流动性的强弱，将样本调查小区划分为三层：人口流动性较弱的调查小区层、人口流动性中等的调查小区层、人口流动性较强的调查小区层。今后把这一环节所划分的层称作 g 层。$g = 1$、$g = 2$、$g = 3$ 分别表示人口流动性较强的调查小区层、人口流动性中等的调查小区层、人口流动性较弱的调查小区层。

第四，抽取第二步样本。分别独立地在上述每一个 g 层，依照事先指定的抽样比例，从第一步样本的调查小区中以调查小区为抽样单位，抽取简单随机样本。

第五，对进入第二步样本的调查小区中的每个住房单元及其中的每个人进行 100% 调查登记。

在这种抽样操作方式下，表 3 - 3 中各个组格概率不能由表 3 - 4 直接计算的样本人数百分比来充当，而应当用复杂抽样方式的样本构造表 3 - 3 中各个组格的人口有限总体的总体人口比例的估计量，拿此种估计量替换表 3 - 3 各组格的人数百分比之后用于计算优比。

进行人口普查质量评估的时候，要对样本中各调查小区中的住房单元逐一调查，登记该住房单元中普查日在该处居住的居民。在登记时会遇到三种情况：一是无移动者。这些人在普查日是该处的居民，进行质量评估调查登记时仍是该处的居民。二是向外移动者。这些人在普查日是该处的居民，进行质量评估调查登记时迁移到了本调查小区以外的其他的地方。对这些人要请知情人（例如邻居、公寓管理人员等）帮助提供他们的情况。三是向内移动者。这些人在普查日不是该处的居民，进行质量评估调查登记时从其他地方迁移到了本调查小区。通过调查，会编制一份包括无移动者和向外移动者在内的人口名单，称之为质量评估调查时追溯的普查日人口名单。与这份名单平行地，在各个样本调查小区还有一份在人口普查时登记的人口名单。进行人口普查质量评估的时候，要用这份名单与普查时登记的人口名单进行匹配性比对，得到匹配人数。普查登记的人口名单中未匹配的那些人一般是错误的登记；质量评估调查时追溯的普查日人口名单中未匹配的那些人是应该进行普查登记但是却未进行普查登记的遗漏者；而匹配人数则是应该进行普查登记并且进行了普查登记的人。

构造表 3-3 各个组格总体人口比例的估计量，需要对样本中各调查小区采集下列数据：本小区在普查日应该进行普查登记的人数；在这些人中进行了普查登记的人数和未进行普查登记的人数；上述这三种人中各种性别的人数、各种年龄的人数、各种受教育程度人数。由于向内移动移动者不是应该在本小区进行普查登记的人，所以在采集所需要的数据时要把向内移动者排除在外。至于向外移动者，固然这些人属于本小区在普查日应该进行普查登记的人口，但是由于追踪这些人的人数较为困难，弄清他们的性别、年龄、受教育程度以及是否进行了普查登记就更加困难。因此，在采集所需要的数据时不妨把向外移动者忽略，这样做相当于，仅仅在目标总体的无移动者子总体中研究性别、年龄、受教育程度三个变量与是否进行普查登记的关系。直观地考虑，忽略向外移动者对研究结论应该不会有多大的影响。

我们用角标 s 表示某一个调查小区，用复合角标 hgs 表示我们正在观察的那个省的 h 层 g 子层中的某一个调查小区，用复合角标 hs 表示我们正在观察的那个省的 h 层中的某一个调查小区。对某一个调查小区 s 中的全体无移动者进行观察，获得本小区形如表 3-2 所示的列联表数据，为了书写公式简单，今后我们统一用记号 γ_s 表示某一个调查小区 s 的此种数据表中各个组格的人数以及所有组格人数的和（即该小区全体无移动者的人数）。这样，全省无移动者总体用表 3-2 分组的各个组格人数的估计量以及全省无移动者人数的估计量便可以用下面一个统一的公式来表述。它是：

$$\hat{\Gamma}_{\text{省}} = \sum_{h=1}^{H} \sum_{g=1}^{G} \sum_{s=1}^{n_h} \frac{N_h}{n_h} \frac{n_{hg}}{m_{hg}} \lambda_{hgs} \beta_{hgs} \gamma_{hs} \qquad (3.42)$$

式（3.42）中，N_h 是 s 调查小区所在的 h 层总体的调查小区数；n_h 是这个 h 层第一步样本的调查小区数；n_{hg} 是 s 调查小区所在的 h 层并且所在的 g 子层中上述第一步样本属于该子层的调查小区数；m_{hg} 是从 n_{hg} 中抽取出来的第二步样本的调查小区数；λ_{hgs} 是指示第二步抽样各个分样本所对应的作业总体的示性函数，若 h 层中调查小区 s 属于 g 则 λ_{hgs} 取值 1，若是其他情形则 λ_{hgs} 取值 0；β_{hgs} 是指示第二步抽样各个分样本的示性函数，若第一步样本 hg 层中的调查小区 s 被抽入第二步样本则 β_{hgs} 取值 1，若是其他情形则 β_{hgs} 取值 0；γ_{hs} 是 h 层第一步样本中某一个调查小区 s 的我们正在关注的某一个组格的人数，通过两个示性函数会把它们分别归入不同的 g 层并且把其中未进入第二步样本的排除掉。

根据上面所做的人口普查质量评估中采集样本数据情况的介绍以及构造估计量式（3.42）的机理，我们把全国各省不同组格的 $\hat{\Gamma}_{\text{省}}$ 值分别对应相加汇总，便得到全国无移动者人口总体用表 3－2 方式分组的各组格人数的以及总人数的估计量 $\hat{\Gamma}_{\text{全国}}$。在全国无移动者人口总体用表 3－2 方式的分组表中，我们把各组格人数记作 η_{ijkt}（$i=1$，2；$j=1$，2，3；$k=1$，2，3；$t=1$，2），把总人数记作 χ。于是，上面所算出的各个 $\hat{\Gamma}_{\text{全国}}$ 值可以分别改记作 $\hat{\eta}_{ijkt}$（$i=1$，2；$j=1$，2，3；$k=1$，2，3；$t=1$，2）和 $\hat{\chi}$。用新的记号写出全国无移动者人口总体用表 3－2 方式分组，表中各组格人数比例 P_{ijkt} 的估计量为

$$\hat{p}_{ijkt} = \frac{\hat{\eta}_{ijkt}}{\hat{\chi}} (i=1, 2; j=1, 2, 3; k=1, 2, 3; t=1, 2) \qquad (3.43)$$

在两步抽样方式下，应该用式（3.43）的计算结果替换表 3－4 各组格的概率，然后据以计算所需要的优比。

第四章 人口普查质量评估调查的抽样设计

　　人口普查质量评估调查是通过抽取样本的方法来进行的。这就需要进行科学的抽样设计，讨论样本的抽取方法以及样本量的测算与分配。

　　新西兰 2006 年质量评估调查样本是间接抽取的。先抽取全国劳动力调查样本，再从中抽取质量评估调查样本。全国劳动力调查抽样框由 20394 个街区群构成，每个街区群平均包括私人住宅 60 个。按照地区类型、城乡、种族、其他社会经济变量（收入、就业状态、65 岁及以上人口）对街区群分层，共分为 119 层。从这些层中采取分层不等概率抽样法抽取劳动力调查样本街区群 1768 个。从 1768 个街区群中抽取质量评估调查样本街区群 1011 个。抽取的方法是，从毛利人、太平洋岛屿人和亚洲人都很多的层中抽取 100% 的街区群，从毛利人多或太平洋岛屿人多或亚洲人多的层中抽取 5/8 的街区群，从南岛屿层中抽取 1/2 的街区群，从其余层中抽取 3/8 的街区群。对抽取的 1011 个样本街区群中的每一个，进一步分为 6—7 个小组，每个小组平均包括 10 个私人住宅。从每个质量评估调查样本街区群的 6—7 个小组中，简单随机抽取 1 个小组。质量评估调查最终样本量含私人住宅 10907 个。

　　澳大利亚 2011 年人口普查质量评估调查采取三阶段抽样，每一阶段的抽样单位分别是普查区、街区、住宅，在每一阶段采取等距比例抽样法。英国 2011 年采取分层两阶段抽样，每一阶段抽样单位分别是输出区（由年龄、性别、对待普查态度基本相同的人口构成的区域）、邮政编码，其中在第一阶段使用不等概率抽样，在第二阶段采取等概率抽样。南非 2011 年以省为抽样范围，采取单阶段分层整群抽样方法抽取普查计数区。加拿大 2011 年从五个独立的子抽样框，以个人为抽样单位抽取样本，其中在子抽样框"上次逆记录检查数据库" 100% 抽取，在其他子抽样框概率抽取个人样本。布隆迪 1990 年使用单阶段分层整群抽样方法，先按城市和乡村分层，随后按地理政治划分普查计数区，从 5500 个普查计数区中抽取 70 个计数区。冈比亚 1993 年从 1593 个计数区中采取一阶段随机等距抽样抽取 25 个普查计数区。乌干达 2002 年从乡村层和城市层采用单阶段整群不等概率抽样方法抽取 350 个普查计数区。中国自 1982 年人口普查质量评估调查起一直是采用分层、等距、整群、按比例抽取调查小区样本。

相比上述国家，美国和瑞士的抽样方法先进合理，代表了人口普查质量评估领域抽样方法的领先水平，因此本章分别介绍美国和瑞士的抽样方法，并对它们进行综合点评。

在抽样方法确定后，下一步所要做的工作是，测算质量评估调查样本量，并在不同抽样层中进行分配。如果人口普查质量评估调查以住房单元或规模大致相等的地理区域（我国的调查小区，美国的街区群，瑞士的邮政区、建筑物）为抽样单位，采取简单随机抽样方法抽取样本，那么很容易用抽样基本理论样本量计算公式，测算出在给定的精度要求下需要抽取的调查小区数。然而，大多数国家通常以规模相差悬殊的调查小区为抽样单位，使用分层、多阶段或多步、整群、等距抽样方法抽取人口普查质量评估调查样本，而且这种抽样法的样本量计算公式极其复杂，因而难以直接测算样本量。这就需要寻找测算复杂抽样法样本量的新途径。一种可行的途径是，利用抽样理论中介绍的能够用来间接测算复杂抽样法样本量的设计效应。所谓设计效应是指，人口普查质量评估抽样调查中所构造的普查时点人数估计量的方差除以含有与该样本相同住房单元数的以住房单元为抽样单位的简单随机抽样下同类估计量的方差所得之商。按此定义，应当是两种抽样方法的双系统估计量方差之比。由于双系统估计量构造复杂，这个比值不容易计算，所以本章以单系统估计量代替双系统估计量。单系统估计量是指在构造人数估计量时，只使用人口普查质量评估调查人口登记资料，而舍弃人口普查资料。迄今为止，"设计效应"尚未应用于任何国家人口普查质量评估调查样本量的测算，包括美国在内的所有国家往往只是根据人口普查质量评估目标、历史的做法、经费的多少、调查的难度和经验等主观因素确定样本量。因此，研究样本量的测算具有前沿性及广阔的应用性，能够从根本上解决长期存在于世界各国的人口普查质量评估中主观确定样本量的问题，有助于人口普查质量评估整体方案的科学制订（胡桂华，2008）。

第一节　样本的抽取方法

一　美国的抽样方法

在叙述 2000 年抽样设计之前，需要重新说起我们曾在绪论中提到过的一件事情。美国普查局在制订 2000 年人口普查计划时，曾经打算利用质量评估调查估计的人数对各州的普查人口数据进行修正，并根据修正后的普查人数，在各州之间分配国会众议院代表席位名额和联邦基金等。基于这一目标，拟实施被称为"完全人口数测量"（Integrated Coverage Measurement，ICM）的质量评估调查。ICM 所用的样本预定在 1999 年 3 月抽取。然而，在 1999 年 1 月，美国最高法院做出了一项裁决，明确反对把经过质量评估调查修正的人口数字用作国会众议院代表席位名额和联邦基金等在各州之间分配的依据。这样一来，质量评估调查数字的用途就变成了仅仅用于研究目的。随着调查资料预定用途的改变，所需要的样本量也应该相应地减少。按测算，为满足前一种用途，样本须达到 75 万个住房单元的规模，而对后一种用途，样本只需要包括 30 万个住房单元就足够了。可是在这时，为执行原来 ICM 抽样计划的大量前期工作已经做完，把这些工作成果舍弃显然是一种浪费。在这种情况下，普查局决定，先按原来的 75 万个住房单元样本规模的 ICM 计划抽出样本，再从中进一步抽一个样本，使其仅仅保留 30 万个住房单元。显然，这是一个在上述具体背景下可以节约时间、提高效率的最佳处理方案。这个处理方案所带来的一个附带好处是，可以根据 ICM 样本提供的信息，对下一步的抽样做更加精细的设计，使抽取的样本更具代表性。

自 1950 年人口普查质量评估起，美国就一直在使用分层、多步、整群抽样方法，即先抽一个大样本，然后压缩它得到想要的样本（胡桂华，2010、2014）。美国 2000 年人口普查质量评估调查样本抽取按照如下工作程序展开：第一，各州分别独立作业。也就是说，在各个州分别独立抽取样本。这么做的主要目的是，除获得全国实际人数的估计值外，还获得较高精度的各个州的人数估计值，以及对各个州的人口普查登记质量进行客观科学的评价。美国有 50 个州，外加哥伦比亚特区，相当于共有 51 个州。2000 年抽样设计规定，分别在每个州独立抽取样本，各自都是实行三步抽样。第二，在建立 2000 年人口普查住房单元地址目录之前，于 1999 年 3—6 月，以街区群为抽样单位抽取第一步样本。第三，在 2000 年普查登记工作开始之前，于 1999 年 9—12 月初，由现场工作人员调查抽取的第一步样本街区群和建立其所有住房单元的独立地址目录。第四，在邮寄 2000 年普查问卷之前，于 1999 年 12 月至 2000 年 2 月间，以街区群为抽样单位，从第一步样本街区群中抽取第二步样本。第五，在 2000 年人口普查无答复后续调查工作之前，于 2000 年 2—4 月，进行初始住房单元地址目录比较，确认 2000 年 1 月编制的最新普查住房单元地址目录是否存在地址误差，为下一步目标延伸搜索提供抽样框。第六，在 2000 年 5 月，从目标延伸搜索抽样框中抽取内含地址误差的街区群，以提高 P 样本匹配率和 E 样本正确计数率。第七，在 2000 年人口普查无答复后续调查期间，于 2000 年 4—5 月间，从第二步样本的住房单元数达到 80 及以上的大型街区群中，以由邻近住房单元构成的"片"为抽样单位，抽取"片"样本，以减少调查成本和合理安排质量评估调查人员的工作量。经过这些工作程序，全美国抽取街区群 11303 个，含住房单元 311000 个。

（一）美国 2000 年抽样设计中的第一步抽样

1. 抽样单位

第一步抽样以街区群为抽样单位。街区群由一个或几个相邻近的街区组成，是住房单元的群体。

街区群中的街区是人口普查时的调查小区。街区一定是陆地上的一个区域，它可能是城市中的一个标准地区，也可能是形状不规则但是又可以识别的政治和地理边界线的区域。

街区由住房单元组成。住房单元是人口普查质量评估调查的基本调查单位。住房单元是指供人们生活用的一个独立的生活区。它可以是一所房子、一套公寓、一个流动的家、一组房间、单一房间等。住房单元作为人们的生活区，它应当满足下列三个条件之一：其一，有人居住；其二，虽无人居住，但这只是暂时的；其三，虽无人居住，但目标是生活区。

街区群是由调查机关运用图上作业的方法，依照下列原则组合邻近的街区来划定的：（1）街区群内应当陆地构成紧密，调查员可以随意行走，而且不会增加额外成本。（2）街区群不能跨越各种重要的地理边界线，如不能跨越县、普查制表区、美国印第安人区域等的边界线。例外的情况是，两个城市边界线附近的两个街区可以组成街区群。（3）无论在什么情况下，不足 3 个住房单元的小街区群，都要尽可能地与邻近含有住房单元的街区形成新的街区群，以减少小街区群的总数。如果附近没有含住房单元的街区，小街区本身也可以形成街区群。（4）含 80个或更多个住房单元的街区一般将其自身作为一个街区群。（5）地理面积超过 15 平方英里的街区一般将其自身作为一个街区群。

为什么要以街区群为抽样单位呢？比街区群级别低的单位有街区，另外在制定方案的过程中还曾经有人建议把街区划分成几个更小的"子街区"；比街区群级别高的单位有县，还有比县更高级别的单位。为什么不选择这些比街区群大的或比街区群小的单位而最终选择了街区群作抽样单位呢？这主要是出于以下的考虑：如果以街区为抽样单位，总体中抽样单位数会太多，这将增加抽样框编制的难度，而且容易遗漏或重复；如果以比街区级别更低的小区域为抽样单位，将因小区域之间边界线难以精确划分而引起边界偏差，此外还会增加调查成本和比对误差；如果以全国性调查中经常使用的县作为抽样单位，总体中抽样单位数太少，这会影响样本的代表性。以街区群为抽样单位，除能够避开以上缺点以外，还有另外一个优点，那就是街区群的规模平均来说是 30个住房单元，这刚好是一个调查员一个工作日较为适宜的工作量，可以保证绝大多数调查员能够在大致相同的时间内同时完成调查任务，确保整体调查工作效率。

从上面所说划定街区群的方法原则可知，在划定街区群时需要知道每一个街区（也就是调查小区）的规模（住房单元数）。另外制定抽样策略时要根据所划定的街区群的规模大小对它们进行分层，这也需要知道街区群中每个街区中住房单元的准确数目。然而，实际情况是，在形成街区群时，建立各个街区地址目录的普查登记工作还没有开始。在这样的情况下，只能使用各个街区以往的地址目录作为构建街区群的依据。由于以往的地址目录和目前的实际情况会有出入，所以在形成街区群时各个街区群所显示的规模类型与其实际的规模类型也会有出入。这就需要待第一步样本抽出，将第一步样本中的街区群的实际规模弄清楚之后再对它们重新进行一次按规模分层。

美国 2000 年人口普查质量评估调查中全国的街区及街区群数见表 4－1。

表 4－1　　美国 2000 年人口普查质量评估调查中全国的街区群数

	街区群按其包括的住房单元数分类			
	有 0—2 个住房单元	有 3—79 个住房单元	有 80 个及以上住房单元	合计
街区群数	1029000	2486000	252000	3767000
平均一个街区群的街区数	1.3	2.2	1.5	1.9
平均一个街区群的住房单元数	0.3	29.2	181.9	31.5

资料来源：U. S. Bureau of Census, *Accuracy and Coverage Evaluation of Census* 2000：*Design and Methodology*, 2004, Chapter3.

2. 对总体中的街区群分层

为提高样本的代表性，抽样前，对每个州的所有街区群按规模大小进行分层。分层设计方案见表 4－2。

表 4－2　　　　　　　　　　对总体中的街区群分层

层号	层的名称	简称	含义
1	由小型街区群组成的层	小型街区群层	每个街区群中有 0—2 个住房单元
2	由中型街区群组成的层	中型街区群层	每个街区群中有 3—79 个住房单元
3	由大型街区群组成的层	大型街区群层	每个街区群中有 80 个及以上住房单元
4	由美国印第安人居留地街区群组成的层	AIR 街区群层	每个街区群有 3 个及以上住房单元

资料来源：U. S. Bureau of Census, *Accuracy and Coverage Evaluation of Census* 2000：*Design and Methodology*, 2004, Chapter3.

在表 4－2 中，并非所有的州都设置 AIR（美国印第安人居留地的简称）街区群层。设置 AIR 街区群层必须满足的条件是：必须有足够多的印第安人居住在居留地。美国的 50 个州中，只有 26 个州设置了这个层。在其他的一些州中，则把居住在印第安人的街区群按照街区群的大小划入前三层中的某一适当的层。

　　按照表 4 - 2 的设计方案对总体中的街区群进行实际分层操作时，各个街区群的规模是根据 1999 年编制的人口普查地址目录来确定的[①]。不在这个地址目录的街区群，根据 1990 年人口普查结果来确定其规模。

　　3. 样本量的分配

　　这里所说的样本量分配所要解决的问题是，怎样把根据精度要求测算出来的全国所需要的样本量（用样本中需要包含的住房单元数来表示）分配给各州（用各州需要抽取的街区群数量表示），然后再把州的样本量（街区群数）分配到表 4 - 2 设计的各层。

　　这里遗留的一个问题是，怎样根据精度要求测算出全国所需要的样本量（样本中需要包含的住房单元数）。

　　（1）全国的样本量。第一步样本的全国样本量是根据当初拟实施"完全人口数测量"（ICM）的需要测算出来的。

　　根据 ICM 调查目标所提出的精度要求，测算出全国样本应当含有的住房单元数为 75 万个。假定大型、中型以及 AIR 街区群的平均规模是 30 个住房单元，并且认为完成预定的调查目标主要依赖大型、中型以及 AIR 街区群。于是推算出，为了满足 ICM 调查目标所提出的精度要求，全国样本中应当含有的大型、中型以及 AIR 街区群的数目应当是约 25000 个。其中，在 ICM 调查目标中对于美国印第安人居留地的抽样精度特别提出了要求（因为它在美国政治经济活动中占有一席之地），根据这一要求测算，在全国样本中应当含有 355 个 AIR 街区群，也就是说，在上述 25000 个样本街区群中，需要分出 355 个给美国印第安人居留地。前面说过，美国的 50 个州中，只有 26 个州单独设置了 AIR 街区群层，而其他的州则没有设置 AIR 街区群层，其中居住印第安人的街区群与别的种族居民的街区群一起参加大中小型的分层。现在的 355 个 AIR 街区群的样本量为了能够确保落实，自然应当交给单独设置了 AIR 街区群层的 26 个州来承担。

---

　　① 为进行 2000 年人口普查，曾先后于 1999 年 1 月和 2000 年 1 月对全国所有街区群编制了两份住房单元地址目录，前者叫作"普查最初地址目录"，后者叫作"普查最新地址目录"。这里所说的是"普查最初地址目录"。质量评估抽样调查的第一步样本是在 1999 年 3—6 月抽出的，第一步样本抽出后，在 1999 年 9—12 月对进入样本的每一个街区群进行现场调查又另外编制了一份住房单元地址目录，它的编制过程与人口普查地址目录相互独立，称之为"独立地址目录"。

另外，对于小型街区群的样本量，按照较低的精度要求单独测算。测算结果是，全国所需要的小型街区群的样本量为 5000 个。

我们把上面给出的结果列在表 4 – 3 中。

表 4 – 3　　　　　　　　　　全国 ICM 样本量的组成

组成部分的名称	样本量（街区群数）	哪些州被分配承担本类街区群样本量
（1）非 AIR 大型、中型街区群	25000 – 355 = 24645	全国 50 个州及哥伦比亚特区
（2）AIR 街区群	355	26 个有 AIR 街区群层的州
（3）小型街区群	5000	全国 50 个州及哥伦比亚特区

（2）全国样本量分配到各州。全国中 26 个州有 AIR 街区群层，这 26 个州的样本量由表 4 – 3 中三个组成部分分配的结果共同组成；其他的州和哥伦比亚特区的样本量由表 4 – 3 中（1）和（3）分配结果的两个部分组成。下面给出如何把表 4 – 3 中 24645、355、5000 这三个样本量进一步分配到各州的方法。

①样本量 24645 的分配：总样本中，全国 50 个州及哥伦比亚特区中的某一个州被分配承担的非 AIR 大型、中型街区群个数为：

$$n^{(1)}_{州（大和中）} = 24645 \times \frac{\text{承担样本量分配结果的某一个州 1998 年估计的整个州的人数}}{\text{承担样本量分配结果的所有州 1998 年估计的所有州的人数之和}} \tag{4.1}$$

式（4.1）中，n 的右上角标"（1）"表示第一步抽样，下面各公式相同。

②样本量 355 的分配：总样本中，26 个有 AIR 街区群层的州中的某一个州被分配承担的 AIR 街区群个数为：

$$n^{(1)}_{州（AIR）} = 355 \times \frac{\text{26 个州中的某一个州 1990 年人口普查的 AIR 人数}}{\text{所有 26 个州 1990 年人口普查的 AIR 人数之和}} \tag{4.2}$$

③样本量 5000 的分配：总样本中，全国 50 个州及哥伦比亚特区中的某一个州被分配承担的小型街区群个数为：

$$n^{(1)}_{\text{州(小)}} = 5000 \times \frac{\text{承担样本量分配结果的某一个州}}{\text{承担样本量分配结果的所有州}} \tag{4.3}$$

$$\phantom{n^{(1)}_{\text{州(小)}} = 5000 \times} \frac{\text{小街区群的个数(或小街区群人数)}}{\text{小街区群的个数(或小街区群人数)之和}}$$

式（4.3）中，各州的小型街区群的个数依据"普查最初地址目录"计算，小型街区群的人数依据 1990 年人口普查结果计算。

（3）把一个州的样本量分配到各个抽样层。现在的任务是求得一个州按表 4-2 的设计所划分的四个层各自应当承担多大的样本量。实际上，这里需要做计算的只是将式（4.1）的结果再进一步划分给大型街区群层和中型街区群层，算出表 4-2 第二、第三层两个层的样本量。至于表 4-2 第四层（只限于 26 个州有这一层）和第一层的样本量，只要分别取式（4.2）和式（4.3）的计算结果即可，这里不必另做计算。下面就来分割式（4.1）。

①由大型街区群组成的层应抽取街区群的数

$$n^{(1)}_{\text{州(大)}} = n^{(1)}_{\text{州(大和中)}} \times \frac{\text{本州大型街区群层中住房单位数}}{\text{本州大型街区群层和中型}} \tag{4.4}$$

$$\phantom{n^{(1)}_{\text{州(大)}} = n^{(1)}_{\text{州(大和中)}} \times} \frac{}{\text{街区群层住房单位数之和}}$$

②由中型街区群组成的层应抽取街区群的数

$$n^{(1)}_{\text{州(中)}} = n^{(1)}_{\text{州(大和中)}} \times \frac{\text{本州中型街区群层中住房单位数}}{\text{本州大型街区群层和中型}} \tag{4.5}$$

$$\phantom{n^{(1)}_{\text{州(中)}} = n^{(1)}_{\text{州(大和中)}} \times} \frac{}{\text{街区群层住房单位数之和}}$$

式（4.4）和式（4.5）中，$n^{(1)}_{\text{州(大和中)}}$ 由式（4.1）给出，式（4.4）、式（4.5）中的本州大型街区群层中住房单元数和中型街区群层中住房单元数已在按照表 4-2 的设计方案对本州的街区群进行实际分层操作时根据 1999 年编制的"普查最初地址目录"或 1990 年人口普查结果算出。

现在得到了在某个州应当抽取的样本量是：小型街区群层 $n^{(1)}_{\text{州(小)}}$ 个街区群；中型街区群层 $n^{(1)}_{\text{州(中)}}$ 个街区群；大型街区群层 $n^{(1)}_{\text{州(大)}}$ 个街区群；AIR 街区群层 $n^{(1)}_{\text{州(AIR)}}$ 个街区群。

待到将来第一步样本（即 ICM 样本）抽取出来以后，要对每一个样本街区群做现场调查，编制住房单元地址目录（独立地址目录）。出于不影响后续工作进度的考虑，要求此项工作须在规定的时间内完成。为此，各州都要综合考虑抽样的精度要求、工作的时间要求、人力和经费的限制等方面的因素，测算出对大型、中型街区群编制住房单元地址目录的可行的计划工作量。现在，按照上面的样本量可以算出编制住房单元地址目录的实际工作量。如果实际工作量高于计划工作量（高出10%或更多），就将样本量乘以计划工作量与实际工作量之比算出一个经过压缩以后的样本量。抽样的操作按照这个经过压缩以后的样本量进行。为了简便，我们不再为经过压缩以后的样本量设置新的记号，今后使用 $n_{州(小)}^{(1)}$、$n_{州(中)}^{(1)}$、$n_{州(大)}^{(1)}$、$n_{州(AIR)}^{(1)}$ 这四个记号时，如果是经过了压缩的计算，那么这个记号就表示经过压缩以后的样本量。

4. 抽取样本的方式

分别在州的大型街区群层、中型街区群层、小型街区群层、AIR 街区群层，以街区群为单位在各层之间独立地抽取简单随机样本（在实际操作中是做等概率等距抽样），在 h 层，抽足 $n_{州(h)}^{(1)}$ 个街区群后抽样终止（$h =$ 大型街区群层、中型街区群层、小型街区群层、AIR 街区群层）。

（二）美国 2000 年抽样设计中的第二步抽样

本节开始时交代过，按照将"完全人口数测量"（ICM）的质量评估调查的调查结果用作国会众议院代表席位名额和联邦基金等在各州之间分配依据的设想，样本含量须达到 75 万个住房单元的规模，假定大型、中型以及 AIR 街区群的平均规模是 30 个住房单元，推算出样本中大型、中型以及 AIR 街区群的数目应当是约 25000 个。美国最高法院做出反对上述计划的裁决以后，样本含量可以相应地缩减到 30 万个住房单元，仍按大型、中型以及 AIR 街区群的平均规模是 30 个住房单元来推算，样本中大型、中型以及 AIR 街区群的数目可以减少为大约 10000 个。美国 2000 年人口普查质量评估调查实际抽取的第一步样本中包含住房单元 1989420 个（其中，大型、中型以及 AIR 街区群的住房单元1987020 个），街区群数量是 29136 个（其中，大型、中型以及 AIR 街区群 24136 个）。现在的第二步抽样的目的是：按 30 万个住房单元（10000 个大型、中型以及 AIR 街区群）的需要量压缩第一步样本。

1. 抽样单位

第二步抽样依然以街区群为抽样单位。抽样操作的对象是第一步样本中的所有街区群。更具体地来说是：将第一步样本在原有四个层的基础上对每一个层做进一步分层，把第一步样本的每一个新层中的样本街区群作为第二步抽样操作的对象。

2. 为进行第二步抽样，对第一步样本的进一步分层

我们记得，在抽取第一步样本之前对街区群按规模进行分层时，各个街区群的规模数据是来自1999年1月编制的"普查最初地址目录"。此后，也就是第一步样本在1999年3—6月抽出之后，于1999年9—12月，对进入样本的每一个街区群又重新进行现场调查编制了一份与前一个地址目录相独立的"独立地址目录"。当我们现在用"独立地址目录"来计算第一步样本中各个街区群规模的时候，算出的结果有可能与当初依据"普查最初地址目录"计算的规模不一致。更有甚者，这种不一致有可能会导致街区群发生层级的跳跃，例如，根据原来的计算属于中型街区群而根据现在的计算发现实际应属于大型街区群；根据原来的计算属于小型街区群而根据现在的计算实际应属于中型乃至大型街区群，等等。

"普查最初地址目录"是人口普查工作的一个组成部分，而"独立地址目录"是人口普查质量评估调查工作的一个组成部分，用这两份地址目录计算出来的街区群规模数差异越大，就说明在这个街区群所进行的人口普查登记工作存在的问题可能较多，对这样的街区群，在人口普查质量评估调查中理应给予较多的关注。所以，对第一步样本中的大型街区群层和中型街区群层进行进一步分层设计时，对于用两份地址目录计算出来的街区群规模存在较大差异的街区群设置了单独的层，以期体现这种关注。

当用两份地址目录计算出来的街区群规模数的差异大到使得一个街区群发生层际跳跃的时候，我们除想到这个街区群所进行的人口普查登记工作存在的问题有可能比较多以外，还应该注意到，这个街区群其实已经不应该属于它原来所在的层，而应该属于它跳跃到的那个层。因此，在对第一步样本中的中型街区群层进行进一步分层设计时，设置了"中群演变为大群的跳跃层"，用来表示本层里面的街区群其实已经不是中型街区群而是大型街区群。自然，除从低向高的跳跃以外，也不排除还会有从高向低的跳跃，即大群演变为中群或小群以及中群演变为小群的这些情况。可是，在对第一步样本中的大型街区群层和中型街区群层进行进一步分层设计时没有设置这些从高向低的跳跃层。这意味着，尽管一个原来的大型街区群经过用"独立地址目录"计算已经变成了

中型或小型，但是仍然把它视作大型街区群；尽管一个原来的中型街区群经过用"独立地址目录"计算已经变成了小型，但是仍然把它视作中型街区群。美国 2000 年抽样设计中的这种处理办法，我们姑且把它概括为"街区群按规模分层时的就高不就低原则"吧。

第一步样本的小型街区群层中的各个街区群，用"独立地址目录"计算的规模也可能会和当初依据"普查最初地址目录"计算的规模发生分歧。可能比原来计算的数目大，也可能比原来计算的数目小；比原来计算的数目大，有可能大到变成了中型街区群或是变成了大型街区群。对于这些情况，在对第一步样本中的小型街区群层进行进一步分层设计时采取了一个简便的处理办法。在表 4 - 2 中给出小型街区群层的定义是：每个街区群中有 0—2 个住房单元。现在，对这个层做进一步分层时，却设置了 0—2、3—5、6—9、10 及以上四个层，并规定：对小型街区群进行按住房单元数分层时，一个街区群的住房单元数取"普查最新地址目录"[①] 和"独立地址目录"中数目较大者。这样，就概括了小型街区群层中的各个街区群用"独立地址目录"计算的规模和依据"普查最初地址目录"计算的规模一致或不一致的各种情况，并且再次应用了"街区群按规模分层时的就高不就低原则"。

考虑到民族是影响人口普查登记质量的一个重要变量（少数民族者在人口普查中登记的概率小于非少数民族者），所以在对第一步样本中的大型街区群层、中型街区群层和小型街区群层进行进一步分层设计时都把少数民族设置为一个单独层，以给予足够的样本量。

另外还有一件需要交代的事情。有一种街区群叫作"调查时编制目录"街区群。这一命名的意思是：这种街区群编制住房单元的人口普查地址目录的工作，由于它们的特殊情况而只能等到 2000 年 4 月 1 日人口普查日才进行，这就使得编制地址目录的工作与对住房单元的人口普查登记几乎是在同一个时间进行。这样的街区群通常地理位置偏远、人口稀少、难以到达。假若在第一步抽样时把它们抽到，便仅仅对它们编制质量评估调查的"独立地址目录"。如果它们属于非少数民族的大

---

① 注意，这里说的是"普查最新地址目录"而不是"普查最初地址目录"。"普查最初地址目录"在 1999 年 1 月编制，而"普查最新地址目录"在 2000 年 1 月编制。另外，"独立地址目录"在 1999 年 9—12 月编制。

型或中型街区群，在进行第二步抽样分层时，约定将其视作依据"独立地址目录"计算的规模比依据"普查最初地址目录"计算的规模变大了的街区群；如果它们属于小型街区群，在进行第二步抽样分层时将其设置为单独的层。

下面给出美国 2000 年抽样设计中对第一步样本中的中型街区群层、大型街区群层、小型街区群层以及 AIR 街区群层进行进一步分层的具体设计方案。

（1）对第一步样本的中型街区群层做进一步分层。分层设计见表 4 - 4。

表 4 - 4　　　　　　对第一步样本的中型街区群层的进一步分层设计

层的名称	含义（属于本层的街区群的状态）
（1）少数民族层	包括"低于"型、"高于"型、"一致"型，不加区分
（2）非少数民族"低于"型不一致层	独立地址目录至少比最新普查地址目录的住房单元数少 25%
（3）非少数民族"高于"型不一致层	独立地址目录至少比最新普查地址目录的住房单元数多 25%
（4）非少数民族一致型层	独立地址目录与最新普查地址目录的住房单元数之差在 ±25% 之内
（5）中群演变为大群的跳跃层	某街区群在第一步抽样分层时被划定为中型，但经过编制独立地址目录发现其住房单元数大于 80，应属于大型

在表 4 - 4 中，第一层是"少数民族层"。在这里，少数民族包括夏威夷人和太平洋岛人、美洲印第安人和阿拉斯加土著、亚洲人、拉丁美洲人和黑人。

再有，注意到表 4 - 4 的第二、第三、第四层是用依据"独立地址目录"计算的街区群规模与依据"普查最新地址目录"计算的街区群规模（而不是依据"普查最初地址目录"计算的街区群规模）进行比较的结果来划分的。我们知道，在美国 2000 年人口普查工作过程中前后编制了"普查最初地址目录"和"普查最新地址目录"这样两份住房单元地址目录。进行第一步抽样前对街区群按规模分层时，街区群的规模是依据前者计算的，可是普查的操作却是依据后者进行的。显然，用后者计算的街区群规模与"独立地址目录"规模的差异更为确切地反映出人口普查登记的质量，用此种差异来分层更加符合按人口普查登记质量分层的初衷。

（2）对第一步样本的大型街区群层做进一步分层。分层设计为表4-4中的前四个层。

（3）对第一步样本的小型街区群层做进一步分层。分层设计见表4-5。

表4-5　　　　对第一步样本的小型街区群层的进一步分层设计

层号	分 层 标 志		
	住房单元数	是否在美国印第安人区域	是否为"调查时编制目录"街区群
1	0—2	不在	否
2	3—5	不在	否
3	6—9	不在	否
4	10 及以上	—	—
5	0—2	不在	是
6	3—9	不在	是
7	0—9	在，属于居留地或托管地	—
8	0—2	在，属于部落统计区	—
9	3—9	在，属于部落统计区	—

资料来源：U. S. Bureau of Census, *Accuracy and Coverage Evaluation of Census* 2000：*Design and Methodology*, 2004, Chapter3.

在表4-5中，第八、第九两个层为美国印第安人区域中部落统计区的街区群。在这里，部落统计区包括：部落管辖统计区；阿拉斯加土著乡村统计区；部落指定统计区。

再有，表4-5的第四层是住房单元规模为10及以上的街区群。美国2000年抽样设计中规定，对于第一步样本中在第一步抽样分层时被划定为小型街区群而经过编制"独立地址目录"发现其住房单元数大于10（含10）的街区群，不再对其进行第二步抽取，全部进入第二步样本。所以对这个层不去考虑它们在"是否在美国印第安人区域"和

"是否为调查时编制目录街区群"这两个分层标志上的状态。

（4）对第一步样本中的 AIR 街区群层不做进一步分层。AIR 街区群属于少数民族街区群。注意到表 4－4 中的少数民族层包括了"低于"型、"高于"型以及一致型的街区群，即对这些情况不加区分，也不再做进一步分层。

3. 第二步样本各抽样层样本量的分配

我们在前面说过，为满足 ICM 调查目标，全国的样本须达到 75 万个住房单元的规模；ICM 调查目标被美国最高法院否决后，对于剩下的仅仅为了满足评估人口普查质量的用途来说，全国的样本只需要 30 万个住房单元的规模。这 30 万个住房单元就是第二步样本的全国总规模（理想上的，实际上可能因街区群规模过大而使得抽取的住房单元数超过它）。

做第一步抽样时，把 75 万个住房单元的任务折算成街区群的个数，然后再分配给各州；现在为了更加精确些，直接将 30 万个住房单元的任务分配给各州，而不对其进行街区群的折算。向各州分配任务时，和第一步抽样时一样，也是用 1998 年各州的人数占全国人数的比例作为分配系数。与此同时，还规定，每个州分配的样本住房单元数不得少于 1800 个，夏威夷州分配的最少住房单元数为 3750 个。各州在这里所分得的住房单元样本量任务，也和第一步抽样时一样，是考虑由大型街区群层、中型街区群层以及 AIR 街区群层来承担，至于小型街区群层应承担的样本量及其进一步的分配则另外说明。

（1）大型街区群层、中型街区群层以及 AIR 街区群层应承担的第二步样本的样本量。记 $T_{州}^{(2)}$ 为分配 30 万个住房单元后某一个州应承担的样本量（注意：它是用住房单元数来表示的，它由该州的大型街区群层、中型街区群层以及 AIR 街区群层来承担）。

①AIR 街区群层应承担的第二步样本的样本量。我们记得，在抽取第一步样本时曾规定，要求在全国抽取出 355 个 AIR 街区群。当时把这个目标样本量用 1990 年人口普查人数的比例分配给了设有 AIR 抽样层的 26 个州。现在，在抽取第二步样本时则规定，全国的这 355 个 AIR 街区群第一步样本全部进入第二步样本。也就是说，在 26 个设有 AIR 抽样层的州，各州所抽出的 AIR 街区群第一步样本全部进入第二步样本（或者说，第二步抽样为 100% 抽取）。

②大型街区群层、中型街区群层应承担的第二步样本的样本量及其进一步分配。由于在 26 个设置有 AIR 抽样层的州所抽出的 AIR 街区群第一步样本一律全部进入第二步样本，所以，当各个州得到本州应承担的样本量 $T_{州}^{(2)}$ 准备将其向表 4 - 4 的各层分配时，尚需先从中减去 $H_{州(AIR)}^{(1)}$（它是本州从 AIR 街区群层抽取的第一步样本中所含的全部住房单元数，在未设置 AIR 街区群层的州，它的值为 0）。

下面来叙述怎样把 $T_{州}^{(2)} - H_{州(AIR)}^{(1)}$ 分配给本州大型街区群的第一、二、三、四层（见表 4 - 4）以及中型街区群的第一、二、三、四、五层（见表 4 - 4）。

在这里，又有一个 100% 抽取的规定。即规定第一步样本的中型街区群层里面的"中型街区群变成大型街区群跳跃层"（表 4 - 4 中的第五层）的所有街区群 100% 进入第二步样本（我们把这些街区群中所含的住房单元数记作 $H_{州(中到大跳跃)}^{(1)}$）。于是，接下来的问题变为，怎样把 $T_{州}^{(2)} - H_{州(AIR)}^{(1)} - H_{州(中到大跳跃)}^{(1)}$ 分配给表 4 - 4 本州大型街区群的第一、二、三、四层以及中型街区群的第一、二、三、四层。

显然，把 $T_{州}^{(2)} - H_{州(AIR)}^{(1)} - H_{州(中到大跳跃)}^{(1)}$ 分配给上述八个层所用的分配系数在原则上应当是各层的规模分别占八个层总规模的比例。在这里，所谓一个层的规模应当是指总体中这个层的规模而不是第一步样本中这个层的规模。那么，用什么来表示一个层的规模呢？可能首先会想到用人数来表示层的规模（把全国的样本量分配给各州时就是用 1998 年的人数来表示州的规模），但是，这个想法在现在会遇到困难，因为，现在的各个层都不是自然的行政区域（这和州不一样，州是自然的行政区），没有现成的人口统计资料。那么，用已经抽取的第一步样本来估计调查各层的人数是否可以呢？这也不可行。因为，整个的抽样调查目标就是要估计人数，现在只不过是抽样调查的一个中间环节，估计人数的条件尚不成熟。也就是说，计算现在的分配系数时，不能用人数来表示层的规模。除人数之外，可供考虑的还有街区群数和住房单元数。由于街区群大小的变异较为严重，所以用街区群数来表示层的规模显得过于粗糙。于是，最后的选择是，用住房单元数来表示层的规模。住房单元数要依据住房单元地址目录来计算。我们现在有三份住房单元地址目录："普查最初地址目录"、"普查最新地址目录"、"独立地址目录"。

其中的"独立地址目录"是为了进行质量检查而对抽入样本的街区群特别仔细地编制的，显然应该以它为依据来计算住房单元数。上面说，一个层的规模应当是总体中这个层的规模，但所需要的总体数值是没有的，因而只能用第一步样本的观察结果来估计。

把 $T_{州}^{(2)} - H_{州(AIR)}^{(1)} - H_{州(中到大跳跃)}^{(1)}$ 分配给上述八个层所用的分配系数除了要考虑层的规模（规模大的层多抽一些单位，规模小的层少抽一些单位），还要考虑不同的层在人口普查中的登记质量（在登记质量上存在问题较多的层多抽一些单位，在登记质量上存在问题较少的层少抽一些单位）。通常认为，不论是大型街区群还是中型街区群，表4－4的第一、二、三层（即少数民族层、非少数民族"低于"型不一致层、非少数民族"高于"型不一致层）属于在登记质量上存在问题较多的层，而表4－4的第四层（即非少数民族一致型层）属于在登记质量上存在问题较少的层。为了给前三种层多分配一些样本量，美国2000年抽样设计中给这三种层的规模分别添加了适当的膨胀系数，这种膨胀系数被称作"差别抽样因子"（Differential Sampling Factor，DSF）。各州所使用的"差别抽样因子"由各州组织调查工作的机关事先用主观的方法给定①。为"差别抽样因子"赋值的规则如下：第一，非少数民族一致型层的差别抽样因子值为1；第二，非少数民族"低于"型不一致层和非少数民族"高于"型不一致层的差别抽样因子值大于1，但是最大不要超过3；第三，少数民族层的差别抽样因子值大于1，一般定在2左右，小规模的州可以赋更大的值；第四，大型街区群与中型街区群的同一种层的差别抽样因子赋相同的值。

综合上述，把 $T_{州}^{(2)} - H_{州(AIR)}^{(1)} - H_{州(中到大跳跃)}^{(1)}$ 分配给上述八个层所用的分配公式为：

$$T_{州hg}^{(2)} = (T_{州}^{(2)} - H_{州(AIR)}^{(1)} - H_{州(中到大跳跃)}^{(1)}) \times \frac{DSF_{州hg}^{(2)} \times \hat{H}_{州hg}^{(P)}}{\sum\limits_{h=1}^{2} \sum\limits_{g=1}^{4} DSF_{州hg}^{(2)} \times \hat{H}_{州hg}^{(P)}}$$

$$(4.6)$$

---

① 举例来说，俄勒冈州的差别抽样因子为：少数民族层1.94；非少数民族"低于"型不一致层2.76；非少数民族"高于"型不一致层2.76；非少数民族一致型层1.00（见 *Accuracy and Coverage Evaluation of Census* 2000：*Design and Methodology*，3－12 Section1－Chapter3）。

式（4.6）中，$h = 1$、2 分别是大型街区群层和中型街区群层；$g =$ 1、2、3、4 分别是少数民族层、非少数民族"低于"型不一致层、非少数民族"高于"型不一致层和非少数民族一致型层；$T_{州}^{(2)}$ 是某一个州被分配承担的从第一步样本中抽取第二步样本的用住房单元表示的"任务"总样本量；$T_{州(AIR)}^{(1)}$ 是某一个州从 AIR 街区群层抽取的第一步样本中所含的全部住房单元数（在未设置 AIR 街区群层的州，它的值为 0）；$T_{州(中到大跳跃)}^{(1)}$ 是某一个州第一步样本的中型街区群层的中到大跳跃层的住房单元数；$DSF_{州hg}^{(2)}$ 是某个州某个 h 层的某一个 g 层的差别抽样因子；$\hat{H}_{州hg}^{(P)}$ 是根据某一个州第一步样本的某一个 h 层的某一个 g 层用"独立地址目录"观察值得到的整个州的该 hg 层住房单元数的估计量。

式（4.6）的计算结果是在各个 hg 层（前面说过的 8 个层）抽取第二步样本应当包含的住房单元数的要求。但是，第二步样本的抽取按规定应该以街区群为抽样单位。因此，下面需要计算在各个 hg 层各自应该抽取多少个街区群。

如果每个 hg 层中各个街区群的住房单元数相同，那么以街区群为单位抽取第二步样本的抽样比例等于以住房单元为单位抽取第二步样本的抽样比例为：

$$\frac{n_{州hg}^{(2)}}{n_{州hg}^{(1)}} = \frac{T_{州hg}^{(2)}}{H_{州hg}^{(1)}} \tag{4.7}$$

式（4.7）中，$T_{州hg}^{(2)}$ 是由式（4.6）计算出来的 hg 层第二步样本应当包含的住房单元数；$H_{州hg}^{(1)}$ 是 hg 层第一步样本实际包含的住房单元数；$n_{州hg}^{(2)}$ 是 hg 层第二步样本应当抽取的街区群数；$n_{州hg}^{(1)}$ 是 hg 层第一步样本实际的街区群数。

由式（4.7）得到大型街区群层、中型街区群层的 hg 子层第二步样本应当抽取的街区群数为：

$$n_{州hg}^{(2)} = n_{州hg}^{(1)} \times \frac{T_{州hg}^{(2)}}{H_{州hg}^{(1)}} \tag{4.8}$$

（2）小型街区群层第二步抽样的样本量

①小型街区群层中规模为"10 及以上"的街区群 100% 进入第二步样本。回顾表 4 - 5，对第一步样本的小型街区群层，就街区群规模

这一标志，进一步划分为 0—2、3—5、6—9、10 及以上这样四个类型。美国 2000 年抽样设计规定，在第一步样本的小型街区群层中，凡属于规模为"10 及以上"的街区群，100% 进入第二步样本。

②小型街区群层中规模为 0—2、3—5、6—9 的街区群第二步抽样的抽样比例。于是，剩下需要考虑的是，对于 0—2、3—5、6—9 这三个层，各自应该以何种抽样比例从第一步样本中抽取第二步样本。为了解决这个问题，美国 2000 年抽样设计中拟定了一套抽样比例的控制值，见表 4 - 6。

表 4 - 6　　　为在小型街区群层进行第二步抽样拟定的总抽样比例
和第二步最小抽样比例控制值

对第一步样本的小型街区群层按街区群中实际住房单元数进一步划分的层 g	抽样比例控制值	
	总抽样比例	第二步最小抽样比例
0—2	1/1200	1/10
3—5	1/480	1/4
6—9	1/267	1/2.22

资料来源：U. S. Bureau of Census, *Accuracy and Coverage Evaluation of Census* 2000: *Design and Methodology*, 2004, Chapter3.

表 4 - 6 中"总抽样比例"一栏的数字是这样得到的：美国 2000 年抽样从小型街区群层实际得到的第一步样本包含 2400 个住房单元（参见 U. S. Bureau of Census, *Accuracy and Coverage Evaluation of Census* 2000: *Design and Methodology*, 2004, Chapter3），将其分别除以按街区群规模进一步划分的层的上限 2、5 和 9，得到 1200、480 和 267，这就是三个总抽样比例的分母。这三个总抽样比例的直观意义是什么呢？我们先来回顾表 4 - 1，用其中的数据可以算出，全国小型街区群总体的住房单元数是 1029000 × 0.3 = 308700。现在就可以考虑总抽样比例的含义了。首先考虑第一个总抽样比例 1/1200 的含义。这时是假定全国小型街区群层中所有的街区群大小都是 2，在这样的假定下，第一步样本就是从 308700/2 = 154350 个街区群中抽出了 1200 个街区群，而 1/1200 意味着，要求经过两步抽样，最终要从 154350 个街区群中抽

出 154350/1200 = 129 个街区群，这时我们来计算总抽样比例，它是 129/154350 = 1/1200。其次和再次，另外两个总抽样比例的含义可以仿此解释。

表 4 – 6 中"第二步最小抽样比例"一栏的数字是将三个总抽样比例分别乘以 120 得到的。此种计算的含义是什么呢？我们知道，第二步抽样比例等于总抽样比例除以第一步抽样比例所得之商。在这里，第一步抽样比例是 2400/308700 = 1/129。本来，现在的抽样比例应该用街区群数计算，不过，不论我们假定全国小型街区群层中所有的街区群大小都是 2，还是都是 5，还是都是 9，总之是假定全国小型街区群层中所有的街区群大小都相等，在街区群大小都相等的假定下，用街区群中所含住房单元数计算的比例和用街区群数计算的比例是相等的，所以这里算得的 1/129 就是第一步抽样比例。现在把这个抽样比例适当放大一点，放大成 1/120，用放大了的第一步抽样比例 1/120 去除总抽样比例，也就是用 120 去乘总抽样比例，这样就得到了表中 1/10、1/4 和 1/2.22 这三个数字。由于 1/120 是一个比 1/129 大的数字，所以在给定的总抽样比例的控制下，用它来推出的第二步抽样比例是一个下限值。"第二步最小抽样比例"1/10、1/4 和 1/2.22 这三个数字的用途是，保证第二步抽样的抽样比例不要搞得太小。也就是说，在各州实际做计算时，有时可能会出现这样的情况：第一步样本的抽样比例太大了，结果在给定的总抽样比例的控制下，推出的第二步抽样的抽样比例过于小，这就会影响到质量评估工作的正常进行。于是，为此作出一项规定：一旦第一步样本的实际抽样比例超过 1/120，这时一律按 1/120 计算而不再使用实际的第一步抽样比例。

那么，在一个州怎样具体确定自己的第二步抽样比例呢？

表 4 – 6 给出的"总抽样比例"控制值是用全国的总样本计算的，在各州实际做计算时，一律要以这里给出的控制值作为自己的"总抽样比例"的控制值。

以此为基础，将总抽样比例的控制值除以本州实际的小型街区群抽样层的第一步抽样比例，算出第二步抽样选用抽样比例的初步测算值，即：

$$\frac{\text{某一个州第一步样本}}{\text{小型街区群层的 } g \text{ 子}} = \frac{\text{本州第一步样本小型街区群层 } g}{\text{子层两步抽样总抽样比例控制值}}$$

$$\frac{\text{层第二步抽样选用抽}}{\text{样比例的初步测算值}} = \frac{\text{本州小型街区群层第一步抽样的}}{\text{实际抽样比例}} \tag{4.9}$$

式（4.9）中，"g 子层"指表 4 - 6 中对第一步样本的小街区群层按街区群中实际住房单元数进一步划分的 0—2、3—5 和 6—9 这三个层；比式的分子随 g 子层的不同分别取表 4 - 6 中 1/1200、1/480 和 1/267 这三个值；比式的分母是本州小型街区群抽样层第一步抽样抽出的街区群数与本州小型街区群抽样层总体的街区群数之比。

在各个 g 子层将式（4.9）的计算结果算出后，分别与表 4 - 6 中的"第二步最小抽样比例"控制值相比较，确定实际选用的第二步抽样的抽样比例。在这里，记"小型街区群层 g 子层实际选用的第二步抽样的抽样比例"为 $f_{hg}^{(2)}$，其中 h = 小型街区群层，g = 规模为 0—2 的街区群的层、规模为 3—5 的街区群的层、规模为 6—9 的街区群的层。$f_{hg}^{(2)}$ 的取值规则是：当式（4.9）的计算结果 $\geqslant$ "第二步最小抽样比例"时，$f_{hg}^{(2)}$ = 式（4.9）的计算结果；当式（4.9）的计算结果 < "第二步最小抽样比例"时，$f_{hg}^{(2)}$ = "第二步最小抽样比例"。

③小型街区群层中规模为 0—2、3—5、6—9 和 10 及以上的街区群第二步样本的样本量。将由式（4.3）得到的小型街区群层的第一步样本 $n_{\text{州（小）}}^{(1)}$ 用表 4 - 5 的分层设计进行分层，得到规模为 0—2、3—5、6—9 和 10 及以上这四个子层第一步样本的样本量 $n_{\text{州（小）}g}^{(1)}$。这里，g = 规模为 0—2 的街区群的层、规模为 3—5 的街区群的层、规模为 6—9 的街区群的层、规模为 10 及以上的街区群的层。现在我们写出从 $n_{\text{州（小）}g}^{(1)}$ 中进行第二步抽样的样本量 $n_{\text{州（小）}g}^{(2)}$。

首先，当 g = 规模 10 及以上的街区群的层时有：

$$n_{\text{州（小）}g}^{(2)} = n_{\text{州（小）}g}^{(1)} \quad (g = \text{规模 10 及以上}) \tag{4.10}$$

其次，当 g = 规模为 0—2 的街区群的层、规模为 3—5 的街区群的层、规模为 6—9 的街区群的层时，有：

$$n_{\text{州（小）}g}^{(2)} = n_{\text{州（小）}g}^{(1)} f_{hg}^{(2)} \quad (g = \text{规模 0—2、规模 3—5、规模 6—9}) \tag{4.11}$$

4. 抽取第二步样本的方式

在前面由式（4.7）给出了大型街区群层、中型街区群层的 hg 子层第二步样本应当抽取的街区群数，由式（4.11）给出了小型街区群层的 hg 子层第二步样本应当抽取的街区群数。依照所算出的样本量，从 hg 子层的第一步样本中以街区群为单位，用等概率等距抽样的方式（简单随机抽样的方式）抽取第二步样本。

（三）美国 2000 年抽样设计中的住房单元比较和目标延伸搜索

在第二步抽样以后、第三步抽样之前，要安排两个另外的工作环节，即"住房单元比对"和"目标延伸搜索"（Targeted Extended Search，TES）。

住房单元比对的工作内容是：在进入第二步样本的每一个街区群内，将质量评估调查的住房单元"独立地址目录"与"普查最新地址目录"进行比对。

目标延伸搜索的工作内容是什么呢？在介绍目标延伸搜索的工作内容之前，先要交代一下进行"住房单元比对"后会出现的四种结果：第一种结果是某个住房单元名称在两个目录中都有。这种结果叫作匹配。第二种结果是某个住房单元名称在独立地址目录中有，而在普查最新地址目录中没有。这种结果叫作不匹配（匹配或不匹配是立足于独立地址目录来说的）。这是一种称之为"错误地被排除"的普查登记错误。第三种结果是某个住房单元名称在独立地址目录中没有，而在普查最新地址目录中有。这是一种称之为"错误地被包括"的普查登记错误。第四种结果是在进行住房单元比较时，发现所编制的某个街区群的独立地址目录错误太多，根本无法使用。

目标延伸搜索的工作内容是：首先，选出需要进行延伸搜索的目标街区群。其次，在目标街区群的周围划出一个由周边街区群组成的环形区域，称之为延伸搜索区域。最后，针对在目标街区群进行两个地址目录比对时发现的问题，到延伸搜索区域中去进行搜索。这里所说的搜索主要指两个方面的情况：第一，对于"某个住房单元名称在独立地址目录中有，而在普查最新地址目录中没有"这样的问题，到延伸搜索区域的"普查最新地址目录"中去寻找，看能否在那里找到这个住房单元，如果在延伸搜索区域的"普查最新地址目录"中将其找到，则将其视同于在目标街区群的"普查最新地址目录"中进行了登记。第二，对于"某个住房单元名称在独立地址目录中没有，而在普查最新地址目录中有"这样的问题，将这个住房单元拿到延伸搜索区域中去考察，看看该住房单元是否应该在那里进行普查登记，如果这个住房单元应该在延伸搜索区域中进行普查登记，那么虽然它是错误的但在我们的目标街区群进行的普查登记，仍然将这一普查登记视作正确登记。

　　显然，如果在两个地址目录的比对中顺利实现了住房单元匹配，就没有必要到延伸搜索区域搜索。为此，提出了有无 TES 资格这样的概念。称存在"住房单元名称在独立地址目录中有，而在普查最新地址目录中没有"或是"住房单元名称在独立地址目录中没有，而在普查最新地址目录中有"这样的问题的住房单元为有 TES 资格的住房单元；称至少包含一个有 TES 资格住房单元的街区群为有 TES 资格的街区群；如果一个街区群中的所有住房单元都不是有 TES 资格的住房单元，称这样的街区群为没有 TES 资格的街区群。

　　并不是所有的有 TES 资格的街区群全都进入目标延伸搜索。真正进入目标延伸搜索的街区群是从全体有 TES 资格的街区群中抽取出来的样本。我们把真正进入目标延伸搜索的街区群叫作 TES 调查街区群。在这里有一项特别的规定：对于在两个地址目录的比对中出现第四种结果的街区群，即如果发现某个街区群所编制的独立地址目录错误太多，根本无法使用，这样的街区群须重新编制独立地址目录，全部进入目标延伸搜索。

　　目标延伸搜索样本是以街区群为单位，在全国统一抽取的。目标延伸搜索样本的形成过程见图 4 - 1（为了在每个条块中方便地书写数字，条块的长短与其中的数字大小不成比例）。

　　下面结合图 4 - 1 来叙述目标延伸搜索样本的形成过程。

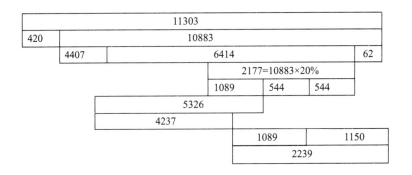

图 4 - 1　目标延伸搜索样本的形成过程

在美国 2000 年人口普查质量评估调查中，各州所抽取的第二步样本在全国汇总共有 11303 个街区群。其中，有 420 个"调查时编制目录"街区群。前面曾经解释过，所谓"调查时编制目录"街区群，指的是一些位置偏远、人口稀少、难以到达的街区群，它们只能等到 2000 年 4 月 1 日人口普查日，进行住房单元的人口普查登记调查时才能完成编制住房单元人口普查地址目录的工作。因此，在抽取了第二步样本之后进行住房单元比较时，这 420 个街区群尚无普查地址目录，无法进行住房单元比较，也就无从考虑是否需要进行目标延伸搜索。所以，在讨论目标延伸搜索问题时将它们排除在外。

在 11303 个街区群中，共有 10883 个街区群进行了住房单元比较。比较结果为：（1）有 62 个街区群所编制的独立地址目录错误太多。按照要求，对它们重新编制了独立地址目录，并且规定，它们全部进入目标延伸搜索。由于已经有了这一明确的规定，所以在考虑对其他街区群抽取目标延伸搜索样本、计算样本量时，这 62 个街区群不参加计算。（2）有 4407 个街区群，它们的独立地址目录与普查最新地址目录能够很好地匹配，所以没有必要再进行目标延伸搜索。（3）有 6414 个街区群是有 TES 资格的街区群，目标延伸搜索样本需要从它们当中抽取。

根据经验，各个街区群里有问题的住房单元数并不均等。从数量上说，在参加住房单元比较的全体街区群中，20% 的街区群大致上包含了有问题住房单元数之中的 80%。显然，应当把目标延伸搜索的注意力集中于这 20% 的街区群。参加住房单元比较的 10883 个街区群的 20% 是 2177 个。于是，下面的问题是，怎样从 6414 个有 TES 资格的街区群中抽取出有问题的住房单元数较大的 2177 个街区群。

直观的想法是：把 6414 个街区群的名称连同各自所包含的有问题的住房单元数一一列出，然后按照它们各自包含的有问题的住房单元数降序排队，把排在前面的街区群选出。依照这个想法，具体做三件事情：

第一，将 6414 个街区群按照上面的方法排序，把排在最前面的 544 个街区群选出（544 是 2177 的 1/4，是 10883 的 5%），令其 100% 参加目标延伸搜索。

第二，把刚才选出的 544 个街区群从名单中删去，然后对剩下的街区群重新排队。方法是，算出每个街区群经过两步抽样以后总的入样概率，用这个概率的倒数与相应街区群中有问题的住房单元的数目相乘，得到每个街区群加权的有问题的住房单元数，然后用加权的有问题的住房单位数将各个街区群降序排队。在这个排队的基础上，把排在最前面的544个街区群选出（连同前面的544，两者一共是2177的1/2，是10883的10%），令其100%参加目标延伸搜索。

第三，用分层等概率等距抽样方法从余下的6414 – 544 – 544 = 5326个有TES资格的街区群中按预定的计划数抽取2177 – 544 – 544 = 1089个街区群。分层设计方案是：首先，按州分层。其次，在每一个州层内进一步划分为由小型街区群组成的层、由中型街区群组成的层、由大型街区群组成的层和AIR层。最后，在每一个州层的由大型街区群组成的层内进一步划分为少数民族层、非少数民族"低于"型不一致层、非少数民族"高于"型不一致层、非少数民族一致型层；在每一个州层的由中型街区群组成的层内进一步划分为少数民族层、非少数民族"低于"型不一致层、非少数民族"高于"型不一致层、非少数民族一致型层、中型群变成大型群跳跃层；在每一个州层的由小型街区群组成的层内进一步划分为八类。分别为住房单元数0—2——不在美洲印第安人区域——不是"调查时编制目录"街区群；住房单元数3—5——不在美洲印第安人区域——不是"调查时编制目录"街区群；住房单元数6—9——不在美洲印第安人区域——不是"调查时编制目录"街区群；住房单元数10及以上、住房单元数0—2——不在美洲印第安人区域——是"调查时编制目录"街区群；住房单元数3—9——不在美洲印第安人区域——是"调查时编制目录"街区群；住房单元数0—9——在美洲印第安人区域（属于居留地或托管地）；住房单元数0—2——在美洲印第安人区域（属于部落统计区）；住房单元数3—9——在美洲印第安人区域（属于部落统计区）。依照上面的交叉分层设计，将5326个街区群按照其实际的标志表现放入适当的层中。然后，在每一个层统一按照1/（5326/1089）= 1/4.8907的抽样比例以街区群为单位抽取等概率等距样本（4.8907 ≈ 5为抽样距离）。

从图4 – 1还可以看出，全国的TES样本量为2239，其中，确定性样本量为1150，概率样本量为1089；在6414个有TES资格的街区群中，有2177个接受了目标延伸搜索，有4237个未接受目标延伸搜索。

（四）美国 2000 年抽样设计中的第三步抽样

1. 为什么要进行第三步抽样

在美国 2000 年抽样设计中进行第三步抽样的目的，简单地说，就是要把大型街区群中的住房单元进入样本的概率降下来。

我们记得，在进行第一步抽样的时候，是用住房单元数的比例把大型街区群层和中型街区群层应该承担的总务样本量分配给两者的。在进行第二步抽样的时候，也是用住房单元数的比例把大型街区群层和中型街区群层应该承担的总务样本量分配给它们的八个次级层（大型层下面四个次级层以及中型层下面四个次级层）的。可是，第一步抽样和第二步抽样的抽样单位都是街区群而不是住房单元，所以抽样比例其实应该用街区群数计算而不应该用住房单元数计算。用街区群作抽样单位却采用按住房单元数计算的分配系数分配样本量的结果是：当各个街区群住房单元数不相等时，会导致大型街区群与中型街区群进入样本的概率不相等，大型街区群进入样本的概率会高于中型街区群，相应地，大型街区群中的住房单元进入样本的概率会高于中型街区群中的住房单元进入样本的概率。这不符合我们的要求。我们希望，大型街区群中的住房单元与中型街区群中的住房单元应当以大致相同的概率进入样本。为了达到这个目标，就需要对大型街区群中的住房单元再做一次抽样，来降低大型街区群的住房单元进入样本的概率。

2. 对什么样的街区群进行第三步抽样

根据上面所说，第三步抽样要在大型街区群中进行。这里，所谓大型街区群指的是按街区群的实际规模来说的大型街区群，而不是指在第一步抽样以前所划分的大型街区群层。关于这两者的区别，请回忆前面对第一步抽样的介绍。在抽取第一步样本之前对街区群按规模进行分层时，各个街区群的规模是根据 1999 年 1 月编制的"普查最初地址目录"计算的（所划分的各个层叫作 h 层），根据这个资料计算的街区群规模与它的实际规模有可能不一致。后来，在第一步样本抽出之后，对进入样本的每一个街区群又重新进行现场调查，编制了一份为了进行质量评估调查的与普查地址目录相独立的"独立地址目录"，我们把根据"独立地址目录"计算的各个街区群的规模叫作它的实际规模。实际规模为"大型"的街区群，在原来所划分的大、中、小各个 h 层中都可能会出现；实际规模为"中型"、"小型"的街区群，也同样是这种情况。

美国 2000 年抽样设计中规定，对第二步样本中实际规模大于或等于 80 的非 AIR 街区群以住房单元的"片"为单位进行第三步抽样。除此以外，第二步样本中的下列街区群不必进行第三步抽样，直接进入最终样本：一是来自美洲印第安人居留地（AIR）层的街区群，不论这个街区群有多少个住房单元；二是非 AIR 街区群中，实际规模小于 80 者。

3. 第三步抽样的操作

（1）分层。在每个州中，把第二步样本中实际规模（根据"独立地址目录"计算的住房单元数）大于或等于 80 的非 AIR 街区群以街区群为单位划分在六个抽样层中。这六个抽样层的名称分别是：①实际规模大于或等于 80 的非 AIR 少数民族街区群层（包括"低于"型、"高于"型、一致型，不加区分）；②实际规模大于或等于 80 的非 AIR 非少数民族"低于"型不一致街区群层；③实际规模大于或等于 80 的非 AIR 非少数民族"高于"型不一致街区群层；④实际规模大于或等于 80 的非 AIR 非少数民族一致型街区群层；⑤实际规模大于或等于 80 的非 AIR 中街区群变成大街区群跳跃层；⑥实际规模大于或等于 80 的非 AIR 小街区群变成大街区群跳跃层。其中，第一至五层的意义见表 4－4；第六层的意义是，某街区群在第一步抽样分层时被划定为小型，但经过编制独立地址目录发现其住房单元数实际上大于 80，应属于大型。今后用记号 τ 表示这六个层中的某一层。

（2）分别就每一个 τ 层，计算平均在一个街区群的群内抽样比例。*Accuracy and Coverage Evaluation of Census* 2000：*Design and Methodology*（Chapter3）给出了群内抽样比例的计算公式，它就是下面的式（4.16）。笔者将在本小节给出自己关于这个计算公式的产生和计算方面的一些问题的补充。

前面说过，第三步抽样的目标是要从第二步样本的大型街区群中进一步抽取住房单元，从而压缩大型街区群的住房单元在样本中的含量，使大型街区群住房单元进入最终样本的概率与中型街区群住房单元进入最终样本的概率之间达到相等。在这里，归根结底是需要得到从第二步样本的大型街区群中进一步抽取住房单元所使用的抽样比例。由于在上述不同的 τ 层中前两步抽样的样本包含概率是不同的，所以，现在为了校正它，所使用的第三步抽样比例理应在不同的 τ 层分别计算。下面我

们分别在每一个 τ 层中讨论基于住房单元数的抽样比例。请注意，基于住房单元数的抽样比例并不是住房单元进入样本的概率，因为第一步和第二步抽样的抽样单位是街区群，而街区群中的住房单元是随着被抽中的街区群进入样本的。只有当同一层中街区群的大小都相等时，才能将两者等同。然而，事实上是不会这样的，所以下面的计算只是在近似意义上成立。

直至抽出第二步样本为止，用住房单元数计算的抽样比例如下：

$$\begin{matrix} \tau \text{层大型街区群} \\ \text{基于住房单元数的} \\ \text{两步抽样的抽样比例} \end{matrix} = \frac{\tau\text{层大型街区群第二步}}{\tau\text{层大型街区群原始总体}} \qquad (4.12)$$

$$\begin{matrix} \text{全体中型街区群} \\ \text{基于住房单元数的} \\ \text{两步抽样的抽样比例} \end{matrix} = \frac{\text{全体中型街区群第二步}}{\text{全体中型街区群原始总体}} \qquad (4.13)$$

欲调整式（4.12），使之与式（4.13）相等，只要将式（4.12）乘以式（4.13）与式（4.12）之比即可。不妨把这个比叫作 τ 层大型街区群基于住房单元数的两步抽样抽样比例校正系数。现在写出这个校正系数：

$$\begin{matrix} \tau \text{层大型街区群} \\ \text{基于住房单元数的} \\ \text{两步抽样的抽} \\ \text{样比例校正系数} \end{matrix} = \frac{\dfrac{\text{全体中型街区群第二步样本中的住房单元数}}{\text{全体中型街区群原始总体中住房单元数的估计}}}{\dfrac{\tau\text{层大型街区群第二步样本中的住房单元数}}{\tau\text{层大型街区群原始总体中住房单元数的估计}}}$$

$$(4.14)$$

式（4.14）实际上就是对第二步样本实际规模为 80 或 80 以上的街区群 τ 层做第三步抽样所需的抽样比例，即：

$$\begin{matrix} \tau \text{层群内} \\ \text{抽样比例} \end{matrix} = \frac{\begin{matrix}\tau\text{层大型街区群原始总}\\\text{体住房单元数的估计}\end{matrix} \times \dfrac{\text{全体中型街区群第二步}}{\text{全体中型街区群原始}}}{\tau\text{层大型街区群第二步样本中的住房单元数}} \qquad (4.15)$$

式（4.15）分子中的比式就是式（4.13），是全体中型街区群基于住房单元数计算的最终抽样比例，依照第三步抽样的目标，大型街区群

的各个 τ 层的最终样本中所含的住房单元数也应满足这一比例。所以式（4.15）的分子是大型街区群各个 τ 层第三步抽样的最终样本中应含住房单元数的目标值。于是写出：

$$\frac{\tau层群内}{抽样比例} = \frac{\tau层大型街区群样本住房单元数目标值}{\tau层大型街区群第二步样本中的住房单元数} \tag{4.16}$$

式（4.12）至式（4.16）涉及对原始总体中住房单元数的估计。怎样构造所需要的估计量呢？

首先考虑"τ层大型街区群原始总体中住房单元数的估计"。它所指的对象是进行第一步抽样以前一个州的街区群总体的 τ 域。在现在的观点下，我们把一个州的街区群总体划分成为八个域。其中包括六个 τ 域、一个 AIR 街区群域、一个实际规模（根据"独立地址目录"计算的住房单元数）少于 80 的非 AIR 街区群域。前面，我们分两步对整个州的街区群总体进行了分层抽样：把总体划分成四个 h 层的第一步抽样；把每个 h 层的第一步样本进一步划分成若干个 g 层的第二步抽样。现在，我们不妨将上述抽样过程看作是分别在总体的八个域中平行进行的，于是，就可以用我们手中的经过分层两步抽样所得到的第二步样本的街区群中属于这八个域中某一个域的街区群来估计这个域的总体指标。实际上，我们所关心的只是六个 τ 域中的每一个。现在就来构造某一个 τ 域总体住房单元数的估计量。记 $y_{\tau h i}$ 为 h 层 i 街区群"只关心 τ 域的统计指标观察值"，它的取值规则是：若街区群属于 τ 域则观察值取该街区群根据"独立地址目录"计算的住房单元数，若是其他情况则观察值取 0；另外，记 N_h 为 h 层总体的街区群数，记 n_h 为从 h 层抽出的第一步样本的街区群数。用这些记号写出 τ 域总体住房单元数的估计量为：

$$\hat{Y}_\tau = \sum_{h=1}^{H} \sum_{g=1}^{G} \sum_{i=1}^{n_h} \alpha_{hgi} x_{hgi} I_{hgi} y_{\tau h i} \tag{4.17}$$

式（4.17）中，x_{hgi} 是用于表示对 h 层的第一步样本进行次级分层的示性函数，如果层 h 中的街区群 i 属于 g，则 x_{hgi} 取值为 1，如果是其他的情况则 x_{hgi} 取值为 0，由于层 h 中的每一个街区群一定属于且仅属于某一个 g，换句话说，层 h 中的一个街区群 i 的 x_{hgi}，一定对且只能对某一个 g 取值为 1，而对其他的 g 则必须取值为 0，因此用这个示性函数就把层 h 中的各个街区群分入了不同的 g 层；I_{hgi} 是用于表示从 hg 层中抽取出来的第二步样本的示性函数，如果层 hg 中的街区群 i 属于进

入第二步样本则 I_{hgi} 取值为 1，如果是其他的情况则 I_{hgi} 取值为 0；α_{hgi} 是 $y_{\tau hi}$ 的抽样权数，它是 h 层 i 街区群经过两步抽样的样本包含概率的倒数。α_{hgi} 定义为：

$$\alpha_{hgi} = w_{hi} \frac{\sum_{j=1}^{n_h} w_{hj} x_{hgj}}{\sum_{j=1}^{n_h} w_{hj} x_{hgj} I_{hgj}} \tag{4.18}$$

式（4.18）中，第一个因子 w_{hi} 是 h 层 i 街区群在第一步抽样中进入样本概率的倒数 N_h/n_h；第二个因子（比式）是 h 层 g 子层 i 街区群在第二步抽样中进入样本概率的倒数；该比式的分子中 x_{hgi} 是对 h 层中第一步样本的 g 子层街区群计数用标志值（凡是 g 子层第一步样本的街区群该标志值为 1），用 w_{hi} 加权后的加权和为总体的 h 层中 g 子层街区群数目的估计量；该比式的分母中乘积 $x_{hgi} I_{hgi}$ 是对 h 层中 g 子层第二步样本的街区群计数用标志值（凡是 g 子层第二步样本的街区群该乘积为 1），用 w_{hi} 加权后的加权和为总体的 h 层中 g 子层产生的第二步样本街区群数目的估计量。

其次考虑"全体中型街区群原始总体中住房单元数的估计"。记 $y'_{(中)i}$ 为第一步抽样时所划分的中型街区群层 i 街区群"只关心实际中型域的统计指标观察值"，它的取值规则是：若街区群根据"独立地址目录"计算的住房单元数为 3—79 则观察值取所算得的数值，若是其他情况则观察值取 0；另外，记 $N_{(中)}$ 为第一步抽样时所划分的中型街区群层总体的街区群数（不问它们的实际规模大小），记 $n_{(中)}$ 为从第一步抽样时所划分的中型街区群层抽取出来的第一步样本的街区群数（不问它们的实际规模大小）。用这些记号写出全体中型街区群原始总体中住房单元数目的估计量为：

$$\hat{Y}'_{(中)} = \sum_{i=1}^{n_{(中)}} w_{(中)i} y'_{(中)i} \tag{4.19}$$

式（4.19）中，$w_{(中)i}$ 是第一步抽样时所划分的中型街区群层 i 街区群在第一步抽样中进入样本概率的倒数 $N_{(中)}/n_{(中)}$。

（3）形成"片"。每个州中的第三步样本将分别在第二步样本中实际规模大于或等于 80 的非 AIR 街区群的各个 τ 层中以"片"为抽样单位来抽取。"片"是分别在上述每一个街区群内把相邻近的若干个住房单元结合在一起，由调查人员划分出来的。在这里，第一，"片"的划分是分别在每一个街区群内进行的；第二，要求同一个τ层中各个街区群所划分的"片"的数目相同（不言而喻，所划分出来的各个"片"中住房单元的数目不会完全相同）；第三，τ层中一个街区群所划分的"片"的数目由该τ层的群内抽样比例决定。τ层中一个街区群应当划分的"片"的数目的计算方法如下：

$$\begin{matrix} τ层一个 \\ 街区群应 \\ 当划分的 \\ "片"的数目 \end{matrix} = \begin{cases} \dfrac{1}{τ层群内抽样比例} & （如果群内抽样比例 \leqslant 0.5） \\ \dfrac{1}{1 - τ层群内抽样比例} & （如果群内抽样比例 > 0.5） \end{cases}$$

(4.20)

式（4.20）中的"τ层群内抽样比例"由式（4.16）计算。在τ层，把一个街区群应当划分的"片"的数目计算出来以后，在该层的每个街区群内按照这个数目，将个数大致相等的相邻近的住房单元分别指定给每个"片"。

（4）以"片"为单位抽取第三步样本。在每个州第二步样本的实际规模大于或等于80的非 AIR 街区群的τ层，把各个街区群划分出来的"片"合在一起编成抽样框，从中以"片"为抽样单位抽取等概率等距样本。所抽取的"片"的数目等于该τ层第二步样本街区群的数目。

4. 怎样通过第三步抽样形成 E 样本

这里所要考虑的是实际规模大于或等于80的非 AIR 街区群。我们对这样的街区群以"片"为单位进行了第三步抽样。由于这些"片"是用 P 样本的住房单元名单形成的，因此第三步抽样把这种街区群的 E 样本名单的住房单元遗漏了。这就提出了这样一个问题：怎样把 E 样本名单的住房单元"找回到"第三步样本中去。至于 AIR 街区群以及实际规模小于80的非 AIR 街区群，由于并不从它们的第二步样本的街区群中做进一步的抽样，而是把整个的街区群转入最终样本，一个街区群中的 P 样本住房单元名单和 E 样本住房单元名单这两套完整的名单一起进入了样本，所以不需要讨论怎样形成 E 样本的问题。

对于实际规模大于或等于80的非 AIR 街区群，在进行对第二步样本以"片"为单位的第三步抽样的时候，怎样同时建立与之相对应的 E 样本呢？这件事情应该在对这些街区群进行划分"片"的操作的时候就予以考虑。也就是说，当我们对这些街区群进行"片"的划分的时候，每个街区群中 E 样本的住房单元（普查登记的住房单元）应当相应地分别纳入适当的"片"。为此，我们会用图上作业与现场勘查相结合的方法将普查登记的住房单元名单与质量评估调查登记的住房单元名单相比对。进行比对时，会发现普查登记的住房单元名单有两种情形：一种情形是，有些住房单元在质量评估调查登记的住房单元名单中也可以找到，称这些住房单元与质量评估调查名单有连接；另一种情形是，有些住房单元在质量评估调查名单中找不到，称这些住房单元与质量评估调查名单无连接。显然，与质量评估调查名单有连接的那些普查登记住房单元，顺理成章地进入与之相连接的质量评估调查住房单元所在的"片"。至于与质量评估调查名单无连接的那些普查登记住房单元，为了将它们各自纳入适当的"片"，首先对所有的普查登记住房单元（包括与质量评估调查有连接的单位）按普查区代号、街道名称、房屋号码（或普查区代号、地理位置）分类，于是，无连接单位便随同本类中的有连接单位进入其所在的"片"。一旦以"片"为单位的第三步样本被抽取出来，所抽中的"片"中已被纳入的普查登记住房单元便成为第三步样本的 E 样本。

偶尔会有这样的情况：在一个街区群中被选的"片"（一个或多个）与质量评估调查名单无连接的普查登记住房单元数超过了80。美国 2000 年方案规定，此时，须进一步从中（用等概率等距方式）抽取40 个住房单元作为第三步样本中的 E 样本。这里，用 40 作为进一步的次级抽样所用样本量的前提是：这个进一步的次级抽样的抽样比例大于25%。为了避免抽样权数的过大变化，规定这个进一步的次级抽样的抽样比例不得低于 25%。如果在某一个街区群，按照这个规定算出的需要抽取的进一步的次级样本的样本量大于 40，就把这个街区群中所有的（不只是被抽出的"片"的）与质量评估调查名单有连接的普查登记住房单元作为由该街区群所产生的第三步样本中的 E 样本，同时删去在该街区群中被选的"片"与质量评估调查名单无连接的普查登记住房单元。

（五）美国 2010 年人口普查质量评估调查的抽样方法

美国 2010 年人口普查质量评估调查采用与 2000 年人口普查质量评估调查基本相同的抽样设计，只是对样本的抽取过程做了一点调整。所做的调整是：2010 年方案中对大型和中型街区群抽样层取消了第二个抽样步骤，对小型街区群抽样层则保留第二个抽样步骤。

二 瑞士的抽样方法

根据 Anne Renand（2004、2001）介绍的瑞士 2000 年人口普查质量评估调查的抽样方法。瑞士 2000 年人口普查质量评估调查的抽样方法，划分为抽取初始样本和从初始样本中抽取最终样本两个大的步骤。第一个步骤即初始样本的抽取过程又分为若干个阶段，最后一级的初始样本单位是住宅建筑物。第二个步骤的抽样是在初始样本中平行建立的两个抽样框中分别进行的。这两个抽样框分别是：根据初始样本住宅建筑物中住房单元的普查登记表编制的普查登记人员抽样框和根据初始样本住宅建筑物编制的住宅建筑物抽样框。

（一）瑞士 2000 年抽样方法中初始样本的抽取

瑞士全国共有 26 个州，其中提契诺州（Ticino）位于瑞士东南部，官方语言与其他州不同，为意大利语。初始样本的抽取分别在北部（共 25 个州）和南部（提契诺州）独立进行。

1. 北部初始样本的抽取

北部初始样本的抽取通过三个阶段完成。第一阶段，对北部的全体邮政区以邮政区为单位分层，然后分别在每一个层中用不放回不等概率（PPS）抽样方法以邮政区为抽样单位抽取样本；第二阶段，分别在第一阶段样本的每一个邮政区中用不放回不等概率（PPS）抽样方法以邮寄区为抽样单位抽取样本；第三阶段，分别在第二阶段样本的每一个邮寄区中用不放回简单随机抽样方法以住宅建筑物为抽样单位抽取样本。下面分别介绍这三个抽样阶段。

（1）北部抽取初始样本的第一抽样阶段。

①分层。第一抽样阶段的分层以邮政区为单位进行，所选择的分层标志以及每个分层标志下层的设置如下。第一，以所使用的人口普查方法作为分层标志，在这一分层标志下设置四个层。一是使用古代普查法的层（古代普查法是指，调查员访问家庭并发送和回收普查表），本层共 737 个邮政区；二是使用半古代普查法的层（半古代普查法是指，根据居民登记册事先打印好普查表，邮寄普查表给住户，调查员到住户登门取回普查表），本层共 266 个邮政区；三是使用转移普查法的层（转移普查法是指，根据居民登记册事先打印好普查表，邮寄普查表给住

户，住户自己填写并邮寄返回普查表），本层共2670个邮政区；四是使用未来普查法的层（未来普查法是指，利用人口登记册采集普查信息），本层共26个邮政区。第二，以邮政区规模作为分层标志，在这一分层标志下设置三个层。一是小型邮政区（小型是指居民500人及以下），本层共944个邮政区；二是中型邮政区（中型是指居民501—10000人），本层共2406个邮政区；三是大型邮政区（大型是指居民10000人以上），本层共349个邮政区。第三，以调查难度（根据没有邮政地址的比例以及无人居住的住宅建筑物的比例来确定调查难度）作为分层标志，在这一分层标志下设置四个层。一是容易调查的层，本层共1669个邮政区；二是调查难度中等的层，本层共1201个邮政区；三是调查难度一级很难的层，本层共366个邮政区；四是调查难度二级很难的层，本层共463个邮政区。这三个标志交叉分层，再将有些交叉适当合并，最后共分为22个层。

②抽取样本。在每个抽样层，以邮政区为抽样单位，使用不放回PPS抽样方法抽取样本。下面把每一个抽样层记作 h，划分的总层数记作 H（ $=22$）。把北部各州邮政区总数记作 N，h 抽样层邮政区数记作 N_h。在 h 抽样层以包含概率 π_{hi} 为控制值进行样本的抽取。这里，包含概率指 h 抽样层中邮政区 i 通过第一阶段抽样进入样本的概率，即：

$$\pi_{hi} = n_h Z_{hi} \tag{4.21}$$

式（4.21）中，n_h 是在该抽样层指定应该抽取的样本量（邮政区数），而 Z_{hi} 是下面的比式：

$$Z_{hi} = \frac{B_{hi}^+}{\sum_{i=1}^{N_h} B_{hi}^+} \tag{4.22}$$

式（4.22）中，B_{hi}^+ 定义为：

$$B_{hi}^+ = \max(B_{hi}, \ TCS) \tag{4.23}$$

式（4.23）中，B_{hi} 是 h 抽样层中邮政区 i 的住宅建筑物实际数目，TCS（Target Cluster Size）是邮政区规模（邮政区中住宅建筑物数目）的目标值。

关于 TCS 的含义以及赋值方法，Anne Renand（2001）有这样一段解释："为了均匀分配工作量，我们定义从每个邮政区抽取的目标或理

想的建筑物个数为 TCS，这个数字比照着其中某一个邮寄区来指派。"①
这段话有些费解：第一，按照其中前两句话的意思，TCS 似乎是想要寻求经过三个抽样阶段以后样本中所含的住宅建筑物总数量除以总体中邮政区数目的平均值的控制值。联系到式（4.23），式中的 B_{hi} 是 h 抽样层中邮政区 i 的住宅建筑物的实际数目，把邮政区 i 的这样一个总体值与经过两次次级抽样以后的样本值（即便是平均意义上的样本值）放在一起选取其中较大者，总觉得在逻辑上有些说不通，并且，据直观推想，在多数情形下 B_{hi} 应该比 TCS 大。第二，按照其中第三句话的意思，TCS 似乎是 h 抽样层邮政区 i 中某一个邮寄区的住宅建筑物的数目。如果是这样的话，式（4.23）就没有意义了，因为这时的 TCS 绝不会比 B_{hi} 大。另外，按照这句话的意思，TCS 在不同的邮政区应该有不同的值，如果是这样的话，在公式符号的表述上就应该给它加上角标 hi，然而 Anne Renand（2001）的所有含有 TCS 的公式都是不带角标的。第三，第三句话中的"其中某一个"也可能指的是在 h 层总体的所有邮寄区中选择其中的某一个，用这个邮寄区的住宅建筑物的数目充当 TCS。如果是这样，选取的规则是什么呢？联系到式（4.23），为什么要用总体中某一个邮寄区的规模与一个一个邮政区的规模相比较呢？

事实上，把式（4.23）与式（4.22）联系起来可以看到，TCS 其实有这样一个性质：h 层总体中凡是规模数值小于 TCS 值的邮政区，它们的 Z_{hi} 值都等于 $TCS / \sum_{i=1}^{N_h} B_{hi}^+$。依靠 TCS 的这个性质，可以有目的地提高规模过小的邮政区进入样本的概率。例如，h 层总体中大多数邮政区的规模为80及以上，另外有少数邮政区的规模在10以下。如果让 Z_{hi} 与邮政区的规模成比例，在有限样本量的条件下，规模在10以下的邮政区进入样本的概率会很小，有的甚至几乎不可能进入样本，这就导致了样本的系统性偏差。假若我们把 TCS 值指派为80，并且用式（4.22）与式（4.23）来定义 Z_{hi}，那么所有规模在10以下的邮政区便具有与规模为80的邮政区相同的进入

---

① 这段文字在 Anne Renand（2001）中的英文原文如下："In order to get an even distribution of workload, we define the Target Cluster Size (TCS) as the number of buildings to select in each PA. This amount is then equally distributed among the post employees (MDs)."（其中，PA 是邮政区的缩写，MD 是邮寄区的缩写）。

样本的概率，从而系统性偏差得到了纠正。根据上面的讨论，笔者认为，TCS 似乎应当是一个调整小型邮政区进入样本的概率，纠正 PPS 样本系统性偏差的工具，并且基于此种用途，宜选择 h 层总体邮政区规模频率分布曲线的适当的左截尾值为 TCS 赋值。

式（4.21）中，n_h 是将北部地区第一抽样阶段的总样本量 n 分配到各层的结果，而 n 是根据抽样的精度要求测算得到的。对 n 进行分配得到 n_h 的方法包括两个步骤。

第一个步骤：将前者已经划分在各个 h 抽样层的邮政区合并成三个互斥的调查难度层，即 G_1 层——调查难度为容易；G_2 层——调查难度为中等；G_3 层——调查难度为很难。在这个基础上，先把 n 分配到 G_1、G_2、G_3 这三个调查难度层。各自分配的样本量分别是：

$$n_{G_1} = n \times \frac{B_{G_1}^+ + \varphi}{B^+}; \quad n_{G_2} = n \times \frac{B_{G_2}^+}{B^+}; \quad n_{G_3} = n \times \frac{B_{G_3}^+ - \varphi}{B^+} \tag{4.24}$$

式（4.24）中，$B^+ = (B_{G_1}^+ + B_{G_2}^+ + B_{G_3}^+)$；$B_{G_r}^+ = \sum_{h \in G_r} B_h^+ (r = 1,2,3)$，而 $B_h^+ = \sum_{i=1}^{N_h} B_{hi}^+$；$\varphi$ 是事先指定的用 0 与 $B_{G_3}^+$ 之间的数字赋值的一个常数，用这个常数调节，来减少很难调查层的样本量而增加容易调查层的样本量。

第二个步骤：将 G_1、G_2、G_3 这三个调查难度层各自分配到的样本量进一步分配给各自所含的 h 抽样层。分配公式为：

$$n_h = n_{G_r} \times \frac{B_h^+}{B_{G_r}^+} (r = 1, 2, 3) \tag{4.25}$$

对于式（4.25），成立 $n = \sum_{h=1}^{H} n_h$。把式（4.25）与式（4.24）结合起来可知，n_h 会由于 h 层属于 G_1、G_2、G_3 的不同而有所不同，即：

$$n_h = \begin{cases} n \times \dfrac{B_{G_1}^+ + \varphi}{B^+} \times \dfrac{B_h^+}{B_{G_1}^+} (h \in G_1) \\[3mm] n \times \dfrac{B_{G_2}^+}{B^+} \times \dfrac{B_h^+}{B_{G_2}^+} (h \in G_2) \\[3mm] n \times \dfrac{B_{G_3}^+ - \varphi}{B^+} \times \dfrac{B_h^+}{B_{G_3}^+} (h \in G_3) \end{cases} \tag{4.26}$$

（2）北部抽取初始样本的第二抽样阶段。

在第一阶段样本的每个邮政区中以邮政区为抽样单位，使用不放还不等概率（PPS）抽样方法进行。

把 h 层的 i 邮政区中邮寄区个数记作 C_{hi}，把从中抽取的邮寄区个数记作 c_{hi}。瑞士 2000 年抽样设计中规定：当 $C_{hi} = 1$ 时，指派 $c_{hi} = 1$；当 $C_{hi} \geqslant 3$ 时，指派 $c_{hi} = 3$。

在 h 层第一阶段样本的 i 邮政区中以包含概率 $\pi_{j \mid hi}$ 为控制值进行样本的抽取。这里，包含概率指 h 抽样层中已经进入第一阶段样本的邮政区 i 中的邮寄区 j 进入第二阶段样本的概率，即：

$$\pi_{j \mid hi} = c_{hi} Z_{j \mid hi} \tag{4.27}$$

式（4.27）中，$Z_{j \mid hi}$ 是下面的比式：

$$Z_{j \mid hi} = \frac{\dfrac{B_{hij}^{+}}{c_{hi}}}{\sum_{j=1} B_{hij}^{+}} \tag{4.28}$$

式（4.28）中，B_{hij}^{+} 定义为：

$$B_{hij}^{+} = \max \left(B_{hij}, \frac{TCS}{c_{hi}} \right) \tag{4.29}$$

式（4.29）中，B_{hij} 是 h 抽样层邮政区 i 中邮寄区 j 的住宅建筑物实际数目。

（3）北部抽取初始样本的第三抽样阶段。

在第二阶段样本的每个邮寄区中以住宅建筑物为抽样单位，使用不放回简单随机抽样方法进行。

把 h 层 i 邮政区 j 邮寄区中住宅建筑物个数记作 B_{hij}，把从中抽取的住宅建筑物个数记作 b_{hij}。瑞士 2000 年抽样设计中规定，用下面的式（4.30）指派，即：

$$b_{hij} = \min \left(B_{hij}, \frac{TCS}{c_{hi}} \right) \tag{4.30}$$

显然，h 层 i 邮政区 j 邮寄区中住宅建筑物 k 进入第三阶段样本的概率是 b_{hij} 与 B_{hij} 之比，这个比值其实也就是 B_{hij} 和 TCS/c_{hi} 中的较小者即式（4.30）与二者中的较大者即式（4.29）之比。于是写出：

$$\pi_{k \mid hij} = \frac{b_{hij}}{B_{hij}} = \frac{\dfrac{TCS}{c_{hi}}}{B_{hij}^{+}} \tag{4.31}$$

（4）北部 h 层 i 邮政区 j 邮寄区中住宅建筑物 k 通过三个抽样阶段进入初始样本的总包含概率

北部 h 层 i 邮政区 j 邮寄区中住宅建筑物 k 通过三个抽样阶段进入初始样本的总包含概率为：

$$\pi_{hijk} = \pi_{hi} \times \pi_{j|hi} \times \pi_{k|hij}$$

$$= n_h \times \frac{B_{hi}^+}{N_h \sum\limits_{i=1}^{} B_{hi}^+} \times c_{hi} \times \frac{B_{hij}^+}{C_{hi} \sum\limits_{j=1}^{} B_{hij}^+} \times \frac{\dfrac{TCS}{c_{hi}}}{B_{hij}^+}$$

$$= n_h \times \frac{B_{hi}^+}{N_h \sum\limits_{i=1}^{} B_{hi}^+} \times \frac{\dfrac{TCS}{c_{hi}}}{\sum\limits_{j=1}^{} B_{hij}^+} \tag{4.32}$$

事实上，观察式（4.32）可以看出，在进行第二阶段抽样的时候从 h 层 i 邮政区抽取的邮寄区数目 c_{hi} 取何值并不会影响住宅建筑物 $hijk$ 进入初始样本的总包含概率。因此，在原则上，c_{hi} 可以取 1 与 C_{hi} 之间的任何整数值。不过，笔者提请读者注意，c_{hi} 取值（更确切地说，由于 c_{hi} 的取值所导致的 c_{hi}/C_{hi} 比值）的不同对估计量的精度是会有影响的：当 c_{hi} 取较大的数值（导致 c_{hi}/C_{hi} 比值较为接近 1）时，第二阶段样本所抽取的邮寄区（从而，从所抽取的各个邮寄区进一步抽取的第三阶段样本的住宅建筑物）得以较广泛地散布在 hi 邮政区的整个地理区域上（而不至于仅仅集中在这个地理区域的某一个局部），这对于提高估计量的精度是有好处的。

2. 南部（提契诺州）初始样本的抽取

南部初始样本的抽取通过两个阶段完成。第一阶段，对南部的全体自治地区以自治地区为单位分层，然后分别在每一个层中用不放还不等概率（PPS）抽样方法以自治地区为抽样单位抽取样本；第二阶段，分别在第一阶段样本的每一个自治地区中用简单随机（不放还）抽样方法以住宅建筑物为抽样单位抽取样本。下面分别介绍这两个抽样阶段。

（1）南部抽取初始样本的第一抽样阶段。

①分层。第一抽样阶段的分层以自治地区为单位进行，所选择的分层标志以及每个分层标志下层的设置如下：首先以自治地区规模作为分

层标志，在这一分层标志下设置三个层。一是小型自治地区（小型是指居民 1000 人及以下），本层共 168 个自治地区；二是中型自治地区（中型是指居民 1001—8000 人），本层共 79 个自治地区；三是大型自治地区（大型是指居民 8000 人以上），本层共 3 个自治地区。其次以自治地区邮寄地址是否有问题以及有问题的程度作为分层标志，用这一分层标志进一步在小型自治地区层内设置三个次级层，在中型自治地区层内设置两个次级层，在大型自治地区层内设置一个次级层。于是，上述两个标志交叉分层后，共分为六个层。

②抽取样本。在每个抽样层，以自治地区为抽样单位，使用不放还 PPS 抽样方法抽取样本。下面把每一个抽样层记作 h，划分的总层数记作 H（=6）。把南部（提契诺州）自治地区总数记作 N，h 抽样层自治地区数目记作 N_h。把 h 抽样层自治地区 i 中临时性的住宅建筑物数目和长久性的住宅建筑物数目分别记作 B_{hi} 和 B_{hi}^*。在每一抽样层均以包含概率 π_{hi} 为控制值进行样本的抽取。这里，包含概率指 h 抽样层中自治地区 i 通过第一阶段抽样进入样本的概率，即：

$$\pi_{hi} = n_h Z_{hi} \tag{4.33}$$

式（4.33）中，n_h 是在该抽样层指定应该抽取的样本量（自治地区数），Z_{hi} 是下面的比式：

$$Z_{hi} = \frac{B_{hi}}{\sum_{i=1}^{N_h} B_{hi}} \tag{4.34}$$

在瑞士 2000 年抽样方案中，之所以用 B_{hi} 而不是用 B_{hi}^* 定义这里的 Z_{hi}，笔者猜想，可能是出于这样的考虑：临时性住宅建筑物数目越多的自治地区，在人口普查中出现错误的可能性越大，因此在抽取质量评估样本时应当给予更多的关注。也就是说，B_{hi} 与目标变量（人口普查中出现错误的可能性）的统计相依关系较之 B_{hi}^* 与目标变量（人口普查中出现错误的可能性）的统计相依关系更密切。

式（4.33）中，n_h 是将南部（提契诺州）第一抽样阶段的总样本量 n 分配到各层的结果，而 n 是根据抽样的精度要求测算得到的。

（2）南部抽取初始样本的第二抽样阶段。

在第一阶段样本的每个自治地区内，从其中的全体长久性住宅建筑物中以住宅建筑物为抽样单位，使用不放还简单随机抽样方法抽取样本。抽取的样本量（住宅建筑物数目）记作 b_{hi}，Anne Renand（2001）将其规定为：

$$b_{hi} = \min(B_{hi}^*, \ TCS) \tag{4.35}$$

式（4.35）中，B_{hi}^* 是 h 抽样层自治地区 i 中长久性住宅建筑物数目，TCS 是南部（提契诺州）自治地区规模（自治地区中长久性住宅建筑物数目）的目标值，在瑞士 2000 年抽样方案中规定，南部（提契诺州）的各个抽样层 TCS 值都取为 60。

由式（4.35）显然有，h 层 i 自治地区中长久性住宅建筑物 k 进入第二阶段样本的概率为：

$$\pi_{k|hi} = \frac{b_{hi}}{B_{hi}^*} = \min\left(\frac{TCS}{B_{hi}^*}, \ 1\right) \tag{4.36}$$

（3）南部（提契诺州）h 层 i 自治地区中住宅建筑物 k 通过两个抽样阶段进入初始样本的总包含概率。

南部（提契诺州）h 层 i 自治地区中住宅建筑物 k 通过两个抽样阶段进入初始样本的总包含概率为：

$$\pi_{hik} = \pi_{hi} \times \pi_{k|hi} = n_h \times \frac{B_{hi}}{\sum\limits_{i=1}^{N_h} B_{hi}} \times \frac{b_{hi}}{B_{hi}^*} \tag{4.37}$$

3. 对初始样本的现场调查

在抽取最终样本以前，对初始样本中每一个住宅建筑物中的住宅做现场调查。对住宅本身，登记在人口普查时点上的地址、门牌号码。对住宅中的个人，登记在人口普查时点上居住在这个住宅中的各个个人的标志（在普查日和质量评估调查日期间居住地址是否有变化以及姓名、年龄、性别、出生日期、婚姻状况、讲何种语言、国籍、在家里的地位、工作情况、第二个常住地等其他标志）。在这里，所谓"在人口普查时点上居住在这个住宅中的个人"，指的是在质量评估调查中观察到的属于普查日居民的个人（也就是说，对于那些普查日居住在这些建筑物中而在质量评估调查时业已迁出的居民将被忽略掉，而对于那些普查日并不居住在这些建筑物中而在普查日后迁入因而在质量评估调查时被观察到的居民则不对其进行登记）。通过上述工作在初始样本中得到的这份人口名单（其中的人口是按住宅建筑物划分开进行排列的），今后称之为"质量评估调查登记人口名单"。

与"质量评估调查登记人口名单"相对应，在初始样本中自然还有一份"普查登记人口名单"（其中的人口也是按住宅建筑物划分开进行排列的）。

（二）瑞士 2000 年抽样方法中双抽样框最终样本的抽取和各自的匹配性比对

1. 双抽样框最终样本的抽取

瑞士 2000 年抽样设计中规定，最终样本分别从"普查登记人口名单抽样框"和"住宅建筑物抽样框"这两个抽样框中独立抽取。这两个抽样框都是在初始样本中打破了当初抽取初始样本时所做的分层建立起来的。今后把来自"普查登记人口名单抽样框"的最终样本叫作 E 样本，把来自"住宅建筑物抽样框"的最终样本住宅建筑物中的质量评估调查人口叫作 P 样本。

（1）E 样本的抽取。以人为抽样单位，使用不放回简单随机抽样方式，从初始样本中编制的"普查登记人口名单抽样框"中抽取，共抽取 55375 人。

（2）P 样本的抽取。以住宅建筑物为抽样单位，使用不放还简单随机抽样方式，从初始样本中编制的"住宅建筑物抽样框"中（含 17992 个住宅建筑物）共抽取住宅建筑物 15877 个（北方 14697 个和南方 1180 个）。P 样本由这些住宅建筑物中的"质量评估调查登记人口名单"中的人口组成，共 49883 人。

2. 匹配性比对

（1）P 样本的匹配性比对。对 P 样本名单中的个人，与其所在或相邻近住宅建筑物的"普查登记人口名单"进行比对。结果可能是：①匹配；②未匹配；③悬而未决；④须从 P 样本中剔除。将悬而未决者人数折算成匹配人数。

对 P 样本悬而未决者，用本单元（住宅建筑物）匹配率推算其中的匹配人数。例如，某住宅建筑物有 90 人匹配，10 人未匹配，8 人悬而未决。那么，该单元匹配率为 $90/(90+10)=90\%$。于是，8 个悬而未决者中估计的匹配人数为 $8\times90\%=7.2$ 人。

（2）E 样本的匹配性比对。对 E 样本名单中的每个人，与其所在住宅建筑物的在初始样本抽出之时编制的"质量评估调查登记人口名单"进行比对。结果可能是：①匹配（意味着在人口普查中正确调查）；②未匹配（意味着在人口普查中错误调查）；③悬而未决。将悬而未决者人数折算成正确调查人数，使用的折算方法与 P 样本相同。

（三）抽样后分层

双系统估计量是以"捕获—再捕获"模型为理论基础构造的。这个模型要求，不同的个人，在人口普查中登记的概率相同，以及在质量评估调查中登记的概率也相同。为满足这一要求，须把全国人口总体按登记概率大小进行分层，分别在这样不同的层构造双系统估计量。瑞士 2000 年抽样设计是通过对 P 样本和 E 样本进行抽样后分层来实现上述要求的。瑞士此次人口普查的事后调查所采用的事后分层标志为性别、年龄、婚姻状况、城乡、公民身份。用这些标志进行交叉分层，一共形成 121 个交叉层，今后我们用 v 表示某一个交叉层。

三 美国和瑞士抽样方法的简短点评

我们看到，瑞士方案的抽样方法与美国抽样方法相比有两个明显的差别：一是最终样本的样本单位级别低（瑞士方案是住宅建筑物和个人，而美国方案是街区群）；二是分别独立抽取 P 样本和 E 样本（在美国方案中这两套资料是用配对样本的方式来观测的）。

基本抽样理论告诉我们，对于包含同样数量个体的样本来说，样本单位的级别越低，抽样效果越好。瑞士方案可能就是基于这样的考虑来设计的。独立抽取 P 样本和 E 样本应该也是基于同样的理由：既然从初始样本中能够获得普查登记的人口名单，那么就宁可做以人为单位的抽样，而不做以住宅建筑物为单位的抽样。

构造双系统估计量的双系统资料，应当是在一个地理区域"总体"层面上的配对资料。就瑞士方案来说，抽取初始样本以后所形成的"质量评估调查登记人口名单"和"普查登记人口名单"属于这种配对资料；但是，分别从"普查登记人口名单抽样框"和"住宅建筑物抽样框"这两个抽样框中独立抽取最终样本以后，由两个最终样本所分别形成的"质量评估调查登记人口名单"和"普查登记人口名单"就不再属于上述那种配对资料；正因为如此，所以不能用这两个名单进行匹配性比对，从而也就无法直接构造双系统估计量。

第二节 样本量的测算与分配

一 测算样本量的路径

我们用普查登记人数估计的精度来代表人口普查质量评估抽样调查的精度。总体的普查登记人数记作 Y，它的估计量记作 $\hat{Y}$，用 $\hat{Y}$ 的方差的控制值 $V(\hat{Y})$ 来表述对于抽样调查的精度要求。

如果以住房单元为抽样单位进行简单随机抽样，那么满足上述精度要求的样本量 m^* 可用下面的公式计算（抽样比例 m^*/M 很小，将其忽略不计）：

$$m^* = M^2 \frac{S_y^2}{V(\hat{Y})} \tag{4.38}$$

式（4.38）中，M 是总体中的住房单元数，m^* 是需要抽取的住房单元数，S_y^2 是总体中各个住房单元普查人数的方差，$V(\hat{Y})$ 是对今后得到的估计量 $\hat{Y}$ 的方差所要求的控制值。显然，只要设法找到 S_y^2 的一个适当的估计数，所需样本量 m^* 由式（4.38）计算出来。

但是现在，我们并不是以住房单元而是以调查小区为抽样单位。如果不做分层，也不设计多个抽样步骤，在整个总体中简单随机抽取调查小区，这时把式（4.38）中的 S_y^2 须换成总体中各个调查小区普查登记人数的方差；M 换成总体中的调查小区数 N；用式（4.38）求出的就是需要抽取的调查小区数 n。

然而，质量评估调查通常采取分层、多步、整群抽样方法，而且这样抽样法下测算样本量的计算公式极其复杂，甚至是根本无法计算样本量，因此套用式（4.38）来直接计算需要抽取的调查小区数 n 通常无法实现。这就需要寻找测算复杂抽样法下样本量的途径。

此时，可行的是一种间接计算样本量的路径。为了说明这个路径，先介绍所谓的设计效应（Cochran，1977；金勇进等，2010）。

我们把实际所采用的抽样方案记作 A 方案，把用 A 方案样本构造的估计量 $\hat{Y}$ 的方差记作 $V_A(\hat{Y})$；把以个体为抽样单位（一项抽样调查任务中的基本调查单位如现在的住房单元叫作个体，由个体所形成的群如现在的调查小区叫作群体）在整个总体中不分层进行的简单随机抽样记作 SRS 方案，把用 SRS 方案抽取的样本量等于 A 方案样本中所含个体数目的样本构造的估计量 $\hat{Y}$ 的方差记作 $V(\hat{Y}_{SRS})$。用这些记号把 A 方案的设计效应定义为：

$$deff = \frac{V(\hat{Y}_A)}{V(\hat{Y}_{SRS})} \tag{4.39}$$

假若我们已经预先算出 A 方案的设计效应 deff，那么便可以通过间接的方法测算在给定的精度要求下采用 A 方案抽取样本时所需要的样本量。方法是，首先按给定的精度要求控制值 $V(\hat{Y})$，通过式（4.38）算出如果是采用 SRS 方案应当抽取的个体数目 m^*；其次，用下面的式（4.40）算出，若是采用 A 方案，为满足上述精度要求，A 方案样本中应当含有的个体数目 m；最后，根据样本含量 m 来推算 A 方案的样本量。计算 A 方案样本中应当含有的个体数目 m 所用的计算公式为：

$$m = m^* \times deff \tag{4.40}$$

现在，把 2010 年人口普查质量评估抽样调查中所使用的抽样方案当作是这里的 A 方案。如果将来在 2020 年人口普查质量评估抽样调查中仍然使用这个 A 方案，那么我们就可以在制订 2020 年工作计划之前，事先根据 2010 年的样本资料估计出 A 方案的设计效应 deff，并与此同时估计出总体中住房单元普查登记人数的方差 S_y^2，这样就可以根据 2020 年所提出的精度要求，通过式（4.38）算出假若采用 SRS 方案在 2020 年应当抽取的住房单元数 m^*，再通过式（4.40）算出 2020 年 A 方案样本中应当包含的住房单元数 m，最后再把 m 换算成 2020 年应当抽取的调查小区数。显然，对于上述过程，重点需要讨论的问题是，怎样根据 2010 年的样本资料来估计 A 方案的设计效应以及总体中住房单元普查登记人数的方差。

二　根据某国 2010 年抽样方案的设计效应推算 2020 年所需要的样本量

（一）某国 2010 年人口普查质量评估抽样调查的抽样方法

第一，假若某国由 L 个行政区构成（如美国的 50 个州和 1 个哥伦比亚特区，瑞士的 26 个州）。在每个行政区，按规模（含有的住房单元数目）将调查小区分在三层：大型调查小区层；中型调查小区层；小型调查小区层。这样一来，全国一共划分成为 $L \times 3 = 3L$ 个层。用 h 表示这些层，$h = 1$，2，3，…，3L。

第二，分别独立地在每个层内以调查小区为单位进行等概率等距抽样（今后将其视为以调查小区为单位的简单随机抽样）。

第三，对进入样本的调查小区中的住房单元全数观察。

本方案所用的抽样方式可以概括为：分层等概率单级整群抽样。今后我们用记号 A 表示这个方案。

（二）基于分层等概率单级整群抽样样本的普查登记人数的估计量及其方差

为了用式（4.39）计算某国 2010 年人口普查质量评估抽样方案的设计效应，自然须分别给出该式分子和分母的估计量。关于分子，指的是用某国 2010 年人口普查质量评估调查所抽取的分层等概率单级整群抽样的样本构造的普查登记人数估计量的方差估计量；关于分母，需要研究，怎样根据某国 2010 年人口普查质量评估调查所抽取的分层等概率单级整群抽样的样本来估计，假若在整个总体中进行以住房单元为抽样单位且样本量等于现行样本中所含住房单元数目的简单随机抽样，用它来构造的普查登记人数估计量的方差估计量。我们先讨论计算式（4.39）分子的有关问题，其次讨论计算式（4.39）分母的有关问题。

为了讨论式（4.39）的分子，我们先给出用某国 2010 年人口普查质量评估调查所抽取的分层等概率单级整群抽样的样本构造普查登记人数估计量，其次给出这个估计量的方差，最后给出这个方差的估计量。

1. 普查登记人数的估计量

记第 h 层中第 i 调查小区第 j 住房单元中的居民户在人口普查质量评估调查中观察到的普查登记人数为 y_{hij}；第 h 层总体调查小区数为 N_h；从中抽取的样本调查小区数为 n_h；第 h 层中第 i 调查小区的住房单元数为 M_{hi}；第 h 层第 i 调查小区的普查登记人数为 y_{hi}。在这里，y_{hi} 是 h 层第 i 调查小区全体住房单元普查登记人数 y_{hij} 之和：

$$y_{hi} = \sum_{j=1}^{M_{hi}} y_{hij} \tag{4.41}$$

用上面的记号，将整个总体在人口普查质量评估调查中观察到的普查登记人数 Y 写为：

$$Y = \sum_{h=1}^{3L} \sum_{i=1}^{N_h} y_{hi} = \sum_{h=1}^{3L} \sum_{i=1}^{N_h} \sum_{j=1}^{M_{hi}} y_{hij} \qquad (4.42)$$

用某国 2010 年人口普查质量评估调查所抽取的分层等概率单级整群抽样（简记作 A 方案，以后不再说明）的样本构造的式（4.42）的估计量为：

$$\hat{Y}_A = \sum_{h=1}^{3L} N_h \frac{1}{n_h} \sum_{i=1}^{n_h} y_{hi} = \sum_{h=1}^{3L} N_h \frac{1}{n_h} \sum_{i=1}^{n_h} \sum_{j=1}^{M_{hi}} y_{hij} \qquad (4.43)$$

可以证明，式（4.43）是式（4.42）的无偏估计量。

2. 估计量 $\hat{Y}_A$ 的方差

用式（4.43）构造的普查登记人数估计量的方差为：

$$V(\hat{Y}_A) = \sum_{h=1}^{3L} N_h^2 \frac{S_h^2}{n_h} \left(1 - \frac{n_h}{N_h} \right) \qquad (4.44)$$

式（4.44）中，S_h^2 是 h 层各个调查小区普查登记人数 y_{hi} 的总体方差，定义为：

$$S_h^2 = \frac{1}{N_h - 1} \sum_{i=1}^{N_h} \left(y_{hi} - \frac{1}{N_h} \sum_{i=1}^{N_h} y_{hi} \right)^2 \qquad (4.45)$$

式（4.45）中，y_{hi} 是 h 层第 i 调查小区全体住房单元普查登记人数 y_{hij} 之和。

3. 估计量 $\hat{Y}_A$ 方差的估计

下面的式（4.46）是式（4.44）的无偏估计量：

$$v(\hat{Y}_A) = \sum_{h=1}^{3L} N_h^2 \frac{s_h^2}{n_h} \left(1 - \frac{n_h}{N_h} \right) \qquad (4.46)$$

式（4.46）中，s_h^2 是 h 层的样本方差：

$$s_h^2 = \frac{1}{n_h - 1} \sum_{i=1}^{n_h} (y_{hi} - \bar{y}_h)^2 \qquad (4.47)$$

在式（4.47）中，$\bar{y}_h$ 是 h 层的样本均值，它是：

$$\bar{y}_h = \frac{1}{n_h} \sum_{i=1}^{n_h} y_{hi} \qquad (4.48)$$

（三）基于以住房单元为抽样单位且样本量等于现行样本中所含住房单元数的简单随机抽样样本的普查登记人数的估计量及其方差

现在我们要讨论，怎样根据某国 2010 年人口普查质量评估调查所抽取的分层等概率单级整群样本，来给出基于以住房单元为抽样单位且样本量等于现行样本中所含住房单元数的简单随机样本的普查登记人数的估计量以及估计量的方差的估计。这是与计算式（4.39）分母的有关问题。

1. 普查登记人数的估计量

将整个总体住房单元数记作 Q，用前面使用的分层设计记号以及第 h 层中调查小区数 N_h、第 i 调查小区的住房单元数 M_{hi} 记号，Q 应当表述为：

$$Q = \sum_{h=1}^{3L} \sum_{i=1}^{N_h} M_{hi} \tag{4.49}$$

将某国 2010 年人口普查质量评估调查所抽取的分层等概率单级整群抽样的样本（即 A 方案样本）中所含有的住房单元数记作 q，用前面使用过的记号，q 应当表述为：

$$q = \sum_{h=1}^{3L} \sum_{i=1}^{n_h} M_{hi} \tag{4.50}$$

假若在整个总体中以住房单元为抽样单位进行简单随机抽样（即采用 SRS 抽样方案），样本量为 q，则普查登记人数的估计量应构造为：

$$\hat{Y}_{SRS} = Q \frac{1}{q} \sum_{j=1}^{q} y_j \tag{4.51}$$

式（4.51）中，y_j 是 j 住房单元中的居民户的普查登记人数，它相当于式（4.43）中的 y_{hij}，只不过那里所用的角标表示 j 住房单元所在的 h 层以及所在的调查小区，而这里则不考虑它的这些归属。

请注意，我们实际上并未抽取以住房单元为抽样单位、样本量为 q 的简单随机样本，所以，式（4.51）在实际上是不能计算的。

2. 估计量 $\hat{Y}_{SRS}$ 的方差以及方差的估计——常规的计算公式

由式（4.51）给出的估计量 $\hat{Y}_{SRS}$ 的方差，是人们熟知的下面公式，即：

$$V(\hat{Y}_{SRS}) = Q^2 \frac{S^2}{q} \left(1 - \frac{q}{Q}\right) \tag{4.52}$$

式（4.52）中，S^2 是住房单元普查登记人数的总体方差。它定义为：

$$S^2 = \frac{1}{Q-1} \sum_{j=1}^{Q} \left(y_j - \frac{1}{Q} \sum_{j=1}^{Q} y_j\right)^2 \tag{4.53}$$

式（4.52）的一个无偏估计量是：

$$v(\hat{Y}_{SRS}) = Q^2 \frac{s^2}{q} \left(1 - \frac{q}{Q}\right) \tag{4.54}$$

式（4.54）中，s^2 是住房单元普查登记人数的样本方差（指的是以住房单元为抽样单位进行简单随机抽样的样本）。它定义为：

$$s^2 = \frac{1}{q-1} \sum_{j=1}^{q} \left(y_j - \frac{1}{q} \sum_{j=1}^{q} y_j\right)^2 \tag{4.55}$$

式（4.55）是式（4.53）的无偏估计量。

在这里，用式（4.52）作为估计量 $\hat{Y}_{SRS}$ 的方差，并用式（4.54）作为这个方差的估计量。但不幸的是，我们其实并未抽取以住房单元为抽样单位，样本量为 q 的简单随机样本，所以，式（4.54）实际上也是不能计算的。然而，为了计算 A 方案的设计效应，却需要寻找 $v(\hat{Y}_{SRS})$ 的值，以满足式（4.39）分母的需求。这就要求开辟一个路径，设法通过某国 2010 年人口普查质量评估调查所抽取的分层等概率单级整群抽样本（即 A 方案样本），来给出 $v(\hat{Y}_{SRS})$ 的值。

3. 估计量 $\hat{Y}_{SRS}$ 的方差的估计——用分层等概率单级整群抽样的样本（即 A 方案样本）给出

为了通过分层等概率单级整群抽样的样本（即 A 方案样本）给出估计量 $\hat{Y}_{SRS}$ 的方差的估计，需要用到下面的定理（梁晓筠和陈亮，2000）。

定理 4.1　设某抽样方案包括有 $r(r > 1)$ 级单元，$Y_{r(i)}$ 表示第 r 级第 i 个单元的观察值，总体总值 $Y = \sum_{T} Y_{r(i)}$，其中 $\sum_{T}$ 表示对总体中第 r 级单元求和。用该抽样方案样本构造的总体总值估计量 $\hat{Y} = \sum_{s} f(\cdot) Y_{r(i)}$ 为 Y 的线性无偏估计量，其中 $f(\cdot)$ 为 $Y_{r(i)}$ 的系数，$\sum_{s}$ 表示对样本中第 r 级单元求和；$v(\hat{Y})$ 为 $\hat{Y}$ 的方差的无偏估计。Q、q 分别表示总体、样本中第 r 级单元总数。则下面的式（4.56）为从相同样本量的简单随机抽样中得到的总体总和 Y 的估计量 $\hat{Y}_{SRS}$ 的方差的无偏估计。

$$v(\hat{Y}_{SRS}) = \frac{Q-q}{q(Q-1)} \left[Q \sum_{s} f(\cdot) Y_{r(i)}^2 - \hat{Y}^2 + v(\hat{Y}) \right] \tag{4.56}$$

某国 2010 年人口普查质量评估调查所采用的分层等概率单级整群抽样方案（即 A 方案）与定理 4.1 之间的对应关系见表 4-7。

表 4 – 7　　　　　　　　　　**A 方案与定理 4.1 之间的对应关系**

定理 4.1	A 方案
抽样中涉及 r 个级别的单元	$r = 3$ 种单元级别：第一个级别，层 h；第二个级别，调查小区 i；第三个级别，住房单元 j
第 r 级第 i 个单元的观察值 $Y_{r(i)}$	h 层 i 调查小区中住房单元 j 的观察值 y_{hij}
总体总值 $Y = \sum_T Y_{r(i)}$ 和 $\sum_T$	$Y = \sum_{h=1}^{3L} \sum_{i=1}^{N_h} \sum_{j=1}^{M_{hi}} y_{hij}$；$\sum_T = \sum_{h=1}^{3L} \sum_{i=1}^{N_h} \sum_{j=1}^{M_{hi}}$
$\hat{Y} = \sum_s f(\cdot) Y_{r(i)}$	$\hat{Y}_A = \sum_{h=1}^{3L} N_h \frac{1}{n_h} \sum_{i=1}^{n_h} \sum_{j=1}^{M_{hi}} y_{hij}$
$f(\cdot)$ 和 $\sum_s$	$f(\cdot) = \dfrac{N_h}{n_h} \dfrac{n_{hg}}{r_{hg}}$；$\sum_s = \sum_{h=1}^{3L} \sum_{i=1}^{n_h} \sum_{j=1}^{M_{hi}}$
Q	总体中住房单元数 $Q = \sum_{h=1}^{3L} \sum_{i=1}^{N_h} M_{hi}$
q	样本中包含的住房单元数 $q = \sum_{h=1}^{3L} \sum_{i=1}^{n_h} M_{hi}$

应用定理 4.1 以及表 4 – 7 写出，基于分层等概率单级整群抽样的样本（即 A 方案样本）构造的估计量 $\hat{Y}_{SRS}$ 的方差的估计式为：

$$v_A(\hat{Y}_{SRS}) = \frac{\hat{Q}_A - q}{q(\hat{Q}_A - 1)} \left[\hat{Q}_A \sum_{h=1}^{3L} N_h \frac{1}{n_h} \sum_{i=1}^{n_h} \sum_{j=1}^{M_{hi}} y_{hij}^2 - \hat{Y}_A^2 + v(\hat{Y}_A) \right] \quad (4.57)$$

式（4.57）中，$\hat{Y}_A$ 用式（4.43）计算，$v(\hat{Y}_A)$ 用式（4.46）计算，$\hat{Q}_A$ 用下面的式（4.58）计算，q 用式（4.50）计算。$\hat{Q}_A$ 是 Q 的估计量，Q 由式（4.49）定义，由于我们无法得到整个总体的住房单元名单，因而 Q 的实际数字无法得到，只能用样本（用 A 方案抽取的样本）来估计，于是把式（4.57）中的 Q 换成其估计量 $\hat{Q}_A$：

$$\hat{Q}_A = \sum_{h=1}^{3L} N_h \frac{1}{n_h} \sum_{i=1}^{n_h} M_{hi} \quad (4.58)$$

（四）某国 2010 年抽样方案的设计效应

前面已经给出了用某国 2010 年人口普查质量评估调查所抽取的分

层等概率单级整群样本构造的普查登记人数估计量的方差估计量 v $(\hat{Y}_A)$，并且用这个样本给出了以住房单元为抽样单位且样本量等于这个样本中所含住房单元数的简单随机样本构造的普查登记人数估计量的方差估计量 $v_A(\hat{Y}_{SRS})$。把它们分别代入式（4.39），便可得到某国 2010 年抽样方案的设计效应，即：

$$\widehat{deff_A} = \frac{v(\hat{Y}_A)}{v_A(\hat{Y}_{SRS})} \tag{4.59}$$

式（4.59）中，v（$\hat{Y}_A$）用式（4.46）计算，v_A（$\hat{Y}_{SRS}$）用式（4.57）计算。由于式（4.59）的分子和分母并不是估计量的方差而是估计量方差的估计值，所以算出的设计效应是估计值。

（五）用 2010 年的设计效应测算 2020 年样本量

现在我们感兴趣的是，怎样测算某国 2020 年人口普查质量评估抽样调查所需要的样本量。在讨论这个问题的时候，先要把精度要求定下来。我们规定，2020 年人口普查质量评估抽样调查要求普查正确登记人数估计量精度控制值为在 95% 的概率下相对误差不超过 r。

如果假定 2020 年人口普查质量评估抽样调查采用与 2010 年相同的抽样方式，即采用与 2010 年相同的 A 方案，那么可以通过下面的路径来测算 2020 年样本量。第一，按给定的精度要求来测算当采用以住房单元为抽样单位的简单随机抽样时应当抽取的住房单元数；第二，将这个结果乘以 A 方案的设计效应，得到当采用 A 方案的时候为满足上述精度要求 A 方案样本中应当含有的住房单元数；第三，根据 A 方案样本中应当含有的住房单元数来推算 A 方案的样本量（应当抽取的调查小区数）。下面就按照这条路径做进一步的具体说明。

1. 如果以住房单元为抽样单位简单随机抽取样本，依照规定的精度要求，应当抽取多少个住房单元

上面我们规定了，2020 年人口普查质量评估抽样调查要求普查登记人数估计量的精度在 95% 的概率下相对误差不超过 r。现在进一步考虑这个精度要求。我们知道，总体总值估计量的相对误差和总体均值的相对误差其实是相等的。所以，上面所提的要求实际上也就相当于要求平均一个住房单元普查登记人数估计量的精度在 95% 的概率下相对误差不超过 r。这时，如果以住房单元为抽样单位简单随机抽取样本，则应当抽取的住房单元数为人们熟知的下列计算公式，即：

$$m^* = \frac{z^2}{r^2} \frac{S^2}{\overline{\overline{Y}}^2} \tag{4.60}$$

式（4.60）中，z 是标准正态分布的双尾临界值（当估计量的精度要求依 95% 的概率成立时 z 是 1.96），$\overline{\overline{Y}}$ 是 2020 年全国平均一个住房单元的普查登记人数，S^2 是 2020 年用全国各住房单元普查登记人数计算的方差。上述 2020 年的总体均值和总体方差在此时当然是无法得到的，我们用 2010 年总体均值和总体方差的样本估计值来代替。

首先，式（4.60）中的 $\overline{\overline{Y}}$。我们用 2010 年的 $\overline{\overline{Y}}$ 的估计量来计算，即：

$$\hat{\overline{\overline{Y}}}_A = \frac{1}{\hat{Q}_A} \sum_{h=1}^{3L} N_h \frac{1}{n_h} \sum_{i=1}^{n_g} y_{hgi} \tag{4.61}$$

式（4.61）中，$\hat{Q}_A$ 用式（4.58）计算。

其次，式（4.60）中的 S^2 用 2010 年的 S^2 的估计量来计算。这个估计量是由式（4.55）定义的 s^2。为了计算 s^2，我们把式（4.54）中的 Q 换成 $\hat{Q}_A$ 然后与式（4.57）用等号连接起来，即：

$$\hat{Q}_A^2 \frac{s^2}{q} \left(1 - \frac{q}{\hat{Q}_A}\right) = \frac{\hat{Q}_A - q}{q(\hat{Q}_A - 1)} \left[\hat{Q}_A \sum_{h=1}^{3L} N_h \frac{1}{n_h} \sum_{i=1}^{n_h} \sum_{j=1}^{M_{hi}} y_{hij}^2 - \hat{Y}_A^2 + v(\hat{Y}_A) \right]$$

从而得到：

$$s^2 = \frac{1}{\hat{Q}_A(\hat{Q}_A - 1)} \left[\hat{Q}_A \sum_{h=1}^{3L} N_h \frac{1}{n_h} \sum_{i=1}^{n_h} \sum_{j=1}^{M_{hi}} y_{hij}^2 - \hat{Y}_A^2 + v(\hat{Y}_A) \right] \tag{4.62}$$

这样，式（4.60）中 $\overline{\overline{Y}}$ 和 S^2 的计算依据为：$\overline{\overline{Y}}$ 用式（4.61）依据 2010 年 A 方案样本资料计算；S^2 用式（4.62）依据 2010 年 A 方案样本资料计算，其中 $\hat{Q}_A$ 用式（4.58）计算。

于是，用式（4.60）我们就求出了在指定的精度要求下，如果以住房单元为抽样单位简单随机抽取样本，在 2020 年应当抽取的住房单元数 m^*。

2. 若采用 2010 年抽样方式，2020 年样本中应当含有的住房单元数

此时，为满足在 95% 的置信概率下估计量的相对误差控制在 r 以内的精度要求，2020 年样本中需要包含的住房单元数为：

$$m_A = m^* \times \widehat{deff_A} \tag{4.63}$$

式（4.63）中，$\widehat{deff_A}$用式（4.59）计算，m^*用式（4.60）计算。

（六）若 2020 年不再使用 2010 年抽样方法

1. 假设 2020 年设计了新的抽样方案

我们假设下面的情境：在执行 2010 年抽样方案的时候发现，这个方案中关于对调查小区按规模分层的要求在操作上有一定的问题。因此，决定在 2020 年人口普查质量评估抽样调查中不再沿用 2010 年方案，并制订了 2020 年新的抽样方案。

我们假设 2020 年的新抽样方案如下：

第一，在全国对调查小区分层。在全国先按行政区对调查小区分层，这样，便首先将总体中的调查小区分为 L 个层。接下来，在每个行政区又将调查小区划分为城市调查小区和乡村调查小区两个层。再接下来，在每一个城市调查小区层以及乡村调查小区层内，又进一步依照调查小区的规模（用调查小区中的住房单元数表示规模）划分为大型调查小区层、中型调查小区层、小型调查小区层。由于在为人口普查做准备工作时已经编制了各调查小区的住房单元地址目录，所以，用住房单元数表示调查小区的规模是可行的。把上面三个分层标志层叠交叉起来，就把整个总体中的调查小区依照行政区、城乡类型、规模三个标志一共划分为 $L \times 2 \times 3 = 6L$ 个层。今后把这 6L 个层统称作 h 层，$h = 1$，2，3，…，6L。

第二，抽取第一步样本。分别独立地在上述 6L 个层的每一个层，以调查小区为抽样单位，等概率等距抽取样本（把等概率等距抽样方式近似地看作简单随机抽样）。

第三，在第一步样本中进一步分层。把 2010 年抽样方案中对调查小区按人口流动特征分层的想法在这里通过以下步骤来实现。做法是：分别对每一个 h 层的第一步样本，按调查小区中人口流动性的强弱，将样本调查小区划分为三层，即人口流动性较弱的调查小区层、人口流动性中等的调查小区层、人口流动性较强的调查小区层。今后把这一环节所划分的层称作 g 层。在这里，调查小区的人口流动性特征用人口净流入率来描述。这个指标的分子是该调查小区普查年之前一个日历年度的流入人数减去流出人数，它可以为正数、负数以及 0；这个指标的分母是该调查小区 2010 年普查登记人数。显然，这个指标是一个强度相对指标，分子和分母分别属于同一个地理范围内的两个不同的总体。由于仅仅需要对进入第一步样本的调查小区计算这个指标，所以，为了取得计算这个指标所需要的数据，做一点专门的资料收集工作是不难做到的。

第四，抽取第二步样本。分别独立地在上述每一个 g 层，依照事先指定的抽样比例，从第一步样本的调查小区中以调查小区为抽样单位，等概率等距抽取样本。

第五，对第二步样本进行观察。对进入第二步样本的调查小区中的住房单元全数观察。

本方案所用的抽样方式可以概括为：两步分层等概率抽取的分层单级整群抽样。今后我们用记号 B 表示这个方案。

2. 在 2020 年使用新抽样方案的情况下怎样确定 2020 年的样本量

（1）在使用新抽样方案的情况下 2020 年样本中应当包含的住房单元数。

我们曾由式（4.63）算出，2020 年样本中需要包含 m_A 个住房单元。那是在假定 2020 年仍然使用 2010 年的抽样方案 A，用抽样方案 A 的设计效应 $\widehat{deff}_A$ 推算出来的。

现在情况改变了：2020 年不再使用抽样方案 A，而改用抽样方案 B。这时，2020 年样本中需要包含的住房单元数理应通过抽样方案 B 的设计效应 $\widehat{deff}_B$ 来推算，求出相应的 m_B。但不幸的是，我们在此前从未用抽样方案 B 抽取过样本，因而在推算 2020 年样本中需要包含的住房单元数目的时候抽样方案 B 的设计效应 $\widehat{deff}_B$ 无从知晓。没有办法，只好仍然使用前面算出的 m_A 作为 2020 年样本中需要包含的住房单元数。一般来说，这样做不会使预定的精度要求受到损失。因为经过进一步改进的抽样方案 B 总会比原来使用的抽样方案 A 精度高些，所以 m_A 会比真正需要的 m_B 大些。

（2）在使用新抽样方案的情况下 2020 年在全国总共应当抽取的调查小区数。

将 m_A 除以全国调查小区的平均规模（住房单元数），得到 2020 年在全国总共应当抽取的调查小区数 r_{2020}，即：

$$r_{2020} = \frac{m_A}{\bar{M}} \tag{4.64}$$

式（4.64）中，$\bar{M}$ 是全国调查小区的平均规模（住房单元数），它依据 2010 年的样本资料用下面的式（4.65）估计，即：

$$\hat{\bar{M}}_A = \frac{1}{N} \sum_{h=1}^{3L} N_h \frac{1}{n_h} \sum_{i=1}^{n_h} M_{hi} \tag{4.65}$$

（3）2020 年在全国总共应当抽取的调查小区数的分配。

先将式（4.64）求出的 r_{2020} 首先分配到各省，分配系数是 2010 年各省普查登记人数占全国普查登记人数的比例。

然后将一个省分得的样本量进一步分配到本省的城市大型调查小区层、城市中型调查小区层、城市小型调查小区层、乡村大型调查小区层、乡村中型调查小区层、乡村小型调查小区层六个层。分配系数是用 2020 年人口普查时编制的住房单元名单计算的各层住房单元数占全省住房单元总数的比例。

三　根据某国 2020 年抽样方案的设计效应推算 2030 年所需要的样本量

假若 2020 年用抽样方案 B 抽取了样本，并且在 2030 年仍将继续使用抽样方案 B，那么，我们就可以用 2020 年所抽取的样本计算抽样方案 B 的设计效应 $\widehat{deff_B}$，并据以推算 2030 年所需要的样本量。计算程序简述如下。

（一）用两步分层等概率抽取的分层单级整群抽样（即抽样方案 B）样本构造的普查正确登记人数的估计量及其方差

1. 普查登记人数的估计量

记第 h 层中的第 g 子层第 i 调查小区第 j 住房单元中的居民户在人口普查质量评估调查中观察到的普查登记人数为 y_{hgij}；第 h 层总体调查小区数为 N_h；从中抽取的第一步样本调查小区数为 n_h；将 n_h 划分为三个 g 子层后，其中第 g 子层的第一步样本调查小区数为 n_{hg}（相应的总体调查小区数为 N_{hg}）；从 n_{hg} 中抽取的第二步样本调查小区数为 r_{hg}，在这一步抽样中对于抽样比例 r_{hg}/n_{hg} 的事先指定的值为 v_{hg}；第 hg 层中第 i 调查小区的住房单元数为 M_{hgi}；第 hg 层第 i 调查小区的普查登记人数为 y_{hgi}。在这里，y_{hgi} 是 hg 层第 i 调查小区全体住房单元普查登记人数 y_{hgij}

之和，即：

$$y_{hgi} = \sum_{j=1}^{M_{hgi}} y_{hgij} \qquad (4.66)$$

用上面的记号，整个总体在人口普查质量评估调查中观察到的普查登记人数 Y 写为：

$$Y = \sum_{h=1}^{6L} \sum_{g=1}^{3} \sum_{i=1}^{N_{hg}} y_{hgi} = \sum_{h=1}^{6L} \sum_{g=1}^{3} \sum_{i=1}^{N_{hg}} \sum_{j=1}^{M_{hgi}} y_{hgij} \qquad (4.67)$$

用抽样方案 B 的样本构造的式（4.67）的估计量为：

$$\hat{Y}_B = \sum_{h=1}^{6L} N_h \frac{1}{n_h} \sum_{g=1}^{3} n_{hg} \frac{1}{r_{hg}} \sum_{i=1}^{r_{hg}} y_{hgi}$$

$$= \sum_{h=1}^{6L} N_h \frac{1}{n_h} \sum_{g=1}^{3} n_{hg} \frac{1}{r_{hg}} \sum_{i=1}^{r_{hg}} \sum_{j=1}^{M_{hgi}} y_{hgij} \qquad (4.68)$$

可以证明，式（4.68）是式（4.67）的无偏估计量。

2. 估计量 $\hat{Y}_B$ 的方差

根据抽样技术中关于两步抽样估计量方差的一般公式（Cochran，1977；冯士雍等，2012），以及为了分层的二相抽样估计量方差的具体表达式（Cochran，1977；冯士雍等，2012；金勇进等，2010）写出普查登记人数估计量的方差为：

$$V(\hat{Y}_B) = V_1 E_2(\hat{Y}_B) + E_1 V_2(\hat{Y}_B)$$

$$= \sum_{h=1}^{6L} N_h^2 \frac{S_h^2}{n_h} \left(1 - \frac{n_h}{N_h}\right) + \sum_{h=1}^{6L} N_h^2 \frac{1}{n_h} \sum_{g=1}^{3} \frac{N_{hg}}{N_h} S_{hg}^2 \left(\frac{1}{v_{hg}} - 1\right) \quad (4.69)$$

式（4.69）中，S_h^2 是 h 层各个调查小区普查登记人数 y_{hi} 的总体方差，而 S_{hg}^2 是 h 层 g 子层各个调查小区普查登记人数 y_{hgi} 的总体方差。在这里，S_h^2 定义为：

$$S_h^2 = \frac{1}{N_h - 1} \sum_{i=1}^{N_h} \left(y_{hi} - \frac{1}{N_h} \sum_{i=1}^{N_h} y_{hi}\right)^2 \qquad (4.70)$$

而 S_{hg}^2 定义为：

$$S_{hg}^2 = \frac{1}{N_{hg} - 1} \sum_{i=1}^{N_{hg}} \left(y_{hgi} - \frac{1}{N_{hg}} \sum_{i=1}^{N_{hg}} y_{hgi}\right)^2 \qquad (4.71)$$

式（4.70）中，y_{hi} 是 h 层第 i 调查小区全体住房单元普查登记人数 y_{hij} 之和，而在式（4.71）中，y_{hgi} 是 h 层 g 子层第 i 调查小区全体住房单元普查登记人数 y_{hgij} 之和。

3. 估计量 $\hat{Y}_B$ 方差的估计

Cochran（1977）、冯士雍等（2012）和金勇进等（2010）给出了分层二相抽样估计量的方差估计量公式。据此，我们写出式（4.69）的下列近似的估计量：

$$v(\hat{Y}_B) = \sum_{h=1}^{6L} N_h^2 \sum_{g=1}^{3} \frac{w_{hg}^2 s_{hg}^2}{r_{hg}} \Big(1 - \frac{r_{hg}}{N_h} \Big) + \sum_{h=1}^{6L} N_h^2 \frac{1}{n_h} \Big(1 - \frac{n_h}{N_h} \Big) \sum_{g=1}^{3} w_{hg} (\bar{y}_{hg} - \bar{y}_h)^2 \tag{4.72}$$

式（4.72）中，s_{hg}^2 是 h 层 g 子层中第二步样本的样本方差，它是：

$$s_{hg}^2 = \frac{1}{r_{hg} - 1} \sum_{i=1}^{r_{hg}} (y_{hgi} - \bar{y}_{hg})^2 \tag{4.73}$$

在这里以及在式（4.72）中，$\bar{y}_{hg}$ 是 h 层 g 子层中第二步样本的样本均值，它是：

$$\bar{y}_{hg} = \frac{1}{r_{hg}} \sum_{i=1}^{r_{hg}} y_{hgi} \tag{4.74}$$

另外，式（4.72）中，$\bar{y}_h$ 是 h 层中各个 $\bar{y}_{hg}$ 以 w_{hg} 为权数计算的加权算术平均数，即：

$$\bar{y}_h = \sum_{g=1}^{3} w_{hg} \bar{y}_{hg} \tag{4.75}$$

在这里以及在式（4.72）中，w_{hg} 是在 h 层 g 子层中抽取第二步样本时作业总体（即该子层的第一步样本）的层权数，它是：

$$w_{hg} = n_{hg} / n_h \tag{4.76}$$

（二）基于以住房单元为抽样单位且样本量等于2020年样本中所含住房单元数的简单随机抽样样本的普查登记人数的估计量及其方差

1. 普查登记人数的估计量

将整个总体住房单元数记作 Q，用前面使用的分层设计记号以及第 hg 层中调查小区数 N_{hg}、第 i 调查小区的住房单元数 M_{hgi} 记号，Q 应当表述为：

$$Q = \sum_{h=1}^{6L} \sum_{g=1}^{3} \sum_{i=1}^{N_{hg}} M_{hgi} \tag{4.77}$$

将2020年样本（即B方案样本）中所含有的住房单元数记作 q，用前面使用过的记号，q 应当表述为：

$$q = \sum_{h=1}^{6L} \sum_{g=1}^{3} \sum_{i=1}^{r_{hg}} M_{hgi} \tag{4.78}$$

假若在整个总体中以住房单元为抽样单位进行简单随机抽样（即采用 SRS 抽样方案），样本量为 q，则普查登记人数的估计量应构造为：

$$\hat{Y}_{SRS} = Q \frac{1}{q} \sum_{j=1}^{q} y_j \tag{4.79}$$

式（4.79）中，y_j 是 j 住房单元中的居民户的普查登记人数。

2. 估计量 $\hat{Y}_{SRS}$ 的方差以及方差的估计——常规的计算公式

由式（4.79）给出的估计量 $\hat{Y}_{SRS}$ 的方差是：

$$V(\hat{Y}_{SRS}) = Q^2 \frac{S^2}{q}\left(1 - \frac{q}{Q}\right) \tag{4.80}$$

式（4.80）中，S^2 是住房单元普查登记人数的总体方差，定义为：

$$S^2 = \frac{1}{Q-1} \sum_{j=1}^{Q} \left(y_j - \frac{1}{Q}\sum_{j=1}^{Q} y_j\right)^2 \tag{4.81}$$

而式（4.80）的一个无偏估计量是：

$$v(\hat{Y}_{SRS}) = Q^2 \frac{s^2}{q}\left(1 - \frac{q}{Q}\right) \tag{4.82}$$

式（4.82）中，s^2 是住房单元普查登记人数的样本方差，它定义为：

$$s^2 = \frac{1}{q-1} \sum_{j=1}^{q} \left(y_j - \frac{1}{q}\sum_{j=1}^{q} y_j\right)^2 \tag{4.83}$$

3. 估计量 $\hat{Y}_{SRS}$ 的方差的估计——用 2020 年实际抽取的样本（即 B 方案样本）给出

2020 年实际抽取的样本（即 B 方案样本）与定理 4.1 之间的对应关系见表 4-8。

表 4-8　　　　　　B 方案与定理 4.1 之间的对应关系

定理 4.1	B 方案
抽样中涉及 r 个级别的单元	$r=4$ 种单元级别：第一个级别，层 h；第二个级别，层 g；第三个级别，调查小区 i；第四个级别，住房单元 j
第 r 级第 i 个单元的观察值 $Y_{r(i)}$	hg 层 i 调查小区中住房单元 j 的观察值 y_{hgij}

续表

定理4.1	B方案
总体总值 $Y = \sum_T Y_{r(i)}$ 和 $\sum_T$	$Y = \sum_{h=1}^{6L} \sum_{g=1}^{3} \sum_{i=1}^{N_{hg}} \sum_{j=1}^{M_{hgi}} y_{hgij}$; $\sum_T = \sum_{h=1}^{6L} \sum_{g=1}^{3} \sum_{i=1}^{N_{hg}} \sum_{j=1}^{M_{hgi}}$
$\hat{Y} = \sum_s f(\cdot) Y_{r(i)}$	$\hat{Y}_B = \sum_{h=1}^{6L} N_h \frac{1}{n_h} \sum_{g=1}^{3} n_{hg} \frac{1}{r_{hg}} \sum_{i=1}^{r_{hg}} \sum_{j=1}^{M_{hgi}} y_{hgij}$
$f(\cdot)$ 和 $\sum_s$	$f(\cdot) = \frac{N_h}{n_h} \frac{n_{hg}}{r_{hg}}$; $\sum_s = \sum_{h=1}^{6L} \sum_{g=1}^{3} \sum_{i=1}^{r_{hg}} \sum_{j=1}^{M_{hgi}}$
Q	总体中住房单元数 $Q = \sum_{h=1}^{6L} \sum_{g=1}^{3} \sum_{i=1}^{N_{hg}} M_{hgi}$
q	样本中包含的住房单元数 $q = \sum_{h=1}^{6L} \sum_{g=1}^{3} \sum_{i=1}^{r_{hg}} M_{hgi}$

应用定理4.1以及表4－8写出，基于2020年实际抽取的样本（即B方案样本）构造的估计量 $\hat{Y}_{SRS}$ 的方差的估计式为：

$$v_B(\hat{Y}_{SRS}) = \frac{\hat{Q}_B - q}{q(\hat{Q}_B - 1)} \Big[\hat{Q}_B \sum_{h=1}^{6L} N_h \frac{1}{n_h} \sum_{g=1}^{3} n_{hg} \frac{1}{r_{hg}} \sum_{i=1}^{r_{hg}} \sum_{j=1}^{M_{hgi}} y_{hgij}^2 - \hat{Y}_B^2 + v(\hat{Y}_B) \Big]$$

$$(4.84)$$

在式（4.84）中，$\hat{Y}_B$ 用式（4.68）计算，$v(\hat{Y}_B)$ 用式（4.72）计算，$\hat{Q}_B$ 用下面的式（4.85）计算，q 用式（4.78）计算。$\hat{Q}_A$ 是 Q 的估计量，Q 由式（4.77）定义，由于我们无法得到整个总体的住房单元名单，因而 Q 的实际数字是无法得到的，只能用样本（B方案的样本）来估计，所以，在式（4.84）中把 Q 换成了它的估计量 $\hat{Q}_B$，即：

$$\hat{Q}_B = \sum_{h=1}^{6L} N_h \frac{1}{n_h} \sum_{g=1}^{3} n_{hg} \frac{1}{r_{hg}} \sum_{i=1}^{r_{hg}} M_{hgi} \qquad (4.85)$$

对于式（4.84）还要指出的是，由于式（4.72）给出的 $v(\hat{Y}_B)$ 只是式（4.69）$V(\hat{Y}_B)$ 的近似无偏的估计量，所以，这里由式（4.84）给出的 $v(\hat{Y}_{SRS})$ 也只是式（4.80）$V(\hat{Y}_{SRS})$ 的近似无偏的估计量。

（三）2020年抽样方案（即B方案）的设计效应

2020年抽样方案（即B方案）的设计效应为：

$$\widehat{deff_B} = \frac{v(\hat{Y}_B)}{v_B(\hat{Y}_{SRS})} \tag{4.86}$$

式（4.86）中，$v(\hat{Y}_B)$ 用式（4.72）计算，$v_B(\hat{Y}_{SRS})$ 用式（4.84）计算。

（四）用 2020 年抽样方案（即 B 方案）的设计效应测算 2030 年样本量

1. 如果以住房单元为抽样单位简单随机抽取样本，在 2030 年应当抽取的住房单元数

如果 2030 年仍然使用 B 方案，精度要求为，普查登记人数估计量在 95% 的概率下相对误差不超过 r（这里所使用的记号 r 和表示第二步抽样的样本量时所使用的记号 r 没有任何关系），则对 2030 年需要的样本量推算如下。

由于总体总值估计量的相对误差和总体均值的相对误差其实是相等的。所以，上面所提的要求实际上也就相当于要求平均一个住房单元普查登记人数估计量的精度在 95% 的概率下相对误差不超过 r。这时，如果以住房单元为抽样单位简单随机抽取样本，则应当抽取的住房单元数为：

$$m^* = \frac{z^2}{r^2} \frac{S^2}{\bar{\bar{Y}}^2} \tag{4.87}$$

式（4.87）中，z 是标准正态分布的双尾临界值（当估计量的精度要求依 95% 的概率成立时 z 是 1.96），$\bar{\bar{Y}}$ 是 2030 年全国平均一个住房单元的普查登记人数，S^2 是 2030 年用全国各住房单元普查登记人数计算的方差。上述 2030 年的总体均值和总体方差在测算 2030 年样本量时是无法得到的，我们用 2020 年总体均值和总体方差的样本估计量来代替。对于式（4.87）中的 $\bar{\bar{Y}}$，我们用 2020 年的 $\bar{\bar{Y}}$ 的估计量来计算。

$$\hat{\bar{\bar{Y}}}_B = \frac{1}{\hat{Q}_B} \sum_{h=1}^{6L} N_h \frac{1}{n_h} \sum_{g=1}^{3} n_{hg} \frac{1}{r_{hg}} \sum_{i=1}^{r_{hg}} y_{hgi} \tag{4.88}$$

式（4.88）中，$\hat{Q}_B$ 用式（4.85）计算。对于式（4.87）中的 S^2，我们用 2020 年的 S^2 的估计量来计算。这个估计量是由式（4.83）定义的 s^2。为了计算 s^2，我们把式（4.82）中的 Q 换成 $\hat{Q}_B$ 然后与式（4.84）用等号连接起来写出：

$$\hat{Q}_B^2 \frac{s^2}{q}\left(1 - \frac{q}{\hat{Q}_B}\right) = \frac{\hat{Q}_B - q}{q(\hat{Q}_B - 1)}\left[\hat{Q}_B \sum_{h=1}^{6L} N_h \frac{1}{n_h} \sum_{g=1}^{3} n_{hg} \frac{1}{r_{hg}} \sum_{i=1}^{r_{hg}} \sum_{j=1}^{M_{hgi}} y_{hgij}^2 - \hat{Y}_B^2 + v(\hat{Y}_B)\right]$$

从而得到：

$$s^2 = \frac{1}{\hat{Q}_B(\hat{Q}_B - 1)}\left[\hat{Q}_B \sum_{h=1}^{6L} N_h \frac{1}{n_h} \sum_{g=1}^{3} n_{hg} \frac{1}{r_{hg}} \sum_{i=1}^{r_{hg}} \sum_{j=1}^{M_{hgi}} y_{hgij}^2 - \hat{Y}_B^2 + v(\hat{Y}_B)\right]$$

$$(4.89)$$

总结一下：式（4.87）中的 $\overline{\overline{Y}}$ 用式（4.88）依据 2020 年 B 方案样本资料计算，式（4.87）中的 S^2 用式（4.89）依据 2020 年 B 方案样本资料计算，其中的 $\hat{Q}_B$ 用式（4.85）计算。

这样，用式（4.87），我们就求出了在指定的精度要求下，如果以住房单元为抽样单位简单随机抽取样本，在 2030 年应当抽取的住房单元数 m^*。

2. 若采用 2020 年抽样方案（即 B 方案），2030 年样本中应当含有的住房单元数

此时，为满足在 95% 的置信概率下估计量的相对误差控制在 r 以内的精度要求，2030 年样本中需要包含的住房单元数为：

$$m_B = m^* \times \widehat{deff_B} \qquad (4.90)$$

式（4.90）中，$\widehat{deff_B}$ 用式（4.86）计算，m^* 用式（4.87）计算。

3. 2030 年在全国总共应当抽取的调查小区数

将式（4.90）求出的 m_B，除以全国调查小区的平均规模（住房单元数），得到 2030 年在全国总共应当抽取的调查小区数 r_{2030}（注意，这里的记号 r 与相对误差的记号无关），即：

$$r_{2030} = \frac{m_B}{\overline{M}} \qquad (4.91)$$

式（4.91）中，$\overline{M}$ 是全国调查小区的平均规模（住房单元数），它依据 2020 年的样本资料用下面的式（4.92）估计，即：

$$\hat{\overline{M}}_B = \frac{1}{N} \sum_{h=1}^{6L} N_h \frac{1}{n_h} \sum_{g=1}^{3} n_{hg} \frac{1}{r_{hg}} \sum_{i=1}^{r_{hg}} M_{hgi} \qquad (4.92)$$

4. 2030 年在某国总共应当抽取的调查小区数的分配

将式（4.91）求出的 r_{2030} 首先分配到各省，分配系数是 2020 年各

省普查登记人数占全国普查登记人数的比例。其次将一个省分得的任务样本量进一步分配到本省的城市大型调查小区层、城市中型调查小区层、城市小型调查小区层、乡村大型调查小区层、乡村中型调查小区层、乡村小型调查小区层六个层。分配系数是用 2030 年人口普查时编制的住房单元名单计算的各层住房单元数占全省住房单元总数的比例。在完成这六个抽样层分配的基础上，再把每一个层的样本量分配到三个 g 层。

第五章　人口普查质量评估调查的数据采集及处理

人口普查质量评估抽样调查对样本进行现场观察，其目标是要获得计算目标总体人数估计量所需要的数据。例如，在美国 2000 年人口普查质量评估调查工作中，对样本现场观察的目标就是要获得计算 $\widehat{CE}_v$、$\hat{N}_{v,e}$、$\hat{N}_{v,n}$、$\hat{N}_{v,i}$、$\hat{N}_{v,o}$、$\hat{M}_{v,n}$、$\hat{M}_{v,o}$ 这七个线性估计量所需要的样本中各个抽样单位（在美国是街区群）v 层的普查正确计数人数、普查登记人数、无移动者人数、向外移动者人数、向内移动者人数、无移动者匹配人数、向外移动者匹配人数。所以，对样本的现场观察分别在样本中各个抽样单位（如街区群）中进行。由于普查以及普查之后的质量评估调查的调查单位是住房单元，所以现场观察首先以住房单元为单位进行，然后再深入到住房单元中的居民个人。

各国对样本的现场观察过程虽然有些差别，但大致来看可分为三个阶段（U. S. Census Bureau，2004；Uganda Bureau of Statistics，2005；Statistics New Zealand，2007；Statistics Canada，2010；Australian Bureau of Statistics，2012）：一是编制住房单元地址目录；二是用所编制的住房单元地址目录与普查时编制的住房单元地址目录进行比对；三是对住房单元中的人口进行个人调查。之所以要在个人调查之前进行住房单元的观察和比对，理由是显然的：人口是聚集成家庭（或其他的共同居住小集体）分别居住在一个一个的住房单元中的，从住房单元入手来编制人口名单以及对人口进行观察，是一种提纲挈领的工作方法。

第一节　编制住房单元地址目录

在样本的每个调查小区中，都存在一套人口普查住房单元地址目录。现在之所以要编制质量评估调查住房单元地址目录，是为了满足人口普查质量评估的需要。要注意的是，后一个地址目录的编制要与前一个地址目录相独立。本节讨论的问题，是针对质量评估调查的住房单元地址目录来说的。

一　编制住房单元地址目录的基本原则

第一，可比性原则。本条原则要求，现在所编制的质量评估调查的住房单元地址目录与普查时编制的住房单元地址目录之间应当具有可比性。所谓可比性，具体来说有二：一是要求两个地址目录应该遵循相同的编排住房单元的规则；二是要求两个地址目录应当设置相同的识别住房单元的标识。

第二，条理性原则。本条原则要求，我们所编制的住房单元地址目录（普查的或质量评估调查的）对住房单元所做的编排应当条理清楚，层次分明，纲目清晰，纲举目张。这里的纲和目，通常是由地理区位自然形成的。例如，将住房单元按其所在的街道划分开来排列，这样，街道的划分就成为地址目录的纲，而街道中的房屋建筑物（或房屋建筑物群）则是纲下面的目。

第三，标识明晰原则。本条原则要求，我们所编制的住房单元地址目录（普查的或质量评估调查的）中所列示的住房单元识别标识应当具有明晰识别住房单元的功能。所谓明晰识别住房单元，具体来说有二：一是一个住房单元所使用的识别标识应能够唯一地识别这个住房单元；二是一个住房单元所使用的识别标识应当以让地址目录的使用者方便地找到这个住房单元。例如，对城市型的住房单元地址，其识别标识应包括住房单元所属调查小区名称、住房单元所在街道名称（如光明路泰和道西口）、住房单元所在建筑物的名称（如兴业里15号楼）、住房单元房号（如3门101号）；对乡村型的住房单元地址，其识别标识应包括住房单元所属调查小区名称、住房单元所属街道名称、房主姓名、房屋地址的实物描述。

第四，特殊关注原则。本条原则要求，在编制住房单元地址目录（普查的或质量评估调查的）时，不论是在住房单元的编排方面还是在住房单元的标识方面，都应体现出对容易遗漏的住房单元的特殊的关注。例如，在美国的人口中，有些人居住在流动住所（如废弃的汽车车厢之类）中，假若把这种住所与固定的房屋建筑住所混合在一起来编排住房单元地址目录，很容易将它们遗漏。所以，美国 2000 年人口普查质量评估调查方案中规定（U. S. Census Bureau，2004），在编制住房单元地址目录时，把固定房屋建筑性质的住房单元与流动性质的住房单元分开来编排。对于流动性质的住房单元，用该流动住所所在的标志性地点（如该流动性质住房单元在某一个公园里面或公园围墙外，则该公园便是标志性地点）来指示该流动性质住房单元。

二　编制住房单元地址目录的步骤

编制住房单元地址目录的工作分两步进行。首先是编制一个初步的住房单元地址目录，把所有可能具有居住功用的房屋建筑物单元都编入目录之中；然后是对上述目录中的房屋建筑物单元一一落实，看其究竟是否具有居住功用，把不具有居住功用的房屋建筑物单元从目录中剔除，形成正式的住房单元地址目录。下面对这两个步骤分别加以说明。

（一）编制有可能具有居住功用的房屋建筑物单元目录

这个步骤的工作内容是，运用图上作业和现场观察相结合的方法，绘制调查小区的街道与建筑物地图，并且编制有可能具有居住功用的房屋建筑物单元目录。

事实上，此前在编制普查住房单元地址目录时已经做过相同的工作。现在可以借助已有的工作结果，在普查时绘制的调查小区街道与建筑物地图和可能具有居住功用的房屋建筑物单元目录的基础上进行修订即可。

这个步骤是编制住房单元地址目录的基础和准备。在这个步骤中，只是对房屋建筑物进行观察，而不涉及居住在建筑物中的居民。

在编制房屋建筑物单元目录的时候，对特殊建筑物应当给予特别的关注，勿使遗漏。例如，有些商用建筑物可能白天营业而夜晚住人，因而具有住宅功用；再如，一些看上去并不能作为住宅的地方（如废弃的汽车车厢、立交桥下等）有可能会因其有人留宿而成为流动性质的住房单元。假若关注不够，上面这些情况很可能会被遗漏。总的原则是，对于有可能成为住所的特殊建筑物，除非能够确认其确实不具有住宅功用，否则均应该将它们列入目录，以供在下面的住房单元落实步骤中进行筛查。

（二）落实住房单元，形成住房单元地址目录

这个步骤的工作内容是落实各个房屋建筑单元是否为住房，以及在

普查日是否住人等具体情况，形成正式的住房单元地址目录。

本步骤的工作方法是：由外勤人员对上一步骤编制的房屋建筑物单元目录中的每一个房屋建筑物单元进行逐一访问。通过向其中所居住的住户成员、所在公寓的管理人员、房屋建筑物单元的房东、房屋建筑物单元的邻居进行访问，或对房屋建筑物单元进行直接观察（如果它是空的、损坏的、非居住用途的），弄清楚每一个房屋建筑物单元的具体情况。

通过本步骤的工作，将会对上一步骤中所编制的房屋建筑物单元目录中的各个房屋建筑物单元的状态做出如图 5 - 1 所示的区分。图 5 - 1 中房屋建筑物单元的各种状态都是指它们在普查日的状态。

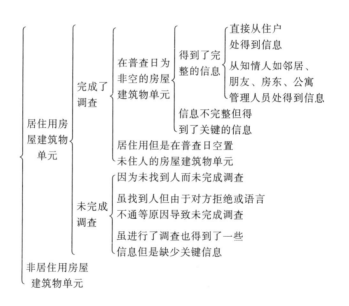

图 5 - 1　对房屋建筑物单元目录进行落实性调查可能出现的各种结果

通过本步骤的调查工作，区分了各个房屋建筑单元的具体情况以后，便可以形成正式的住房单元地址目录。在图 5 - 1 中，"居住用房屋建筑物单元—完成了调查—在普查日为非空的房屋建筑物单元"、"居住用房屋建筑物单元—完成了调查—居住用但是在普查日空置未住人的房屋建筑物单元"、"居住用房屋建筑物单元—未完成调查" 等几种情形均应列入正式的住房单元地址目录；而 "非居住用房屋建筑物单元"

情形的房屋建筑物单元，则将其从目录中删去。

第二节　住房单元地址目录比对

住房单元地址目录比对的目的是找出质量评估调查时编制的住房单元地址目录与普查时编制的住房单元地址目录之间匹配的部分，为将来要做的个人名单的比对创造条件。

住房单元地址目录的比对先进行案头作业，案头作业不能解决的疑难问题转入后续现场调查。案头作业尽可能用计算机进行，计算机无法完成的任务用手工操作进行。

一　在案头用计算机作业进行住房单元地址目录的比对

（一）用计算机进行比对操作需要做的准备工作

用计算机进行比对操作必须要做的一项准备工作是对两个住房单元地址目录（质量评估调查时的地址目录和普查时的地址目录）中的地址进行标准化处理并且进行编码。这里所说的地址指的是在住房单元地址目录中为住房单元设置的几个层级的识别标识。住房单元地址的编码应与编制住房单元地址目录时对建筑物给出的地图标识码一致。对于有多个住房单元的建筑物，其中的各个住房单元在建筑物编码的下面一个层次设置延伸码并按自然顺序排列。

如果在地址目录中，有的住房单元的地址空白，或是有的住房单元的地址无法标准化，那么显然，对这样的住房单元不能进行计算机比对，而只能使用手工比对。

（二）用计算机进行比对操作后应提交的比对结果

现在我们要说的是用计算机案头作业进行住房单元地址名单比对后所划分出来的各种结果。在这个工作阶段以后，还要有用手工案头作业进行住房单元地址名单比对、通过现场后续调查进行住房单元地址名单比对、用计算机和手工案头作业进行个人名单的比对、通过现场后续调查后进行个人名单的比对。对于所有的这些比对，我们也都会关心通过比对后所划分出来的各种结果。为了便于识别在不同阶段的同一种类型的比对结果，我们将参照美国 2000 年人口普查质量评估方案（U. S. Census Bureau，2004）为所有各个阶段得到的各种类型的比对结果赋予英文代码。

用计算机进行比对操作后所提交的比对结果应把两个住房单元地址目录中的各个住房单元划分成四种类型。下面是这四种类型的英文代码和类型含义。

M = 两个地址目录相匹配的住房单元。

P = 质量评估地址目录中的住房单元没有在普查地址目录中找到相应的匹配者。

NI = 普查地址目录中的住房单元没有在质量评估地址目录中找到相应的匹配者。

NE = 质量评估地址目录中的住房单元和普查地址目录中的住房单元是否为同一个住房单元悬而未决。

二　在案头用手工作业进行住房单元地址目录的比对

（一）什么样的对象接受手工比对

由于住房单元地址目录是以调查小区（街区群）为对象建立的，所以比对工作任务的交接也要以调查小区为单位进行。于是，这里问题是把什么样的调查小区送交手工比对。从原则上说，存在下面三种情况的调查小区接受手工比对：（1）含有在计算机比对中未匹配的住房单元地址的调查小区。（2）含有在计算机比对中匹配状态悬而未决的住房单元地址的调查小区。（3）含有无法进行计算机比对的住房单元地址的调查小区。

（二）控制手工比对的任务量

由于手工比对是一种繁重的脑力和体力劳动，因此应当严格控制手工比对的任务量。总的原则是，只有那些可望从手工比对中受益的调查小区才进行手工比对，否则就跳过手工比对，直接进入后续现场调查。

例 5.1　美国 2000 年人口普查质量评估调查方案中关于将什么样的街区群跳过手工比对而直接进入后续现场调查的条件的具体规定（U. S. Census Bureau，2004）。

美国方案中首先针对所有的城市地区和乡村地区的街区群规定了一般条件。它们是：

（1）如果一个街区群虽然有"质量评估地址目录中的住房单元没有在普查地址目录中找到相应的匹配者"的情况，但不是所有的质量评估地址目录中的住房单元都属于这种情况。换句话说，在质量评估地

址目录中至少有一个住房单元地址能够与普查地址目录匹配。那么这个
街区群符合跳过手工比对而直接进入后续现场调查的一般条件。

（2）如果一个街区群虽然有"普查地址目录中的住房单元没有在
质量评估地址目录中找到相应的匹配者"的情况，但不是所有的普查
地址目录中的住房单元都属于这种情况。换句话说，在普查地址目录中
至少有一个住房单元地址能够与质量评估地址目录匹配。那么这个街区
群符合跳过手工比对而直接进入后续现场调查的一般条件。

美国方案中其次规定了在符合上述一般条件情况下还需要符合的附
加条件。附加条件是针对所有的城市地区的街区群以及乡村地区的一部
分街区群来说的。这里所说的乡村地区的一部分街区群指的是这样的街
区群：它的两个地址目录中的所有的住房单元的地址中都有房号和街道
名称这两个标识。现在我们把美国 2000 年方案中所规定的要求这些街
区群应当符合的附加条件列成表 5 - 1。

表 5 - 1　　　　　　　跳过手工比对直接进入后续现场
　　　　　　　　　　调查的街区群应符合的附加条件

质量评估地址目录中的住房单元没有在普查地址目录中找到相应的匹配者	普查地址目录中的住房单元没有在质量评估地址目录中找到相应的匹配者	质量评估地址目录中的住房单元和普查地址目录中的住房单元是否为同一个住房单元悬而未决
（1）	（2）	（3）
$(1)+(2)+(3) \leq 15$		
$(1)+(2) \neq 0$		
$(1) \neq (2)$ 当 $(1)<6$ 时		
$\lvert (1)-(2) \rvert \geq 7$		
$\{[(1)+(2)+(3)] - \lvert (1)-(2) \rvert\} \leq 15$		

（三）怎样在调查小区（街区群）内进行手工比对

在进入手工比对的一个街区群里面，通常会同时存在已经匹配的住
房单元地址、不匹配的住房单元地址、匹配状态悬而未决的住房单元地
址三种情况。其中不匹配的以及匹配状态悬而未决的住房单元地址是手

工比对的目标，手工比对员应当集中精力完成计算机没有完成的这些工作。至于已经匹配的住房单元地址，则不再对它们进行手工检查，这是因为我们相信计算机的工作质量，当然这并不排斥手工比对员在工作中发现并指出计算机工作中的错误。

住房单元地址手工比对工作应尽可能采用无纸化方式进行。所谓无纸化方式，就是在计算机上用手动的方式进行手工比对的操作。无纸化方式可以减少手工比对所需要的时间，节约人力物力。

（四）手工比对操作后应提交的比对结果

用手工进行比对操作后所提交的比对结果应把两个住房单元地址目录中的各个住房单元划分成七种类型。下面是这七种类型的英文代码和类型含义。

M＝两个地址目录相匹配的住房单元。

P＝质量评估地址目录中的住房单元没有在普查地址目录中找到相应的匹配者。

NI＝普查地址目录中的住房单元没有在质量评估地址目录中找到相应的匹配者。

NE＝质量评估地址目录中的住房单元和普查地址目录中的住房单元是否为同一个住房单元悬而未决。

DI＝质量评估地址目录中的住房单元地址可能是另一个质量评估地址的重复。需要将其提交到后续现场调查以确认是否属于这种情况。

DE＝普查地址目录中的住房单元地址可能是另一个普查地址的重复。需要将其提交到后续现场调查以确认是否属于这种情况。

DV＝质量评估地址目录中的地址或普查地址目录中的地址不是很清楚。需要由技术员或分析员决定这个地址。

（五）手工比对的质量控制

例 5.2　美国 2000 年人口普查质量评估调查对住房单元地址目录手工比对工作的质量控制措施（U. S. Census Bureau，2004）。

为了保证住房单元地址目录手工比对工作的质量，美国 2000 年人口普查质量评估调查中采取了下列质量控制措施。

第一，工作人员岗位设置和上岗前培训。在住房单元地址目录手工比对工作中设置了比对员、技术员、分析员三种岗位。比对员负责手工比对的操作，技术员指导和监督比对员的工作，分析员对技术员的工作进行指导和监督。比对员、技术员、分析员之间既有分工，又相互配合，相互监督。为了使上岗人员适应本岗位的工作职责，对上岗人员进行了上岗前培训。比对员培训时间最长，一般为四个星期；技术员主要学习质量评估调查设计背景以及相关方面的知识；分析员应该是经验丰富的、对质量评估调查有全面深入研究的人员，培训时间最少。

第二，规定技术员的质量控制职责。技术员在住房单元地址目录手工比对工作中的质量控制职责有两项：一是帮助比对员解决工作中的难点；二是检查比对员的工作质量。关于帮助比对员解决工作中的难点，例如：有些住房单元的地址很不清楚，无法正确确认，样本街区群边界上的地址常出现这种问题；比对员在比对中看到了某些不同寻常的情况，不知如何处理；等等。面对上述问题，技术员应当先试图自己解决。如果自己不能解决，就指示比对员使用一个编码标明，等情况弄清楚再处理，当这个编码再次出现时，会自动交由技术员处理。这样就提高了手工比对工作的速度和效率。关于检查比对员的工作质量，规定了如下工作规则：每一个比对员所做的全部工作都要接受技术员的质量检查，直到达到规定的质量标准；在比对员工作质量可以接受前，由技术员检查其记录200个，在比对员工作质量可以接受后，由质量控制软件继续检查比对员的工作；如果一个比对员在技术员所检查的样本街区群内的比对没有达到可以接受的质量水平，比对员将重新进行由技术员已经检查过的比对。

第三，规定分析员的质量控制职责。分析员在住房单元地址目录手工比对工作中的质量控制职责有两项：一是帮助技术员解决工作中的难点；二是检查技术员的工作质量。关于帮助技术员解决工作中的难点，例如：当技术员对所看到的不同寻常的情况不能作出决断的时候或是对地址不清的问题不能解决的时候，就由分析员处理；如果在一个街区群中，比对员所提交的手工比对结果的50%以上被技术员更改，则应交给分析员重新检查。关于检查技术员的工作质量，规定了如下工作规则：在技术员取得合格资格前，其所完成的样本街区群的工作将接受分析员的检查。

三　案头比对工作之后的后续现场调查

（一）什么样的对象接受后续现场调查

总的来说，凡案头比对结果为没有匹配、匹配状态悬而未决、可能是同一个地址目录中其他地址的重复等情况的住房单元地址，都要进行后续现场调查，而不问其地址类型是城市型的还是乡村型的。另外，有些已经匹配的住房单元也要进行后续现场调查，以收集额外信息。具体来说，后续现场调查旨在确认下列情况：

（1）质量评估地址目录中的未匹配地址。拿到后续现场调查中收集额外信息，以确认它们是不是样本调查小区（街区群）内的住房单元。

（2）普查地址目录中的未匹配地址。拿到后续现场调查中收集额外信息，以确认它们是不是样本调查小区（街区群）内的住房单元。

（3）匹配状态悬而未决的地址。拿到后续现场调查中来确认它们是不是同一个住房单元。

（4）质量评估地址目录中认为有可能是同一个地址目录中其他地址的重复的地址。拿到后续现场调查中来确认它们是不是同一个住房单元。

（5）普查地址目录中认为有可能是同一个地址目录中其他地址的重复的地址。拿到后续现场调查中来确认它们是不是同一个住房单元。

（6）其他的住房单元地址（其中包括在建中的住房单元地址、将在未来建造的住房单元地址、不适合居住的住房单元地址、流动住房单元的地址、已匹配住房单元地址等）。拿到后续现场调查中来确认它们是不是符合住房单元的定义。

这里还要做两点说明。其一，下列三种住房单元，即空的住房单元、寄宿用的住房单元、储存家具的住房单元，它们是符合住房单元定义的，所以，与这几种住房单元匹配的地址可以不必做后续调查。其二，在建中的住房单元地址以及将在未来建造的住房单元地址，在后续调查时如果能够达到住房单元定义，就认为它是一个住房单元，如果不能达到住房单元定义，就将其从住房单元地址目录中剔除。

（二）后续现场调查的操作

1. 后续现场调查表

在后续调查中，现场调查员手中应当备有一份所要对之进行调查的调查小区的纸质现场调查表。调查表中应当列出本小区所有的住房单元，普查地址放在一边，质量评估调查地址放在另一边。调查表中还应当列出对需要调查的住房单元的提问指南（用于进行现场调查时围绕指南中的问题灵活机动地提问）。另外，在表中还应设置调查结果答案栏以便记录调查结果。

2. 后续现场调查中重点关注的问题

其一，发现那些在以前的工作中未被发现的不符合住房单元定义的地址。其二，确认那些在地址目录比对中被判为未匹配（质量评估调查地址未能与普查地址目录匹配或是普查地址未能与质量评估地址目录匹配）的地址是否作为一个住房单元存在。为弄清这样的问题，通常需要现场调查员亲自到现场进行实地考察。如果通过实地考察，调查员能够确认质量评估调查地址目录和普查地址目录中的两个不同地址实际上指的是同一个住房单位时，他就可以把那一对地址处理为匹配。如果通过实地考察，调查员发现所谓不匹配其实是由于地址目录中出现了不符合住房单元定义的地址造成的，就应该把这个地址连同对它的不匹配判定一起注销，下面诸例都属于此：普查时的一个住房单元在质量评估调查时已被烧毁；被关注的那个地址是一个流动的住房单元，在编制另一个地址目录时它不在现在的位置；在编制普查地址目录与编制质量评估地址目录这两个时间之间发生了住房单元的分割或合并；被关注的那个地址其实是一个群体住处（监狱、大学生宿舍、兵营等），或者是一个用于存放农场机车车辆的地方、结构复杂的公寓的一个洗衣房，或者是一个商店，等等。由于此类地点其实不应列入住房单元地址目录，所以另一个地址目录中没有列示该地址。其三，确认并删除重复。现场调查员对住房单位地址目录比对中提出的普查地址目录中两个地址可能为重复以及质量评估调查地址目录中两个地址可能为重复的问题通过现场调查加以确认。

（三）根据后续现场调查结果修改地址目录

现场调查员应及时根据现场调查结果填写后续调查表。后续现场调查结束后，将调查表送到处理办公室，交由负责案头作业的手工比对员、技术员、分析员对后续现场调查结果进行集中处理。比对员利用后续调查收集的额外信息，对后续调查前的比对结果进行修正和更新，重新确定比对状态。技术员和分析员对比对员所做的修正和更新进行检查。

需要注意的是，对于同时被质量评估调查地址目录和普查地址目录遗漏的住房单元，即使在后续现场调查中被发现，也不要将其补充到任何一个地址目录中去。

（四）根据后续现场调查结果修改地址目录后应提交的比对结果

根据后续现场调查结果修改地址目录后所提交的比对结果应把两个住房单元地址目录中的各个住房单元划分成 13 种类型。下面是这 13 种类型的英文代码和类型含义。

M＝两个地址目录相匹配的住房单元。

CI＝质量评估地址目录中的住房单元没有在普查地址目录中找到相应的匹配者，经过后续现场调查确认这是一个符合定义的住房单元。处理办法是将这个地址保留在质量评估地址目录中。

CE＝普查地址目录中的住房单元没有在质量评估地址目录中找到相应的匹配者，经过后续现场调查确认这是一个符合定义的住房单元。处理办法是将这个地址补充到质量评估地址目录中。

ZI＝质量评估地址目录中的住房单元没有在普查地址目录中找到相应的匹配者，经过后续现场调查确认这不是一个符合定义的住房单元（例如，它是一个已被烧毁的住房单元、一个新来的流动住房单元、一个群体住处、一个并非用于居住的地方，等等）。处理办法是将这个地址从质量评估地址目录中删除。

EE＝普查地址目录中的住房单元没有在质量评估地址目录中找到相应的匹配者，经过后续现场调查确认这不是一个符合住房单元定义的地址（例如，它是一个已被烧毁的住房单元、一个新来的流动住房单元、一个群体住处、一个并非用于居住的地方，等等）。由于普查地址目录是一个不能更改的既成事实，所以不能对其进行删除。

GI＝质量评估地址目录中的住房单元没有在普查地址目录中找到相应的匹配者，经过后续现场调查确认，虽然这是一个符合定义的住房单元，但是它本应该被列在另外的调查小区，也就是说，在编制质量评估地址目录时，它被错误地列在了本调查小区。处理办法是将这个地址从质量评估地址目录中删除。

GE＝普查地址目录中的住房单元没有在质量评估地址目录中找到相应的匹配者，经过后续现场调查确认，虽然这是一个符合定义的住房单元，但是它本应该被列在另外的调查小区，也就是说，在普查时它被登记在了错误的地方。由于普查地址目录是一个不能更改的既成事实，所以不能对其进行删除。

DI = 质量评估地址目录中的住房单元没有在普查地址目录中找到相应的匹配者，经过后续现场调查确认，发生这种情况的原因是这个地址其实是质量评估地址目录中另一个地址的重复。处理办法是将这个地址从质量评估地址目录中剔除。

DE = 普查地址目录中的住房单元没有在质量评估地址目录中找到相应的匹配者，经过后续现场调查确认，发生这种情况的原因是这个地址其实是普查地址目录中另一个地址的重复。由于普查地址目录是一个不能更改的既成事实，所以不能对其进行删除。

MU = 质量评估地址目录中的一个地址与普查地址目录中的一个地址匹配，在后续现场调查中无法确认相匹配的这个地址是一个住房单元。在这里，后续现场调查的状况可能是：没有进行后续调查；后续调查不完整；得到的信息相互矛盾；等等。

UI = 质量评估地址目录中的一个地址未与普查地址目录中的任何地址匹配，在后续现场调查中无法确认这个地址是一个住房单元。在这里，后续现场调查的状况可能是：没有进行后续调查；后续调查不完整；得到的信息相互矛盾；等等。

UE = 普查地址目录中的一个地址未与质量评估地址目录中的任何地址匹配，在后续现场调查中无法确认这个地址是一个住房单元。在这里，后续现场调查的状况可能是：没有进行后续调查；后续调查不完整；得到的信息相互矛盾；等等。

RV = 质量评估地址目录中或普查地址目录中的地址，其比对状态不清楚，需要交由技术员或分析员进行处理以确认这个地址的实际状态。

第三节　个人调查和匹配性比对

个人调查和匹配性比对的目的有三：一是追溯样本调查小区（在美国是街区群）普查日的居民，形成本小区质量评估调查人口名单；二是观察样本调查小区质量评估调查时的居民，并将其区分为无移动者和向内移动者两部分；三是将质量评估调查人口名单与人口普查中登记的人口名单进行比对，找出两者之间的匹配部分。

从实际操作的角度来说，这项工作是在样本调查小区内分别对其中的各个住房单元中居住的个人来进行观察。

我们在本章开始的时候说过，人口普查质量评估抽样调查中对样本的现场观察，目标是要获得计算目标总体人数估计量所需要的数据。事实上，所需要的计算目标总体人数估计量的数据归根结底要在个人调查这一工作阶段获取。至于之前所进行的住房单元地址目录的比对，则是为个人名单的比对所做的准备工作，或者说是匹配性比对工作的一个初步筛选工作阶段。通过住房单元地址目录的比对，把根本不可能发生个人匹配的住房单元筛除在个人调查工作之外，这将有效地减少个人调查的工作量。

一　具有对其进行个人调查资格的住房单元

通过住房单元地址目录的比对，把什么样的住房单元筛除在个人调查工作之外，又留下什么样的住房单元对其中的居住者进行个人调查呢？下面就三种情况分别叙述。

第一种情况，质量评估地址目录中的与普查地址目录匹配的住房单元、未与普查地址目录匹配的住房单元、与普查地址目录匹配状态悬而未决的住房单元，具有接受个人调查的资格。

第二种情况，质量评估地址目录中的不符合住房单元定义者、重复的地址、不应当列在本调查小区者，不具有接受个人调查的资格。

第三种情况，普查地址目录中的未与质量评估地址目录匹配的住房单元、与质量评估地址目录匹配状态悬而未决的住房单元，不具有接受个人调查的资格。

二　个人调查的内容

在个人调查中需收集三种人的信息：一是未搬家者，就是普查日和质量评估调查日都居住在样本调查小区的住房单元中的那些人；二是搬入者，就是质量评估调查日居住在样本调查小区的住房单元中，而普查日居住在别的地方的那些人；三是搬出者，就是普查日居住在样本调查小区的住房单元中，而质量评估调查日居住在别的地方的那些人。其中搬出者的信息需要由邻居、公寓经理等知情人来提供。

（一）调查员提问的设计

1. 调查员在被访问的住房单元内找到可以接受访问的人后，应首先力图弄清居住在该住房单元内的住户的全体成员每个人的姓名。通常的问题是："我需要得到永久性住在这里，或暂时待在这儿的每个人的姓名清单。请先告知您的姓名？"在获得了被问者的姓名后，调查员问："这里还有别的人吗？"如果答复"有"，调查员问："他或她叫什么名字？""还有其他人吗？"直到答复"没有"为止。接受访问的人在列举住户成员姓名时，有些情形特殊的人容易被遗漏。例如，长时间外出旅行的人，受监护人保护的孩子，住在雇主家的雇员，住在同一个住房单元内的另一个家庭的人，等等。对此，调查员应当进行提示性的提问。调查员应当列举上述这些情况，并且问："这里有像这样的人吗？"如果答复"有"，调查员问："他或她叫什么名字？"直到答复"没有"为止。调查员将住户成员名单收集完毕后，应该及时整理，用纸张打印出来，然后到各家各户核实，如果发现名单不正确，就加以修改，增加或删除名字。

2. 调查员应做的提问要解决三个问题。一是确认在上一步询问中得到的住户成员名单中的每个人是未搬家者还是搬入者；二是收集搬家者的信息；三是确认居住者对房屋的拥有关系类型。为了确认在上一步询问中得到的住户成员名单中的每个人是未搬家者还是搬入者，调查员可向被询问者提供一份包括普查日所在月当月以及该月之前一个月和之后一个月共三个月的日历，然后提问："您刚才所说到的各个成员，它们各自是在普查日过后搬来，还是在普查日就是这里的居民？"这里要求被询问者对住户中的每一个成员分别进行确认。通过被询问者的回答，就可以弄清该住户中哪些人是未搬家者，哪些人是搬入者，或者该住户所有的人都是未搬家者，或者该住户所有的人都是搬入者。对于经过上面的询问所划分出来的搬入者，调查员应当再次提问，请被询问者确认这些人在普查日确实不住在本调查小区。为了收集搬出者的信息，调查员应对本调查小区所有住房单元中所接触到的所有可以接受访问的人提问，请他们提供他所知道的本调查小区范围内普查日居住在本小区而在普查日过后搬出本小区的所有人的尽可能详细的信息，包括姓名、普查日住在哪里、现在搬到哪里，以及其他有关信息。不同的被询问者提供的信息可能会有重叠，调查员应当把所有的这些信息汇集在一起，进行整理，识别重叠，形成搬出者名单。为了确认居住者对房屋的拥有关系类型，调查员应当向住房单元中的被询问者提问："拥有或租用这个房子的人是谁?"同时再印证性地向被询问者提问:"您拥有还是租用这个房子,还是既不拥有也不支付租金住在这里?"。

3. 调查员应进行收集人口统计特征的提问。之所以要收集人口统计特征,出于两方面的需要:一是与普查人口名单进行匹配性比对。我们知道,仅仅用姓名并不足以认定两个名单中的两个相同的姓名代表的是同一个人,必须把姓名与人口的其他若干个基本统计特征结合在一起,当两个名单中两个相同姓名的人的其他基本统计特征也都相同时,才足以确定二者是同一个人。二是构造双系统估计量。我们知道,双系统估计量需要在登记概率相同的人所组成的目标总体中构造,因而须对样本中的人口按其基本统计特征进行抽样后分层,从而把登记概率相同的人分在同一个层中。

需要收集的人口统计特征通常有性别、年龄、民族、与户主的关系。调查员应当对住房单元中的接受访问者询问该住房单元中的每一个住户成员的上述统计特征。在了解住户各个成员的年龄统计特征的情况时,为了能够在被询问者提供的住户成员名单中把普查日后出生的人口区分出来,对于怀疑有可能是普查日后出生的成员,调查员应当弄清楚这个人出生在哪一天。在了解住户各个成员的民族以及与户主的关系这两个统计特征的情况时,调查员应当向被询问者提供民族分类目录和与户主关系分类目录。

4. 调查员应针对两种有可能本不该列作本住房单元成员的情况核实。其一,在人口普查的时候,对大学生宿舍、军营、监狱之类的群体住处要进行单独调查,所以在调查员进行人口普查质量评估调查的时候,如果住房单元的被询问者把普查日住在这类地方的人作为本住房单元普查日的住户成员提供给调查员,从逻辑上来说,人口普查质量评估调查的时候也应该对群体住处再进行一次调查(只是实际操作中没有进行而已),那么这就可能造成质量评估调查的重复登记。为了发现此类错误,调查员应向住房单元中的接受询问者提问:"您刚才提供的住户成员名单中,有没有这样的人,他们在普查日居住在大学生宿舍、军营、监狱之类的群体住处?"如果对方回答"有",调查员则继续询问:"是谁?他或她叫什么名字?"其二,人口普查中规定,对于有两个或两个以上住处的人,应当在其居住时间最长的住处进行人口普查登记。所以,在调查员进行人口普查质量评估调查的时候,应当弄清住房单元的被询问者所提供的住户成员名单中,是否有拥有两个或两个以上住处的人。如果有,要弄清这个人是在本调查小区的住处居住的时间长,还是在另外的住处居住的时间长。调查员可以用这样的提问来判断一个人在一个住处居住时间的长短:"平均一个星期或典型的一个星期住几天?"或"平均一个月或典型的一个月住几个星期?"或"平均一次或典型的一次连续住几个月?"如果回答者无法回答这样的问题,那么就认为这个人在质量评估调查中应当在他普查日那一天所居住的地方进行登记。为此,这时调查员应当向住房单元的被询问者问清楚,这个人在普查日那一天居住在哪个住处。

5. 调查结束后,调查员应对本次调查进行总结并请被调查者进行核校。对一个住房单元的接受询问者所做的调查结束后,调查员应将该住房单元中住户成员的包括姓名、性别、年龄、民族、与户主的关系等项目在内的名单呈现给被询问者,请对方对所有的内容进行核校,发现错误当即改正,直到对方认可"所有信息正确无误"为止。

(二)调查员提问的设计思想

第一,依照需要收集的信息的重要程度分出调查员提问的层次和先后顺序。例如,以姓名作为住户成员的标志无遗漏地列出全体住户成员,这是调查员首先需要收集的最基本最重要的信息。与之相比,各个住户成员其他统计特征的重要性则位居其次。所以,我们要求调查员首先集中精力把全体住户成员搞清楚,之后再去收集进一步的信息。设想,如果调查员把住户成员的姓名与住户成员的其他统计特征放在一起询问,就会把回答者的注意力吸引到思考住户成员的其他统计特征上去,从而可能会导致列举住户成员上的遗漏。

第二,事先估计到被询问者的回答中可能会发生潜在的错误,指示调查员针对这种潜在的错误主动提问。例如,事先估计到接受访问的人在列举住户成员姓名时,有可能会遗漏掉长时间外出旅行的人、受监护人保护的孩子、住在雇主家的雇员、住在同一个住房单元内的另外一个家庭的人等较为特殊的成员。因此,指示调查员向被询问者询问本住户中是否有此类人员。再如,事先估计到接受访问的人在列举住户成员姓名时,可能会把普查日在群体地址居住的人或有不止一个居住地址而本调查小区是其非主要居住地址的人错误地当作本住房单元的住户成员列举出来。因此,指示调查员要专门向被询问者提出这两种情况并弄清被询问者所列举的住户成员名单中有没有这两种情况。

三　个人调查的方法

个人调查可根据调查对象的具体情况选择电话调查方法或登门访问方法。

一般来说，对在普查登记中调查项目数据收集齐全并且有电话号码的住户可以考虑采用电话调查；大型的包含有多个住房单元的建筑物内的住户可以考虑采用电话调查，因为有独立的住房单元的设计，查找地址和电话号码通常没有困难；禁止通行地区内的住户只能采用电话调查；不容易清楚地识别地址以及不容易查找电话号码的住房单元中的住户（例如，没有房号和街道名称的住房单元中的住户，小型的包含多个住房单元的建筑物内的住户，乡村型住房单元中的住户等）则通常没有条件采用电话调查而只好进行登门访问。

电话调查因其方便快捷，故可以在普查过后很短的时间内进行，这有助于减少回答者的记忆误差，从而提高调查的质量和效率。但是，要注意到，在普查工作中，对于普查中的无回答者还要进行后续调查。为了保证质量评估调查与普查之间的独立性，必须避免把质量评估的个人调查和对普查无回答者的后续调查安排在同时进行。通常可以考虑这样的时间安排：在对普查无回答者的后续调查之前进行质量评估的个人（电话）调查；在对普查无回答者的后续调查完成90%的工作量的7天以后，由调查员登门访问个人。

四　个人调查的结果

（一）以住房单元为对象的调查结果状态的分类

这里说的是，对一个住房单元，是否找到了住在里面的住户，对住户中的各个成员以及成员的信息是否进行了完整的登记。对于这方面的情况所做的分类见图5－2。

（二）对通过个人调查所得的人口名单中的人口在若干角度上的居住状态的分类

这里说的是，对质量评估调查所得的人口名单中的个人从若干不同的角度去看他的居住状态，在各种角度上各自应该如何分类。此种分类设计见表5－2。

得到了完整的信息。即住户每个成
员的姓名、性别、年龄确切；每个
成员在普查日是否住在本小区情况确切。

得到了一部分成员的信息。即住户
一部分成员的姓名、性别、年龄确切，
而另一部分成员在这些问题上
的回答是不知道或拒绝回答；
一部分成员在普查日是否
住在本小区情况确切，而另一部分
成员在这方面的情况悬而未决。

整个住户在普查日是否为本小区居
民悬而未决。

整个住户的姓名搞不清楚。

由于语言障碍所以未完成调查

由于无法找到房屋居住者也无法
找到知情人所以未完成调查

由于拒绝回答所以未完成调查

被访问的是
使用中的
住房单元

完成了调查

未完成调查

被访问的
住房单元
未用于居住

是空置的住房单元
是并无居住用途的建筑物单元

图 5 - 2　住房单元的个人调查结果

表 5 - 2　　质量评估调查后得到的人口名单中个人的各种居住状态

分组标志	移动状态	出生状态	常住地是否为群体住处	常住地是否为其他住处	各角度交叉状态
所设的组	无移动者	为普查日或普查日前出生者	常住地在群体住处	常住地为所登记小区住处以外的其他住处	无移动者，普查日是本小区居民
	向内移动者	为普查日后出生者	常住地不是群体住处	常住地为所登记小区住处而不是其他住处	向外移动者，普查日是本小区居民
	向外移动者	不知道	不知道	不知道	向内移动者，普查日不是本小区居民
		拒绝回答	拒绝回答	拒绝回答	无移动或向外移动，普查日不是本小区居民
		该人是向内移动者，不参加划分	该人是向内移动者，不参加划分	该人是向内移动者，不参加划分	居住状态悬而未决
					普查日后出生，普查日不是本小区居民

对表 5 - 2 中各种分组标志下所设的组，应当赋予标准代码。质量评估调查所得到的人口名单形成后，应根据所设的组以及对各组所赋予的标准代码为名单中的每个人编码。

五． 质量评估调查的个人名单与普查登记的个人名单之间的匹配性比对

（一）何种登记者有资格参加匹配性比对

首先，质量评估调查个人名单。在样本调查小区编制的质量评估调查个人名单中，包括了无移动者和向内移动者。另外，还根据邻居等知情人提供的信息编制了向外移动者名单。在所编制的名单中，还包括了居住状态（普查日是否为本小区居民）悬而未决的人。参加比对的应该是普查日居住在本样本调查小区的那些人。因此，在上述四种成员中，无移动者、向外移动者以及居住状态悬而未决者有资格参加本样本调查小区的匹配性比对。至于向内移动者，由于在普查日他们不是本样本调查小区的居民，本样本调查小区的普查登记名单中肯定没有他们，所以他们不参加本样本调查小区的匹配性比对。但是，向内移动者可以参加本样本调查小区与其他调查小区的匹配性比对。

其次，普查登记个人名单。样本调查小区的普查登记个人名单中的全体成员都有资格参加匹配性比对。这里需要指出两件事情。其一，如果在样本调查小区中进行了进一步的次级抽样（例如，在美国 2000 年方案中规定，对于样本中的大型街区群，要求从中进一步以住房单元组成的"片"为单位抽取次级样本），则未进入次级样本的住户中的居民应当从本样本调查小区的普查登记个人名单中剔除；其二，如果在样本调查小区中包含有群体住处，由于质量评估调查个人名单中不包括这种住处中的成员，所以应该相应地把群体住处的成员从本样本调查小区的普查登记个人名单中剔除。

（二）比对的方法和步骤

比对需在每一个样本调查小区内分别进行。比对的目标是找出本小区质量评估调查有资格参加比对的个人名单与普查登记有资格参加比对的个人名单二者之间的匹配者（重叠者）。

判断两个名单中的一对登记者是否为同一个人，通常需考察两个登记中所设置的全部统计特征是否一致，只有个别情况下仅仅根据姓名便可做出一对登记者是否为同一个人的判断。

比对的操作可有计算机和手工两种手段。通常，大部分工作量由计算机完成，余下一些较为困难的任务由手工完成。比对的步骤是：

第一，查找两个名单之间的匹配者。

第二，对未能在普查登记有资格参加比对的个人名单中找到匹配者的质量评估调查有资格参加比对的个人名单中的人，到前者从普查登记个人名单中剔除出去的那些登记中去查找，看能否从这里面找到匹配者。这里所说的前者从普查登记个人名单中剔除出去的那些登记，指的是：样本调查小区的普查登记个人名单中未进入质量评估抽样次级样本的住户中的居民；样本调查小区的普查登记个人名单中群体住处的成员。

第三，查找质量评估调查个人名单中的重复以及普查登记个人名单中的重复。

第四，对未能在普查登记有资格参加比对的个人名单中找到匹配者的质量评估调查有资格参加比对的个人名单中的人，在样本调查小区周围区域（目标延伸搜索区域）的普查登记名单中去查找，看能否从这里找到匹配者。如果在目标延伸搜索区域的普查登记名单中找到匹配者，则视同这个人在样本调查小区进行了普查登记，相应地，认为质量评估调查有资格参加比对的个人名单中的这个人在普查名单中找到了匹配者。

第五，对经过上述操作仍未找到匹配者的质量评估调查有资格参加比对的个人名单中的人，对其进行后续现场调查。

（三）后续调查前匹配性比对结果的各种状态

后续调查前个人比对结果的各种类型以及参照美国 2000 年人口普查质量评估方案（U. S. Census Bureau，2004）为每一种类型所赋予的英文代码如下。

1. 质量评估调查名单中有资格参加比对的成员在后续调查前的各种匹配状态

M = 质量评估调查名单中的这个人与本小区普查登记名单匹配。

P = 质量评估调查名单中的这个人与本小区普查登记名单有可能匹配，不过，究竟是不是匹配，尚需进行后续现场调查确认。

NP = 质量评估调查名单中的这个人与本小区普查登记名单未能匹配，该人的各项统计特征信息齐全，具有比对条件，也具有对其进行后续现场调查的条件。

KI = 质量评估调查名单中的这个人的信息中除姓名之外只有另外一项统计特征，这种情况属于比对信息不足，所以不对其进行匹配性比对。

KP = 质量评估调查名单中的这个人的姓名或为空白，或不完整，或无效，这种情况属于不符合普查数据定义，所以不对其进行匹配性比对。

DP = 质量评估调查名单中的这个人是本小区同一质量评估调查名单中另外一个人的重复。

NC = 质量评估调查名单中的这个人与本小区普查登记名单未能匹配。该人是与普查登记名单中一个这样的住户中的成员未形成匹配：普查名单中的这个住户中只有一部分成员未能与质量评估调查名单匹配，而该住户中的其他成员则已经与质量评估调查名单形成了匹配。现在说的这个人未匹配的原因是：这个人在普查名单中登记的信息过于残缺，不符合普查数据定义，因而在普查名单中这个人被判为没有资格参加匹配性比对，这就使得质量评估名单中的这个人无法在普查登记名单中找到匹配者。但是考虑到这个人在普查名单中存在于一个其他成员都已形成了匹配的住户，所以不必再进行后续现场调查。

2. 普查登记名单中有资格参加比对的成员在后续调查前的各种匹配状态

M = 普查登记名单中的这个人与本小区质量评估调查名单匹配。

P = 普查登记名单中的这个人与在本小区质量评估调查名单有可能匹配，不过，究竟是不是匹配，尚需进行后续现场调查确认。

NE = 普查登记名单中的这个人与本小区质量评估调查名单未能匹配，该人的各项统计特征信息齐全，具有比对条件，也具有对其进行后续现场调查的条件。

KE = 普查登记名单中的这个人的姓名为空白，或不完整，或无效，所以不对其进行匹配性比对。

DE = 普查登记名单中的这个人是本小区同一普查登记名单中另外一个人的重复。这里所说的本小区同一普查登记名单，包括本小区未进入次级样本的住户中的成员以及本小区群体住处的成员。

FE = 普查登记名单中的这个人是一个虚构的登记。例如，可能是一只宠物被错当作人进行了登记。

GE＝普查登记名单中的这个人不应该在本小区进行普查登记。由于住房单元地址编码错误而错误地在本小区进行了普查登记。

GU＝普查登记名单中的这个人所在的住房单元究竟位于什么地方搞不清楚。也就是说，该人所在的住房单元是位于本调查小区，还是位于本调查小区周围的目标延伸搜索区，还是仅仅在地图上有而实际上没有，这些情况搞不清楚。由于本调查小区并未实行目标延伸搜索的现场调查操作（我们前面说过，并非对所有的样本调查小区都进行目标延伸搜索操作，而是，仅仅从认为有必要进行此种操作的样本调查小区中随机抽取出其中的一部分小区来进行），所以上述的搞不清楚就成为悬而未决的问题。

（四）个人匹配性比对的后续现场调查

1. 哪些情况进入个人匹配性比对的后续现场调查

分别考虑下列情况：

（1）质量评估调查个人名单参加比对而未能匹配的成员应进入后续现场调查：他所在的住户中一部分成员（而不是全体成员）未能匹配。

（2）质量评估调查个人名单参加比对而未能匹配的成员应进入后续现场调查：他所在的住户中的全体成员未能匹配，这个住户在普查中计数情况异常（如拒绝配合等）。

（3）质量评估调查个人名单参加比对而未能匹配的成员应进入后续现场调查：他所在的住户中的全体成员未能匹配，这个住户的情况在质量评估调查中是由本住户成员之外的其他知情人代为回答的。

（4）普查登记个人名单未能匹配的成员除属于 GU 情况的以外，其他都应进入后续现场调查。GU 情况之所以不再做后续调查，是因为该小区未被选中参加目标延伸搜索，可是，现在所面临的在匹配上悬而未决的问题不经过目标延伸搜索是解决不了的，在这种情况下，做后续现场调查也没有意义，因为问题肯定还是不能得到解决。

（5）质量评估调查个人名单中与普查登记个人名单疑似匹配的成员应进入后续现场调查。

（6）质量评估调查个人名单参加比对的成员不论与普查登记个人名单匹配还是未匹配，只要是普查日的住处状态悬而未决的人，都应进入后续现场调查。

（7）质量评估调查个人名单中与普查登记个人名单未匹配的需要对其做追加的地理工作的成员应进入后续现场调查。这指的是，在质量评估调查中发现样本调查小区中有的住房单元由于地址编码的问题未能与普查编制的住房单元地址目录形成匹配，因此在进行个人匹配性比对的时候，需要做追加的工作对其加以认定。

2. 经过后续现场调查以后，个人匹配性比对的最后结果

经过后续现场调查以后，个人匹配性比对的最后结果的各种类型以及参照美国 2000 年人口普查质量评估方案为每一种类型所赋予的英文代码如下。

（1）质量评估调查个人名单中有资格参加比对的成员的各种匹配状态。

①匹配

M = 质量评估调查名单中登记的这个人与本小区普查名单匹配。能够确认这个人在普查日是本小区的居民。

MR = 质量评估调查名单中登记的这个人与本小区普查名单匹配。在后续调查前未能确认该人在普查日是否为本小区的居民，经过后续调查证实，该人在普查日是本小区的居民。

MU = 质量评估调查名单中登记的这个人与在本小区普查登记名单匹配。在后续调查前未能确认该人在普查日是否为本小区的居民，经过后续调查仍然不能确定该人在普查日是否为本小区的居民。

②未匹配

NP = 质量评估调查名单中登记的这个人与本小区普查登记名单未能匹配，能够确认这个人在普查日是本小区的居民，这个人所在住户的全体成员都未能与本小区普查名单匹配。对这个人不进行后续调查。

NC = 质量评估调查名单中登记的这个人与本小区普查登记名单未能匹配，能够确认这个人在普查日是本小区的居民，该人与本小区普查名单中的住户中的成员未形成匹配：普查名单中的这个住户中只有一部分成员未能与质量评估调查名单匹配，而该住户中的其他成员已经与质量评估调查名单形成了匹配。这个人未匹配的原因可能是，在普查名单中登记的信息过于残缺，不符合普查数据定义，因而没有资格参加匹配性比对，无法在普查登记名单中找到匹配者。但是考虑到这个人在普查

名单中存在于一个其他成员都已形成了匹配的住户，不必再进行后续现场调查，所以对这个人未进行后续调查。

NR＝质量评估调查名单中登记的这个人与本小区普查登记名单未能匹配，能够确认这个人在普查日是本小区的居民，该人未能与本小区普查登记名单匹配的原因是：这个人在普查登记中被遗漏。

NU＝质量评估调查名单中登记的这个人与本小区普查登记名单未能匹配，在后续调查前未能确认该人在普查日是否为本小区的居民，经过后续调查仍然不能确定该人在普查日是否为本小区的居民。

③匹配状态悬而未决

P＝质量评估调查名单中登记的这个人与本小区普查名单有可能匹配，为进行确认，将其送入后续现场调查。在后续现场调查中没有收集到足够的信息来确认二者究竟是匹配还是不匹配。也就是说，质量评估调查名单中的这个人的匹配状态最后仍然是悬而未决。

KI＝质量评估调查名单中登记的这个人的信息中除了姓名只有另外一项统计特征，这种情况属于比对信息不足，所以不对其进行比对。

KP＝质量评估调查名单中登记的这个人的姓名或为空白，或不完整，或无效，这种情况属于不符合普查数据定义，所以不对其进行比对。

④从质量评估调查名单中剔除

FP＝质量评估调查名单中登记的这个人是虚构的。

NL＝在质量评估调查中错误地把这个人当作无移动者或向外移动者进行了登记，而实际上这个人在普查日并不是本小区的居民。

NN＝在质量评估调查中在本小区进行登记的这个人在普查日或者应该是一名群体住处成员本应该在群体住址登记，或者是在别的地方还有另外的住处按规定本应该在另外的那个住处登记。

DP＝质量评估调查名单中登记的这个人是同一名单中另外一个人的重复。

MN＝质量评估调查名单中的这个人在本小区普查名单中找到了匹配者，但是由于不能确认该人在普查日是否为本小区居民，因而将其送入后续现场调查。经过后续现场调查，最后确定，该人在普查日不是本小区的居民。

GP＝质量评估调查名单中的这个人所在的住房单元其实位于本小

区之外，当初在编制住房单元地址目录时把这个住房单元错误地列在了本小区，在后续现场调查中发现了这个问题。

（2）普查登记个人名单中有资格参加比对的成员的各种匹配状态。

①正确登记

M = 普查登记名单中的这个人与本小区质量评估调查名单匹配，这个人是普查中的正确登记。

CE = 普查登记名单中的这个人未能与本小区质量评估调查名单匹配，在后续调查中确认该人是普查中的一个正确登记。

MR = 普查登记名单中的这个人与本小区质量评估调查名单匹配，但是不能确认该人在普查日是否为本小区的居民。经过后续调查证实，该人在普查日是本小区的居民，该人是普查中的一个正确登记。

②错误登记

GE = 普查登记名单中的这个人所在的住房单元其实位于本小区之外，当初在编制住房单元地址目录时把这个住房单元错误地列在了本小区。这个人应该在另外的小区进行普查登记。

EE = 在本小区质量评估名单中未找到该人的匹配者。在后续调查中确认该人是普查中的一个错误登记。

FE = 普查登记名单中的这个人是虚构的。

DE = 普查登记名单中的这个人是同一名单中另外一个人的重复。这里的"同一名单"包括本小区的普查登记名单以及本小区周围的目标延伸搜索区那些小区的普查登记名单。

MN = 普查登记名单中的这个人在本小区质量评估调查名单中找到了匹配者，但是由于不能确认该人在普查日是否为本小区居民，因而将其送入后续现场调查。经过后续现场调查，最后确定，该人在普查日不是本小区的居民，该人是普查中的一个错误登记。

KE = 该人的姓名或为空白，或不完整，或无效，这种情况属于不符合普查数据定义，所以不对其进行比对。

③是否为正确登记悬而未决

P = 在本小区质量评估调查名单中找到了一个人，这个人有可能是该人的匹配者，为进行确认，将其送入后续现场调查。在后续现场调查中没有收集到足够的信息来确认二者究竟是匹配还是不匹配。也就是说，普查登记名单中的这个人的匹配状态最后仍然是悬而未决。

UE = 在后续调查中没有找到足够的信息确认普查登记名单中的这个人是普查中的正确登记还是错误登记。也就是说，普查登记名单中的这个人的普查登记状态是悬而未决的。另外，当本小区普查登记名单中的某人普查日没有居住在本小区地址时，当本小区普查登记名单中的某人普查日地址不是完整到足以确认普查日地址是否在本调查小区时，当进行后续调查收集本小区普查登记名单中的某人地址信息失败时，也划归此类。

MU = 普查登记名单中的这个人与质量评估调查名单得到了匹配，但是这个匹配者的住处状态（即普查日是否为本调查小区的居民）悬而未决，经过后续调查仍然没有收集到足够的信息来决定他的住处状态。

GU = 普查登记名单中的这个人所在的住房单元究竟位于什么地方搞不清楚。也就是说，该人所在的住房单元是位于本调查小区，还是位于本调查小区周围的目标延伸搜索区，还是仅仅在地图上有而实际上没有，这些情况搞不清楚。由于本调查小区并未实行目标延伸搜索的现场调查操作（我们前面说过，并非对所有的样本调查小区都进行目标延伸搜索操作，而是，仅仅从认为有必要进行此种操作的样本调查小区中随机抽取出其中的一部分小区来进行），所以上述的搞不清楚就成为悬而未决的问题。

3. 经过后续现场调查以后，个人住处状态的各种结果

这里要说的是质量评估调查名单中的成员的个人住处状态，它们分别属于下面三种情况：普查日是本小区的居民；普查日不是本小区的居民；普查日是否为本小区的居民悬而未决。现在把前面定义过的各种类型及英文代码按住处状态的三种情况重新选出和归集。

（1）普查日是本小区的居民。

M = 质量评估调查名单中登记的这个人与本小区普查名单匹配，能够确认这个人在普查日是本小区的居民。

MR = 质量评估调查名单中登记的这个人与本小区普查名单匹配，在后续调查前未能确认该人在普查日是否为本小区的居民，经过后续调查证实，该人在普查日是本小区的居民。

NP = 质量评估调查名单中登记的这个人与本小区普查登记名单未能匹配，能够确认这个人在普查日是本小区的居民，这个人所在住户的

全体成员都未能与本小区普查名单匹配。对这个人不进行后续调查。

NC = 质量评估调查名单中登记的这个人与本小区普查登记名单未能匹配，能够确认这个人在普查日是本小区的居民，该人与本小区普查名单中一个这样的住户中的成员未形成匹配：普查名单中的这个住户中只有一部分成员未能与质量评估调查名单匹配，而该住户中的其他成员则已经与质量评估调查名单形成了匹配。现在说的这个人未匹配的原因是：这个人在普查名单中登记的信息过于残缺，不符合普查数据定义，因而在普查名单中这个人被判为没有资格参加匹配性比对，这就使得质量评估名单中的这个人无法在普查登记名单中找到匹配者。但是考虑到这个人在普查名单中存在于一个其他成员都已形成了匹配的住户，不必再进行后续现场调查，所以对这个人未进行后续调查。

NR = 质量评估调查名单中登记的这个人与本小区普查登记名单未能匹配，能够确认这个人在普查日是本小区的居民，该人未能与本小区普查登记名单匹配的原因是：这个人在普查登记中被遗漏。

（2）普查日不是本小区的居民。

FP = 质量评估调查名单中登记的这个人是虚构的。

NL = 在质量评估调查中错误地把这个人当作无移动者或向外移动者进行了登记，而实际上这个人在普查日并不是本小区的居民。

NN = 在质量评估调查中在本小区进行登记的这个人在普查日或者应该是一名群体住处成员本应该在群体住址登记，或者是在别的地方还有另外的住处按规定本应该在另外的那个住处登记。

DP = 质量评估调查名单中登记的这个人是同一名单中另外一个人的重复。

MN = 质量评估调查名单中的这个人在本小区普查名单中找到了匹配者，但是由于不能确认该人在普查日是否为本小区居民，因而将其送入后续现场调查。经过后续现场调查，最后确定，该人在普查日不是本小区的居民。

GP = 质量评估调查名单中的这个人所在的住房单元其实位于本小区之外，当初在编制住房单元地址目录时把这个住房单元错误地列在了本小区，在后续现场调查中发现了这个问题。

（3）普查日是否为本小区居民悬而未决。

MU = 质量评估调查名单中登记的这个人与在本小区普查登记名单

匹配，在后续调查前未能确认该人在普查日是否为本小区的居民，经过后续调查仍然不能确定该人在普查日是否为本小区的居民。

NU = 质量评估调查名单中登记的这个人与本小区普查登记名单未能匹配，在后续调查前未能确认该人在普查日是否为本小区的居民，经过后续调查仍然不能确定该人在普查日是否为本小区的居民。

P = 质量评估调查名单中登记的这个人与本小区普查名单有可能匹配，为进行确认，将其送入后续现场调查。在后续现场调查中没有收集到足够的信息来确认二者究竟是匹配还是不匹配。也就是说，质量评估调查名单中的这个人的匹配状态最后仍然是悬而未决。

KI = 质量评估调查名单中登记的这个人的信息中除了姓名之外只有另外一项统计特征，这种情况属于比对信息不足，所以不对其进行比对。

KP = 质量评估调查名单中登记的这个人的姓名或为空白，或不完整，或无效，这种情况属于不符合普查数据定义，所以不对其进行比对。

（五）从样本调查小区得到的观察数据

前面给出了经过个人匹配性比对及其后续现场调查，质量评估调查名单中成员们的各种匹配状态、普查登记名单中成员们的各种匹配状态，以及质量评估调查名单中成员们的各种居住状态。把每种状态下的名单人数分类相加，便可得到样本调查小区的下列数据。

1. 质量评估调查名单的匹配状态

（1）匹配人数；

（2）未匹配人数；

（3）匹配状态悬而未决人数；

（4）从名单中剔除人数。

这四个数据的合计数是本小区质量评估调查名单有资格参加匹配性比对的成员的总人数。这四个数据的前三项合计数是从本小区名单中剔除掉经过匹配性比对及其后续调查被确认应当从名单中剔除的人数以后的有效计数人数。

2. 普查登记名单的正确登记状态

（1）正确登记人数；

（2）错误登记人数；

（3）是否为正确登记悬而未决人数。

这三个数据的合计数是本小区普查登记名单有资格参加匹配性比对的成员的总人数。

3. 质量评估调查名单的住处状态

（1）普查日小区居民人数；

（2）普查日不是本小区居民人数；

（3）普查日是否为本小区居民悬而未决人数。

这三个数据的合计数是质量评估调查名单有资格参加匹配性比对的成员的总人数。

此外，建议我国在比较工作中先进行住房单元比较，再对其中的匹配住房单元作个人比较。为提高比较的质量与效率，应建立严格的比较程序，使用初级比较员、中级比较员或高级比较员完成难度不同的比较工作。在比较工作结束后，指定个人最终比较结果与相应的编码。必要时，进行比较误差研究，分析比较误差产生的原因，以及它们对双系统估计量估计的总体实际人数的影响。

第六章　缺失数据的插补

这里所说的缺失数据，指的是质量评估调查中出现的下列三种情况（U. S. Census Bureau，2004）：住房单元未调查（住房单元中的住户难以找到或住户拒绝调查）；个人的一部分人口统计特征遗漏（性别、年龄、民族等这些调查项目没有填写齐全）；个人的匹配状态或住处状态（普查日是否为本小区居民）悬而未决。

样本中的数据缺失势必会造成估计量精度的损失。为了尽可能提高精度，需要对缺失数据进行必要的弥补性处理。上面说的数据缺失的三种情况，各自有不同的处理方法，下面将分节讨论。

对缺失数据的处理，主要指的是对质量评估调查名单中缺失数据的处理。不过，对于上面说的数据缺失三种情况中的第三种情况，即由于悬而未决导致的数据缺失，在普查登记名单中也会存在，也要对其进行处理。

第一节　住房单元未调查缺失数据的插补

一　对住房单元未调查所致的数据缺失进行插补的目标

人口普查质量评估抽样调查样本通常是以某种小区为单位来抽取的。我们把这种小区一般化地称之为调查小区或样本调查小区。对一个样本调查小区（i 小区），我们要对其进行观察，获得计算目标总体实际人数估计量所需要的数据。如果是构造双系统估计量，就要获得计算 $\widehat{CE}_v$、$\hat{N}_{ve}$、$\hat{N}_{vn}$、$\hat{N}_{vi}$、$\hat{N}_{vo}$、$\hat{M}_{vn}$、$\hat{M}_{vo}$ 这七个线性估计量所需要的各个 i 小区的普查正确计数人数、普查登记人数、无移动者人数、向外移动者人数、向内移动者人数、无移动者匹配人数、向外移动者匹配人数。我们一般化地把它们记作 y_i（如果像美国 2000 年抽样方案那样，第一步抽样划分了若干个 h 层，第二步抽样又在 h 层内划分了若干个 g 层，那就一般化地把它们记作 y_{hgi}，今后将不再使用 y_{hgi}，只使用记号 y_i 来说明我们这里想要说明的问题）。在这里，i 小区的 y_i 是将小区内各个住房单元中的住户的观察值求和得到的。如果这个小区中有的住房单元未被调查致使这个住房单元的数据缺失，那么只根据该小区被调查的那些住房单元的数据求得的和 $\widetilde{y}_i$ 无疑会比该小区的实际数值 y_i 小。

本节的目标是：对存在住房单元未调查情形的 i 小区观察得到的数字 $\widetilde{y}_i$ 进行修正，使其尽可能接近实际数值 y_i。

二　解决问题的思路

为了说明解决问题的思路，让我们先来看一个简单的例子。

例 6.1 弥补住房单元未调查缺陷最直接的想法——不加权插补及其修正因子。

假设样本调查小区 i 中有 9 个住房单元，现在要调查各住房单元中住户的普查正确计数人数。调查结果见表 6-1。

表 6-1　　　　　　调查小区 i 各个住房单元的调查结果

住房单元编号	住房单元普查正确计数人数（人）
1	5
2	6
3	未调查
4	空置
5	未调查
6	未调查
7	4
8	2
9	3

从表 6-1 中看到，该调查小区中有 1 个住房单元是空置的（无人居住），这样的住房单元没有被调查的资格，所以排除在我们的数值计算范围内。现在我们的任务是对另外 8 个住房单元的普查正确计数人数求和，求和后得到该小区普查正确计数人数 y_i。但不幸的是，这 8 个住

房单元中有 3 个未能调查（3、5、6 号），完成调查获得了观察数据的只有 1、2、7、8、9 号这 5 个住房单元。于是我们想，取一个适当的数值作为插补值来填补 3、5、6 号的观察值空缺。取一个什么样的数值来充当插补值呢？最直接的想法当然是用 1、2、7、8、9 号这 5 个住房单元号的平均值来充当插补值。

于是，我们写出 y_i 的不加权插补后估计值 $\hat{y_i}^*$ 为：

$$\hat{y_i}^* = (5 + 6 + 4 + 2 + 3)$$

$$+ \left(\frac{5+6+4+2+3}{5} + \frac{5+6+4+2+3}{5} + \frac{5+6+4+2+3}{5} \right)$$

$$= \widetilde{y_i} + 3 \times \frac{\widetilde{y_i}}{5} = \frac{5}{5}\widetilde{y_i} + \frac{3}{5}\widetilde{y_i} = \frac{5+3}{5}\widetilde{y_i} \qquad (6.1)$$

式（6.1）最后一个表达式中，$\dfrac{(5+3)}{5}$ 叫作用于计算住房单元未调查缺失数据插补值的不加权修正因子，其中的 5 是样本调查小区 i 中完成了观察的住房单元数，3 是样本调查小区 i 中未观察的住房单元数。

例 6.1 给出的不加权插补及修正方法的缺点是：在不同的调查小区，由于完成观察的住房单元数不同，因而用它们的平均值去充当本调查小区缺失数据住房单元的插补值就存在一个插补值不均衡的问题。

那么怎样解决这个问题呢？我们记整个总体中有非空置的住房单元数为 M 个，其中 $\widetilde{M}$ 个完成了观察，$\widetilde{M}^* = M - \widetilde{M}$ 个未能调查。如果我们把式（6.1）的计算从调查小区 i 移出，改为在整个总体进行这个插补计算，那么总体中所有小区的插补值便具有相同的平均值结构。这就要求在式（6.1）中，把修正因子 $\dfrac{(5+3)}{5}$ 替换成 $\dfrac{(\widetilde{M} + \widetilde{M}^*)}{\widetilde{M}}$。其中的总体值 $\widetilde{M}$ 和 $\widetilde{M}^*$ 需要用样本来估计。由于估计量的结构是对样本数据加权的线性估计量，所以用估计量替换了总体值以后的修正因子称之为加权修正因子，所计算的插补值称之为加权插补值。现在剩下的问题便是怎样估计 $\widetilde{M}$ 和 $\widetilde{M}^*$。

三　用于计算住房单元未调查缺失数据插补值的加权修正因子

假若以调查小区为单位，把总体划分成 H 个层，每个层记作 h；在每一个 h 层中又进一步以调查小区为单位划分成 G_h 个层，每个层记作 g；把 hg 层中的调查小区数记作 N_{hg}，某一个调查小区记作 i；把 i 小区中非空置的住房单元数记作 M_{hgi}，某一个住房单元记作 j。现在我们关心某一个总体总值指标 Y，它是总体中所有非空置住房单元的标志值 y_{hgij} 的和：

$$Y = \sum_{h=1}^{H} \sum_{g=1}^{G_h} \sum_{i=1}^{N_{hg}} \sum_{j=1}^{M_{hgi}} y_{hgij} = \sum_{\substack{遍及整\\个总体}} y_{ij} \qquad (6.2)$$

如果我们以调查小区为抽样单位分别独立地从每一个 h 层中抽取第一步样本，再从 h 层第一步样本的每一个 g 层中以调查小区为抽样单位分别独立地抽取第二步样本，第二步样本的样本量为 n_{hg}，这时可写出总体总值指标 Y 的线性估计量为：

$$\hat{Y} = \sum_{h=1}^{H} \sum_{g=1}^{G_h} \sum_{i=1}^{n_{hg}} \sum_{j=1}^{M_{hgi}} w_{hgi} y_{hgij} = \sum_{\substack{遍及整\\个样本}} w_i y_{ij} \qquad (6.3)$$

式（6.3）中，w_{hgi} 是 hg 层 i 小区经过两步抽样最终包含在样本中的概率的倒数，叫作标志值 y_{hgij} 的抽样权数。注意到 i 小区中的各个住房单元均随着 i 小区以同样的概率进入样本，所以它们的抽样权数都是 w_{hgi}。

现在我们对任意的 h，任意的 g，任意的 i 和任意的 j，令 $y_{hgij} = 1$，这时总体总值 Y 显然就是总体的住房单元数 M。于是仿照式（6.3）写出 M 的线性估计量为：

$$\hat{M} = \sum_{h=1}^{H} \sum_{g=1}^{G_h} \sum_{i=1}^{n_{hg}} \sum_{j=1}^{M_{hgi}} w_{hgi} = \sum_{\substack{遍及整\\个样本}} w_i \qquad (6.4)$$

如果对任意的 h，任意的 g，任意的 i 和完成了调查的 j，令 $y_{hgij} = 1$，而对未调查的 j，令 $y_{hgij} = 0$，则有：

$$\hat{\hat{M}} = \sum_{h=1}^{H} \sum_{g=1}^{G_h} \sum_{i=1}^{n_{hg}} \sum_{j \in 完成调查} w_{hgi} = \sum_{\substack{遍及样本中\\完成了调查\\的住房单元}} w_i \qquad (6.5)$$

如果对任意的 h，任意的 g，任意的 i 和未调查的 j，令 $y_{hgij} = 1$，而对完成了调查的 j，令 $y_{hgij} = 0$，则有：

$$\hat{\hat{M}}^* = \sum_{h=1}^{H} \sum_{g=1}^{G_h} \sum_{i=1}^{n_{hg}} \sum_{j \in 未调查} w_{hgi} = \sum_{\substack{遍及样本中\\未调查的\\住房单元}} w_i \qquad (6.6)$$

我们需要追溯样本调查小区住房单元的普查正确计数者、普查登记者、无移动者和无移动匹配者在普查日的状态，以及观察向外移动者、向内移动者和向外移动匹配者在质量评估调查日的状态。对于我们所关心的这两种时间上的状态，由于住房单元未调查缺失的情况不一定相同，所以需要分别构造用于计算住房单元未调查缺失数据插补值的加权修正因子。

将依据完成了调查的住房单元数据加总得到的普查正确计数人数、普查登记人数、无移动者人数以及无移动者匹配人数 $\tilde{y}_i$ 乘以下面的普查日状态缺失数据插补值加权修正因子得到 y_i 的加权插补后估计值 $\hat{Y}_i$。普查日状态缺失数据插补值加权修正因子为：

$$f_{(\text{普查日状态})} = \frac{\displaystyle\sum_{\substack{\text{遍及样本中进行普}\\\text{查日状态追溯观察}\\\text{的已调查住房单元}}} w_i + \sum_{\substack{\text{遍及样本中进行普}\\\text{查日状态追溯观察}\\\text{的未调查住房单元}}} w_i}{\displaystyle\sum_{\substack{\text{遍及样本中进行普}\\\text{查日状态追溯观察}\\\text{的已调查住房单元}}} w_i} \tag{6.7}$$

将依据完成了调查的住房单元数据加总得到的向外移动者人数、向内移动者人数以及向外移动者匹配人数 $\tilde{y}_i$ 乘以下面的质量评估调查日状态缺失数据插补值加权修正因子得到 y_i 的加权插补后估计值 $\hat{Y}_i$。质量评估调查日状态缺失数据插补值加权修正因子为：

$$f_{(\text{质量评估调查日状态})} = \frac{\displaystyle\sum_{\substack{\text{遍及样本中进行质量}\\\text{评估调查日状态观察}\\\text{的已调查住房单元}}} w_i + \sum_{\substack{\text{遍及样本中进行质量}\\\text{评估调查日状态观察}\\\text{的未调查住房单元}}} w_i}{\displaystyle\sum_{\substack{\text{遍及样本中进行质量}\\\text{评估调查日状态观察}\\\text{的已调查住房单元}}} w_i} \tag{6.8}$$

显然，对同一个总体不同的调查小区，$f_{(\text{普查日状态})}$ 或 $f_{(\text{质量评估调查日状态})}$ 数值是相同的。

第二节　遗漏的个人统计特征的插补

一　什么情况下需要对遗漏的个人统计特征进行插补

前面曾经说过，为了构造双系统估计量，需要依据影响人口在普查中被登记概率的标志对样本做抽样后分层。双系统估计量要在所划分的各个层分别来构造。显然，如果有的人所遗漏的统计特征恰好是抽样后分层所需要的某一个标志，那么就无法对这个人进行分层操作。概言之，对遗漏的个人统计特征进行插补是基于抽样后分层的需要提出来的。如果遗漏的个人统计特征恰好是抽样后分层所需要的某一个标志，那么就需要对这个遗漏进行插补。反之，如果遗漏的个人统计特征不会影响到抽样后分层（例如，文化程度、婚姻状况等，它们并不是进行抽样后分层的分层标志），那么就不需要对其进行插补。

二　怎样对遗漏的个人统计特征进行插补

下面给出某些统计特征插补值的确定方法，以期通过它们了解确定插补值的一般途径。

（一）年龄缺失的插补

如果一个人的年龄缺失，只需要估计这个人应属于哪一个年龄组（例如，0—17 岁、18—29 岁、30—49 岁、50 岁及以上四个年龄组中的哪一个）就可以了，而不需要估算缺失年龄的具体岁数，因为划分事后层时，年龄是作为分类变量来处理的。

估计一个缺失年龄的人应属于的年龄组的基本方法是：给出与该人相同类型的人的年龄分布（上述四个年龄组的发生频率），认为频率最高的那个年龄组就是该人的年龄组。

上述基本方法在具体操作上来说要解决两个问题。一个问题是，什么样的人是与该人相同类型的人。另一个问题是，怎样给出与该人相同类型的人的年龄分布。当然，如果我们能够得到总体实际的与该人相同类型的人的年龄分布，那是最好不过了，不过，这样的分布资料通常是难以得到的；我们应当尽量努力做到的是，用样本给出总体年龄分布的估计量（各年龄组频率的估计量），这可以称之为样本数据的加权分布列；如果无法满足这一要求，那就只好用整个样本中所有与该人类型相同的人整理出一个年龄分布列。

现在通过一些例子来具体讨论刚才说的第一个问题：什么样的人是与缺失年龄的这个人相同类型的人？显然，我们现在只能根据人口普查中登记的人口特征标志来进行这种划分，找出有可能与该人年龄相近的那些人。在这里，有用的信息是该人与户主的关系以及户主的年龄。当所需要的信息不足时，只好不得已放宽"与该人相同类型的人"的标准。

例6.2，有一个缺失年龄的人，该人是户主的配偶，这个户主30岁。

在此例中，处在30—49岁年龄段的那些户主的配偶们便是与该人相同类型的人。我们根据整个样本的这些人的资料，估算出这种人的加权的或不加权的年龄分布，把其中分布频率最高的那个年龄组作为该人应属于的年龄组。

例6.3，例6.2中那个缺失年龄的人，我们只知道该人是户主的配偶，却不知道户主的年龄（户主的年龄不幸也是缺失的）。

这时，只好把"与该人相同类型的人"的标准放宽些，把所有的在住户中具有"户主的配偶"身份的人作为与该人相同类型的人。

例6.4，例6.2、例6.3中那个缺失年龄的人，我们只知道该人不是户主，却不知道他与户主是何关系。

这时，只好把"与该人相同类型的人"的标准再放宽些，把所有的非独居者住户中具有"不是户主"身份的人作为与该人相同类型的人。

例6.5，例6.2、例6.3中那个缺失年龄的人，我们知道该人是户主的配偶，但是户主却不在此地进行普查登记。

这时的处理办法与例6.3相同，就是把所有的在住户中具有"户主的配偶"身份的人作为与该人相同类型的人。

例6.6，有一个缺失年龄的人，该人自己就是户主。

这时，应当把所有的非独居者住户中具有"户主"身份的人作为与该人相同类型的人。

年龄缺失者与户主的关系除了上面的例中举出的"户主的配偶"以外，还有其他一些情况。现在一并列举如下：0 = 关系缺失；9 = 自己就是户主；1 = 户主的配偶；2 = 户主的子女辈分的亲属；3 = 户主的兄弟姐妹辈分的亲属；4 = 户主的父母辈分的亲属；5 = 户主的祖父母辈分的亲属；6 = 与户主其他关系；7 = 与户主没有关系。

如果年龄缺失者与户主的关系 =9，这是例6.6的情形；如果年龄缺失者与户主的关系 =6（或 =7），这时应当把所有的非独居者住户中具有"6"身份的人（或具有"7"身份的人）作为与该人相同类型的人；如果年龄缺失者与户主的关系 =1（或 =2、3、4、5），而户主的年龄缺失，这是例6.3的情形；如果年龄缺失者与户主的关系 = 1

（或 = 2、3、4、5），而户主不在此地进行普查登记，这是例 6.5 的情形；如果年龄缺失者与户主的关系 = 1（或 = 2、3、4、5），户主的年龄未缺失，这是例 6.2 的情形；如果年龄缺失者与户主的关系 = 0，这是例 6.4 的情形。

上面所说的一律都是住房单元中的居住者不是独自一人的情形。对于与之相反的独居者情形，那是下面的例 6.7。

例 6.7，有一个缺失年龄的人，该人是一个独居者（这个住户是一个只有独自一个人的住户）。这时，应当把所有的独居者作为与该人相同类型的人。

（二）性别缺失的插补

如果一个人的性别缺失，我们的任务是估计这个人是何种性别。分别考虑不同情况：

（1）户主与配偶二人中一人性别缺失，另一人性别未缺失。以未缺失者性别的相反性别为缺失者性别的插补值。

（2）户主与配偶的性别都缺失。先插补户主的性别，然后把与之相反的性别作为配偶的插补值。插补户主性别的方法是，用整个样本做出有配偶的户主的性别分布（加权的或不加权的），把这个分布中发生频率较大的那种性别作为该人性别的插补值。

（3）户主的配偶性别缺失，户主不在此地进行普查登记。先插补户主的性别，然后把与之相反的性别作为配偶的插补值。插补户主性别的方法是，用整个样本估算出未在自己住户所在地进行普查登记的有配偶的户主的性别分布（加权的或不加权的），把这个分布中发生频率较大那种性别作为该人性别的插补值。

（4）非独居住房单元中户主及其配偶以外的其他成员性别缺失，该人与户主的关系不缺失。这里的"其他成员"，指的是前面列举的与户主关系的九种情况中的 2、3、4、5、6、7 这六种情况的成员。对此类成员，插补其性别的方法是，用整个样本估算出与性别缺失者具有与户主关系类型相同的性别分布（加权的或不加权的），把这个分布中发生频率较大那种性别作为该人性别的插补值。

（5）非独居住房单元中户主及其配偶以外的其他成员性别缺失，该人与户主的关系缺失。这里的"其他成员"，指的是前面列举的与户主关系的九种情况中的 2、3、4、5、6、7 这六种情况的成员。对此类成员，插补其性别的方法是，用整个样本估算出非独居住房单元中户主及其配偶以外的所有其他成员的性别分布（加权的或不加权的），把这个分布中发生频率较大那种性别作为该人性别的插补值。

（6）独居者性别缺失。对此类成员，插补其性别的方法是，用整个样本估算出所有独居者的性别分布（加权的或不加权的），把这个分布中发生频率较大那种性别作为该人性别的插补值。

（三）房屋所有权缺失的插补

一个人的房屋所有权特征划分为两种类别：该人是其所居住的住房单元的所有者；该人不是其所居住的住房单元的所有者。房屋所有权缺失插补的任务是，给出该调查项目缺失者属于上面的哪一个类别。

如果房屋所有权缺失者不是居住单位的第一人，就根据第一人的房屋所有权作为房屋所有权缺失者的所有权，也就是说，如果第一人是该住房单元的所有者，则房屋所有权缺失者也是该住房单元的所有者。

如果房屋所有权缺失者是该住房单元住户人员名单的第一人，就根据与他所居住的房屋具有相同房屋结构的房屋居住者的所有权类别作为该房屋所有权缺失者的所有权类别。

（四）民族缺失的插补

如果住房单元其他成员的民族类别没有缺失，那么从没有缺失民族的人中随机抽取一人，被抽取的人的民族类别就作为这个住房单元民族缺失者的民族类别。

如果住房单元所有家庭成员的民族类别都缺失，就把距离最近并且家庭成员民族类别不缺失的那个住房单元中家庭成员的民族分布中发生频率最高的那个民族类别作为民族缺失者的插补值。

（五）地理位置缺失的插补以及都市乡村类型缺失的插补

地理位置是指被调查者居住地属于东部地区、中部地区还是西部地区；都市乡村类型是指被调查者居住地是属于大城市、中等城市、小城市还是乡村。显然，同一个调查小区中的居民，在地理位置上以及在都市乡村类型上都是一样的。因此，此类项目缺失的人，只要按照小区中其他居民所填写的内容把漏项补齐就可以了。

第三节　个人悬而未决比较结果的处理

一　个人状态悬而未决处理的目标

在完成了对质量评估调查名单的个人调查、与普查登记名单的匹配性比对以及后续现场调查后，在质量评估调查名单以及普查登记名单中仍然会有一些人由于没有收集到足够的个人信息而无法确定他的个人状态。在这里，所谓个人状态，指的是三个方面的状态：一是个人的居住地状态，即这个人在普查日是否为本调查小区的居民；二是个人的匹配状态，即这个人是否为质量评估调查名单与普查登记名单之间相互匹配的一个人；三是是否正确进行普查登记状态，即普查登记名单中的一个人在普查登记中是属于正确登记还是错误登记。

由于在上述三个方面都有一些人的个人状态悬而未决，这就使得我们对普查正确计数人数、无移动者人数、无移动者匹配人数、向外移动者匹配人数等这些数据的计算结果也处在悬而未决的状态而不能落实。

处理悬而未决问题的目标是，为上述每一方面的悬而未决人数，分别找出恰当的分配系数，用找出的系数把悬而未决的人数分成此种状态的人数和彼种状态的人数两部分。可见，处理悬而未决的核心问题是计算所需要的分配系数。

二　质量评估调查名单中个人居住地状态悬而未决分配系数的计算

按普查日是否居住在本调查小区，将一个调查小区质量评估调查名单中的人分为三部分：普查日是本调查小区的居民；普查日不是本调查小区的居民；普查日是否为本调查小区的居民悬而未决。前两部分是普查日居住地状态已确定的人，第三部分是普查日居住地状态悬而未决的人。

我们用整个样本所有调查小区前两部分人的数据构造普查日居住地状态悬而未决分配系数，然后用这个分配系数把样本各个调查小区中普查日居住地状态悬而未决的人数分成两部分，分别加到普查日是本调查小区居民的人数和普查日不是本调查小区居民的人数中去。

我们对普查日居住地状态已确定的人定义下面的示性变量：

$$x_{\text{居住地状态},ij} = \begin{cases} 1\,(\text{如果该人普查日是本调查小区居民}) \\ 0\,(\text{如果该人普查日不是本调查小区居民}) \end{cases} \quad (6.9)$$

式（6.9）中，示性变量的角标 i 表示某一个调查小区，j 表示调查小区 i 中普查日居住地状态已确定的人中的某一个人。

普查日居住地状态悬而未决分配系数用下面的式（6.10）定义，即：

$$k_{\text{居住地状态}} = \frac{\displaystyle\sum_{\substack{\text{遍及整个样本}\\ \text{普查日居住地}\\ \text{状态已确定者}}} w_i x_{\text{居住地状态},ij}}{\displaystyle\sum_{\substack{\text{遍及整个样本}\\ \text{普查日居住地}\\ \text{状态已确定者}}} w_i} \quad (6.10)$$

式（6.10）中，w_i 是调查小区 i 的抽样权数，它是调查小区 i 经过所有抽样步骤后最终被包含在样本中的概率的倒数，调查小区 i 中所有的个人 j 具有相同的抽样权数 w_i。式（7.10）的分子是总体中居住地状态已确定为普查日进行普查登记的调查小区居民人数的估计量，分母是总体中居住地状态已确定者人数的估计量。

三　质量评估调查名单中个人匹配状态悬而未决分配系数的计算

按是否与普查登记名单匹配，将一个调查小区质量评估调查名单中的人分为三部分：匹配；未匹配；匹配状态悬而未决。前两部分是匹配状态已确定的人，第三部分是匹配状态悬而未决的人。

我们用整个样本所有调查小区前两部分人的数据构造匹配状态悬而未决分配系数，然后用这个分配系数把样本各个调查小区中匹配状态悬而未决的人数分成两部分，分别加到匹配人数和未匹配人数中去。

我们对匹配状态已确定的人定义下面的示性变量：

$$x_{\text{匹配状态},ij} = \begin{cases} 1\,(\text{如果该人与普查登记名单匹配}) \\ 0\,(\text{如果该人与普查登记名单未匹配}) \end{cases} \quad (6.11)$$

式（6.11）中，示性变量的角标 i 表示某一个调查小区，j 表示调查小区 i 中匹配状态已确定的人中的某一个人。

匹配状态悬而未决分配系数用下面的式（6.12）定义，即：

$$k_{匹配状态} = \frac{\sum\limits_{\substack{遍及整个样\\本匹配状态\\已确定者}} w_i x_{匹配状态,ij}}{\sum\limits_{\substack{遍及整个样\\本匹配状态\\已确定者}} w_i} \qquad (6.12)$$

式（6.12）中，w_i 是调查小区 i 的抽样权数，它是调查小区 i 经过所有抽样步骤后最终被包含在样本中的概率的倒数，调查小区 i 中所有的个人 j 具有相同的抽样权数 w_i。式（6.12）的分子是总体中匹配人数的估计量，分母是总体中匹配状态已确定者人数的估计量。

四　普查登记名单中个人是否正确登记状态悬而未决分配系数的计算

按是否正确地进行了普查登记，将一个调查小区普查登记名单中的人分为三部分：正确登记；错误登记；是否正确登记状态悬而未决。前两部分是是否正确登记状态已确定的人，第三部分是是否正确登记状态悬而未决的人。

我们用整个样本所有调查小区前两部分人的数据构造是否正确登记状态悬而未决分配系数，然后用这个分配系数把样本各个调查小区中是否正确登记状态悬而未决的人数分成两部分，分别加到正确登记者人数和错误登记者人数中去。

我们对是否正确登记状态已确定的人定义下面的示性变量：

$$x_{是否正确登记状态,ij} = \begin{cases} 1（如果该人的普查登记正确） \\ 0（如果该人的普查登记错误） \end{cases} \qquad (6.13)$$

式（6.13）中，示性变量的角标 i 表示某一个调查小区，j 表示调查小区 i 中是否正确登记状态已确定的人中的某一个人。

是否正确登记状态悬而未决分配系数用下面的式（6.14）定义，即：

$$k_{是否正确登记状态} = \frac{\sum\limits_{\substack{遍及整个样本\\是否正确登记\\状态已确定者}} w_i x_{是否正确登记状态,ij}}{\sum\limits_{\substack{遍及整个样本\\是否正确登记\\状态已确定者}} w_i} \qquad (6.14)$$

式（6.14）中，w_i 是调查小区 i 的抽样权数，它是调查小区 i 经过所有抽样步骤后最终被包含在样本中的概率的倒数，调查小区 i 中所有的个人 j 具有相同的抽样权数 w_i。式（6.14）的分子是总体中正确进行普查登记人数的估计量，分母是总体中是否正确登记状态已确定者人数的估计量。

第七章　人口普查净误差的估计

　　人口普查质量评估的核心任务之一是估计人口普查净误差。它定义为普查登记人数与普查目标总体实际人数之差。由于普查登记人数已知，所以净误差估计的关键是获得估计总体实际人数的一个估计量。

　　人口普查净误差的估计一直是各国政府统计机构在人口普查质量评估中优先考虑的一个问题，也是普查数据用户最为关心的问题。联合国把净误差率作为判断一个国家人口普查质量高低的核心指标。如果净误差率在2%以下，就认为人口普查质量好，无须对普查数据进行修正，也就是说，直接使用未修正的普查原始数据；如果净误差率在2%—5%，就认为普查数据质量较好，可以考虑是否对普查数据进行修正；如果净误差率在5%以上，就认为人口普查质量差，要么重新组织人口普查，要么对普查数据修正，并发布修正后的普查数据。净误差的一个显著特征是无法从普查数据本身获得，而只能是先估计出总体实际人数，然后再把已知的普查登记人数减去它得到。目前世界各国主要使用双系统估计量估计总体实际人数。

　　在2000年人口普查质量评估中，美国普查局还使用合成估计量（Ghosh and Rao，1994）估计各个州、县、普查制表区、街区（统称区域）等的实际人数及普查净误差。提出合成估计量的理由是，质量评估调查样本一般只是对全国人口普查登记质量的评估具有代表性，而对全国以下各个区域的人口普查质量评估缺少代表性，但有时候出于各种目的又需要评估区域的人口普查登记质量。合成估计量的基本思想是将使用双系统估计量计算的横贯全国的每一个事后层的人数估计值用于全国以下区域的人数估计。很显然，这种做法的有效性取决于全国与全国以下区域人口特征的类似性，例如，人口普查漏报率相同或相近。美国普查局在2000年和2010年人口普查质量评估中使用合成估计量估计全国以下区域的实际人数，包括拉美、拉丁或非拉美、非拉丁的总人数及

18 岁以上或以下的人数。合成估计量的使用有一个前提条件，那就是在既定事后层，人口普查修正因子（估计的事后层实际人数与该事后层的普查登记人数之比）固定不变。这意味着既定事后层的修正因子在研究区域内的所有区域是一样的。从某种程度上来看，这个假设不成立。因此，基于合成估计量的人数估计值是有偏差的。合成估计量的偏差随着区域规模的增加而减少。

有必要特别强调的是，双系统估计量所针对的总体中的人口应该具有相同的人口普查或质量评估抽样调查登记概率。然而，在现实的人口总体中，不同类型的人会有不同的登记概率。这就要选择适当的标志，用它们对总体分层（分组），把登记概率大致相同的人放在同一层，把登记概率不同的人划分到不同的层。在实际操作中，这种分层工作是在人口普查质量评估抽样调查样本抽出之后在样本中进行的，所以人们常把所划分的层叫作事后层。实际上，划分事后层所选用的标志都是一些与登记概率有统计相依关系的变量。然而，选用分层标志有很大的局限性，即当这种标志或变量的数目比较多时，常常不得已把其中的一些舍弃掉。因为，分层标志太多，会导致所划分的交叉层过多以致在有限的样本含量下有的层分不到单位，形成无法操作的局面。美国学者理查德·格里芬等（Richard Griffin et al.，2006）使用 Logistic 回归模型比较好地解决了这个问题。在他们所做研究的基础上，美国 2010 年人口普查质量评估方案在继续沿用基于抽样后分层的双系统估计量的同时，对 Logistic 回归模型方案进行了试运行（Vincent Thomas Mule et al.，2008）。这是该方法迄今为止在人口普查质量评估领域仅有的一次应用。

本章构造有两种形式的双系统估计量：一是基于对总体人口分层的双系统估计量；二是基于 Logistic 回归模型的双系统估计量。美国在人口普查质量评估中对双系统估计量及合成估计量的应用，代表了这一领域的国际前沿水平，因此，以美国 2000 年人口普查质量评估方案文献资料为主要背景，通过技术解读、理论诠释的方式论述双系统估计量、合成估计量及其方差估计量的构造原理。

第一节　基于对总体人口分层的双系统估计量

一　双系统估计量以及基于质量评估样本对它的估计

构造双系统估计量涉及一系列复杂的理论与实践问题，包括对人口总体的等概率事后分层、P 样本及 E 样本的构造、样本的抽取方法、样本指标通过抽样权数（金勇进和张喆，2014）扩张到总体指标等。

（一）事后分层

双系统估计量只能在人口普查登记概率相同的人口层中构造。然而，总体人口的登记概率存在差异。这主要源于三方面的原因：首先，每一个人的性格不尽相同，对待同一事物会做出不同的反应，有的愿意参加人口普查，有的消极对待人口普查；其次，年龄、性别、婚姻、职业、行业、社会、经济地位、居住状况等因素也影响人们参与人口普查的热情与动力；最后，人口普查举办的次数。相关资料表明，随着普查次数的增加，老百姓合作意愿程度下降。1953 年是新中国成立之后的首次人口普查，那时老百姓积极踊跃参与，但最近的 2000 年和 2010 年人口普查，有些老百姓甚至拒绝普查员入户登记。不同人的登记概率有差别，这是客观存在的事实，我们没有办法做到把所有的人登记的概率都变得相同。

解决上述问题的一个自然想法是，把总体中登记概率相同的人放在同一层，在这样的层（通常称之为事后层）构造和应用双系统估计量。自然，所谓"登记概率相同"是在相对的意义上来说的。我们能够做的事情只能是使得划分到同一个层内的那些人登记概率大致差不太多。换句话说，无法做到同一层的所有人登记的概率完全相等。正因为此，双系统估计量存在一定程度的异质性偏差。

紧接着需要进一步考虑的问题是，确定影响总体人口登记概率的相关变量。人口普查质量评估实践经验表明，人口统计特征（性别、年龄等）可以作为对总体人口进行等概率事后分层的变量。利用这些变量形成各种交叉层（又称事后层）。受样本总量所限，有些交叉层不得不合并。美国 2000 年人口普查质量评估原计划将人口总体划分为 448 个交叉层，后来通过合并减少了 32 个，最终将 448 个交叉层压缩为

416（＝448－32）个。

（二）P样本和E样本的构成

为了更好地理解双系统估计量，先简要介绍一下与构造双系统估计量及其构成部分密切相关的P样本和E样本的构成。

双系统估计量要求获得样本地理区域（街区群等）普查时编制的人口登记名单与质量评估调查追溯普查时点的人口登记名单的匹配人数，即同时被他们登记的人数。为此，需要在这两份人口登记名单之间进行比较操作，即比较两份人口登记名单中的每个人的姓名、年龄、性别、婚姻状况、文化程度、民族或种族、地理位置等变量（又称为调查项目）。如果两份名单中的人在所有这些变量方面完全相同或90%以上相同，就称为匹配人口，反之称为未匹配人口。

很显然，如果人口登记名单中的人口信息登记不全，甚至不属于人口普查目标总体，就会给比较带来困难或得到虚假的比较结果，从而影响到双系统估计量所估计的总体实际人数的精度。为使比较顺利进行，需要从普查登记人口名单中剔除不属于普查目标总体中的人口（如爱犬当作人口登记等）和信息登记不全的人口（如只登记姓名而未登记诸如年龄、出生地等信息）。把样本街区群普查人口登记名单剔除这些普查登记人口后剩余的人口称为E样本。美国2000年人口普查质量评估方案最终E样本未加权人数为704602。

由于人口普查质量评估调查属于抽样调查，其工作量比人口普查小得多，因此有条件把人口的普查时点追溯登记工作做得尽可能细致，有条件减少诸如登记了非普查目标总体成员、调查项目填写不齐全等问题。因此，直接把人口普查质量评估调查样本当作是P样本。美国2000年人口普查质量评估方案最终P样本未加权人数为653338。

人口普查质量评估调查时所进行的人口登记，是对普查时点人口的追溯登记。可是，进行此种登记的时间已经离开了普查时点，过去了一段时间，在这段时间里可能会发生人口的移动。就一个样本街区群来说，普查时点该街区群的常住人口，在这段时间里可能会有些人迁离该街区群（称之为向外移动者）；普查时点常住在其他地方的人口，在这段时间里可能会有些人迁移至该街区群（称之为向内移动者）；普查时点该街区群的常住人口，在这段时间里可能仍然居住在本样本街区群（称之为无移动者）。

通过 P 样本与 E 样本各自及其之间人口记录的比较，可以为双系统估计量的构造提供每一个样本街区群的 7 种样本人数。

（三）事后层 v 及总体的双系统估计量

美国 2000 年人口普查质量评估方案的分层变量有：（1）人口的种族以及是否为拉美血统；（2）人口的年龄和性别；（3）人口对所在住房单元是否拥有房屋所有权；（4）人口常住地所在地区的城市类型；（5）人口常住地所在地区的普查表回收率类型；（6）人口常住地所在地区的地理位置类型。这些变量交叉分层和进行必要的合并后总共得到416 个事后层。用 v 表示其中任一事后层。用 DSE（Dual System Estimator）表示双系统估计量。美国 2000 年方案事后层 v 的双系统估计量为（若用样本资料构造双系统估计量，则在该估计量上加 "^" 号）：

$$\widehat{DSE}_v = C_v \times \frac{\widehat{CE}_v}{\hat{N}_{ve}} \times \frac{\hat{N}_{vn} + \hat{N}_{vi}}{\hat{M}_{vn} + (\hat{M}_{vo}/\hat{N}_{vo})\hat{N}_{vi}} \tag{7.1}$$

式（7.1）中，

C_v＝根据普查登记表汇总得到的事后层 v 的普查登记人数（它不包括所有人口统计特征均是估算的普查登记人数，也不包括直至质量评估开始时尚未送达人口普查办公室的普查登记人数）；

$\widehat{CE}_v$＝根据 E 样本估计的事后层 v 的普查正确登记人数；

$\hat{N}_{ve}$＝根据 E 样本估计的事后层 v 的普查登记人数；

$\hat{N}_{vn}$＝根据 P 样本估计的事后层 v 的无移动者人数；

$\hat{N}_{vi}$＝根据 P 样本估计的事后层 v 的向内移动者人数；

$\hat{N}_{vo}$＝根据 P 样本估计的事后层 v 的向外移动者人数；

$\hat{M}_{vn}$＝根据 P 样本和 E 样本比较结果估计的事后层 v 的无移动者匹配人数；

$\hat{M}_{vo}$＝根据 P 样本和 E 样本比较结果估计的事后层 v 的向外移动者匹配人数。

需要特别说明的是，虽然美国质量评估调查样本以州为范围抽取，但是每一个事后层可以跨越州的范围，覆盖全国 50 个州和哥伦比亚特区。

估计全美国实际人数的双系统估计量为：

$$\widehat{DSE}_{全美国} = \sum_{v=1}^{416} \widehat{DSE}_v \tag{7.2}$$

（四）事后层 v 双系统估计量式（7.1）各个构成部分估计量的构造

不难看出，构造双系统估计量的关键是要获得式（7.1）的 7 个构成部分估计量的计算公式。现在介绍美国 2000 年人口普查质量评估方案是怎样给出 $\widehat{CE}_v$、$\hat{N}_{ve}$、$\hat{N}_{vn}$、$\hat{N}_{vi}$、$\hat{N}_{vo}$、$\hat{M}_{vn}$ 和 $\hat{M}_{vo}$ 的线性估计量公式。它们中的每一个所要估计的目标都可以看作是总体各个街区群在 v 层的适当观察值的总体总值。我们把 i 街区群 v 层的上述适当观察值记为 y_{vi}，则 v 层的全国总体总值 Y_v 为：

$$Y_v = \sum_{i=1}^{N} y_{vi} \tag{7.3}$$

式（7.3）中，N 表示全美国的街区群数目，2000 年为 3767000 个。每个街区群平均含街区 1.9 个、住房单元 31.5 个。

上述 7 个估计量可以统一地看作由式（7.3）所写出的总体总值 Y_v 的估计量。因此，下面只需考虑怎样由样本街区群的观察值 y_{vi} 得到估计量 $\hat{Y}_v$ 即可。

自 1950 年人口普查质量评估起，美国就一直使用分层、多步、整群抽样方法，即先抽一个大样本，然后压缩它得到想要的样本。美国 2000 年人口普查质量评估调查首次引入目标延伸搜索环节，以提高 P 样本匹配率与 E 样本正确计数率。事实上，未进行目标延伸搜索之前，P 样本匹配人数为 230681205 人，匹配率为 87.7%；E 样本正确计数人数为 244387951 人，正确计数率为 92.3%。进行目标延伸搜索之后，P 样本匹配人数为 240878622 人，匹配率为 91.6%；E 样本正确计数人数为 252096238 人，正确计数率为 95.3%。此外，对住房单元数超过 80 个的样本大型街区群以"片"为抽样单位抽取子样本，即进行第三步抽样。

在加入目标延伸搜索（TES）操作环节的情况下，层 h 中街区群 i 的 v 层观察值 y_{vhi} 应当划分为两个部分：$y_{vhi} = u_{vhi} + u_{vhi}^{*}$。其中，$u_{vhi}$ 是层 h 中的街区群 i 经过初步比较操作以后 y_{vhi} 的初始值，u_{vhi}^{*} 是进行了目标延伸搜索以后得到的 y_{vhi} 的校正量。

全国第二步样本的 11303 个街区群在目标延伸搜索中被划分成三个部分。一是 420 + 4407 = 4827 个街区群，它们是非目标延伸搜索部分（non-TES），其中的所有街区群都要被排除在目标延伸搜索操作之外；二是 5326 个街区群，它们是目标延伸搜索概率抽样部分（TES – sampling），用分层等概率等距抽样的方法依照全国统一的抽样概率从中抽取了 1089 个街区群进行目标延伸搜索；三是 1150 个街区群，对它们全部进行目标延伸搜索。

上述这三种街区群各自回归到自己所在的州以后，每一个州的第二步样本也相应地分成了这样三个部分。今后把这三个部分叫作第二步样本的子群，并且分别用 $c = 1$、$c = 2$、$c = 3$ 表示这三个子群。请注意：这三个子群已经打破了原来做第一步抽样和第二步抽样时所划分的 h 层、g 层的界限。

美国 2000 年人口普查质量评估抽样调查第三步抽样的设计是，在每个州中，把第二步样本中实际规模（根据"独立地址目录"计算的住房单元数）大于或等于 80 的非 AIR 街区群以街区群为单位划分到六个抽样层中。这六个抽样层的名称分别是：（1）实际规模大于或等于 80 的非 AIR 少数民族街区群层（包括"低于"型、"高于"型、一致型，不加区分）；（2）实际规模大于或等于 80 的非 AIR 非少数民族"低于"型不一致街区群层；（3）实际规模大于或等于 80 的非 AIR 非少数民族"高于"型不一致街区群层；（4）实际规模大于或等于 80 的非 AIR 非少数民族一致型街区群层；（5）实际规模大于或等于 80 的非 AIR 中街区群变成大街区群跳跃层（某街区群在第一步抽样分层时被划定为中型，但经过编制独立地址目录发现其住房单元数大于 80，应属于大型）；（6）实际规模大于或等于 80 的非 AIR 小街区群变成大街区群跳跃层（某街区群在第一步抽样分层时被划定为小型，但经过编制独立地址目录发现其住房单元数大于 80，应属于大型）。用记号 τ 表示这六个层中的某一层。然后，在每一个 τ 层中以分别在各个街区群中划分形成的"片"为抽样单位来抽取第三步样本。即在每个州第二步样本中实际规模大于或等于 80 的非 AIR 街区群的 τ 层，把各个街区群划分出来的"片"合在一起编成抽样框，从中以"片"为抽样单位抽取等概率等距样本。所抽取的"片"的数目等于该 τ 层第二步样本街区群的数目。在每一个 τ 层中以"片"为单位把第三步样本抽取出来以后，再把抽出的这些"片"一个一个地送回它们所属的街区群，分别在每个街区群，用送回来的样本"片"来构造本街区群的 u_{vhi} 和 u_{vhi}^{*} 的估计量。第三步抽样总共抽取住房单元 311000 个，不过街区群数未变，依然是 11303 个。

现在我们针对上述设计，给出某一个实际规模大于或等于 80 个住房单元的非 AIR 街区群 i 的 u_{vhi} 和 u_{vhi}^* 的估计量。在该街区群 i 所在的 τ 层中，我们把该层中的各个街区群所划分形成的"片"集合在一起的总数记作 M_τ，把从这些"片"中抽取出来的"片"的数目记作 m_τ。显然，我们能够得到样本中各个"片"的观察值 u_{vk} 和 u_{vk}^*（$k=1$，2，$\cdots$，m_τ）。为了写出所需要的估计量，我们定义样本中各个"片"的示性函数 u'_{vk} 和 u'^*_{vk}（$k=1$，2，$\cdots$，m_τ）。它们的取值规则是如果所论的"片" k 属于街区群 i，则 u'_{vk} 和 u'^*_{vk} 分别取 u_{vk} 和 u_{vk}^*；如果所论的"片" k 属于其他情形，则 u'_{vk} 和 u'^*_{vk} 取 0。应用抽样理论中子总体估计的技术，我们写出 u_{vhi} 和 u_{vhi}^* 的估计量分别为：

$$\hat{u}_{vhi} = M_\tau \frac{1}{m_\tau} \sum_{k=1}^{m_\tau} u'_{vk} \tag{7.4}$$

$$\hat{u}_{vhi}^* = M_\tau \frac{1}{m_\tau} \sum_{k=1}^{m_\tau} u'^*_{vk} \tag{7.5}$$

虽然式（7.4）和式（7.5）等号左边的角标记号 h 在公式中没有计算上的意义，但由于现在我们所关注的街区群 i 总会属于当初进行 h 分层时的某一个 h 层，而且今后在构造的估计量时还需要考虑 i 对 h 的所属关系，所以现在还不能把 h 丢掉。如果仅仅是考察式（7.4）和式（7.5），完全可以把 h 和 i 看作捆绑在一起的一个整体的记号。

在计算估计量式（7.4）和式（7.5）时会出现这样的情况：m_τ 个样本"片"全都不属于街区群 i，这时对于街区群 i，式（7.4）和式（7.5）的值为 0。这好像有点不可思议：一个明明存在的并且它的实际观察值并不为 0 的街区群，其样本估计量的值怎么会是 0 呢？其实，所出现的情况是完全合理的。要知道，τ 层中的全体街区群（也就是产生 M_τ 个"片"的那些街区群）是第二步抽样的结果，我们从 M_τ 个"片"中抽取 m_τ 个"片"，这是在做第三步抽样。现在所采取的这种抽样组织方式使得第三步抽样在进行以"片"为单位抽取的同时，还会发生对街区群的抽取效应。也就是说，可能有些街区群被排斥在第三步样本之外。如果 m_τ 个样本"片"全都不属于街区群 i，就意味着这个街区群被排斥在第三步样本之外。

下面介绍美国 2000 年人口普查质量评估抽样设计中对三步抽样及目标延伸搜索条件下全国范围内 v 层的总体的总体总值式（7.3）Y_v 的线性估计量。

首先定义目标延伸搜索 c 子群的示性函数 s_{hic}：如果层 h 中的街区群 i 属于第 c 子群，$s_{hic} = 1$；如果是其他情形，$s_{hic} = 0$。这样，便用 s_{hic} 定义了层 h 与子群 c 的交集中全体街区群所组成的总体。然后再定义针对上述交集总体抽取目标延伸搜索样本的示性函数 α_{hic}：如果 hc 交集里的街区群 i 进入目标延伸搜索样本，$\alpha_{hic} = 1$；如果是其他情形，$\alpha_{hic} = 0$。

于是，在三步抽样及目标延伸搜索条件下，$y = u + u^*$ 的 v 层总体总值 Y_v 的线性估计量为：

$$\hat{Y}_v = \sum_{h=1}^{H} \sum_{g=1}^{G} \sum_{i=1}^{n_h} \alpha_{hgi} x_{hgi} I_{hgi} u_{vhi} + \sum_{h=1}^{H} \sum_{g=1}^{G} \sum_{i=1}^{n_h} \sum_{c=2}^{3} \alpha_{hgi} x_{hgi} I_{hgi} s_{hic} \alpha_{hic} \alpha_c^* u_{vhi}^*$$

(7.6)

式（7.6）第一项中的 x_{hgi} 为：

$$\alpha_{hgi} = w_{hi} \left(\frac{\sum_{i=1}^{n_h} w_{hi} x_{hgi}}{\sum_{i=1}^{n_h} w_{hi} x_{hgi} I_{hgi}} \right)$$

(7.7)

式（7.7）中，第一个因子 w_{hi} 如前所述是 y_{vhi} 在第一步抽样中的抽样权数，是 h 层 i 街区群在第一步抽样中被样本包含的概率的倒数 N_h / n_h，第二个因子（比式）是 h 层 g 子层 i 街区群在第二步抽样中进入样本概率的倒数；该比式的分子中的 x_{hgi} 是对 h 层中第一步样本的 g 子层街区群计数用标志值（凡是 g 子层第一步样本的街区群该标志值为1），用 w_{hi} 加权后的加权和为总体的 h 层中 g 子层街区群数的估计量；该比式的分母中的乘积 $x_{hgi} I_{hgi}$ 是对 h 层中 g 子层第二步样本的街区群计数标志值（凡是 g 子层第二步样本的街区群，该乘积为1），用 w_{hi} 加权后的加权和为总体的 h 层中 g 子层产生的第二步样本街区群数的估计量。

式（7.6）第二项中的 α_c^* 为：

$$\alpha_c^* = \left(\frac{\sum_{h=1}^{H} \sum_{g=1}^{G} \sum_{i=1}^{n_h} I_{hgi} s_{hic}}{\sum_{h=1}^{H} \sum_{g=1}^{G} \sum_{i=1}^{n_h} I_{hgi} \alpha_{hic} s_{hic}} \right)$$

(7.8)

式（7.6）中表示街区群 i 的观察值的两个记号 u_{vhi} 和 u_{vhi}^* 的意义要视街区群 i 的不同情况而有所不同。当街区群 i 为实际规模大于或等于80的非 AIR 街区群时，应当把这两个记号理解为用式（7.4）和式（7.5）算

出的 u_{vhi} 和 u_{vhi}^* 的估计量；当街区群 i 为其他情形时，这两个记号为街区群 i 整体的实际观察值。

需要注意的是，式（7.6）的第一项包含了第二步样本的所有街区群。

在式（7.6）的第二项中，I_{hgi}、s_{hic} 和 α_{hic} 三个示性函数结合在一起，保证了式中的 u_{vhi}^* 为从 h 层 g 子层的第二步样本的属于 c 子集的街区群中进入目标延伸搜索的街区群。式中的 α_{hgi} 是 hg 层街区群经过两步抽样进入第二步样本的概率的倒数。式中的 α_c^* 是进入第二步样本的街区群进一步进入目标延伸搜索的概率的倒数，它由式（7.8）定义。对于 $c = 1$ 子群，它并不存在目标延伸搜索的问题，所以被排除在式（7.6）第二项之外；对于 $c = 2$ 子群，由于 α_c^* 的分子是进行目标延伸搜索的概率抽样作业总体的街区群数，分母是从中所抽样本的街区群数，这正是进行目标延伸搜索设计时在全国计算的 $5326/1089 = 4.8907$ 这个统一使用的抽样权数；对于 $c = 3$ 子群，显然有 $\alpha_c^* = 1$。

v 层人数的双系统估计量已由式（7.1）给出，其中的 $\widehat{CE}_v$、$\hat{N}_{ve}$、$\hat{N}_{vn}$、$\hat{N}_{vi}$、$\hat{N}_{vo}$、$\hat{M}_{vn}$、$\hat{M}_{vo}$ 这七个线性估计量可用式（7.6）构造。只要把用式（7.6）算出的七个线性估计量的值代入式（7.1），便得到 v 层的人数的估计。

二 双系统估计量的方差估计

这里介绍美国 2000 年人口普查质量评估抽样设计中怎样用刀切方差估计量估计式（7.1）的方差。

（一）刀切方差估计量概述

作为预备知识，我们简要介绍分层刀切方差估计量的一般程式。在简单随机抽样下，设要估计的总体参数为 DSE，用容量为 n 的样本构造它的估计量 $\widehat{DSE}$。用分层刀切方差估计量寻求 $\widehat{DSE}$ 的方差 $V(\widehat{DSE})$ 的估计量 $v(\widehat{DSE})$ 的操作过程如下：将第一步样本的 n 个街区群划分成 n 个随机组，每组 1 个街区群；对 n 个随机组轮换刀切，每次切掉 1 个随机组，也就是切掉 1 个街区群，用 γ 表示；用剩下的 $n-1$ 个街区群依照与 $\widehat{DSE}$ 相同的方法构造切断后复制估计量 $\widehat{DSE}^{(\gamma)}$。

用上面的记号写出事后层 v 的 $\widehat{DSE}$ 的方差 $V(\widehat{DSE})$ 的刀切法方差估

计量 $v(\widehat{DSE_v})$ 为：

$$v(\widehat{DSE_v}) = \sum_{\gamma=1}^{n} \frac{n-1}{n}(\widehat{DSE_v^{(\gamma)}} - \widehat{DSE_v})^2 \tag{7.9}$$

（二）事后层 v 的双系统估计量的分层刀切方差估计

现在的目标是要寻求 v 层的人数估计量式（7.1）的方差的刀切方差估计量。为此，先要对式（7.1）的七个组成部分即 $\widehat{CE_v}$、$\hat{N}_{ve}$、$\hat{N}_{vn}$、$\hat{N}_{vi}$、$\hat{N}_{vo}$、$\hat{M}_{vn}$、$\hat{M}_{vo}$ 这一套估计量进行切断后复制；然后对这一套估计量每一次进行切断后复制之后，将它们一起代入式（7.1），完成式（7.1）的本次切断后复制；再待切断后复制全部完成后，用式（7.1）的 n 个切断后复制估计量 $\widehat{DSE^{(\gamma)}}$ 的值，依据式（7.9）求出式（7.1）的方差的大折刀估计。

1. 对 $\widehat{CE_v}$、$\hat{N}_{ve}$、$\hat{N}_{vn}$、$\hat{N}_{vi}$、$\hat{N}_{vo}$、$\hat{M}_{vn}$、$\hat{M}_{vo}$ 的切断后复制

这实际上是要讨论，当从第一步样本的 n 个街区群中切掉一个街区群 γ（所在层用 β 表示）以后，怎样用剩下的 $n-1$ 个第一步样本街区群构造切断后估计量 $\hat{Y}_v^{(\beta\gamma)}$。

前面曾由式（7.6）给出三步抽样（并进行目标延伸搜索）情形下 Y_v 的无刀切线性估计量。在那里，把 h 层 i 街区群的 v 层的观察值 y_{vhi} 划分为 u_{vhi} 和 u_{vhi}^* 两个部分，u_{vhi} 是 h 层 i 街区群经过初步匹配以后 y_{vhi} 的初始值，u_{vhi}^* 是进行了目标延伸搜索以后得到的 y_{vhi} 的校正量。式（7.6）中的 u_{vhi} 和 u_{vhi}^* 两个记号，当 h 层 i 街区群是实际规模大于或等于 80 的非 AIR 街区群时，它们指的是由第三步样本中属于本街区群的那些"片"构造的估计量；当 h 层 i 街区群是实际规模大于或等于 80 个住房单元的非 AIR 街区群以外的其他情形时，它们指的是本街区群的实际标志总量。

由于刀切是以街区群为单位进行的，而式（7.6）也是以街区群为单位构造的，所以加入目标延伸搜索以及第三步抽样情形下 Y_v 的切断后复制估计量只要在式（7.6）的基础上把 h 层 g 子层 i 街区群的与前两步抽样有关的抽样权数换成切断街区群 γ 后复制权数就可以了。这样，写出加入目标延伸搜索以及第三步抽样情形下 Y_v 的切断后复制估计量为：

$$\hat{Y}_v^{(\beta\gamma)} = \sum_{h=1}^{H}\sum_{g=1}^{G}\sum_{i=1}^{n_h} L_{hgi}^{\beta\gamma} x_{hgi} I_{hgi} u_{vhi} + \sum_{h=1}^{H}\sum_{g=1}^{G}\sum_{i=1}^{n_h}\sum_{c=2}^{3} L_{hgi}^{\beta\gamma} x_{hgi} I_{hgi} s_{hic} \alpha_{hic} \alpha_c^{*\beta\gamma} u_{vhi}^*$$

$$\tag{7.10}$$

式（7.10）中，$L_{hgi}^{\beta\gamma}$ 由式（7.11）给出，而 $\alpha_c^{*\beta\gamma}$ 由式（7.12）给出：

$$
L_{hgi}^{\beta\gamma} = \begin{cases}
\alpha_{hgi} & (h \neq \beta) \\[2mm]
\dfrac{n_h}{n_h-1}\alpha_{hgi} & (h=\beta,\ x_{\beta g\gamma}=0) \\[2mm]
\dfrac{n_{hg}-1}{n_{hg}}\dfrac{n_h}{n_h-1}\alpha_{hgi} & (h=\beta,\ x_{\beta g\gamma}=1,\ I_{\beta g\gamma}=0,\ i\neq\gamma) \\[2mm]
\dfrac{q_{hg}}{q_{hg}-1}\dfrac{n_{hg}-1}{n_{hg}}\dfrac{n_h}{n_h-1}\alpha_{hgi} & (h=\beta,\ x_{\beta g\gamma}=1,\ I_{\beta g\gamma}=1,\ i\neq\gamma) \\[2mm]
0 & (h=\beta,\ x_{\beta g\gamma}=1,\ I_{\beta g\gamma}=1,\ i=\gamma)
\end{cases}
$$

$$(7.11)$$

式（7.11）中，α_{hgi} 见式（7.7），n_h 是层 h 的第一步样本的样本量，n_{hg} 是层 h 中的次级层 g 的第一步样本的样本量，q_{hg} 是层 h 中的次级层 g 的第二步样本的样本量，β 表示被切掉的街区群 γ 所在的 h 层，$x_{\beta g\gamma}$ 指示被切掉的街区群 γ 是否属于所论的 h 层 g 子层 i 街区群所在的 g 子层，$I_{\beta g\gamma}$ 指示被切掉的街区群 γ 是否属于所论的 h 层 g 子层 i 街区群所在的 g 子层的第二步样本。

式（7.12）是由式（7.8）α_c^* 演变来的。α_c^* 是 h 层 g 子层 i 街区群在进入第二步样本的条件下进一步进入目标延伸搜索的概率的倒数。

$$
\alpha_c^{*\beta\gamma} = \frac{\displaystyle\sum_{h=1}^{H}\sum_{g=1}^{G}\sum_{i=1}^{n_h}\frac{L_{hgi}^{\beta\gamma}}{\alpha_{hgi}}I_{hgi}s_{hic}}{\displaystyle\sum_{h=1}^{H}\sum_{g=1}^{G}\sum_{i=1}^{n_h}\frac{L_{hgi}^{\beta\gamma}}{\alpha_{hgi}}I_{hgi}\alpha_{hic}s_{hic}}
$$

$$(7.12)$$

在式（7.12）中，我们想要使用由式（7.11）定义的记号 $L_{hgi}^{\beta\gamma}$ 为式（7.8）的分子和分母赋权。由于式（7.8）是在 h 层 g 子层 i 街区群已经进入第二步样本的条件下构造的，因此与第一步、第二步这两步抽样无关。为此，在式（7.12）中使用记号 $L_{hgi}^{\beta\gamma}$ 时，应当把其中所含的第一步、第二步这两步抽样的抽样权数 α_{hgi} 消去。式（7.13）中将 $L_{hgi}^{\beta\gamma}$ 除以 α_{hgi} 就是这个意思。现在写出从 $L_{hgi}^{\beta\gamma}$ 中消去 α_{hgi} 以后的这个抽样权数的定义。它是：

$$
\frac{L_{hgi}^{\beta\gamma}}{\alpha_{hgi}} = \begin{cases} \dfrac{q_{hg}}{q_{hg}-1}\dfrac{n_{hg}-1}{n_{hg}}\dfrac{n_h}{n_h-1} & (h=\beta, x_{\beta g\gamma}=1, I_{\beta g\gamma}=1, i\neq\gamma) \\[2mm] \dfrac{n_{hg}-1}{n_{hg}}\dfrac{n_h}{n_h-1} & (h=\beta, x_{\beta g\gamma}=1, I_{\beta g\gamma}=0, i\neq\gamma) \\[2mm] \dfrac{n_h}{n_h-1} & (h=\beta, x_{\beta g\gamma}=0) \\[2mm] 1 & (h\neq\beta) \\[2mm] 0 & (h=\beta, x_{\beta g\gamma}=1, I_{\beta g\gamma}=1, i=\gamma) \end{cases}
$$

$$(7.13)$$

在式（7.12）中添加了用式（7.13）定义的权数，那么其意义是什么呢？

让我们先来考察式（7.12）的分子。其中 I_{hgi} 和 s_{hic} 的乘积是 h 层 g 子层 i 街区群的标志值，当该街区群属于 h 层 g 子层第二步样本与 c 子集的交集时，这个乘积取 1，其他情况下这个乘积取 0。当没有刀切时，式（7.12）中不含抽样权数，这时该式的分子，也就是式（7.8）的分子中对 $I_{hgi}s_{hic}$ 进行针对 i 和针对 g 的求和后，得到 h 层与 c 子集的交集中第二步样本街区群的总数 $T_{hc}^{(2)}$。现在切掉了第一步样本中的一个街区群 γ，怎样用保留下来的样本街区群来估计上面的这个总数呢？我们分别就所论的 h 层 g 子层 i 街区群与被切掉的街区群 γ 之间关系的不同情况来讨论。

（1）如果所论的 h 层 g 子层 i 街区群与现在被切的街区群 γ 在同一个 h 层也在同一个 g 子层并且被切的街区群 γ 进入了第二步样本，所论的 h 层 g 子层 i 街区群与现在被切的街区群 γ 不是同一个街区群。这时，T_{hc} 的估计量用式（7.14）构造，即：

$$
\begin{aligned}
\hat{T}_{hc}^{(2)} &= n_h\frac{1}{n_h-1}\sum_{g=1}^{G}(n_{hg}-1)\frac{1}{n_{hg}}\Big(q_{hg}\frac{1}{q_{hg}-1}\sum_{i=1}^{q_{hg}-1}I_{hgi}s_{hic}\Big) \\
&= n_h\frac{1}{n_h-1}\sum_{g=1}^{G}(n_{hg}-1)\frac{1}{n_{hg}}(\hat{T}_{hgqc}^{(2)}) \\
&= n_h\frac{1}{n_h-1}\sum_{g=1}^{G}(\hat{T}_{hgnc}^{(2)})
\end{aligned}
$$

$$(7.14)$$

式（7.14）中，$\hat{T}_{hgqc}^{(2)}$ 是把切掉街区群 γ 以后剩下的 $q_{hg}-1$ 个街区群当作样本构造的 q_{hg} 样本的 $I_{hgi}s_{hic}$ 样本总值的估计量，$\hat{T}_{hgnc}^{(2)}$ 是以第二步样本

总值的估计量为基础计算的 h 层 g 子层切掉街区群 γ 以后的 $I_{hgi}s_{hic}$ 总值的估计量，$[n_h/(n_h-1)][(n_{hg}-1)/n_{hg}][q_{hg}/(q_{hg}-1)]$ 是式（7.12）中的抽样权数 $L_{hgi}^{\beta\gamma}/\alpha_{hgi}$。

（2）如果所论的 h 层 g 子层 i 街区群与现在被切的街区群 γ 在同一个 h 层并且也在同一个 g 子层，被切的街区群 γ 没有进入第二步样本，所论的 h 层 g 子层 i 街区群与现在被切的街区群 γ 不是同一个街区群。这时 T_{hc} 的估计量用式（7.15）构造，即：

$$
\begin{aligned}
\hat{T}_{hc}^{(2)} &= n_h \frac{1}{n_h-1} \sum_{g=1}^{G} (n_{hg}-1) \frac{1}{n_{hg}} \left(\sum_{i=1}^{q_{hg}} I_{hgi}s_{hic} \right) \\
&= n_h \frac{1}{n_h-1} \sum_{g=1}^{G} (n_{hg}-1) \frac{1}{n_{hg}} \left(T_{hgqc}^{(2)} \right) \\
&= n_h \frac{1}{n_h-1} \sum_{g=1}^{G} \left(\hat{T}_{hgnc}^{(2)} \right)
\end{aligned}
\tag{7.15}
$$

式（7.15）中，$T_{hgqc}^{(2)}$ 是 q_{hg} 样本的 $I_{hgi}s_{hic}$ 样本总值，$\hat{T}_{hgnc}^{(2)}$ 是以第二步样本总值为基础计算的 h 层 g 子层切掉街区群 k 以后的 $I_{hgi}s_{hic}$ 总值估计量，$[n_h/(n_h-1)][(n_{hg}-1)/n_{hg}]$ 是式（7.12）中的抽样权数 $L_{hgi}^{\beta\gamma}/\alpha_{hgi}$。

（3）如果所论的 h 层 g 子层 i 街区群与现在被切的街区群 γ 在同一个 h 层但是不在同一个 g 子层。这时 T_{hc} 的估计量用式（7.16）构造，即：

$$
\begin{aligned}
\hat{T}_{hc}^{(2)} &= n_h \frac{1}{n_h-1} \sum_{g=1}^{G} \left(\sum_{i=1}^{q_{hg}} I_{hgi}s_{hic} \right) \\
&= n_h \frac{1}{n_h-1} \sum_{g=1}^{G} \left(T_{hgnc}^{(2)} \right)
\end{aligned}
\tag{7.16}
$$

式（7.16）中，$T_{hgnc}^{(2)}$ 是用第二步样本总值表示的 h 层 g 子层 $I_{hgi}s_{hic}$ 总值，$[n_h/(n_h-1)]$ 是式（7.12）中的抽样权数 $L_{hgi}^{\beta\gamma}/\alpha_{hgi}$。

（4）如果所论的 h 层 g 子层 i 街区群与现在被切的街区群 γ 不在同一个 h 层。这时，刀切街区群 γ 的行为对 i 街区群所在的 h 层没有影响，所以，不必在 h 层添加抽样权数，也就是说，式（7.12）中 h 层 g 子层 i 街区群的抽样权数 $L_{hgi}^{\beta\gamma}/\alpha_{hgi}$ 为 1。

（5）如果所论的 h 层 g 子层 i 街区群就是现在被切的街区群 γ 本身。这时，所论的 h 层 g 子层 i 街区群的标志值 $I_{hgi}s_{hic}$ 应当从式（7.13）中删除。因此，式（7.12）中 h 层 g 子层 i 街区群的抽样权数 $L_{hgi}^{\beta\gamma}/\alpha_{hgi}$ 应为 0。

因此，这里列举的五种情况与式（7.13）中的五种情况是一一对应的。

至于式（7.12）的分母，它实际上是用切掉街区群 γ 以后的样本去估计各个 i 街区群的标志值 $I_{hgi}\alpha_{hic}s_{hic}$（它也是只取 0 和 1 两个值）的总体总值。所用权数的意义和式（7.12）的分子完全一样，此处不再赘述。

2. 对 v 层目标总体人数估计量 $\widehat{DSE}_v^{\beta\gamma}$ 的切断后复制

在完成了 $\widehat{CE}_v$、$\hat{N}_{ev}$、$\hat{N}_{nv}$、$\hat{N}_{iv}$、$\hat{N}_{ov}$、$\hat{M}_{nv}$、$\hat{M}_{ov}$ 的切断街区群 γ 的切断后复制以后，把七个切断后复制值代入式（7.1），便得到 v 层目标总体人数估计量的切断街区群 γ 的切断后复制值，即：

$$\widehat{DSE}_v^{(\beta\gamma)} = N_{ve}\frac{\widehat{CE}_v^{(\beta\gamma)}}{\hat{N}_{ve}^{(\beta\gamma)}}\frac{\hat{N}_{vn}^{(\beta\gamma)} + \hat{N}_{vi}^{(\beta\gamma)}}{\hat{M}_{vn}^{(\beta\gamma)} + \dfrac{\hat{M}_{v,o,(-k)}^{(\beta\gamma)}}{\hat{N}_{vo}^{(\beta\gamma)}}\hat{N}_{vi}^{(\beta\gamma)}} \tag{7.17}$$

式（7.17）中的 $\widehat{CE}_v^{(\beta\gamma)}$、$\hat{N}_{ve}^{(\beta\gamma)}$、$\hat{N}_{vn}^{(\beta\gamma)}$、$\hat{N}_{vi}^{(\beta\gamma)}$、$\hat{N}_{vo}^{(\beta\gamma)}$、$\hat{M}_{vn}^{(\beta\gamma)}$、$\hat{M}_{vo}^{(\beta\gamma)}$ 的都用式（7.10）计算。

3. 事后层 v 的 $\widehat{DSE}_v$ 的分层刀切方差估计量

由于在美国 2000 年抽样设计中的第一步样本是分层（h 层）独立抽取的，所以，实际上第一步样本总量 n 被分成了 H 个独立的 n_h（n_h 是 h 层第一步样本的样本量），被切掉的街区群 γ 属于哪一个 h 层，则该层的 n_h 减少了 1 个街区群，其他层的 n_h 不受影响。这样，我们完全可以把对总的第一步样本 n 个街区群的轮流 n 次刀切等价地看成分别在各个 h 层对本层第一步样本 n_h 个街区群的轮流 n_h 次刀切。于是，计算 v 层目标总体人数估计量的方差时，就是把式（7.9）分别应用到各个 h 层。于是写出，v 层目标总体人数估计量 $\widehat{DSE}_v$ 的方差估计量为：

$$v(\widehat{DSE}_v) \approx \sum_{\beta=1}^{H}\sum_{\gamma=1}^{n_h}\frac{n_h-1}{n_h}(\widehat{DSE}_v^{(\beta\gamma)} - \widehat{DSE}_v)^2 \tag{7.18}$$

作为式（7.18）的一个自然的推广，美国给出各个事后 v 层中的某两个（记作 v 层和 v' 层）目标总体人数估计量 $\widehat{DSE}_v$ 与 $\widehat{DSE}_{v'}$ 的协方差的刀切方差估计量为：

$$\text{cov}(\widehat{DSE}_v, \widehat{DSE}_{v'}) \approx \sum_{\beta=1}^{H}\sum_{\gamma=1}^{n_h}\frac{n_h-1}{n_h}(\widehat{DSE}_v^{(\beta\gamma)} - \widehat{DSE}_v)(\widehat{DSE}_{v'}^{(\beta\gamma)} -$$

$$\widehat{DSE}_{v'}) \tag{7.19}$$

式（7.2）的刀切方差估计量为：

$$\text{var}(\widehat{DSE}_{\text{全美国}}) = \sum_{v=1}^{416} v(\widehat{DSE}_v) + 2\sum_{v=1}^{415}\sum_{v'>v}^{416} \text{cov}(\widehat{DSE}_v, \widehat{DSE}_{v'}) \quad (7.20)$$

在式（7.18）、式（7.19）和式（7.20）中，如果 $n_h=1$，就取 $(n_h-1)/n_h=1$。

由于人口普查净误差定义为普查登记人数与使用双系统估计量估计的总体实际人数之差，所以利用事后层 v 的普查登记人数及式（7.1）和式（7.18）可以计算该事后层的普查净误差及其方差估计值。类似地，也可以利用全美国普查登记人数与式（7.2）和式（7.20）可以计算该国普查净误差及其方差估计值。

三　双系统估计量在区域人数估计中的应用

前面用式（7.2）给出了 v 层的目标总体人数的估计量，用式（7.18）给出了它分层刀切方差估计量。v 层是对样本中的人口按在人口普查中登记概率的差异进行抽样后分层所形成的事后层。用式（7.2）计算的结果是全国各个 v 层的总体人数估计量。

现在的目标是想求得整个州（我国的省、自治区、直辖市）人数的估计量。除此以外，还想求得整个县、普查制表区、街区的人数的估计量。在这里把州、县、普查制表区、街区统称为区域。由于某个区域的人数估计量并不是直接求得，而是把该区域内各个 v 层的人数估计量合成起来间接得到，所以把区域人数的估计量叫作合成估计量。

下面先介绍州、县、普查制表区、街区各种区域的人数合成估计量，然后介绍怎样把非整数的人数估计量化成整数，最后介绍怎样对估计量的方差进行估计。

（一）区域人数合成估计量

在给出区域人数合成法估计量之前，有必要先给出事后层 v 的人口普查数字修正因子的计算公式，即：

$$\widehat{CCF}_v = \widehat{DSE}_v / C_v \qquad (7.21)$$

将式（7.21）变形，写出：

$$\widehat{DSE}_v = C_v \times \widehat{CCF}_v \qquad (7.22)$$

请注意，由于抽样后分层是在全国进行的，所以，式（7.21）、式（7.22）中的三个指标都是 v 层中全国一级的指标。

在美国 2000 年抽样方案中有一个假定：在同一个 v 层中，州、县、普查制表区、街区等各种级别区域的人口普查数字修正因子相同。根据这个假定，式（7.21）所算出的 $\widehat{CCF}_v$ 可以同时应用于州、县、普查制表区、街区各种级别的区域，并且，可以把式（7.22）通用化，写出用式（7.23）表示的通过人口普查数字修正因子来推算州、县、普查制表区、街区各种级别区域的 v 层的人数估计量：

$$\hat{N}^s_{v,g} = c_{v,g} \times \widehat{CCF}_v \tag{7.23}$$

式（7.23）中，下角标 g 表示该式所针对的行政区域级别属性（g = 州、县、普查制表区、街区），上角标 s 是合成估计（synthetic estimation）的英文字头，记号 $\hat{N}^s_{v,g}$ 表示这里所算出的是通过人口普查数字修正因子来推算得到的准备用于合成法估计的 g 级别区域（州、县、普查制表区、街区）的 v 层的人数估计值。

显然，只要将同一级别行政区域的所有事后层的 $\hat{N}^s_{v,g}$ 加总，就得到该级别行政区域整个区域的人数合成估计量。计算公式如下：

$$\hat{N}^s_g = \sum_{v=1}^{416} \hat{N}^s_{v,g} = \sum_{v=1}^{416} c_{v,g} \times \widehat{CCF}_v \tag{7.24}$$

式（7.24）中，对 v 的求和一共有 416 项，这是因为美国 2000 年人口普查质量评估调查中，按人口在普查中登记概率的不同一共划分了 416 个 v 层。

普查制表区、县以及州的 $\hat{N}^s_g$ 值可以从两个途径计算：一是直接用式（7.23）和式（7.24）计算；二是将普查制表区（县、州）内所有街区的 $\hat{N}^s_g$ 值汇总得到。

（二）怎样把非整数的人数估计量化成整数

把非整数化成整数的方法有舍尾法（把数字的小数部分舍去）、挑尾法（把数字的小数部分看成整数 1 加入整数部分）和四舍五入法。现在我们约定，用舍尾法把非整数的人数估计量化成整数。

现在就提出了一个问题：不同级别区域的人数估计值之间存在着相加汇总关系（例如，州的人数估计值是州内各县人数估计值之和），另外某一个区域的人数估计值是本区域各个 v 层的人数估计值之和。将这些估计值分别取整数以后，相加汇总关系会被破坏。举例来说，某大区域有三个子区域，它们各自的人数估计值分别是 10000.1、10000.8、

10000.7，将它们相加，得到大区域人数估计值为 30001.6；将它们分别取整，得到三个子区域各自取整后的人数估计值分别是 10000、10000、10000，大区域的人数取整后的估计值为 30001。显然，10000 + 10000 + 10000 ≠ 30001。

美国 2000 年抽样设计中规定了一套把非整数的人数估计量化成整数的程序，称为控制整数程序。它的大致框架是：用上一级别区域 v 层的人数估计值的整数值与非整数值之比作为取整的比例系数来校正本级别式（7.23）的计算结果，然后再把这个计算结果用舍尾的方法取整。现在我们编制成表 7 - 1 来说明这个程序。

表 7 - 1 各个统计量记号的下角标中，v = 对人口按在普查中登记概率差别所做的抽样后分层的层标，g = 某一种级别的区域，s = 州，c = 县，t = 普查制表区，b = 街区；表 7 - 1 各个统计量记号的上角标中，s = 合成估计，A = 取整的比例推算的结果，R = 舍尾取整的结果。表 7 - 1 中"式（7.23）的结果"一栏是需要对其进行取整的数字，"舍尾取整"一栏是取整的结果的数字。

表 7 - 1　　　州、县、普查制表区、街区的 v 层人数估计值整数化方法

	式(7.23)的结果	取整比例系数	取整比例推算	舍尾取整	取整结果与原估计值的比例
用式(7.23)计算的州的 v 层人数估计值	$\hat{N}^s_{v,g=s}$	—	—	$\hat{N}^s_{v,g=s} \rightarrow \hat{N}^{Rs}_{v,g=s}$	$\dfrac{\hat{N}^{Rs}_{v,g=s}}{\hat{N}^s_{v,g=s}}$
用式(7.23)计算的县的 v 层人数估计值	$\hat{N}^s_{v,g=c}$	$\dfrac{\hat{N}^{Rs}_{v,g=s}}{\hat{N}^s_{v,g=s}}$	$\hat{N}^{As}_{v,g=c} = \hat{N}^s_{v,g=c} \times \dfrac{\hat{N}^{Rs}_{v,g=s}}{\hat{N}^s_{v,g=s}}$	$\hat{N}^{As}_{v,g=c} \rightarrow \hat{N}^{Rs}_{v,g=c}$	$\dfrac{\hat{N}^{Rs}_{v,g=c}}{\hat{N}^s_{v,g=c}}$
用式(7.23)计算的普查制表区的 v 层人数估计值	$\hat{N}^s_{v,g=t}$	$\dfrac{\hat{N}^{Rs}_{v,g=c}}{\hat{N}^s_{v,g=c}}$	$\hat{N}^{As}_{v,g=t} = \hat{N}^s_{v,g=t} \times \dfrac{\hat{N}^{Rs}_{v,g=c}}{\hat{N}^s_{v,g=c}}$	$\hat{N}^{As}_{v,g=t} \rightarrow \hat{N}^{Rs}_{v,g=t}$	$\dfrac{\hat{N}^{Rs}_{v,g=t}}{\hat{N}^s_{v,g=t}}$
用式(7.23)计算的街区的 v 层人数估计值	$\hat{N}^s_{v,g=b}$	$\dfrac{\hat{N}^{Rs}_{v,g=t}}{\hat{N}^s_{v,g=t}}$	$\hat{N}^{As}_{v,g=b} = \hat{N}^s_{v,g=b} \times \dfrac{\hat{N}^{Rs}_{v,g=t}}{\hat{N}^s_{v,g=t}}$	$\hat{N}^{As}_{v,g=b} \rightarrow \hat{N}^{Rs}_{v,g=b}$	$\dfrac{\hat{N}^{Rs}_{v,g=b}}{\hat{N}^s_{v,g=b}}$

通过表 7 - 1 的取整操作，是否解决了各个加项的取整结果及和的

取整的结果相加汇总关系不被破坏的问题呢？下面我们用前面使用过的简单数值例子来考察。数值例子列在表 7 - 2 中。

在表 7 - 2 中看到，州的人数估计值是 30001.6（它是各县人数估计值之和），对其进行舍尾取整后的结果是 30001。将各县人数估计值用控制整数程序取整后的汇总值是 29999，并不等于州人数估计值的直接取整值 30001。可见，控制整数程序并不能解决各个加项的取整的结果及和的取整的结果相加汇总关系不被破坏的问题。另外，若将各县人数估计值直接舍尾取整，求得的汇总值是 10000 + 10000 + 10000 = 30000。29999 和 30000 二者与州人数估计值的直接取整值 30001 相比，前者的差距更大些。

表 7 - 2 控制整数程序的效果

州(s)		$\hat{N}^s_{v,g} = s$	—	$\hat{N}^{Rs}_{v,g} = s$
		30001.6	—	30001
县(c)		$\hat{N}^s_{v,g} = c$	$\hat{N}^{As}_{v,g=c} = \hat{N}^s_{v,g=c} \times (\hat{N}^{Rs}_{v,g=s} / \hat{N}^s_{v,g=s})$	$\hat{N}^{Rs}_{v,g} = c$
	$c = 1$	10000.1	$10000.1 \times (30001/30001.6) = 9999.9$	9999
	$c = 2$	10000.8	$10000.8 \times (30001/30001.6) = 10000.5$	10000
	$c = 3$	10000.7	$10000.7 \times (30001/30001.6) = 10000.5$	10000
	合计	300001.6		29999

（三）区域人数合成估计量的方差估计

美国 2000 年抽样设计中按两个步骤来估计区域人数合成估计量的方差：第一个步骤是，直接估计普查制表区人数合成估计量的方差；第二个步骤是，用上述估计结果计算普查制表区人数合成估计量的变异系数，将它当作其他级别行政区域可以共同使用的通用变异系数（Generalized Coefficient of Variation，GCV），然后通过这个通用变异系数得到所研究的那一级别行政区域的人数合成估计量方差的间接估计。下面分别介绍这两个步骤。

1. 普查制表区人数合成估计量方差的估计

把普查制表区人数合成修正估计量 $\hat{N}^s_g$ 改记为 $\hat{X}_t$，在这里，$g = t$，也就是说，专门用 t 表示普查制表区。相应地，普查制表区 v 层的人数

合成估计量 $\hat{N}'_{v,g}$ 改记为 $\hat{X}_{v,t}$。于是，由式（7.23）和式（7.24）可以写出：

$$\hat{X}_t = \sum_{v=1}^{416} \hat{X}_{v,t} = \sum_{v=1}^{416} c_{v,t} \times \widehat{CCF}_v \qquad (7.25)$$

式（7.25）中，$c_{v,t}$ 是某一个普查制表区内 v 层的人口普查登记人数。

下面将对式（7.25）求方差。由于对 $\widehat{CCF}_v$ 的分子——见式（7.21）——只能求出其方差的估计量，所以现在所求出的实际上也只能是 $\hat{X}_t$ 的方差的估计量。此时应注意：各个 v 层之间并不独立。这是因为，形成 v 层的抽样后分层是在每一个抽样单位（街区群）内进行（而不是以抽样单位为单位来分层），在同一个街区群中，不同标志下同类人群的人数可能会表现出相关关系。例如，不同房屋所有权状态下各街区群的 30—49 岁男性人数、不同房屋所有权状态下各街区群的 30—49 岁女性人数、不同房屋所有权状态下各街区群的 0—17 岁孩子人数，都有可能是彼此相关的。由于各个 v 层之间不独立，对各个 v 层的 $\hat{X}_{v,t}$ 之和求方差的时候，就须引入各个 v 层两两之间的协方差。现在写出式（7.25）$\hat{X}_t$ 的方差估计量为：

$$
\begin{aligned}
v(\hat{X}_t) &= v\Big(\sum_{v=1}^{416} \hat{X}_{v,t} \Big) = v\Big(\sum_{v=1}^{416} c_{v,t} \times \widehat{CCF}_v \Big) \\
&= \sum_{v=1}^{416} v(c_{v,t} \times \widehat{CCF}_v) + \sum_{v \neq} \sum_{u} \mathrm{cov}\big[(c_{v,t} \times \widehat{CCF}_v), (c_{u,t} \times \widehat{CCF}_u) \big] \\
&= \sum_{v=1}^{416} c_{v,t}^2 v(\widehat{CCF}_v) + \sum_{v \neq} \sum_{u} c_{v,t} \times c_{u,t} \times \mathrm{cov}(\widehat{CCF}_v, \widehat{CCF}_u) \\
&= \sum_{v=1}^{416} \sum_{u=1}^{416} c_{v,t} \times c_{u,t} \times \mathrm{cov}(\widehat{CCF}_v, \widehat{CCF}_u) \qquad (7.26)
\end{aligned}
$$

人们除关心一个区域的人数之外，通常还会关心这个区域某一种类型的人数。例如，关心该区域某一个种族的人数，关心该区域某一个种族 18 岁以上的人数，等等。美国 2000 年抽样方案中把人口的某一种类型叫作一个数据项目。方案中规定了 66 个数据项目，要求在估计整个区域人数的同时，给出这 66 个数据项目人数的估计及其方差的估计。

今后用下角标 j 表示所关心的数据项目。行政区域 g 中数据项目 j

的人数合成法估计量$\hat{N}_{gj}^s$可由 g 中各个 v 层数据项目 j 的人数合成法估计量$\hat{N}_{v,gj}^s$加总得到，即：

$$\hat{N}_{gj}^s = \sum_{v=1}^{416} \hat{N}_{v,gj}^s \tag{7.27}$$

式（7.27）中的$\hat{N}_{v,gj}^s$则是：

$$\hat{N}_{v,gj}^s = c_{v,gj} \times \widehat{CCF_v} \tag{7.28}$$

式（7.28）中，$c_{v,gj}$是某一个 g 区域内 v 层中数据项目 j 的人口普查登记人数。

对于普查制表区 t，数据项目 j 的人数合成修正估计量$\hat{X}_{tj}$为：

$$\hat{X}_{tj} = \sum_{v=1}^{416} \hat{X}_{v,tj} \tag{7.29}$$

$\hat{X}_{tj}$的方差估计量为：

$$v(\hat{X}_{tj}) = \sum_{v=1}^{416} \sum_{u=1}^{416} c_{v,tj} \times c_{u,tj} \times \mathrm{cov}(\widehat{CCF_v}, \widehat{CCF_u}) \tag{7.30}$$

式（7.30）中，$c_{v,tj}$是普查制表区 t 内 v 层中数据项目 j 的人口普查登记人数。

事实上，式（7.29）、式（7.30）较之式（7.25）、式（7.26）更具一般性。因为式（7.25）、式（7.26）讨论的是人口总数，而人口总数也可以被看作一个数据项目。

2. 其他级别行政区域人数合成估计量方差的估计

其实，州内其他级别行政区域人数合成法估计量的方差也可以仿照式（7.26）来估计［数据项目 j 的方差仿照式（7.30）来估计］。下面的间接估计方差的方法是为了简化工作程序提出来的。

首先，计算州一级数据项目 j 的变异系数和各级别行政区域数据项目 j 的通用变异系数。设整个州共有 T 个普查制表区。于是我们有数据项目 j 的下列指标：

$$\hat{X}_{Tj} = \sum_{t=1}^{T} \hat{X}_{tj} \tag{7.31}$$

$$c_{v,Tj} = \sum_{t=1}^{T} c_{v,tj} \tag{7.32}$$

并且，$\hat{X}_{Tj}$的方差估计量是：

$$v(\hat{X}_{Tj}) = \sum_{v=1}^{416} \sum_{u=1}^{416} c_{v,Tj} \times c_{u,Tj} \times \mathrm{cov}(\widehat{CCF_v}, \widehat{CCF_u}) \tag{7.33}$$

在此基础上可以计算$\hat{X}_{Tj}$的变异系数 CV（$\hat{X}_{Tj}$）：

$$CV(\hat{X}_{Tj}) = \sqrt{v(\hat{X}_{Tj})}/\hat{X}_{Tj} \qquad (7.34)$$

式（7.34）是州一级数据项目 j 人数合成法估计量的变异系数。在美国 2000 年抽样方案中，将其作为州内各种级别行政区域数据项目 j 人数合成法估计量$\hat{N}_{jG}^s$（G 表示州内 g 级别区域的总数）的通用变异系数来使用。将这个通用变异系数记作 GCV_j：

$$GCV_j = CV(\hat{X}_{Tj}) = \sqrt{v(\hat{X}_{Tj})}/\hat{X}_{Tj} \qquad (7.35)$$

对于式（7.34）和式（7.35），需要指出的是，从变异系数的定义出发，式中的分母$\hat{X}_{Tj}$应当是无偏的。然而在事实上，由于合成估计模型假定同一个事后层内各个街区的人口普查数字修正因子 CCF_v 相同，从而这个假定往往并不正确，因而建立在 CCF_v 基础上的人口规模估计量是有偏的。

其次，计算州内 g 区域数据项目 j 的人数合成法估计量的方差。应用数据项目 j 的通用变异系数 GCV_j 可以推出本州某一个 g 级别区域数据项目 j 的人数合成修正估计量$\hat{N}_{gj}^s$的方差 $v(\hat{N}_{gj}^s)$：

$$v(\hat{N}_{gj}^s) = (\hat{N}_{gj}^s \times GCV_j)^2 \qquad (7.36)$$

表 7-3 列示了美国 2000 年人口普查质量评估调查中某一个州 66 个数据项目的人数合成法估计量的通用变异系数。用这个表可以推算出该州某一个县、某一个普查制表区或某一个街区任何一个数据项目的人数合成法估计值的方差。例如，该州某一个县利用式（7.28）和式（7.27）算得本县所有亚洲人的人数是 370 人，现在想要计算这个估计结果的方差。为此，可从表 7-3 的"单一亚洲人"行与"所有个人——所有年龄"列相交的组格内找到此类数据项目的通用变异系数为 0.0080，然后依据式（7.36）算出上述估计结果的方差是（370 × 0.0080）^{2} = 8.7616。

然后，计算整个州（state）数据项目 j 的人数合成法估计量以及对其方差的估计。整个州的数据项目 j 的人数合成法估计量以及对其方差的估计与其他级别区域的算法一样。即估计量见式（7.27）和式（7.28），对估计量方差的估计见式（7.36）。如果数据项目 j 指的是人口总数，利用式（7.23），式（7.27）成为：

$$\hat{N}^s_{\text{州}} = \sum_{v=1}^{416} c_{v,\text{州}} \times \widehat{CCF}_v = \sum_{v=1}^{416} \widehat{DSE}_v \quad (7.37)$$

在估计式（7.37）的方差时，如果我们不使用间接法，而是仿照式（7.26）对其用直接法求方差，则可以写出：

$$v(\hat{N}^s_{\text{州}}) = v\left(\sum_{v=1}^{416} \widehat{DSE}_v\right) = \sum_{v=1}^{416} \sum_{u=1}^{416} \text{cov}(\widehat{DSE}_v, \widehat{DSE}_u) \quad (7.38)$$

表 7 – 3　　某一个州 66 个数据项目人数合成法估计量的通用变异系数

人口类别	所有个人		非西班牙人、非拉美人	
	所有年龄	18 岁以上	所有年龄	18 岁以上
	GCV	GCV	GCV	GCV
所有个人	0.0063	0.0067	0.0066	0.0069
西班牙血统人或拉美人	0.0106	0.0115	—	—
单一种族	0.0064	0.0067	0.0066	0.0069
单一白种人	0.0073	0.0077	0.0081	0.0083
单一黑种人或美国非洲人	0.0073	0.0083	0.0073	0.0083
单一美洲印第安人或阿拉斯加土著	0.0143	0.0147	0.0188	0.0190
单一亚洲人	0.0080	0.0085	0.0081	0.0086
单一土著夏威夷人和其他太平洋岛人	0.0391	0.0495	0.0507	0.0545
某一其他种族	0.0109	0.0119	0.0126	0.0139
两个或多个种族	0.0070	0.0077	0.0071	0.0082
两个种族	0.0071	0.0078	0.0071	0.0082
白种人、黑种人或美国非洲人	0.0103	0.0156	0.0103	0.0157
白种人、美洲印第安人或阿拉斯加土著	0.0088	0.0092	0.0096	0.0100
白种人、亚洲人	0.0116	0.0131	0.0120	0.0133
黑种人或美国非洲人、美洲印第安人或阿拉斯加土著	0.0129	0.0140	0.0128	0.0140
亚洲人、土著夏威夷人和其他太平洋岛人	0.0524	0.0560	0.0530	0.0566
所有其他两个或多个种族组合	0.0088	0.0095	0.0088	0.0099

（四）全国人数合成估计量以及对其方差的估计

美国 2000 年人口普查质量评估的抽样调查是在各个州进行的。为了评估全国人口普查登记数的质量，尚需把各州人数合成估计量及其方差合成到全国，从而计算全国的人口普查净误差。由于人口普查质量评估抽样调查是在各个州独立进行的，所以要得到全国各种人数的估计量以及对其方差的估计，只要将各州相应的估计量以及对这个估计量方差的估计分别简单相加就可以了。

四 人口普查净误差的估计量以及估计量的方差

人口普查净误差定义为 $e = c - \theta$，其中 θ 为总体实际人数，c 为普查登记人数。人口普查净误差 e 的估计量为 $\hat{e} = c - \widehat{DSE}$。

在本书中，我们介绍了事后层 v、州、县、普查制表区、街区以及全国的人数合成估计量以及它们的方差的计算公式，还介绍了州、县、普查制表区、街区中以及全国 j 类人数合成估计量以及它们的方差的计算公式。事实上，只要从某一个统计范围的人口普查登记数字中减去相应统计范围的人数合成估计量便得到该统计范围的人口普查净误差的估计量，而该统计范围人数合成估计量的方差也就是人口普查净误差估计量的方差。所需公式见表 7 - 4。

表 7 - 4　　　　各种级别行政区域人口普查净误差的计算公式

	区域人口普查净误差		区域中 j 类人口的人口普查净误差	
	估计量	方差 (j = 总人口)	估计量	方差
全国(g = 州)	$\sum_g [c_g -$ 式$(7.24)]$	$\sum_g$ 式(7.36)	$\sum_g [c_{gj} -$ 式$(7.27)]$	$\sum_g$ 式(7.36)
州(g = 州)	$c_g -$ 式(7.24)	式(7.36)	$c_{gj} -$ 式(7.27)	式(7.36)
县(g = 县)	$c_g -$ 式(7.24)	式(7.36)	$c_{gj} -$ 式(7.27)	式(7.36)
普查制表区 （g = 制表区）	$c_g -$ 式(7.24)	式(7.26)	$c_{gj} -$ 式(7.29)	式(7.30)
街区(g = 街区)	$c_g -$ 式(7.24)	式(7.36)	$c_{gj} -$ 式(7.27)	式(7.36)

第二节　基于 Logistic 回归模型的双系统估计量

为满足双系统估计量在人口普查登记概率相等的人口层构造及使用的要求，在第三章第三节详细介绍了对总体人口进行分层的方法。实际上，对总体分层所选用的标志都是一些与登记概率有统计相依关系的变量。然而，选用分层标志有很大的局限性。对于一个固定的总样本量来说，交叉分层所用的分层标志越多，各个交叉层所分配到的样本量就会越少。如果分层标志选得太多，有可能会出现有的事后层样本量过少甚至没有样本单位的情况。这就限制了分层标志的使用，以致一些重要的标志不得不被舍弃，从而难以很好地满足双系统估计量的等概率要求。

为解决上述困难，学者们提出了 Logistic 回归模型策略。事实上，我们可以把统计分层中所使用的分层标志当作回归模型中的自变量，各个自变量的一组取值看作是统计分组表中的一个组格（一个事后层）。Logistic 回归模型与直接进行抽样后分层相比有两个优点：一是它可以不受样本量的限制而选择较多的变量；二是它可以直接使用连续型变量，而不必要将其降级为分类变量。这样一来，只要恰当地选择 Logistic 回归模型的因变量，并用所选择的因变量构造等价于双系统估计量的人数估计量，就能够借助 Logistic 回归模型来完成前述在抽样后分层基础上构造双系统估计量的任务。由于在回归分析中自变量的数目不受限制，因而前面所说的抽样后分层标志不宜选择过多的困难就得到了解决。

对此，很可能会提出增加一些自变量、减少一些自变量、改换一些自变量等各种不同的方案。这就引出了对不同方案下的 Logistic 回归模型进行选择的任务。评价比较 Logistic 回归模型优劣的标准是模型的预测功能。判定模型预测功能的工具是对数罚函数。

构造基于 Logistic 回归模型双系统估计量的基本步骤包括：把选定的分层变量作为回归自变量，分别构造以人口普查正确登记概率的 Logistic 变换为因变量，以及质量评估调查登记与普查登记匹配概率的 Logistic 变换为因变量的两个 Logistic 回归模型，对普查登记全国名单中每个人的普查正确登记概率预测值除以质量评估调查登记与普查登记匹配概率预测值的商求和，将其作为全国人数的估计量。可以证明，如果这里使用的自变量与抽样后分层方式使用的分层变量相同，那么这里构造的估计量与前者的全国合成估计量相等。

这项研究工作是由美国学者 Richard Griffin 等（2006）进行的。在他们所做研究的基础上，美国在 2010 年人口普查质量评估中，除继续沿用基于抽样后分层的双系统估计量外，对 Logistic 回归模型方案也进行了试运行（Vincent Thomas Mule et al.，2008）。

目前，除美国外的其他所有国家都是对人口总体抽样后分层。用 Logistic 回归模型取代抽样后分层是人口普查质量评估领域的国际前沿问题。Logistic 回归模型能够纳入更多的分层变量，因而具有很好的应用前景。

一　基于 Logistic 回归模型的总体人数的双系统估计量构造

（一）在样本资料为普查和质量评估调查全面数据的假定下来讨论

在应用 Logistic 回归模型构造双系统估计量的试点研究中（Richard Griffin et al.，2006；Vincent Thomas Mule，2008），美国普查局选择了以往在抽样后分层设计中的三个分层标志作为 Logistic 回归模型的自变量。这三个分层标志是："种族/拉美血统与居留地的交叉"、"年龄与性别的交叉"和"房屋所有权"。在抽样后分层设计中，第一个分组标志下设置了七个组：（1）居留地上的美国印第安人或阿拉斯加土著居民；（2）非居留地上的美国印第安人或阿拉斯加土著居民；（3）拉美血统居民；（4）非拉美血统黑人；（5）土著夏威夷人或太平洋岛居民；（6）非拉美血统亚裔人；（7）非拉美血统白人或其他人。第二个分组标志下也设置了七个组：（1）18 岁以下男性和女性；（2）18—29 岁男性；（3）18—29 岁女性；（4）30—49 岁男性；（5）30—49 岁女性；（6）50 岁以上男性；（7）50 岁以上女性。第三个分组标志下设置了 2 个组：（1）房屋所有者；（2）非房屋所有者。将三个分组标志交叉组合，形成 98 个交叉层（把某一个交叉层记作 v 层）。假设我们有目标总体（全国或一个省）的全面调查资料（一是人口普查资料，二是人口普查质量评估调查的再普查资料，也就是说，把质量评估调查当作是对同一总体进行的一次再普查），那么直接用它们构造的双系统估计量为：

$$\widehat{DSE}_{v(I)} = CE_v \frac{N_{p,v}}{M_v} \tag{7.39}$$

式（7.39）中，CE_v 是 v 层人口普查中的正确登记人数，$N_{p,v}$ 是 v 层质量评估再普查中登记的普查时点人数，M_v 是 v 层在这两个全面调查登记名单之间匹配的人数。该式是基于"捕获—再捕获"模型构造双系统估计量最基本的理论框架形式。

Richard Griffin 等（2006）和 Vincent Thomas Mule 等（2008）用"种族/拉美血统与居留地的交叉"、"年龄与性别的交叉"和"房屋所有权"为自变量建立了以普查登记正确计数概率和再普查追溯登记匹配概率为因变量的两个 Logistic 回归模型：

$$\ln \frac{\hat{\pi}_{ce,i}}{1 - \hat{\pi}_{ce,i}} = \beta_0 + \beta_1 X_{1i} + \beta_2 X_{2i} + \cdots + \beta_{97} X_{97i} + \varepsilon_i \quad (i = 1, 2, \cdots, 98) \tag{7.40}$$

$$\ln \frac{\hat{\pi}_{m,i}}{1 - \hat{\pi}_{m,i}} = \beta_0 + \beta_1 X_{1i} + \beta_2 X_{2i} + \cdots + \beta_{97} X_{97i} + \varepsilon_i \quad (i = 1, 2, \cdots, 98) \tag{7.41}$$

式（7.40）和式（7.41）中，下角标 i 表示所建立的某一个随机试验。在式（7.40）中，下角标 i 指的是以 98 个 v 层各层的复合标志作为控制不变的条件，观察进行普查登记的人口是否正确登记这样的 98 个随机试验中的某一个；在式（7.41）中，下角标 i 指的是在同样的控制不变的条件下观察进行再普查登记的人口是否与普查匹配这样的 98 个随机试验中的某一个。式（7.40）中的 $\pi_{ce,i}$ 是随机试验 i 的参数——人口普查登记正确计数概率的估计量，下角标 ce 是"Correct Enumeration"的缩写，翻译为"正确计数"。$\pi_{ce,i}$ 用式（7.42）构造：

$$\pi_{ce,i} = \frac{E(CE_v)}{E(C_{DD(v)})} \tag{7.42}$$

在这里，$E(CE_v)$ 是 v 层在普查中被正确登记的期望人数，$E(C_{DD(v)})$ 是 v 层普查登记的期望人数。"期望人数"是指在 v 层发生正确登记以及发生匹配的人数的统计规律值，也就是除去 X_{1i}，$\cdots$，X_{97i} 的影响以外，其他因素的影响作用在大量观察中已经被抵消后的试验结果的数值。式（7.41）中的 $\pi_{m,i}$ 是随机试验 i 的参数——事后质量评估再普查与普查登记匹配概率的估计量，下角标 m 是"Match"的缩写，翻译为"匹配"。$\pi_{m,i}$ 用式（7.43）构造：

$$\pi_{m,i} = \frac{\mathrm{E}(M_v)}{\mathrm{E}(N_{p,v})} \tag{7.43}$$

在这里，$\mathrm{E}(M_v)$ 是 v 层在事后质量评估再普查时追溯的普查时点人数中与普查登记匹配的期望人数，$\mathrm{E}(N_{p,v})$ 是 v 层在事后质量评估再普查时追溯的普查时点期望人数。式（7.40）观察的样本是对人口总体进行人口普查登记的某一个 v 层的全体人口；式（7.41）观察的样本是对人口总体进行再普查追溯登记的某一个 v 层的全体人口。另外，在式（7.40）和式（7.41）中各自设置了 97 个解释变量。这是因为，"种族/拉美血统与居留地的交叉"、"年龄与性别的交叉"和"房屋所有权"都是分类变量，将它们交叉分组后以虚拟变量的形式进入模型，每一个虚拟变量以"是否属于××层"的方式命名，从而定义了 98 个虚拟变量。但是，若把这 98 个虚拟变量全都纳入模型会导致无法求得回归系数估计量的唯一解，因而用 98 − 1 个虚拟变量来表示 98 个类的复合型分类变量。

式（7.40）和式（7.41）是 Logistic 总体回归模型。用样本资料——它们是指目标总体各个 v 层的普查与追溯性再普查两个全面调查资料——算出的各个 v 层的式（7.42）和式（7.43）的值连同各个 v 层的 X_1, $\cdots$, X_{97} 的值，得到 Logistic 回归模型式（7.40）和式（7.41）参数的估计。这样，就得到了正确计数概率 Logistic 回归模型估计式（7.44）和匹配概率 Logistic 回归模型估计式（7.45）：

$$\mathrm{E}\left(\ln\frac{\hat{\pi}_{ce}}{1-\hat{\pi}_{ce}}\right) = \hat{\beta}_0 + \hat{\beta}_1 X_1 + \hat{\beta}_2 X_2 + \cdots + \hat{\beta}_{97} X_{97} \tag{7.44}$$

$$\mathrm{E}\left(\ln\frac{\hat{\pi}_m}{1-\hat{\pi}_m}\right) = \hat{\beta}_0 + \hat{\beta}_1 X_1 + \hat{\beta}_2 X_2 + \cdots + \hat{\beta}_{97} X_{97} \tag{7.45}$$

把某一个 v 层的 X_{1i}, $\cdots$, X_{97i} 的值代入式（7.44）和式（7.45）得到模型预测值 $\mathrm{E}\left(\ln\frac{\hat{\pi}_{ce,i}}{1-\hat{\pi}_{ce,i}}\right)$ 和 $\mathrm{E}\left(\ln\frac{\hat{\pi}_{m,i}}{1-\hat{\pi}_{m,i}}\right)$，由此求得参数 $\pi_{ce,i}$ 的模型预测值 $\hat{\pi}_{ce,i}$ 和参数 $\pi_{m,i}$ 的模型预测值 $\hat{\pi}_{m,i}$。将式（7.42）和式（7.43）中的期望值都改成样本（目标总体各个 v 层的普查与追溯性再普查两个全面调查资料）观察值，写出 $\hat{\pi}_{ce,i}$ 和 $\hat{\pi}_{m,i}$ 的表达式：

$$\hat{\pi}_{ce,i} = \frac{CE_v}{C_{DD(v)}} \tag{7.46}$$

$$\hat{\pi}_{m,i} = \frac{M_v}{N_{p,v}} \tag{7.47}$$

式（7.46）和式（7.47）中的记号，$C_{DD(v)}$ 是 v 层进行普查登记的全体人员的人数，在这里用来表示 v 层进行普查登记的全体人员，其他的记号见式（7.39）的解释。

下面把从两个回归模型得到的模型预测值联系起来构造人数的估计量。

用式（7.46）和式（7.47）写出比率 $\hat{\pi}_{ce,i}/\hat{\pi}_{m,i}$，把它看作 v 层进行普查登记的每一个人口正确计数概率与匹配概率比值的平均值。也就是说，认为 v 层进行普查登记的每一个人口 j 都有相同的这一比值。表达式为：

$$\frac{\hat{\pi}_{ce,i}}{\hat{\pi}_{m,i}} = \frac{\pi_{ce,vj}}{\pi_{m,vj}}(j \in C_{DD(v)}) \tag{7.48}$$

目标总体实际人数估计量用这个总体进行普查登记的每一个人口的正确计数概率与匹配概率比值之和来构造：

$$\hat{N} = \sum_{v=1}^{98} \sum_{j \in C_{DD(v)}} \frac{\pi_{ce,vj}}{\pi_{m,vj}} = \sum_{v=1}^{98} \sum_{j \in C_{DD(v)}} \frac{\hat{\pi}_{ce,i=v}}{\hat{\pi}_{m,i=v}} = \sum_{v=1}^{98} C_{DD(v)} \frac{\hat{\pi}_{ce,i=v}}{\hat{\pi}_{m,i=v}} \tag{7.49}$$

我们的初衷是，不仅仅用 Logistic 回归模型来取代抽样后分层这一工作程序，最终还是要达到用双系统估计量来估计人数的目标。也就是说，只有证实了人数估计量式（7.49）与双系统估计量等价，才能说明现在的工作没有背离我们的初衷。这只要把式（7.46）和式（7.47）代入式（7.49），经过简单推导就能看出，式（7.49）实际上就是各个 v 层的双系统估计量式（7.39）之和：

$$\hat{N} = \sum_{v=1}^{98} C_{DD(v)} \frac{\hat{\pi}_{ce,i=v}}{\hat{\pi}_{m,i=v}} = \sum_{v=1}^{98} C_{DD(v)} \left(\frac{CE_v}{C_{DD(v)}} \Big/ \frac{M_v}{N_{p,v}} \right) = \sum_{v=1}^{98} CE_v \frac{N_{p,v}}{M_v} \tag{7.50}$$

（二）针对从质量评估小区样本获得普查和质量评估调查数据的实际情况来讨论

在前面的讨论中，我们假定用 Logistic 回归模型构造双系统估计量所依据的是人口普查的全面数据，以及把质量评估调查看作再普查的全面数据。显然，这只能算是理论上的讨论。为了建立起能够在实践中应用的方案，Richard Griffin（2006）和 Vincent Thomas Mule（2008）进一步讨论了依据质量评估调查小区样本资料构造基于 Logistic 回归模型的双系统估计量的有关问题。

　　他们的讨论是循着下面两条线索展开的。第一条线索是，怎样通过随机试验来估计人口的正确计数概率和匹配概率。在全面调查资料假定下，是用 Logistic 回归模型自变量的一组一组的取值将人口划分成一个一个的 v 层，在各个 v 层中计算正确计数频率和匹配频率来估计相应的概率的。然而，当我们实际应用 Logistic 回归模型构造双系统估计量的时候，是无法像前面那样用 Logistic 回归模型中的自变量一组一组的取值将人口划分成一个一个的 v 层的。既然如此，又该怎样解决正确计数概率和匹配概率的估计问题呢？第二条线索是，怎样处理有限总体概率样本的数据。在全面调查资料假定下，Logistic 回归模型的估计所用的样本数据是目标总体人口普查以及质量评估调查的全面调查资料。可是在实际工作中，我们所得到的是小区样本数据，当把这样的数据应用于 Logistic 回归模型时，就需要用抽样权数对其加权，以便将其"膨胀"到有限总体的层次。下面分别就这两个问题展开讨论。

　　1. 登记人口正确计数概率和匹配概率的估计

　　测度一个被登记的人口正确计数概率和匹配概率的途径在理论上说应该是，在普查登记人口名单中和再普查登记人口名单中形成与该人条件完全相同的人组成的规模足够大的同质群体，在这个群体中计算正确计数频率和匹配频率。在这里，所谓"条件完全相同"和所谓"同质"，指的是影响是否正确计数试验结果和是否匹配试验结果的各种决定因素的表现相同。这些决定因素是什么呢？显然，它们应该是 Logistic 回归模型所选择的全部自变量。在前面的工作中，我们把这种决定性的影响因素假设为三个分组标志，用它们把人口登记名单划分成了98个"同质群体"。然而，影响是否正确计数试验结果和是否匹配试验结果的各种决定因素，也就是应当选作 Logistic 回归模型自变量的变量数目要远远超过上面所提出的那三个。在这种情况下，用 Logistic 回归模型中的自变量做标准来划分同质群体就发生了困难。面对这个难题，统计学家们设计了一种"退让一步"的方案，即选择另外的分层标志，使得是否正确计数试验结果和是否匹配试验结果影响因素的表现大致相同的人能够进入同一个层，在这样的层中计算正确计数频率和匹配频率。美国普查局在应用 Logistic 回归模型构造双系统估计量的试点研究中提出的是一种所谓的"集区"分层方案（Richard Griffin et al.，2006）。我们知道，在人口普查质量评估调查中进行质量评估调查人口名单与普查登记人口名单的比对之前，先要将普查中编制的住房单元地址目录与质量评估中编制的住房单元地址目录放在一起进行比对，进行初步的匹配性筛查。住房单元地址目录匹配性比对的结果被划分为七种情况：（1）匹配但需要后续调查；（2）可能匹配；（3）家庭中有一部分人没有匹配需要后续调查；（4）整个家庭没有匹配需要后续调查，家庭名称不重复；（5）不匹配，来自名称重复的家庭；（6）在后续调查之前状态已能确定；（7）用于进行比对的信息不足。显然，这七种不同类型的住房单元反映了居住在里面的居民在普查登记时是否进行了正确的登记计数的不同状态以及在质量评估追溯性登记结果是否与普查登记匹配的不同状态。对居民按这七种类型的分类与按照 Logistic 回归模型自变量的取值分类有异曲同工的效果。也就是说，可以粗略地认为，在上述七种类型中属于同一类型的人，影响他们是否正确计数试验结果和是否匹配试验结果的各种决定因素的取值大致相同。美国普查局把住房单元连同住在里面的居民划分在这七个层（"集区"），并在各个"集区"计算正确计数频率和匹配频率。

　　对居民按"集区"分类与按照 Logistic 回归模型自变量的取值分类只能说近似地具有"异曲同工"的效果。相应地，前面用式（7.50）所论证的基于 Logistic 回归模型构造的人数估计量与基于抽样后分层所构造的人数双系统估计量的等价关系便也不再完全成立，而只能说在近似的意义上成立。对人口按 v 层的划分与按"集区"的划分越接近，这种等价关系便越接近真实。

　　建立 Logistic 回归模型所依据的基础资料是研究人员根据问题所设置的若干个随机试验（我们用记号 i 来表示某一个试验）。在前面的工作中是用各个 v 层来建立随机试验的，一个 v 层对应着一个随机试验 i。但是，现在我们划分的是"集区"，在"集区"中没有 Logistic 回归模型自变量，也就没有定义随机试验所需要的控制不变的条件，所以无法以"集区"为基础来设置随机试验。为解决这个困难，现在把以 v 层为基础建立随机试验改为以普查登记名单中的每个人以及以质量评估再普查登记名单中的每个人为基础来设置随机试验。即对普查登记名单中的每个人，观察该人是否在普查中正确计数，随机试验的参数是该人正确计数的概率；对质量评估再普查登记名单中的每个人，观察该人是否与普查登记匹配，随机试验的参数是该人与普查登记匹配的概率。上面所说的两个概率，可以由该人所在的"集区"得到估计（在"集区"中计算的相应频率便是该人概率的估计值）；每个人的 Logistic 回归模型自变量的取值则是对该人定义的随机试验控制不变的一组条件。今后，对以个人为单位定义的随机试验，我们不再使用记号 i，而改为用记号 j 来标识每个试验。

2. 将有限总体概率样本的数据"膨胀"到有限总体

（1）有限总体概率抽样条件下每个人的抽样权数。

这里所说的"膨胀"，指的是抽样技术中的这样一条原理：样本各单位标志值用它的抽样权数加权所计算的和，是相应的总体总值的无偏估计量。在我们的问题中，样本里面的每一个 j 人（普查登记名单中的 j 人或再普查登记名单中的 j 人）都有属于自己的抽样权数 w_j。举例说，假若样本是以街区群为抽样单位用下面的分层两步抽样的步骤抽出。第一步，对总体中的街区群按规模大小划分成若干个 h 层，然后分别在各个 h 层以街区群为单位简单随机抽取第一步样本；第二步，将第一步样本的每一个 h 层里边的第一步样本的样本街区群，进一步划分为四个次级 g 层，然后分别在每一个 hg 层里，从第一步样本的样本街区群中以街区群为单位简单随机抽取第二步样本。那么显然，这个样本中的某一个 j 人是随同它所在的街区群 i，通过这个街区群 i 所在的 h 层的第一步抽样操作，以及在该街区群 i 进入第一步样本条件下又通过这个街区群 i 所在的次级 g 层的第二步抽样操作进入最终样本的。该 j 人的抽样权数也就是他或她所在的那个街区群 i 的抽样权数 α_{hgi}：

$$\alpha_{hgi} = w_{hi}\left(\sum_{i=1}^{n_h} w_{hi}x_{hgi} / \sum_{i=1}^{n_h} w_{hi}x_{hgi}I_{hgi} \right) \tag{7.51}$$

式（7.51）中，第一个因子 w_{hi} 是在第一步抽样中的抽样权数，是 h 层 i 街区群在第一步抽样中被样本包含的概率的倒数 N_h/n_h；第二个因子（比式）是 h 层 g 子层 i 街区群在第二步抽样中进入样本概率的倒数；该比式的分子中，x_{hgi} 是对 h 层中第一步样本的 g 子层街区群计数用标志值（凡是 g 子层第一步样本的街区群该标志值为 1），用 w_{hi} 加权后的加权和为总体的 h 层中 g 子层街区群数目的估计量；该比式的分母中，乘积 $x_{hgi}I_{hgi}$ 是对 h 层中 g 子层第二步样本的街区群计数用标志值（凡是 g 子层第二步样本的街区群该乘积为 1），用 w_{hi} 加权后的和为总体的 h 层中 g 子层产生的第二步样本街区群数的估计量。

（2）正确计数频率和匹配频率的估计。

正确计数频率和匹配频率分别在各个"集区"中进行估计。估计正确计数频率时依据样本中划入本"集区"的属于普查登记名单的各个 j 人；估计匹配频率时依据样本中划入本"集区"的属于再普查登记名单的各个 j 人。

第一，正确计数频率的估计。对样本中属于普查登记名单的各个 j 人，定义是否正确计数的示性标志：

$$x_{ce,j \in E} = \begin{cases} 1(\text{如果该人是普查登记中被正确计数者}) \\ 0(\text{如果是其他情况}) \end{cases} \quad (7.52)$$

式（7.52）中，ce 表示"正确计数"，E 表示"普查登记名单"。另外，上述每一个人，抽样权数记作 $w_{j \in E}$，并且对每一个人定义计数用标志 $c = 1$。

现在我们在各个"集区"用样本来构造本"集区"总体（有限总体）正确计数频率的下列估计量：

$$p_{ce,cell(j \in E)} = \frac{\displaystyle\sum_{j \in cell} x_{ce,j \in E} w_{j \in E}}{\displaystyle\sum_{j \in cell} c w_{j \in E}} = \frac{\displaystyle\sum_{j \in cell} x_{ce,j \in E} w_{j \in E}}{\displaystyle\sum_{j \in cell} w_{j \in E}} \quad (7.53)$$

式（7.53）中，$cell$ 表示估计量所描述的那个"集区"。式（7.53）的分母是该"集区"总体普查登记名单人数的估计量，分子是分母人数中正确计数人数估计量。$w_{j \in E}$ 是普查登记名单（E 名单）中 j 人的抽样权数，它等于该人所在的街区群 i 的抽样权数 α_{hgi}。

式（7.53）一方面是"集区"总体的正确计数频率的估计量，另一方面用它表示属于本"集区"的每个人的正确计数概率。

第二，匹配频率的估计。对样本中属于再普查登记名单的各个 j 人，定义是否与普查登记匹配的示性标志：

$$x_{m,j \in P} = \begin{cases} 1(\text{如果该人与普查登记匹配}) \\ 0(\text{如果是其他情况}) \end{cases} \quad (7.54)$$

式（7.54）中，m 表示"匹配"，P 表示"再普查登记名单"。另外，上述每一个人，抽样权数记作 $w_{j \in P}$，并且对每一个人定义计数用标志 $c = 1$。

现在我们在各个"集区"用样本来构造本"集区"总体（有限总体）匹配频率的下列估计量：

$$p_{m,cell(j \in P)} = \frac{\sum\limits_{j \in cell} x_{m,j \in P} w_{j \in P}}{\sum\limits_{j \in cell} c w_{j \in P}} = \frac{\sum\limits_{j \in cell} x_{m,j \in P} w_{j \in P}}{\sum\limits_{j \in cell} w_{j \in P}} \tag{7.55}$$

式（7.55）中，$cell$ 表示估计量所描述的那个"集区"。式（7.55）的分母是该"集区"总体再普查登记名单人数的估计量，分子是分母人数中与普查登记匹配人数估计量。$w_{j \in P}$ 是再普查名单（P 名单）中 j 人的抽样权数，它等于该人所在的街区群 i 的抽样权数 α_{hgi}。

式（7.55）一方面是"集区"总体的匹配频率的估计量，另一方面用它表示属于本"集区"的每个人的匹配概率。

（3）对估计 Logistic 回归模型参数所使用的加权最小平方条件进行从样本到总体（有限总体）的"膨胀"。

为了书写简单，我们把 $p_{ce,cell(j \in E)}$ 的 Logistic 变换和 $p_{m,cell(j \in P)}$ 的 Logistic 变换分别记作 $y_{ce,j \in E}$ 和 $y_{m,j \in P}$：

$$y_{ce,j \in E} = \ln \frac{p_{ce,cell(j \in E)}}{1 - p_{ce,cell(j \in E)}} \tag{7.56}$$

$$y_{m,j \in P} = \ln \frac{p_{m,cell(j \in P)}}{1 - p_{m,cell(j \in P)}} \tag{7.57}$$

请注意，式（7.56）和式（7.57）所表示的都是个人（j 人）的数据。

假若用我们选择的 Logistic 回归模型的自变量经过交叉分组后一共定义了 $L+1$ 个虚拟变量，我们就可以写出普查登记名单中的个人 j 以及再普查登记名单中的个人 j 的下列 Logistic 总体回归模型：

$$y_{ce,j \in E} = \beta_0 + \beta_1 X_{1,j \in E} + \beta_2 X_{2,j \in E} + \cdots + \beta_L X_{L,j \in E} + \varepsilon_{j \in E} \tag{7.58}$$

$$y_{m,j \in P} = \beta_0 + \beta_1 X_{1,j \in P} + \beta_2 X_{2,j \in P} + \cdots + \beta_L X_{L,j \in P} + \varepsilon_{j \in P} \tag{7.59}$$

为了估计式（7.58）和式（7.59）中的回归参数，按理说应当依据对目标总体进行全面调查的普查登记名单和再普查登记名单的资料，写出下列加权最小平方准则表达式：

$$\sum_{popu,j \in E} \lambda_{ce,j \in E} (y_{ce,j \in E} - \beta_0 - \beta_1 X_{1,j \in E} - \cdots - \beta_L X_{L,j \in E})^2 \tag{7.60}$$

$$\sum_{popu,j \in P} \lambda_{m,j \in P} (y_{m,j \in P} - \beta_0 - \beta_1 X_{1,j \in P} - \cdots - \beta_L X_{L,j \in P})^2 \tag{7.61}$$

式（7.60）和式（7.61）中，$popu$ 是 population（总体）的缩写，$\lambda_{ce,j \in E}$ 是普查登记名单中的 j 人正确登记概率的方差的估计量的倒数，

$\lambda_{m,j\in P}$是再普查登记名单中的j人与普查登记匹配概率的方差的估计量的倒数，分别为：

$$\lambda_{ce,j\in E} = \big(\sum_{j\in cell} w_{j\in E}\big) p_{ce,cell(j\in E)}\big(1 - p_{ce,cell(j\in E)}\big) \tag{7.62}$$

$$\lambda_{m,j\in P} = \big(\sum_{j\in cell} w_{j\in P}\big) p_{m,cell(j\in P)}\big(1 - p_{m,cell(j\in P)}\big) \tag{7.63}$$

式（7.62）中各个成分的定义见式（7.53），式（7.63）中各个成分的定义见式（7.55）。通过对式（7.60）和式（7.61）做最小化推导，得到式（7.58）和式（7.59）中参数的估计。

但是，在有限总体概率抽样的条件下，式（7.60）和式（7.61）中的求和需要改为在样本范围内进行。这时就需要对其中的各个加项用抽样权数加权，这样写出的加权和才是式（7.60）和式（7.61）这两个"总体总和"的无偏估计量。也就是说，在有限总体概率抽样的条件下，为了估计式（7.58）和式（7.59）中的回归参数所需要的加权最小平方准则表达式应写为：

$$\sum_{smp,j\in E} w_{j\in E}\lambda_{ce,j\in E}\big(y_{ce,j\in E} - \beta_0 - \beta_1 X_{1,j\in E} - \cdots - \beta_L X_{L,j\in E}\big)^2 \tag{7.64}$$

$$\sum_{smp,j\in P} w_{j\in P}\lambda_{m,j\in P}\big(y_{m,j\in P} - \beta_0 - \beta_1 X_{1,j\in P} - \cdots - \beta_L X_{L,j\in P}\big)^2 \tag{7.65}$$

式（7.64）和式（7.65）中，smp是sample（样本）的缩写，$w_{j\in E}$和$w_{j\in P}$比照式（7.51）确定。在有限总体概率抽样的条件下，通过对式（7.64）和式（7.65）做最小化推导，得到式（7.58）和式（7.59）中参数的估计。

3. 抽取质量评估样本条件下目标总体实际人数的估计量及其方差

（1）Logistic回归函数估计式和模型预测值。

通过对式（7.64）和式（7.65）做最小化推导，得到式（7.58）和式（7.59）中参数的估计。据此写出Logistic回归函数的估计式：

$$\hat{y}_{ce,j\in E} = \hat{\beta}_0 + \hat{\beta}_1 X_{1,j\in E} + \hat{\beta}_2 X_{2,j\in E} + \cdots + \hat{\beta}_L X_{L,j\in E} \tag{7.66}$$

$$\hat{y}_{m,j\in P} = \hat{\beta}_0 + \hat{\beta}_1 X_{1,j\in P} + \hat{\beta}_2 X_{2,j\in P} + \cdots + \hat{\beta}_L X_{L,j\in P} \tag{7.67}$$

将某一个j人的X_1，X_2，$\cdots$，X_L的值代入式（7.66）算出相应的$\hat{y}_{ce,j\in E}$，将其代入式（7.56）求得j人（$j\in E$）正确计数概率的模型预测值，记作$\hat{p}_{ce,j\in E}$；同样，将某一个j人的X_1，X_2，$\cdots$，X_L的值代入式（7.67）算出相应的$\hat{y}_{m,j\in P}$，将其代入式（7.57）求得j人（$j\in P$）匹配概率的模型预测值，记作$\hat{p}_{m,j\in P}$。

请注意，我们这里没有强调"某一个 j 人"究竟是属于 E 登记名单还是属于 P 登记名单，也没有强调这个人是否一定是样本中的一个人。这是因为，我们现在是用预测模型来推求模型预测值，此时，不必拘泥一个人究竟是上面的哪一种情况，不管他是哪一种情况，只要把他的 X_1，X_2，$\cdots$，X_L 的值代入式（7.66）就能得出相应的 $\hat{y}_{ce,j \in E}$，同样，只要把他的 X_1，X_2，$\cdots$，X_L 的值代入式（7.67），就能得出相应的 $\hat{y}_{m,j \in P}$。

（2）目标总体实际人数估计量。

Richard Griffin（2006）和 Vincent Thomas Mule（2008）给出了目标总体实际人数估计量的五种不同构造方式，下面对它们逐一进行剖析。

第一，用普查登记全面调查名单中的每个人的构造估计量。如果我们把目标总体进行普查登记的全面调查名单中的每个人的 X_1，X_2，$\cdots$，X_L 的值一一代入式（7.66）和式（7.67）求得了每个人成对的 $\hat{p}_{ce,j \in E}$ 值和 $\hat{p}_{m,j \in P}$ 值，那么就可以用它们构造目标总体实际人数的下列估计量 $\hat{N}_1$：

$$\hat{N}_1 = \sum_{popu,j \in C_{DD}} \frac{\hat{p}_{ce,j \in E}}{\hat{p}_{m,j \in p}} \tag{7.68}$$

式（7.68）与全面调查资料假定下的式（7.49）相当。只不过，在那里，个人的正确计数概率和匹配概率是用 v 层中重复进行的随机试验来估计的，而在这里，个人的这两个概率是通过"集区"中计算的百分比来估计的。当然，按"集区"的分层无法达到 v 层的分层效果。

第二，用样本普查登记名单中的人构造估计量。如果我们把样本中普查登记名单中那些人的 X_1，X_2，$\cdots$，X_L 的值代入式（7.66）和式（7.67）求得了每个人成对的 $\hat{p}_{ce,j \in E}$ 值和 $\hat{p}_{m,j \in P}$ 值，那么就可以用它们构造目标总体实际人数的下列估计量 $\hat{N}_2$：

$$\hat{N}_2 = \sum_{smp,j \in E} w_{j \in E} \frac{\hat{p}_{ce,j \in E}}{\hat{p}_{m,j \in p}} \tag{7.69}$$

式（7.69）是式（7.68）的线性无偏估计量。

第三，用包含随机因素影响的正确计数概率构造估计量。试对比模型（7.58）与模型（7.66）。模型（7.58）的因变量是由 $p_{ce,j \in E}$ 所组成，由于这是一个包含有随机项的模型，所以 $p_{ce,j \in E}$ 之中包含了 X_1，

X_2，…，X_L 等这些因素以及它们以外的其他所有对是否正确计数有影响的因素的影响；与之不同，模型（7.66）的因变量是由 $\hat{p}_{ce,j\in E}$ 所组成，由于这是一个不包含随机项的模型，所以 $\hat{p}_{ce,j\in E}$ 之中只包含了 X_1，X_2，…，X_L 等因素的影响，至于它们以外的其他的对是否正确计数有影响的因素在 $\hat{p}_{ce,j\in E}$ 中则没有反映。现在把式（7.69）中的 $\hat{p}_{ce,j\in E}$ 换成 $p_{ce,j\in E}$ 写出：

$$\hat{N}_3 = \sum_{smp,j\in E} w_{j\in E} \frac{p_{ce,j\in E}}{\hat{p}_{m,j\in p}} \qquad (7.70)$$

式（7.70）与式（7.69）相比较，哪个更好些？这两个估计量的宗旨都是要依据样本提供的信息来估计实际人数。无疑，样本提供的信息越丰富，估计的结果接近实际的可能性也就越大。由于式（7.70）中的 $p_{ce,j\in E}$ 较式（7.69）中的 $\hat{p}_{ce,j\in E}$，增加了 X_1，X_2，…，X_L 以外其他影响因素的信息，所以式（7.70）比式（7.69）精度更高些。

第四，在 $\hat{N}_2$ 基础上构造比率估计量。抽样理论告诉我们，如果变量 y 与 x 线性相关，那么用 x 作辅助变量来构造总体总值 Y 的比率估计量将比不使用辅助变量的总体总值 Y 的线性估计量精度高。一般地，如果把某种抽样方案下总体总值 Y 和总体总值 X 的线性估计量记作 $\hat{Y}_u$ 和 $\hat{X}_u$，那么 Y 的比率估计量为 $\hat{Y}_R = X(\hat{Y}_u/\hat{X}_u)$。

现在假定所用的抽样设计是前面写出式（7.51）时说过的以街区群为抽样单位的分层两步抽样。就此种抽样设计，那么如何写出以 $\hat{N}_2$ 为基础的比率估计量？

在分层两步抽样条件下，v 事后层总体总值 Y_v 的线性估计量为：

$$\hat{Y}_v = \sum_{h=1}^{H} \sum_{g=1}^{G} \sum_{i=1}^{n_h} \alpha_{hgi} x_{hgi} I_{hgi} y_{vhi} \qquad (7.71)$$

式（7.71）中，x_{hgi} 是用于表示对 h 层的第一步样本进行次级分层的示性函数，如果层 h 中的街区群 i 属于 g，则 x_{hgi} 取值 1；如果是其他的情况，则 x_{hgi} 取值 0。层 h 中的每一个街区群一定属于且仅属于某一个 g，换句话说，层 h 中的一个街区群 i 的 x_{hgi} 一定且只能对某一个 g 取值 1，而对其他的 g 则必须取 0，因此用这个示性函数就把层 h 中的各个街区群分入了不同的 g 层。I_{hgi} 是用于表示从 hg 层中抽取出来的第二步样本的示性函数，如果层 hg 中的街区群 i 进入第二步样本，则 I_{hgi} 取值 1；如果是其他的情况，则 I_{hgi} 取值 0。α_{hgi} 是 y_{vhi} 的抽样权数，它是 h

层 i 街区群经过两步抽样的样本包含概率的倒数。y_{vhi} 是第 h 层样本中的第 i 街区群 v 事后层人口某种标志值之和的观察值。

现在，我们把 h 层 i 街区群中属于 E 名单（普查登记名单）人口的 $\hat{p}_{ce,j\in E}/\hat{p}_{m,j\in p}$ 比值之和记为 $\hat{N}_{2,hi}$，把同一街区群的 E 名单（普查登记名单）人数记作 $C_{DD,hi}$，把目标总体的普查登记人数记作 C_{DD}。如果把用式（7.71）构造的与 $\hat{N}_{2,hi}$ 对应的总体总值的估计量当作 $\hat{Y}_u$，把用式（7.71）构造的与 $C_{DD,hi}$ 对应的总体总值的估计量当作 $\hat{X}_u$，这时，显然 C_{DD} 就相当于 X。于是，套用比率估计量的一般形式，写出目标总体实际人数的下列比率估计量：

$$\hat{N}_{2(R)} = C_{DD} \frac{\sum_{h=1}^{H}\sum_{g=1}^{G}\sum_{i=1}^{n_h} \alpha_{hgi} x_{hgi} I_{hgi} \hat{N}_{2,hi}}{\sum_{h=1}^{H}\sum_{g=1}^{G}\sum_{i=1}^{n_h} \alpha_{hgi} x_{hgi} I_{hgi} C_{DD,hi}} \tag{7.72}$$

第五，在 $\hat{N}_3$ 基础上构造比率估计量。现在把 h 层 i 街区群中属于 E 名单（普查登记名单）人口的 $p_{ce,j\in E}/\hat{p}_{m,j\in P}$ 比值之和记作 $\hat{N}_{3,hi}$，在式（7.72）中把 $\hat{N}_{2,hi}$ 换作 $\hat{N}_{3,hi}$，便写出在 $\hat{N}_3$ 基础上构造的目标总体实际人数的比率估计量：

$$\hat{N}_{3(R)} = C_{DD} \frac{\sum_{h=1}^{H}\sum_{g=1}^{G}\sum_{i=1}^{n_h} \alpha_{hgi} x_{hgi} I_{hgi} \hat{N}_{3,hi}}{\sum_{h=1}^{H}\sum_{g=1}^{G}\sum_{i=1}^{n_h} \alpha_{hgi} x_{hgi} I_{hgi} C_{DD,hi}} \tag{7.73}$$

（3）目标总体实际人数估计量的方差。

上面用式（7.68）、式（7.69）、式（7.70）、式（7.72）、式（7.73）给出了通过人口有限总体概率样本获得的 Logistic 回归模型预测值构造的目标总体实际人数估计量的五种不同的形式。现在要考虑怎样获得它们的方差。

由于这些估计量的结构复杂，难以直接计算，只能用间接的方法来估计（Efron，1979；Wolter，2007）。沿用抽样后分层下双系统估计量方差的估计策略，用大折刀方法来估计这些估计量的方差。下面在式（7.51）、式（7.71）叙述的抽样设计背景下仿照抽样后分层双系统估计量方差估计的大折刀方法来讨论所需要的操作程序。

第一，刀切。假定人口普查质量评估调查第一步样本共有 29136 个街区群。为进行大折刀方法中的轮换刀切，将这些街区群划分为 $K =$ 29136 个组，每组 1 个街区群。然后，对第一步样本轮换进行刀切，每次切掉一个组 $k(k=1, 2, \cdots, K)$。

第二，各个 j 人正确计数频率和匹配频率估计量的切断后复制。这里说的是在切掉街区群 $k(k=1, 2, \cdots, K)$ 以后，怎样针对 j 人进行式（7.53）和式（7.55）的复制。

我们知道，式（7.53）和式（7.55）所做的工作是在 j 人所在的"集区"内构造本"集区"正确计数的总体频率和匹配的总体频率的估计量。现在切掉了街区群 k，对式（7.53）和式（7.55）的复制计算会产生两个方面的影响：一是街区群 k 中属于本"集区"的人，现在在本"集区"不复存在了，因此在进行复制计算时不应包括这些人；二是由于街区群 k 的被切除，现在留在本"集区"参加式（7.53）和式（7.55）复制计算的那些人的抽样权数会发生改变，因此，在进行复制计算时参加复制计算的每个人须更换新的抽样权数。

在切掉了街区群 k 的条件下式（7.53）和式（7.55）的复制计算公式分别为式（9.36）和式（9.37）：

$$p_{ce,cell(j \in E),(-k)} = \frac{\sum_{j \in (cell-k)} x_{ce,j \in E} w_{j \in E}^{(-k)}}{\sum_{j \in (cell-k)} w_{j \in E}^{(-k)}} \tag{7.74}$$

$$p_{m,cell(j \in P),(-k)} = \frac{\sum_{j \in (cell-k)} x_{m,j \in P} w_{j \in P}^{(-k)}}{\sum_{j \in (cell-k)} w_{j \in P}^{(-k)}} \tag{7.75}$$

在式（7.74）和式（7.75）分子和分母的各个求和式中，记号 $j \in (cell-k)$ 表示参加求和的是本"集区"中剔除了属于 k 街区群的人以后余下的那些人；$w_{j \in E}^{(-k)}$ 和 $w_{j \in P}^{(-k)}$ 分别是参加求和的属于 E 名单的 j 人和属于 P 名单的 j 人在切掉街区群 k 的条件下的抽样权数，它们等于该 j 人所在的街区群在切掉街区群 $k(=\beta\gamma)$ 的条件下的抽样权数 $L_{hgi}^{\beta\gamma}$，$L_{hgi}^{\beta\gamma}$ 定义如下：

$$L_{hgi}^{\beta\gamma} = \begin{cases} \alpha_{hgi} & (h \neq \beta) \\[2mm] \dfrac{n_h}{n_h - 1}\alpha_{hgi} & (h = \beta, x_{\beta\gamma} = 0) \\[3mm] \dfrac{n_{hg} - 1}{n_{hg}}\dfrac{n_h}{n_h - 1}\alpha_{hgi} & (h = \beta, x_{\beta g\gamma} = 1, I_{\beta g\gamma} = 0, i \neq \gamma) \\[3mm] \dfrac{q_{hg}}{q_{hg} - 1}\dfrac{n_{hg} - 1}{n_{hg}}\dfrac{n_h}{n_h - 1}\alpha_{hgi} & (h = \beta, x_{\beta g\gamma} = 1, I_{\beta g\gamma} = 1, i \neq \gamma) \\[3mm] 0 & (h = \beta, x_{\beta g\gamma} = 1, I_{\beta g\gamma} = 1, i = \gamma) \end{cases}$$

$$(7.76)$$

第三，Logistic 回归模型参数估计量的切断后复制。Logistic 回归模型参数估计量切断后复制的基础是对加权最小平方条件亦即式（7.64）和式（7.65）的切断后复制。在切掉街区群 k 的条件下式（7.64）和式（7.65）的切断后复制公式分别为式（7.77）和式（7.78）：

$$\sum_{smp, j\in E, j\notin k} w_{j\in E}^{(-k)}\lambda_{ce, j\in E}(y_{ce,(j\in E),(-k)} - \beta_{0,(-k)} - \beta_{1,(-k)}X_{1, j\in E} - \cdots -$$
$$\beta_{K,(-k)}X_{K, j\in E})^2 \qquad (7.77)$$

$$\sum_{smp, j\in P, j\notin k} w_{j\in P}^{(-k)}\lambda_{m, j\in P}(y_{m,(j\in P),(-k)} - \beta_{0,(-k)} - \beta_{1,(-k)}X_{1, j\in P} - \cdots -$$
$$\beta_{K,(-k)}X_{K, j\in P})^2 \qquad (7.78)$$

式（7.77）中的 $y_{ce,(j\in E),(-k)}$ 和式（7.78）中的 $y_{m,(j\in P),(-k)}$ 分别由式（7.79）和式（7.80）定义：

$$y_{ce,(j\in E),(-k)} = \ln\frac{p_{ce, cell(j\in E),(-k)}}{1 - p_{ce, cell(j\in E),(-k)}} \qquad (7.79)$$

$$y_{m,(j\in P),(-k)} = \ln\frac{p_{m, cell(j\in P),(-k)}}{1 - p_{m, cell(j\in P),(-k)}} \qquad (7.80)$$

式（7.79）的 $p_{ce, cell(j\in E),(-k)}$ 和式（7.80）的 $p_{m, cell(j\in P),(-k)}$ 分别用式（7.74）和式（7.75）计算。

通过对式（7.77）和式（7.78）做最小化推导，得到 Logistic 回归模型参数的切掉街区群 k 条件下的切断后复制估计量。

第四，正确计数概率模型预测值和匹配概率模型预测值的切断后复制。通过对式（7.77）和式（7.78）做最小化推导，得到 Logistic 回归模型参数的切掉街区群 k 条件下的切断后复制估计量。据此写出 Logistic 回归函数的切掉街区群 k 条件下的切断后复制估计式：

$$\hat{y}_{ce,(j\in E),(-k)} = \hat{\beta}_{0,(-k)} + \hat{\beta}_{1,(-k)}X_{1,j\in E} + \hat{\beta}_{2,(-k)}X_{2,j\in E} + \cdots + \hat{\beta}_{L,(-k)}X_{L,j\in E}$$

$$(7.81)$$

$$\hat{y}_{m,(j\in P),(-k)} = \hat{\beta}_{0,(-k)} + \hat{\beta}_{1,(-k)}X_{1,j\in P} + \hat{\beta}_{2,(-k)}X_{2,j\in P} + \cdots + \hat{\beta}_{L,(-k)}X_{L,j\in P}$$

$$(7.82)$$

将某一个 j 人的 X_1，X_2，$\cdots$，X_L 的值代入式（7.81），算出相应的 $\hat{y}_{ce,(j\in E),(-k)}$，将其代入式（7.79），求得 j 人（$j\in E$）在切掉街区群 k 条件下正确计数概率的切断后复制模型预测值，记作 $\hat{p}_{ce,(j\in E),(-k)}$；同样，将某一个 j 人的 X_1，X_2，$\cdots$，X_L 的值代入式（7.82），算出相应的 $\hat{y}_{m,(j\in P),(-k)}$，将其代入式（7.80），求得 j 人（$j\in E$）在切掉街区群 k 条件下匹配概率的切断后复制模型预测值，记作 $\hat{p}_{m,(j\in P),(-k)}$。

第五，目标总体实际人数估计量的切断后复制。把式（7.68）、式（7.69）、式（7.70）、式（7.72）、式（7.73）中的记号分别替换成相应的切掉街区群 k 的切断后复制值，便得到这几个估计量的切掉街区群 k 的切断后复制值。

第六，目标总体实际人数估计量的"大折刀"方差。我们把上述 5 个切断后复制估计量统一记作 $\hat{\theta}_{-k}^{\beta\gamma}$。在这里，$\beta$ 表示被切掉的街区群 k 所在的 h 层，γ 表示被切掉的街区群 k 是该 h 层的哪一个 i 街区群。由于被切掉的街区群 k 对估计量 $\hat{\theta}_{-k}^{\beta\gamma}$ 的影响只发生在 k 所在的 h 层，所以在计算方差时可以对 $\hat{\theta}_{-k}^{\beta\gamma}$ 只在 k 所在的 h 层进行对 i（或 γ）的汇集。与 $\hat{\theta}_{-k}^{\beta\gamma}$ 相对应，我们把式（7.68）、式（7.69）、式（7.70）、式（7.72）、式（7.73）五个无切断估计量统一记作 $\hat{\theta}$。于是，式（7.68）、式（7.69）、式（7.70）、式（7.72）、式（7.73）5 个估计量的方差可以统一写作式（7.83）：

$$v(\hat{\theta}) = \sum_{h=1}^{H}\sum_{\gamma=1}^{n_h}\frac{n_h-1}{n_h}(\theta_{-k}^{\beta\gamma}-\hat{\theta})^2 \quad (\beta=h) \qquad (7.83)$$

二　Logistic 回归模型预测功能的比较和模型的选择

（一）Logistic 回归模型的预测功能

式（7.40）和式（7.41）两个 Logistic 回归模型是选用"种族/拉美血统与居留地的交叉"、"年龄与性别的交叉"和"房屋所有权"为自变量建立起来的。事实上，我们还会找出其他若干个影响正确计数概率以及匹配概率的变量，与之相应地会建立其他的不同于式（7.40）、式（7.41）的模型。这样，就提出了模型的选择问题。解决选择问题之前，又先要解决选择所用的评判准则的问题。Vincent Thomas Mule（2008）提出把模型的预测功能作为选择模型自变量的评判准则。

那么，什么是模型的预测功能呢？我们拿抽取质量评估样本条件下建立的 Logistic 回归模型式（7.58）和式（7.59）来说。式（7.58）是关于 j 人是否正确计数的回归模型，式（7.59）是关于 j 人是否匹配的回归模型。而是否正确计数（或是否匹配）是服从两点分布的随机变量。通过 Logistic 回归模型得到的 j 人正确计数概率（或匹配概率）的模型预测值提供了上述两点分布的参数值（即"成功"概率）。通过对模型自变量做不同选择所建立的不同模型，会获得同一个 j 人的不同参数值的不同的两点分布随机变量。这些不同的两点分布随机变量，有的能够较为"中肯"地给出该 j 人是否正确计数（或是否匹配）的倾向性的预测，有的则不能。对于前一种随机变量，我们说它的不确定性较小；对于后一种随机变量，我们说它的不确定性较大。针对 Logistic 回归模型，我们说，为前一种随机变量提供正确计数概率（或匹配概率）模型预测值的回归模型预测功能较强；为后一种随机变量提供正确计数概率（或匹配概率）模型预测值的回归模型预测功能较弱。统计学中用熵来度量随机试验（随机变量）的不确定性。离散型随机变量 X 的熵定义为：

$$H(X) = -\sum_{i=1}^{N} p(x_i) \ln p(x_i) \tag{7.84}$$

式（7.84）中，$p(x_i)$ 是 $X = x_i$ 的概率。熵的数值越大，表明随机变量的不确定性越大。

（二）评判 Logistic 回归模型预测功能的对数罚函数和交叉实证统计量

1. 对数罚函数

（1）正确计数概率 Logistic 回归模型的对数罚函数。

假设有下列两个不同的方案。方案 1：把"种族/拉美血统与居留地的交叉"、"年龄与性别的交叉"和"房屋所有权"作为 Logistic 回归模型的自变量。第一个分组标志下划分为七个组；第二个分组标志下划分为七个组；第三个分组标志下划分为两个组。将三个分组标志交叉组合，形成 98 个组。方案 2：删去方案 1 中"房屋所有权"这个变量，只保留"种族/拉美血统与居留地的交叉"和"年龄与性别的交叉"作为 Logistic 回归模型的自变量。将这两个分组标志交叉组合，形成 49 个组。

又假设用式（7.51）处提到的样本，依据式（7.53）得到了样本中普查登记名单（E 名单）中各个 j 人的正确计数概率的估计值 $p_{ce,cell(j \in E)}$，并根据式（7.56）算出每个 j 人该概率估计值的 Logistic 变换 $y_{ce,j \in E}$，接着依据上述样本数据即每个 j 人的 $y_{ce,j \in E}$ 值和自变量值仿照式（7.64）分别写出两个不同方案下的加权最小平方准则表达式，分别对二者做最小化推导获得两个不同方案下的回归系数的估计量，那就可以仿照式（7.66）写出两个不同方案下的正确计数概率 Logistic 回归函数估计式（我们用左上角标表示模型所采用的方案），即基于方案 1 的模型：

$$^{(1)}\hat{y}_{ce,j \in E} = {}^{(1)}\hat{\beta}_0 + {}^{(1)}\hat{\beta}_1^{(1)} X_{1,j \in E} + {}^{(1)}\hat{\beta}_2^{(1)} X_{2,j \in E} + \cdots + {}^{(1)}\hat{\beta}_{97}^{(1)} X_{97,j \in E} \tag{7.85}$$

和基于方案 2 的模型：

$$^{(2)}\hat{y}_{ce,j \in E} = {}^{(2)}\hat{\beta}_0 + {}^{(2)}\hat{\beta}_1^{(2)} X_{1,j \in E} + {}^{(2)}\hat{\beta}_2^{(2)} X_{2,j \in E} + \cdots + {}^{(2)}\hat{\beta}_{48}^{(2)} X_{48,j \in E} \tag{7.86}$$

假设有某一个 j 人，我们想要预测（猜测）他在人口普查中是不是一个能够正确计数的人。于是把这个人的属于式（7.85）的自变量标志值以及属于式（7.86）的自变量标志值分别代入这两个模型，求出两个模型各自的模型预测值 $^{(1)}\hat{y}_{ce,j \in E}$ 和 $^{(2)}\hat{y}_{ce,j \in E}$。这两个值都是正确计数概率的 Logistic 变换：

$$^{(1)}\hat{y}_{ce,j \in E} = \ln \frac{{}^{(1)}\hat{p}_{ce,j \in E}}{1 - {}^{(1)}\hat{p}_{ce,j \in E}} \tag{7.87}$$

$$^{(2)}\hat{y}_{ce,j \in E} = \ln \frac{{}^{(2)}\hat{p}_{ce,j \in E}}{1 - {}^{(2)}\hat{p}_{ce,j \in E}} \tag{7.88}$$

式（7.87）和式（7.88）中，$^{(1)}\hat{p}_{ce,j \in E}$ 是基于方案 1 模型获得的该 j 人正确计数概率模型预测值，$^{(2)}\hat{p}_{ce,j \in E}$ 是基于方案 2 模型获得的该 j 人正确计数概率模型预测值。用式（7.87）和式（7.88）解方程便可以算出 $^{(1)}\hat{p}_{ce,j \in E}$ 和 $^{(2)}\hat{p}_{ce,j \in E}$。

现在来考虑"该 j 人在人口普查中是否正确计数"这个随机试验。

试验结果可以分别记作估计参数为$^{(1)}\hat{p}_{ce,j\in E}$和$^{(2)}\hat{p}_{ce,j\in E}$的两个两点分布的随机变量：

$$^{(1)}X_{ce,j\in E} \sim (\ ^{(1)}\hat{p}^1_{ce,j\in E} \quad 1 - {}^{(1)}\hat{p}^0_{ce,j\in E}) \tag{7.89}$$

$$^{(2)}X_{ce,j\in E} \sim (\ ^{(2)}\hat{p}^1_{ce,j\in E} \quad 1 - {}^{(2)}\hat{p}^0_{ce,j\in E}) \tag{7.90}$$

这两个随机变量$^{(1)}X_{ce,j\in E}$和$^{(2)}X_{ce,j\in E}$的不确定性哪个较大哪个较小呢？此时自然会想到用各自的熵来度量各自的不确定性。下面写出这两个熵：

$$H(\ ^{(1)}X_{ce,j\in E}) = -[\ ^{(1)}\hat{p}_{ce,j\in E}\ln{}^{(1)}\hat{p}_{ce,j\in E} + (1 - {}^{(1)}\hat{p}_{ce,j\in E})$$
$$\ln(1 - {}^{(1)}\hat{p}_{ce,j\in E})] \tag{7.91}$$

$$H(\ ^{(2)}X_{ce,j\in E}) = -[\ ^{(2)}\hat{p}_{ce,j\in E}\ln{}^{(2)}\hat{p}_{ce,j\in E} + (1 - {}^{(2)}\hat{p}_{ce,j\in E})$$
$$\ln(1 - {}^{(2)}\hat{p}_{ce,j\in E})] \tag{7.92}$$

但是，我们现在并不满足于分别度量两个随机变量$^{(1)}X_{ce,j\in E}$和$^{(2)}X_{ce,j\in E}$的不确定性，甚至也并不满足于比较二者的不确定性哪个较大哪个较小。我们的目标是要考察 Logistic 回归模型自变量设置的不同对这两个随机变量的不确定性所带来的影响。由于不同方案的 Logistic 回归模型会推算出不同的正确计数概率模型预测值$^{(1)}\hat{p}_{ce,j\in E}$和$^{(2)}\hat{p}_{ce,j\in E}$，所以，"考察 Logistic 回归模型自变量设置的不同对这两个随机变量的不确定性所带来的影响"这一目标要具体地转化为考察$^{(1)}\hat{p}_{ce,j\in E}$和$^{(2)}\hat{p}_{ce,j\in E}$的不同对这两个随机变量的不确定性所带来的影响，也就是对两个熵$H(\ ^{(1)}X_{ce,j\in E})$和$H(\ ^{(2)}X_{ce,j\in E})$所带来的影响。我们知道，熵实际上是随机试验各种结果的概率值对数相反数的加权算术平均数，拿$H(\ ^{(1)}X_{ce,j\in E})$来说，它是$-\ln{}^{(1)}\hat{p}_{ce,j\in E}$和$-\ln(1 - {}^{(1)}\hat{p}_{ce,j\in E})$的加权算术平均数。读者一定熟知，加权算术平均数水平的高低取决于两个因素，一是变量的取值，二是权数的结构。要想单纯观察变量取值变动的效应，应当把权数固定。现在，我们想要考察$-\ln{}^{(1)}\hat{p}_{ce,j\in E}$和$-\ln(1 - {}^{(1)}\hat{p}_{ce,j\in E})$改变为$-\ln{}^{(2)}\hat{p}_{ce,j\in E}$和$-\ln(1 - {}^{(2)}\hat{p}_{ce,j\in E})$时这种变动的效应，就需要把两个熵中的权数即$H(\ ^{(1)}X_{ce,j\in E})$中的$^{(1)}\hat{p}_{ce,j\in E}$和$1 - {}^{(1)}\hat{p}_{ce,j\in E}$以及$H(\ ^{(2)}X_{ce,j\in E})$中的$^{(2)}\hat{p}_{ce,j\in E}$和$1 - {}^{(2)}\hat{p}_{ce,j\in E}$改变为使用同样的一套权数。显然，如果把它们改为统一地使用$p_{ce,cell(j\in E)}$和$1 - p_{ce,cell(j\in E)}$是合适的。我们记得，$p_{ce,cell(j\in E)}$曾由式(7.53)定义，它是由决定j人是否正确计数的所有影响因素(其中包括了大量均匀小的偶然因素)作用的结果，以它为基础的权数在结构上是最接近实际情况的。改变了权数以后，式(7.91)和式(7.92)就变成了下面的式(7.93)和式(7.94)：

$$\widetilde{H}(^{(1)}X_{ce,j\in E}) = -[p_{ce,cell(j\in E)}\ln {}^{(1)}\hat{p}_{ce,j\in E} + (1 - p_{ce,cell(j\in E)})$$
$$\ln(1 - {}^{(1)}\hat{p}_{ce,j\in E})] \tag{7.93}$$

$$\widetilde{H}(^{(2)}X_{ce,j\in E}) = -[p_{ce,cell(j\in E)}\ln {}^{(2)}\hat{p}_{ce,j\in E} + (1 - p_{ce,cell(j\in E)})$$
$$\ln(1 - {}^{(2)}\hat{p}_{ce,j\in E})] \tag{7.94}$$

由于式（7.93）和式（7.94）已经对按照熵的定义写出的式（7.91）和式（7.92）做了更改，所以不再使用熵的记号 $H(\cdot)$ 而改用 $\widetilde{H}(\cdot)$。

现在，我们就可以用式（7.93）和式（7.94）来比较，就 j 人而言，方案1的模型与方案2的模型哪一个的预测能力更强些（计算结果数值较小者，模型的预测能力较强）。

式（7.93）和式（7.94）只能针对某一个 j 人进行模型预测能力的比较。无疑，仅仅根据一个人的信息来做结论，难免失之于偶然。我们的结论应该用大量观察的平均值来得出。

我们在目标总体普查登记名单（E 名单）全体人口中分别计算式（7.93）和式（7.94）的平均值：

$$^{(1)}\hat{H}_{ce,E} = \frac{\sum\limits_{popu,j\in E} \widetilde{H}(^{(1)}X_{ce,j\in E})}{\sum\limits_{popu,j\in E} c} \tag{7.95}$$

$$^{(2)}\hat{H}_{ce,E} = \frac{\sum\limits_{popu,j\in E} \widetilde{H}(^{(2)}X_{ce,j\in E})}{\sum\limits_{popu,j\in E} c} \tag{7.96}$$

式（7.95）和式（7.96）中，$popu$ 指对目标总体普查登记名单的全体人口求和，分母中的 c 是对参加求和的人口计数用的标志，恒有 $c = 1$。

但是，现在是在有限总体概率样本的背景下讨论问题，这就需要用样本构造式（7.95）和式（7.96）的估计量。于是，我们依据式（7.51）分别写出式（7.95）和式（7.96）中分子、分母的线性估计量来替换之。这样就得到：

$$^{(1)}\hat{H}_{ce,E} = \frac{\sum\limits_{smp,j\in E} w_{j\in E} \widetilde{H}(^{(1)}X_{ce,j\in E})}{\sum\limits_{smp,j\in E} w_{j\in E}} \tag{7.97}$$

$$^{(2)}\hat{H}_{ce,E} = \frac{\sum\limits_{smp,j \in E} w_{j \in E}\,\widetilde{H}(^{(2)}X_{ce,j \in E})}{\sum\limits_{smp,j \in E} w_{j \in E}} \tag{7.98}$$

式（7.97）和式（7.98）中，smp 指对样本中属于普查登记名单（E 名单）的人员求和；$w_{j \in E}$ 是 E 名单中的 j 人的抽样权数，它等于 j 人所在的街区群 i 的抽样权数 α_{hgi}。

我们把式（7.97）和式（7.98）中表示自变量选取的不同方案的左上角标省去，写出一个针对任意方案的统一的表达式。它就是如下的对数罚函数（Richard Griffin et al.，2006）：

$$\hat{H}_{ce,E} = -\frac{\sum\limits_{smp,j \in E} w_{j \in E}\big[p_{ce,cell(j \in E)}\ln(\hat{p}_{ce,j \in E}) + (1 - p_{ce,cell(j \in E)})\ln(1 - \hat{p}_{ce,j \in E})\big]}{\sum\limits_{smp,j \in E} w_{j \in E}}$$

$$\tag{7.99}$$

式（7.99）中，smp 指对样本中属于普查登记名单（E 名单）的人员求和；$w_{j \in E}$ 是普查登记名单（E 名单）中的 j 人的抽样权数，它等于 j 人所在的街区群 i 的抽样权数，即 α_{hgi}；$p_{ce,cell(j \in E)}$ 是普查登记名单（E 名单）中的 j 人通过其所在"集区"估计得到的在普查登记中正确计数的概率，它由式（7.53）计算；$\hat{p}_{ce,j \in E}$ 是普查登记名单（E 名单）中的 j 人通过正确计数概率 Logistic 回归函数估计式即式（7.66）得到的在普查登记中正确计数概率的模型预测值。

（2）匹配概率 Logistic 回归模型的对数罚函数。

依照与上面相同的思路，仿照式（7.99），写出下列匹配概率 Logistic 回归模型的对数罚函数：

$$\hat{H}_{m,P} = -\frac{\sum\limits_{smp,j \in P} w_{j \in P}\big[p_{m,cell(j \in E)}\ln(\hat{p}_{m,j \in P}) + (1 - p_{m,cell(j \in E)})\ln(1 - \hat{p}_{m,j \in P})\big]}{\sum\limits_{smp,j \in P} w_{j \in P}}$$

$$\tag{7.100}$$

式（7.100）中，smp 指对样本中属于再普查名单（P 名单）的人员求和；$w_{j \in P}$ 是再普查名单（P 名单）中的 j 人的抽样权数，它等于 j 人所在的街区群 i 的抽样权数 α_{hgi}；$p_{m,cell(j \in E)}$ 是再普查名单（P 名单）普查登记名单中的 j 人通过其所在"集区"估计得到的再普查与普查匹配的概率，它由式（7.55）计算；$\hat{p}_{m,j \in P}$ 是再普查名单（P 名单）中的 j

人通过匹配概率 Logistic 回归函数估计式（7.67）得到的再普查与普查匹配概率的模型预测值。

2. 交叉实证统计量

Richard Griffin（2006）指出，这两个对数罚函数是有偏的，并且给出了偏斜的大折刀逼近估计的表达式。由于它们有偏，故不宜直接用来进行自变量不同设置方案的 Logistic 回归模型的选择。为此，设计了 K 重交叉证实（K - fold cross - validation）统计量用于完成模型选择任务。该统计量的构造过程是：第一步，把样本以街区群为单位随机地划分为单位数相等的 K 个组；第二步，从整个样本中切掉其中的一个组（第 k 组），然后用样本余下的部分去估计 Logistic 回归模型（正确计数概率的回归模型或匹配概率的回归模型）的参数；第三步，用上面所估计的模型和刚才被切掉的第 k 组资料分别计算正确计数概率的回归模型和匹配概率的回归模型的对数罚函数 LP_k；第四步，对每一个 k 组重复上述过程；第五步，用所得到的所有 K 个 k 组的对数罚函数 LP_k 计算 K 重交叉证实统计量。计算公式如下：

$$LP_{cross-validation} = \frac{1}{K} \sum_{k=1}^{K} LP_k \tag{7.101}$$

K 重交叉证实统计量解决了对数罚函数式有偏的缺陷。因为，虽然 K 重交叉证实统计量式（7.101）依然有偏，但是当 K 变大时这个偏差可以忽略。不过，与此同时，Richard Griffin（2006）也留下了一个遗留问题：由于当 K 增大时每一个 k 组中样本单位的数目会相应地减少，因而，与 K 增大相伴，K 重交叉证实统计量的随机波动增大，这当然对于评估和选择 Logistic 回归模型是不利的。于是怎样对 K 重交叉证实统计量的偏斜性和随机波动性两方面的得失进行权衡，选择一个合适的 K 值就成为一个需要进一步研究的问题。

第八章　人口普查多报
人数的估计

　　人口普查质量评估的核心工作是估计人口普查净误差、普查多报人数与普查漏报人数。在第七章已经详细论述了净误差的估计。首先，普查漏报人数为普查多报人数与净误差之差，相应地，其方差为两者方差之和；其次，普查表未能提供样本调查小区普查漏报人口的任何信息；最后，普查多报人口的信息可从样本调查小区的普查表中直接获取。因此，间接估计普查漏报人数及其方差是理想的选择。鉴于此，本书只研究净误差及普查多报人数估计。本章研究普查多报人数及基于分层刀切方差估计量的方差估计。普查多报是指普查登记了不应该登记的人口，也就是说，登记了普查目标总体之外的人口，例如，普查日后出生者、普查日前死亡者、虚构者（如宠物）、重复登记者，等等。普查漏报是指未登记应该登记的人口。

　　在估计净误差后还继续估计普查多报人数，是因为它比普查净误差荷载了丰富得多的信息，追寻由它提供的线索，可以进一步查找人口普查登记中的各种失误，而这些失误往往是本次人口普查登记工作的难点，也是下一次人口普查登记可能发生差错的根源。由于这个原因，美国普查局在2010年人口普查质量评估中将工作的重心转移到人口普查多报估计上来，并且提供了每一种多报人数的估计值及其方差估计值。当然，美国普查局对外只是发布了全国人口普查总的多报率，对各个种类的普查多报率只供内部参考使用。

　　除加拿大等少数国家外，其他所有国家都是着力构造覆盖全部普查多报类型的普查多报人数估计量及其方差估计量。在加拿大普查局看来，普查日后出生者、普查日前死亡者、虚构者（如宠物）当作人口登记的数目微乎其微，因此可以忽略不计，于是把普查多报等同于普查重复登记。但事实上并非如此。中国第六次人口普查复查结果表明，重报之外的其他多报是客观存在的。例如，有的家庭直接按照户口簿填报普查表，将已经死亡而未注销户口的亲人填入普查表中。再如，有的家庭把普查登记工作期间出生的婴儿填写在普查表中。

其实，对任何国家来说，应该既要估计重报人数，也要估计其他多报人数，而且最好是分别估计。即使是其他多报人数为零，也要将其纳入多报估计范围，在研究报告中明示其他多报人数为零，并且要说明，为什么这个数为零。一般地说，这个数不可能为零，所以把多报等同于重报的做法是不妥的。

目前，几乎所有国家均是使用比较法估计普查多报人数。比较法包括四个工作步骤：第一，使用一步或多步抽样法从全国所有调查小区中按照事先确定的样本量抽取调查小区；第二，对抽取样本调查小区的人口再进行一次普查时点登记，编制人口普查质量评估抽查表；第三，比较同一样本调查小区在普查时编制的普查表和质量评估调查时编制的抽查表中的人口特征（姓名、性别、出生年月日、婚姻状况、房屋所有权，等等）。如果普查表中的某人在抽查表中无法找到与其相同的人，或普查表中的多人在抽查表中找到了与其相同的人，就称其为普查多报人口；第四，根据比较得到的样本调查小区普查多报人口，使用抽样方法确定的抽样权数将样本多报人数扩张到总体普查多报人数。比较法适合于总体各种口径的人口普查多报估计。

本章引入普查登记中个人信息完整人数这一辅助变量构造"在普查登记时属于目标总体的比率估计量"。提出该估计量的理由是：个人信息完整的普查登记人数描述了调查小区规模。显然，普查多报人数的多少与小区的规模在直观上呈正相关关系。引入该辅助变量构造比率估计量与不使用辅助变量直接构造简单估计量在精度上会有所提高。普查多报比率估计量为总体普查登记人数与"在普查登记时属于目标总体的比率估计量"之差。

一方面，"普查多报比率估计量"能够比较好地解决现行比较法由于样本中可能只观察到很少甚至观察不到普查多报人口，从而给通过样本直接估计总体普查多报人数所遇到的困难，以及避免比较法复杂的比较程序和可能产生的比较误差；另一方面，它所估计的普查多报人数只是包括了应该包括的普查多报人口。从现有相关文献中尚未见到这样的估计普查多报人数的估计量，因此该方法具有原创性和一定的学术价值，能够推动人口普查质量评估理论的进一步发展。这为各国国家统计部门在未来人口普查质量评估中估计人口普查多报人数提供了新途径、新思路，解决了长期存在于世界各国的普查多报人数有偏估计的问题，有助于我国 2020 年人口普查多报人数估计精度的提高。

有必要指出的是，本章所提出的"普查多报比率估计量"适合于任何口径的普查登记人数的质量评估。换句话说，它适合于我国 2010 年及以前和其他所有国家所有口径的普查数据的登记质量评估。在 2010 年，我国进行了新中国成立后首次采用现住地登记原则的第六次人口普查。这次普查的普查表设计了普查时点居住地、户口登记地和离开户口登记地时间这三个核心项目。通过这三个项目的答复，可以判断普查表中的人口究竟是现有人口、户籍人口，还是常住人口。相应地，通过逐级汇总，可以得到这三个口径的各省（自治区、直辖市）乃至全国的普查登记人口总数。由于不同口径的人口登记情况及其登记质量不同，普查多报率也可能不同，因此，人口普查质量评估要对这三种口径的普查多报率分别进行评估。我国国家统计局在 2010 年人口普查质量评估中使用比较法，分别估计了现有人口口径、户籍人口口径、常住人口口径的普查重报率。

第一节　有关总体人数指标及
指标间的数量关系

为了说明如何根据观察到的样本数据构造用来估计普查多报人数的"普查多报比率估计量"，需要先了解与人口普查登记质量有关的指标以及这些指标之间的数量关系。

在这里，有一件事情需要提及。那就是，在我国 2010 年人口普查中，按照现住地登记地原则及普查表中设置的三个核心项目，得到每一个调查小区现有人口、常住人口和户籍人口这三种口径的普查登记人数。分别在全国汇总所有调查小区三种口径的普查登记人数。如果没有普查多报与漏报，所得到的三个汇总值应该相等。这里将要讨论的普查登记中的各种指标之间的关系，指的是将各种指标的调查小区值在全国汇总以后的全国汇总值之间的关系。这种关系，对于上述三种口径的普查登记人数都是适用的。也就是说，第六次人口普查的三种人口口径并不会影响下面的人数指标体系。

按不同登记状态，对人口普查登记结果进行划分（如普查正确计数、各种不同类型的普查多报、是否登记全部普查项目等）。它们共同构成了普查登记结果的平衡关系。普查多报人数须通过平衡关系推算出来。现在用图 8 - 1 展示。

对图 8 - 1 中的指标说明如下：

第一，普查登记人数 C。它是指直至人口普查质量评估调查工作开始时质量评估调查工作中心所掌握的人口普查登记人数。

第二，普查正确计数人数 CE。普查正确计数是指所进行的计数是对目标总体成员的计数，并且计数者是在正确的地点进行登记，而且所做的登记完整地填写了应该填写的各项人口统计特征项目，此外还只登记了一次。

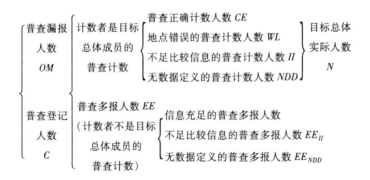

图 8 - 1　按人口普查登记结果不同状态分别计数的各种人数指标

第三，地点错误的普查计数人数 WL。地点错误的普查计数是指虽然所进行的计数是对被调查人口总体成员的计数，但被计数者进行登记的地点不正确，另外所做的登记完整地填写了应该填写的各项人口统计特征项目。

第四，不足比较信息的普查计数人数 II。不足比较信息的普查计数是指虽然所进行的计数是对被调查人口总体成员的计数，但被计数者未能完整地填写应该填写的各项人口统计特征项目，不过尚能够辨别出该人不是另外别的什么人，至于登记地点是否正确在此处不做区分。

第五，无数据定义的普查计数人数 NDD。无数据定义的普查计数是指虽然所进行的计数是对目标总体成员的计数，但计数者未能完整地填写应该填写的各项人口统计特征项目以致不能够辨别出该人是不是另外别的什么人，至于登记地点是否正确在此处不做区分。

第六，普查多报人数 EE。普查多报是指所进行的计数不是对目标总体成员的计数。例如，计数者是普查日后出生的婴儿，等等。在这里，对属于目标总体成员但登记地点错误的普查计数做一点说明。在美国 2000 年人口普查质量评估工作中，只估计净误差，规定把地点错误（未计数在常住地所在街区群或其周围环形区域）的普查计数算作多报；2010 年在估计多报人数时，规定只要是对总体成员的计数，计数者登记地点错误时不算多报。不过为了和 2000 年口径一致，在估计净误差时仍然把地点错误的普查计数算作是多报。

第七，普查漏报人数 OM。它是指目标总体成员中没有进行但又应该进行普查登记的那些人的数目。这些人主要是对普查漠不关心的人、故意躲避普查的人、无固定住所的人、不相信政府的人、居住在偏远地区的人、新生婴儿、被监护的孩子，等等。

第八，目标总体实际人数 N。这个数字始终被一层神秘的面纱所遮挡，人们永远无法看清它的真面目。人口普查的目标是想要看清它。但是，人口普查就如同观测天体距离一样，是一种随机试验，人口普查的结果是一个随机变量，它与 N 之间不可避免地有误差。对计划组织得好的人口普查，这个误差小一些；对组织得差一些的人口普查，这个误差就大一些。在人口普查质量评估工作中用普查结果与使用双系统估计量估计的总体实际人数相减所得之差，并不是人口普查结果与 N 之间的距离，并不能描述人口普查结果的准确度，它只不过是用来描述人口普查这个随机试验结果的散布特征的一种统计量，所描述的是人口普查结果的精确度。

与人口普查多报人数有关的普查登记人数指标及其若干关系为：

$$EE = C - (CE + WL + II + NDD) \tag{8.1}$$

$$Y = CE + WL + II + NDD \tag{8.2}$$

$$X = C - (II + NDD) - (EE_{II} + EE_{NDD}) \tag{8.3}$$

式（8.1）至式（8.3）中，EE 为普查多报人数，Y 为普查登记人数中属于目标总体成员的人数，X 为个人信息完整的普查登记人数。

第二节　估计普查多报人数的程序

前面介绍的与估计普查多报人数有关的指标是总体指标，在人口普查质量评估中，它们需要用抽取的调查小区样本人口来估计。我国规定每个调查小区规模大致相等，一般为 80 个住房单元、常住人口 250 人左右。这么做是为了合理安排调查员的工作量，保证他们的调查工作同时完成。由于做到了每个调查小区规模几乎一样，所以在我国无须像美国那样对抽样单位（街区群）按规模大小分层。这是我国进行每隔十年一次的人口普查质量评估调查或每年、每隔五年一次的 1% 或 1‰ 人口抽样调查的一个重要特色。

一　抽样方法

为便于样本的抽取，以全国各个行政区（省等）为抽样范围，采取等概率、分层、两步、整群抽样方法，先抽一个大样本，然后根据事先确定的样本量对抽取的大样本压缩，得到规定样本量的第二步样本（胡桂华，2014）。

（一）第一步抽样

为使样本尽可能覆盖总体，按城乡分层标志将每一个行政区内的所有调查小区划分在两个层中：城市调查小区层；乡村调查小区层。其中的每一层用 h 表示，$h = 1$，$h = 2$。在每一抽样层，从有关行政管理单位获取或自行编制调查小区抽样框。以调查小区为抽样单位，采取等概率纯随机不重复抽样方法从抽样框抽取调查小区样本。第一步抽样抽取的样本用于普查多报人数方差估计值的计算。

（二）第二步抽样

在抽取第二步样本之前，先对抽取的第一步样本调查小区按调查难度分为三层（用 g 作层标）：$g = 1$，调查难度小的调查小区层；$g = 2$，调查难度一般的调查小区层；$g = 3$，调查难度大的调查小区层。在上述

每一个 g 层，通过现场调查核实的方法重新编制调查小区抽样框，依照事先确定的抽样比例，以抽取的第一步样本中的调查小区为抽样单位，采取等概率纯随机不重复抽样方法从重新编制的抽样框中抽取第二步样本调查小区。第二步抽样抽取的样本用于普查多报人数估计值的计算。

二　获取样本数据

从式（8.1）可以看出，为了估计普查多报人数，关键是要估计（CE + WL + II + DD）中的每一个加项。

为了获得估计普查正确计数人数 CE 的样本数据，需要做四项工作。（1）审查普查表，看每一个普查表是否登记了某人的姓名、性别、年龄、房屋所有权、种族、民族、地理位置、与户主关系、婚姻状况、文化程度、职业等人口普查所规定填写的所有项目，如果"是"，就判定此人的普查登记项目信息登记完整。（2）在样本调查小区普查表进行搜索，看某人是否在普查表中只登记一次，如果"是"，就判定此人没有重复登记。（3）了解样本调查小区相关负责人，该小区是否有人在普查日前后出生、死亡，或迁入、迁出。如果"有"，就审查这类普查表中填写的出生时间、死亡时间。若在普查日之前出生或迁入，或者在普查日之后死亡、迁出，就判定此人在普查目标总体内。（4）看普查表中填写的某人登记地点是否在研究区域范围内。如果"是"，就判定此人登记地点正确。只有同时具备普查项目信息登记完整、未重复登记、在普查总体内、登记地点正确，才能判定样本人口为普查正确计数者。

为了获得估计不足比较信息的普查计数人数 II 和无数据定义的普查计数人数 NDD 的样本数据，通过查阅样本调查小区普查表即可。如果普查表中记录了某人的姓名及除姓名之外的一个普查项目，例如性别或年龄，就判定此人是不足比较信息的普查计数样本人口。如果普查表中未登记某人的姓名，或只登记了姓名，就判定此人为无数据定义普查计数样本人口。

为了获得估计登记地点错误的普查计数人数 WL 的样本数据，需要做两项工作。第一项工作是确定某样本个人是否在普查日有两个或两个以上的住所。调查员通常可以这样提问：您家里是否有人在普查日居住在工作单位、朋友或亲戚之家、度假胜地等地方？如果答复"有"，就问是谁普查日居住在这些地方。第二项工作是确认在普查日有两个或两个以上住所者在普查中的"应该计数地点"及"实际计数地点"。对"实际计数地点"，查阅普查表即可得知；对"应该计数地点"，需要调查确定在各个住处居住的时间，计数在居住时间最长的住处所在地。如果在每一个住处居住的时间相同，就应该计数在普查日居住的住处。为此，调查员应当向被询问者问清楚，普查日居住在哪个住处。如果"应该计数地点"与"实际计数地点"相同，就判定此人普查计数地点正确，否则计数地点错误。

三　普查多报比率估计量的构造

构造估计量所需的同一种样本数据在不同的普查登记地原则下数值是不相同的，所以，应分别针对三种不同的登记地原则构造三个估计量（换句话说，三种不同的普查登记地原则分别有各自不同的普查多报人数）。下面所使用的公式符号可分别代表不同登记地原则下的样本数据。

记 $y_{hi} = CE_{hi} + WL_{hi} + II_{hi} + NDD_{hi}$ 为第一步抽样 h 层中 i 调查小区在人口普查中登记的属于目标总体成员的人数。其中，CE_{hi}、WL_{hi}、II_{hi}、NDD_{hi} 分别表示 h 层中 i 调查小区的个人信息填写完整并在正确地点计数的人数、个人信息填写完全但在错误地点计数的人数、比较信息不足的登记人数、无数据定义的登记人数。

记 $x_{hi} = C_{hi} - (II_{hi} + EE_{IIhi}) - (NDD_{hi} + EE_{NDDhi})$ 为第一步抽样 h 层中 i 调查小区在人口普查中登记的个人信息完整的人数（已知）。其中，$II_{hi} + EE_{IIhi}$ 是该调查小区的属于目标总体的及不属于目标总体的比较信息不足的登记人数，$NDD_{hi} + EE_{NDDhi}$ 是该调查小区的属于目标总体的及不属于目标总体的无数据定义的登记人数。

显然，从普查登记人数 C 中减去在人口普查中登记的属于目标总体成员的人数 Y 的估计量便得到普查多报人数估计量。至于 Y 的估计量，我们将采用比率估计量来构造之。在这个比率估计量中，将引入普查登记中个人信息完整的人数 x 作为辅助变量。为构造 Y 的比率估计量，需要先构造 Y 的线性估计量和 X 的线性估计量。

现在，写出普查登记人数中属于目标总体成员的人数 $Y = CE + WL + II + NDD$ 和个人信息完整的普查登记人数 $X = C - (II + NDD) - (EE_{II} +$

EE_{NDD}）的线性估计量：

$$\hat{Y}_u = \sum_{h=1}^{H} \sum_{g=1}^{G} \sum_{i=1}^{n_h} \frac{N_h}{n_h} \frac{n_{hg}}{r_{hg}} b_{hgi} I_{hgi} y_{hi} \tag{8.4}$$

$$\hat{X}_u = \sum_{h=1}^{H} \sum_{g=1}^{G} \sum_{i=1}^{n_h} \frac{N_h}{n_h} \frac{n_{hg}}{r_{hg}} b_{hgi} I_{hgi} x_{hi} \tag{8.5}$$

在式（8.4）和式（8.5）中，我们用估计量记号的下标 u 表示这里所构造的是线性估计量（以便和下面将要构造的以 R 为下标的比率估计量相区别）；y_{hi} 和 x_{hi} 的定义如前所述；b_{hgi} 表示对 h 层的第一步样本进行次级分层的示性函数，如果层 h 中的调查小区 i 属于第二步抽样层 g 则 b_{hgi} 取值为 1，如果是其他的情况则 b_{hgi} 取值为 0。由于层 h 中的每一个调查小区一定属于且仅属于某一个 g，换句话说，层 h 中的一个调查小区 i 的 b_{hgi}，一定对且只能对某一个 g 取值为 1，而对其他的 g 则必须取值为 0。因此，用这个示性函数就把层 h 中的各个调查小区分到了不同的 g 层；I_{hgi} 表示从 hg 层中抽取出来的第二步样本的示性函数，如果层 hg 中的调查小区 i 进入第二步样本，则 I_{hgi} 取值为 1，如果是其他的情况，则 I_{hgi} 取值为 0；（N_h/n_h）（n_{hg}/r_{hg}）是 y_{hi} 的抽样权数，它是 h 层 i 调查小区经过两步抽样的样本包含概率的倒数。

接下来，我们以 $\hat{Y}_u$ 和 $\hat{X}_u$ 为基础来构造 Y 的比率估计量：

$$\hat{Y}_R = X \frac{\hat{Y}_u}{\hat{X}_u} \tag{8.6}$$

在式（8.6）中，我们用估计量记号的下标 R 表示这里所构造的是比率估计量；式中的 Y 由式（8.2）定义，X 由式（8.3）定义，$\hat{Y}_u$ 用式（8.4）计算，$\hat{X}_u$ 用式（8.5）计算。

从普查登记人数 C 中减去由式（8.6）构造的估计量 $\hat{Y}_R$，就得到人口普查多报人数估计量 $\widehat{EE}$：

$$\widehat{EE} = C - \hat{Y}_R \tag{8.7}$$

四 普查多报比率估计量的方差估计

现在考虑有限总体概率抽样产生的方差，而把人口普查的随机试验性质忽略不计。于是，普查登记人数 C 被看作常数，$\widehat{EE}$ 的方差也就是 $\hat{Y}_R$ 的方差。$\hat{Y}_R$ 的方差可以用分层刀切方差估计量方法来估计。

（一）大折刀方法简介及调查小区复制权数计算

$\hat{Y}_R$ 属于总体参数复杂估计量。对于复杂估计量的方差计算，通常使用国外学者发明的分层刀切方差估计量。在逐一切掉某一个第一步样本调查小区后，把重新计算的所有第一步样本调查小区的抽样权数称之为复制权数。被切掉的那个调查小区的抽样权数也叫复制权数，只不过它等于零。复制权数所要传递的意思是，切除某个调查小区后，原来调查小区的抽样权数变为多少。

大折刀方差计算法的难点是调查小区复制权数的计算。下面分别针对所论的 h 层 g 子层 i 调查小区与被切的调查小区 t 之间关系的五种不同情况，来具体研究怎样确定刀切调查小区 t 后的切断后复制权数。

第一种情况，如果所论的 h 层 g 子层 i 调查小区与现在被切的调查小区 t 不在同一个 h 层。这时，调查小区所在的 h 层不受此次刀切的影响，所以调查小区 hgi 的抽样权数此时仍然是原来的权数 $\left[\left(N_h/n_h\right)\right.$ $\left.\left(n_{hg}/r_{hg}\right)\right]$。

第二种情况，如果所论的 h 层 g 子层 i 调查小区与现在被切的调查小区 t 在同一个 h 层但是不在同一个 g 子层。这时，hgi 调查小区所在的 h 层中的第一步样本受此次刀切的影响减少了一个调查小区，相应地，第一步样本的 n_h 应当换成 (n_h-1)。为了实现这一要求，需要在原来权数 $\left[\left(N_h/n_h\right)\left(n_{hg}/r_{hg}\right)\right]$ 的基础上乘以 $n_h/(n_h-1)$。此次刀切对 hgi 调查小区所在的 g 子层没有影响，因此，除了上面的处理，不需要再做其他的处理。这样，调查小区 hgi 的抽样权数此时应为 $\left[\left(N_h/n_h\right)\left(n_{hg}/\right.\right.$ $\left.\left.r_{hg}\right)\right]\left[n_h/(n_h-1)\right]$。

第三种情况，如果所论的 h 层 g 子层 i 调查小区与现在被切的调查小区 t 在同一个 h 层并且也在同一个 g 子层，被切的调查小区 t 没有进入第二步样本，所论的 h 层 g 子层 i 调查小区与现在被切的调查小区 t 不是同一个调查小区。这时，hgi 调查小区所在的 h 层中的第一步样本受此次刀切的影响减少了一个调查小区，相应地，第一步样本的 n_h 应当换成 (n_h-1)。为了实现这一要求，需要在原来的权数 $\left[\left(N_h/n_h\right)\right.$ $\left.\left(n_{hg}/r_{hg}\right)\right]$ 的基础上乘以 $n_h/(n_h-1)$。另外，hgi 调查小区所在的 g 子层中的第一步样本受此次刀切的影响也减少了一个调查小区，相应地，作为产生第二步样本的"总体"的 h 层 g 子层第一步样本的调查小区数 n_{hg} 应当换成 $(n_{hg}-1)$。为了实现这一要求，需要在原来的权数 $[(N_h/n_h)(n_{hg}/r_{hg})]$ 的基础上乘以 $(n_{hg}-1)/n_{hg}$。此次刀切对 hgi 调查小区所在的的 g 子层的第二步样本没有影响，因此，除了上面的处理，不需要再做其他的处理。这时，调查小区 hgi 的抽样权数此时应为 $[(N_h/n_h)(n_{hg}/r_{hg})][n_h/(n_h-1)][(n_{hg}-1)/n_{hg}]$。

第四种情况，如果所论的 h 层 g 子层 i 调查小区与现在被切的调查小区 t 在同一个 h 层也在同一个 g 子层并且被切的调查小区 t 进入了第二步样本，所论的 h 层 g 子层 i 调查小区与现在被切的调查小区 t 不是同一个调查小区。这时，hgi 调查小区所在的 h 层中的第一步样本受此次刀切的影响减少了一个调查小区，相应地，第一步样本的 n_h 应当换成 (n_h-1)。为了实现这一要求，需要在原来的权数 $[(N_h/n_h)(n_{hg}/r_{hg})]$ 的基础上乘以 $n_h/(n_h-1)$。另外，hgi 调查小区所在的 g 子层中的第一步样本受此次刀切的影响也减少了一个调查小区，相应地，作为产生第二步样本的"总体"的 h 层 g 子层第一步样本的调查小区 n_{hg} 应当换成 $(n_{hg}-1)$。为了实现这一要求，需要在原来的权数 $[(N_h/n_h)(n_{hg}/r_{hg})]$ 的基础上乘以 $(n_{hg}-1)/n_{hg}$。再有，hgi 调查小区所在的 g 子层中的第二步样本受此次刀切的影响也减少了一个街区群，相应地，第二步样本的 r_{hg} 应当换成 $(r_{hg}-1)$。为了实现这一要求，需要在原来的权数 $[(N_h/n_h)(n_{hg}/r_{hg})]$ 的基础上乘以 $r_{hg}/(r_{hg}-1)$。这时，街区群 hgi 的抽样权数此时应为 $[(N_h/n_h)(n_{hg}/r_{hg})][n_h/(n_h-1)][(n_{hg}-1)/n_{hg}][r_{hg}/(r_{hg}-1)]$。

第五种情况，如果所论的 h 层 g 子层 i 调查小区就是现在被切的调查小区 t 本身。这时，应当将调查小区 hgi 的观察值从对 y_{vhi} 的求和中删除。显然，这只要将调查小区 hgi 的抽样权数由 $[(N_h/n_h)(n_{hg}/r_{hg})]$ 改为 0 便可实现。所以，街区群 hgi 的抽样权数此时应为 0。

根据上面的讨论，写出 h 层 g 子层 i 调查小区的切断调查小区 t 后复制权数 $\alpha_{hgi}^{(st)}$ 见式(8.8)：

$$\alpha_{hgi}^{(st)} = \begin{cases} \dfrac{N_h}{n_h}\dfrac{n_{hg}}{r_{hg}} & (h \neq s) \\[3mm] \dfrac{n_h}{n_h-1}\dfrac{N_h}{n_h}\dfrac{n_{hg}}{r_{hg}} & (h = s,\ b_{sgt}=0) \\[3mm] \dfrac{n_{hg}-1}{n_{hg}}\dfrac{n_h}{n_h-1}\dfrac{N_h}{n_h}\dfrac{n_{hg}}{r_{hg}} & (h = s,\ b_{sgt}=1,\ I_{sgt}=0,\ i \neq t) \\[3mm] \dfrac{r_{hg}}{r_{hg}-1}\dfrac{n_{hg}-1}{n_{hg}}\dfrac{n_h}{n_h-1}\dfrac{N_h}{n_h}\dfrac{n_{hg}}{r_{hg}} & (h = s,\ b_{sgt}=1,\ I_{sgt}=1,\ i \neq t) \\[3mm] 0 & (h = s,\ i = t) \end{cases}$$

$$(8.8)$$

（二）$\hat{Y}_u$ 和 $\hat{X}_u$ 的切断后复制

依据式（8.8）复制权数构造的式（8.4）、式（8.5）和式（8.6）称之为复制估计量。下面就需要分别就切掉的第一步样本调查小区 t，给出 $\hat{Y}_u$、$\hat{X}_u$ 以及 $\hat{Y}_R$ 的切断后复制计算公式。

切掉第一步样本调查小区 t 后，$\hat{Y}_u$ 和 $\hat{X}_u$ 的切断后复制值 $\hat{Y}_u^{(st)}$ 和 $\hat{X}_u^{(st)}$ 的计算公式为：

$$\hat{Y}_u^{(st)} = \sum_{h=1}^{H}\sum_{g=1}^{G}\sum_{i=1}^{n_h} \alpha_{hgi}^{(st)} b_{hgi} I_{hgi} y_{hi} \tag{8.9}$$

$$\hat{X}_u^{(st)} = \sum_{h=1}^{H}\sum_{g=1}^{G}\sum_{i=1}^{n_h} \alpha_{hgi}^{(st)} b_{hgi} I_{hgi} x_{hi} \tag{8.10}$$

式（8.9）和式（8.10）中的复制权数 $\alpha_{hgi}^{(st)}$ 由式（8.8）定义。

（三）$\hat{Y}_R$ 的切断后复制

把式（8.9）和式（8.10）代入式（8.6），写出切掉调查小区 t 后，$\hat{Y}_R$ 的切断后复制值 $\hat{Y}_R^{(st)}$ 的计算公式：

$$\hat{Y}_R^{(st)} = X\frac{\hat{Y}_u^{(st)}}{\hat{X}_u^{(st)}} \tag{8.11}$$

（四）$\hat{Y}_R$ 的方差

$\hat{Y}_R$ 的分层刀切方差估计量为：

$$v(\hat{Y}_R) = \sum_{h=1}^{H}\sum_{t=1}^{n_h} \frac{n_h-1}{n_h}(\hat{Y}_R^{(st)} - \hat{Y}_R)^2 \tag{8.12}$$

（五）普查多报人数估计量的方差估计量

$$v(\widehat{EE}) = v(\hat{Y}_R) \tag{8.13}$$

第三节 实证分析

为节省篇幅及避免不必要的简单重复，这里只做常住人口口径的人口普查多报人数估计的实证分析。

一 有关情况与资料来源

中国第六次人口普查登记工作结束后，全面复查了以家庭为单位填写的普查表。在复查中发现，虽然在普查前对普查员进行了培训，但有的普查员并未严格按照培训手册进行普查登记，在普查表中登记了不应该登记的人口。虽然复查规定，对发现的问题重新入户核对，并经过确认后予以更正。但是，由于复查人员责任心不强等原因，实际中并未真正做到这一点。因此，经过复查后，有些普查表仍然未能达到填写质量要求。如果复查发现了普查登记过程中的全部多报与漏报，并全部予以更正，那就没有必要单独进行人口普查质量评估。正是由于普查及其复查工作存在的诸多问题，国家统计局对经过复查的第六次人口普查登记人数进行了质量评估。

下面利用普查中广西某行政区常住人口资料和前面介绍的有关公式，完成普查多报常住人数及方差估计的任务。

二 样本的抽取及有关计算

（一）样本的抽取及其抽样权数的计算

用 h 表示第一步样本抽取前对总体所有调查小区划分的层；N_h 为层 h 调查小区数；n_h 为从层 h 抽取的调查数；g 为对抽取的第一步样本进一步划分的层；n_{hg} 为 hg 层调查小区数；r_{hg} 为从 hg 层抽取的调查小区数；"$\sqrt{}$" 记号为第一步样本进入第二步样本的调查小区。有关结果见表 8 - 1。

表 8 - 1 表明，通过分层（两层）、两步、整群（调查小区）、等概率简单随机（每一步的抽样单位均为调查小区）抽样方法，从 $h = 1$，2 层的 2100 个调查小区中抽取第二步样本调查小区 12 个，其编号分别为 1、2、4、5、7、8、11、12、14、15、17、18，其抽样权数分别为 150、150、150、150、200、200、183、183、183、183、183、183。由

表 8 – 1　　　　　　　　　　样本的抽取与抽样权数的计算

h	N_h	n_h	N_h/n_h	g	i	n_{hg}	r_{hg}	n_{hg}/r_{hg}	$N_h/n_h \times (n_{hg}/r_{hg})$
$h=1$	1000	10	100	$g=1$	1√	3	2	1.5	150
$h=1$	1000	10	100	$g=1$	2√	3	2	1.5	150
$h=1$	1000	10	100	$g=1$	3	3	2	1.5	150
$h=1$	1000	10	100	$g=2$	4√	3	2	1.5	150
$h=1$	1000	10	100	$g=2$	5√	3	2	1.5	150
$h=1$	1000	10	100	$g=2$	6	3	2	1.5	150
$h=1$	1000	10	100	$g=3$	7√	4	2	2	200
$h=1$	1000	10	100	$g=3$	8√	4	2	2	200
$h=1$	1000	10	100	$g=3$	9	4	2	2	200
$h=1$	1000	10	100	$g=3$	10	4	2	2	200
$h=2$	1100	9	122	$g=1$	11√	3	2	1.5	183
$h=2$	1100	9	122	$g=1$	12√	3	2	1.5	183
$h=2$	1100	9	122	$g=1$	13	3	2	1.5	183
$h=2$	1100	9	122	$g=2$	14√	3	2	1.5	183
$h=2$	1100	9	122	$g=2$	15√	3	2	1.5	183
$h=2$	1100	9	122	$g=2$	16	3	2	1.5	183
$h=2$	1100	9	122	$g=3$	17√	3	2	1.5	183
$h=2$	1100	9	122	$g=3$	18√	3	2	1.5	183
$h=2$	1100	9	122	$g=3$	19	3	2	1.5	183

于对第一步样本、第二步样本调查小区中的常住人口是100%抽样，所以在每一步都不存在无答复的情况下，这些样本调查小区的抽样权数也就是其中每一个家庭或家庭成员的抽样权数。换句话说，样本调查小区抽样权数可以应用到样本常住人口，将样本常住人数扩张到总体常住人数，满足抽样调查总体参数估计理论的要求。

对抽取的第二步样本调查小区，在社区负责人及其工作人员的协助下，由调查员现场获取该小区以家庭为登记范围的普查表，详细审查普查表中登记的常住人口信息，判断表中登记的常住人口是否属于人口普查目标总体，以及普查项目是否登记完整。在此基础上，以每一个样本调查小区为范围，汇总该小区在人口普查中登记的，并且属于普查目标总体成员的常住人数 y_{hi}，以及人口普查项目登记信息完整的常住人数 x_{hi}。计算结果如表 8 – 2 所示。

表 8 – 2　　　　　　　　第二步样本调查小区常住人口数据

h	g	i	y_{hi}	x_{hi}
$h=1$	$g=1$	$1\checkmark$	250	248
$h=1$	$g=1$	$2\checkmark$	240	238
$h=1$	$g=2$	$4\checkmark$	243	241
$h=1$	$g=2$	$5\checkmark$	230	230
$h=1$	$g=3$	$7\checkmark$	220	218
$h=1$	$g=3$	$8\checkmark$	190	190
$h=2$	$g=1$	$11\checkmark$	265	264
$h=2$	$g=1$	$12\checkmark$	300	297
$h=2$	$g=2$	$14\checkmark$	230	227
$h=2$	$g=2$	$15\checkmark$	250	250
$h=2$	$g=3$	$17\checkmark$	230	228
$h=2$	$g=3$	$18\checkmark$	240	239

（二）普查多报常住人数的估计

利用表 8 – 1 和表 8 – 2 数据，使用式（8.4）和式（8.5），计算普查登记人数中属于目标总体成员的常住人数 $\hat{Y}_u$ 和个人信息完整的普查常住人数 $\hat{X}_u$ 的线性估计值：

$$\hat{Y}_u = 250 \times 150 + 240 \times 150 + \cdots + 240 \times 183 = 503695$$

$$\hat{X}_u = 248 \times 150 + 238 \times 150 + \cdots + 239 \times 183 = 500565$$

使用式（8.8）估计的 2010 年广西某行政区 64 个社区及行政村的在普查中登记且属于该地区的常住人数为：

$$\hat{Y}_R = 502882 \times \frac{503695}{500565} \approx 506000$$

式中的 502882，为 2010 年广西某行政区 64 个社区及行政村的人口普查登记项目信息完整的常住人数。

进一步地，使用式（8.9）估计的 2010 年广西某行政区 64 个社区及行政村的人口普查多报常住人数为：

$$\widehat{EE} = 513500 - 506000 = 7500$$

式中的常住人数为513500，为2010年广西某行政区64个社区及行政村的人口普查登记的常住人数。

（三）普查多报常住人数的方差估计

操作过程是：第一，对第一步样本的19个调查小区进行轮换刀切，按式（8.8）和表8－1数据计算每切掉一个第一步样本调查小区后，其他18个第一步样本调查小区的抽样权数，被切掉的调查小区的抽样权数为零。例如，切掉 $s = 1$ 及第一步样本中的第一个样本调查小区 $t = 1$，第一步19个样本调查小区的抽样权数为：第一个样本调查小区的复制权数为零；第二个和第三个样本调查小区复制权数分别为222和111；第4—6个样本调查小区复制权数均为167；第7—10个样本调查小区复制权数均为222；第11—19个样本调查小区复制权数均为183。第二，按式（8.9）和式（8.10）计算切掉 t 调查小区条件下的 $\hat{Y}_u^{(st)}$ 和 $\hat{X}_u^{(st)}$ 的切断后复制值，进一步把这两个结果合在一起使用式（8.11）计算切掉 t 调查小区条件下的 $\hat{Y}_R^{(st)}$ 切断后复制值。第三，把经过轮换19次刀切的19个 $\hat{Y}_R^{(st)}$ 切断后复制值，合在一起计算 $\hat{Y}_R$ 的方差估计值 $v(\hat{Y}_R)$。这也就是普查多报常住人数的方差估计值 $v(\widehat{EE})$（见表8－3）。

表8－3中的 $\hat{Y}_R$ 为506000。从表8－3可以看出，估计的总体普查多报常住人数的抽样方差为716532，抽样标准差为848。这表明，在所有可能的样本中，平均每个样本估计的总体普查多报常住人数为7500，相应的抽样平均标准误差为848，即每个样本估计总体普查多报常住人数与总体实际普查多报常住人数的平均差异为848。

表8－3　切断后复制值及刀切法普查多报常住人数方差估计值计算

切掉第一步样本 调查小区 t	$\hat{Y}_u^{(st)}$	$\hat{X}_u^{(st)}$	$\hat{Y}_R^{(st)}$	$(\hat{Y}_R^{(st)} - \hat{Y}_R)^2$	$\frac{n_h - 1}{n_h}(\hat{Y}_R^{(st)} - \hat{Y}_R)^2$
1	500536	497484	505941	3481	3132
2	502756	499704	505928	5184	4665

续表

切掉第一步样本调查小区 t	$\hat{Y}_u^{(st)}$	$\hat{X}_u^{(st)}$	$\hat{Y}_R^{(st)}$	$(\hat{Y}_R^{(st)} - \hat{Y}_R)^2$	$\dfrac{n_h - 1}{n_h}(\hat{Y}_R^{(st)} - \hat{Y}_R)^2$
3	556036	552540	506038	1444	1299
4	501155	498213	505826	30276	27248
5	504041	500655	506257	66049	59444
6	555101	551715	505943	3249	2924
7	501336	498504	505713	82369	74132
8	511326	507828	506320	102400	92160
9	574596	571098	505937	3969	3572
10	574596	571098	505937	3969	3572
11	504650	501289	506219	47961	4263
12	495025	492214	505728	73984	65763
13	576960	573328	506042	1764	1568
14	508410	505668	505583	173889	154568
15	502910	499343	506449	201601	179200
16	571180	567616	506014	196	174
17	507720	504703	505862	19044	16928
18	504970	501678	506156	24336	21632
19	570500	566936	506018	324	288
合计	—	—	—	—	716532

第九章 双系统估计量数值模拟

本章为"双系统估计量数值模拟"而不是"双系统估计量实证分析"。这是因为,我们无法获得任何国家的任何一次人口普查质量评估的住户和个人资料,尽管这样的资料存在于各国政府统计部门。我国2010年5月12日国务院第111次常务会议通过的《全国人口普查条例》规定,只有全国人口普查机构有资格组织实施人口普查质量评估调查,有资格使用住户及其个人的微观资料。这表明,除人口普查机构外,任何单位和个人无权、无资格进行人口普查质量评估调查,也无权使用涉及居民个人隐私的资料。美国等国家的统计法也是这样规定的。那是否可以选择某个社区为实证研究的范围呢?答案当然是否定的,因为这同样涉及住户及其个人采集数据的问题,同样违背有关条例。或许有学者认为,普查机构公布了人口普查汇总资料,利用这些汇总资料是能够进行实证研究的。然而,事实上这种看法也是不对的,因为进行人口普查质量评估实证分析,需要的资料是各个样本调查小区的人口普查人口登记名单、质量评估调查人口登记名单,以及对两者进行比较后得到的匹配人口登记名单,而且这些名单中必须要有户主及其家庭成员的姓名,否则无法进行名单之间的人口记录比较,也就无法进行依据这两份人口名单构造的双系统估计量的实证分析。

虽然各国政府统计部门为开发利用人口普查数据,允许或鼓励一些高等院校或科研机构购买人口普查居民个人微观资料(出于保密考虑,隐去了住户及其家庭成员姓名),但从未向这些单位提供人口普查质量评估调查所获得的样本调查小区的人口普查登记名单及其质量评估调查人口登记名单。迄今为止,除各国政府统计部门,尚无其他机构或个人做双系统估计量及其方差估计量的实证分析。

数值模拟,一方面得以使我们自己发现我们所做的理论方法阐述中的纰漏,从而及时进行更正;另一方面也可以帮助读者较为直观地了解有关的计算方法以及计算公式的内容。本章数值模拟所用的数据来源于一套假设的样本原始数据资料。这里假设的是某省的人口普查资料以及人口普查质量评估抽样调查的样本资料。当然，如果假设的数字完全不着边际，也会使数值模拟失效。为使模拟有效，我们所做的假设参考了许多国家（包括我国）的实际数据，对其中的数据进行合理的加工改造，或以其中的数据为"种子"，衍生拓展我们所需要的模拟数据。

　　本章拟进行我们所假设的某一个省的人口按性别和年龄交叉分层后各个事后层实际人数双系统估计量的计算和全省人数合成估计量的计算，以及上述各个估计量的方差计算。只要计算了这些估计量，就能很容易地计算各个事后层及全省人口普查净误差及其方差的估计值。我们相信，只要认真研读了本数值模拟案例，面对国家层面上的人口普查质量评估人口登记资料，是能够完成实证分析工作的。

第一节　为数值模拟而设定的抽样方案及样本数据

一　样本抽取方法及对抽取样本的事后分层

　　使用分层、两步、整群抽样方法抽取以调查小区为抽样单位的质量评估调查样本。对抽取的样本，将其中的人口划分到事先设计的等概率人口层中，为建立和使用双系统估计量做好准备。汇总所有事后层的双系统估计量及其方差估计量，得到估计全省实际人数的合成估计量及其方差估计量。由于各个事后层存在一定程度的相关性，所以需要计算层与层之间的协方差。

　　（一）抽样方法

　　第一，分层。先按城乡标志将该省调查小区划分在两个层中；然后，在每一个城市调查小区层以及乡村调查小区层按住房单元数的多少又进一步划分为大型调查小区层、中型调查小区层、小型调查小区层。这样，就把该省的调查小区依照城乡类型、规模两个标志交叉划分为 $2 \times 3 = 6$ 个层，在此称作 h 层。$h=1$、$h=2$、$h=3$、$h=4$、$h=5$、$h=6$ 分别表示城市大型层、城市中型层、城市小型层、乡村大型层、乡村中型层、乡村小型层。

第二，抽取第一步样本。分别独立地在上述六个层的每一个层，以调查小区为抽样单位，抽取简单随机样本。

第三，在第一步样本中再分层。分别对每一个 h 层的第一步样本，按调查小区人口流动性的强弱，将样本调查小区划分为三层：人口流动性较弱的调查小区层、人口流动性中等的调查小区层、人口流动性较强的调查小区层。今后把这一环节所划分的层称作 g 层。$g = 1$、$g = 2$、$g = 3$ 分别表示人口流动性较强的调查小区层、人口流动性中等的调查小区层、人口流动性较弱的调查小区层。

第四，抽取第二步样本。分别独立地在上述每一个 g 层，依照事先指定的抽样比例，从第一步样本的调查小区中以调查小区为抽样单位，抽取简单随机样本。

第五，对进入第二步样本的调查小区中的每一个住房单元及其中的每一个人进行 100% 调查登记。

（二）抽样后分层

选定影响人口在普查中登记概率的若干标志，对样本中的每个调查小区中的人口按这些标志进行交叉分层。

显然，人口的众多变量都会对人口在普查中的登记概率有影响。其中如性别、年龄、民族、人口所在家庭，以及住房是否拥有所有权、人口居住地与其户籍所在地是否一致、人口居住的住房单元是城市类型还是乡村类型、人口居住地的经济发达程度，等等。在正式的人口普查质量评估工作中，应当尽可能不遗漏地把影响人口在普查中登记概率的重要变量找出来，把它们选作抽样后的分层标志。这样处理下来，大约会形成数百个交叉层。

本章数值模拟的宗旨是，尽量简明地展示计算过程，通过这种展示加深对计算公式的了解。基于此种宗旨，我们决定在数值模拟中使用一个简化的抽样后分层方案。这个方案将只取年龄和性别两个变量作为抽样后分层标志。为年龄分层标志设置三个层：0—14 岁、15—59 岁和 60 岁及以上。将它们与各个性别层交叉，其中，0—14 岁年龄层内不划分性别。这样，最后设置成五个事后层：0—14 岁男性及女性、15—59 岁男性、15—59 岁女性、60 岁及以上男性和 60 岁及以上女性。

另外，我们假设，该省普查正确登记人数为 4800 万。其中，0—14 岁男性及女性 768 万；15—59 岁男性 1725 万；15—59 岁女性 1641 万；

60 岁及以上男性 341 万；60 岁及以上女性 325 万。

二　样本形成过程及样本数据

（一）样本形成过程

依照上述设定的抽样方法以及利用多个分层标志进行交叉分层得到的各个事后层形成数值模拟所用样本，其过程如表 9－1 所示。

表 9－1　　　　　　　　　　　　　　样本形成过程　　　　　　　　　　单位：个

第一步 抽样层 h	h 层的总体 调查小区数 N_h	从 N_h 中抽取出来 的第一步样本 调查小区数 n_h	对第一步样本 的 n_h 划分的 第二步抽样层 g	第二步抽样层 的调查小区数 n_{hg}	从 n_{hg} 中抽取出来 的第二步样本普查 小区数 r_{hg}
$h=1$	9940	10	$g=1$	3	2
			$g=2$	4	3
			$g=3$	3	2
$h=2$	69580	25	$g=1$	5	2
			$g=2$	15	4
			$g=3$	5	2
$h=3$	19880	15	$g=1$	4	2
			$g=2$	6	2
			$g=3$	5	2
$h=4$	10060	10	$g=1$	3	2
			$g=2$	4	2
			$g=3$	3	2
$h=5$	70420	25	$g=1$	5	2
			$g=2$	15	3
			$g=3$	5	2
$h=6$	20120	15	$g=1$	4	2
			$g=2$	6	2
			$g=3$	5	2
合计	200000	100	—	100	40

（二）样本数据

对第二步样本中的调查小区，观察每个小区 0—14 岁男性及女性、15—59 岁男性、15—59 岁女性、60 岁及以上男性、60 岁及以上女性五个事后层各自的普查正确计数人数、普查登记人数、无移动者人数、向外移动者人数、向内移动者人数、无移动者匹配人数、向外移动者匹配人数七个人数指标。观察得到的数据见表9－2至表9－8。

（1）普查正确计数人数。样本各调查小区0—14岁男性及女性、15—59岁男性、15—59岁女性、60岁及以上男性、60岁及以上女性五个事后层的普查正确计数人数见表9－2。

（2）普查登记人数。样本各调查小区0—14岁男性及女性、15—59岁男性、15—59岁女性、60岁及以上男性、60岁及以上女性五个事后层的普查登记人数见表9－3。

（3）无移动者人数。样本各调查小区0—14岁男性及女性、15—59岁男性、15—59岁女性、60岁及以上男性、60岁及以上女性五个事后层的无移动者人数见表9－4。

（4）向外移动者人数。样本各调查小区0—14岁男性及女性、15—59岁男性、15—59岁女性、60岁及以上男性、60岁及以上女性五个事后层的向外移动者人数见表9－5。

（5）向内移动者人数。样本各调查小区0—14岁男性及女性、15—59岁男性、15—59岁女性、60岁及以上男性、60岁及以上女性五个事后层的向内移动者人数见表9－6。

（6）无移动者匹配人数。样本各调查小区0—14岁男性及女性、15—59岁男性、15—59岁女性、60岁及以上男性、60岁及以上女性五个事后层的无移动者匹配人数见表9－7。

（7）向外移动者匹配人数。样本各调查小区0—14岁男性及女性、15—59岁男性、15—59岁女性、60岁及以上男性、60岁及以上女性五个事后层的向外移动者匹配人数见表9－8。

表9－2　　　　　样本调查小区各事后层普查正确计数人数　　　单位：人

第一步抽样层 h	第二步抽样层 g	第一步样本的小区* i	0—14岁男性及女性	15—59岁男性	15—59岁女性	60岁及以上男性	60岁及以上女性
城市大型 $h=1$	流动性强 $g=1$	1	…	…	…	…	…
		2√	43	93	88	17	16
		3√	39	85	80	16	15

续表

第一步 抽样层 h	第二步 抽样层 g	第一步 样本的 小区*i	0—14 岁 男性及女性	15—59 岁 男性	15—59 岁 女性	60 岁及 以上男性	60 岁及 以上女性
城市大型 h=1	流动性中 g=2	4	…	…	…	…	…
		5√	40	87	82	16	15
		6√	42	93	88	17	14
		7√	36	78	72	14	13
	流动性弱 g=3	8	…	…	…	…	…
		9√	35	75	71	13	12
		10√	40	88	83	16	15
城市中型 h=2	流动性强 g=1	1	…	…	…	…	…
		2√	35	77	72	14	13
		3	…	…	…	…	…
		4√	32	70	65	13	11
		5	…	…	…	…	…
	流动性中 g=2	6	…	…	…	…	…
		7	…	…	…	…	…
		8√	45	98	93	19	18
		9	…	…	…	…	…
		10	…	…	…	…	…
		11√	37	80	76	15	14
		12	…	…	…	…	…
		13√	40	87	82	16	15
		14	…	…	…	…	…
		15√	36	77	71	14	13
		16	…	…	…	…	…
		17	…	…	…	…	…
		18	…	…	…	…	…
		19	…	…	…	…	…
		20	…	…	…	…	…
	流动性弱 g=3	21	…	…	…	…	…
		22	…	…	…	…	…
		23	…	…	…	…	…
		24√	30	66	62	12	11
		25√	42	92	87	17	15

第一步 抽样层 h	第二步 抽样层 g	第一步 样本的 小区*i	0—14岁 男性及女性	15—59岁 男性	15—59岁 女性	60岁及 以上男性	60岁及 以上女性
城市小型 $h=3$	流动性强 $g=1$	1	…	…	…	…	…
		2√	39	85	80	16	14
		3√	37	81	76	15	14
		4	…	…	…	…	…
	流动性中 $g=2$	5	…	…	…	…	…
		6	…	…	…	…	…
		7√	35	77	72	14	13
		8	…	…	…	…	…
		9√	47	102	97	20	18
		10	…	…	…	…	…
	流动性弱 $g=3$	11	…	…	…	…	…
		12	…	…	…	…	…
		13√	46	99	94	18	16
		14√	45	97	91	17	15
		15	…	…	…	…	…
乡村大型 $h=4$	流动性强 $g=1$	1√	40	86	81	16	15
		2√	39	84	79	15	14
		3	…	…	…	…	…
	流动性中 $g=2$	4	…	…	…	…	…
		5√	40	87	82	16	16
		6√	38	83	78	14	14
		7	…	…	…	…	…
	流动性弱 $g=3$	8	…	…	…	…	…
		9√	38	84	78	14	14
		10√	40	87	82	15	15

续表

第一步抽样层 h	第二步抽样层 g	第一步样本的小区* i	0—14 岁男性及女性	15—59 岁男性	15—59 岁女性	60 岁及以上男性	60 岁及以上女性
乡村中型 $h=5$	流动性强 $g=1$	1	…	…	…	…	…
		2	…	…	…	…	…
		3√	40	88	82	16	15
		4√	39	87	81	15	13
		5	…	…	…	…	…
	流动性中 $g=2$	6	…	…	…	…	…
		7√	36	78	72	14	13
		8√	42	92	88	17	15
		9√	40	87	81	15	14
		10	…	…	…	…	…
		11	…	…	…	…	…
		12	…	…	…	…	…
		13	…	…	…	…	…
		14	…	…	…	…	…
		15	…	…	…	…	…
		16	…	…	…	…	…
		17	…	…	…	…	…
		18	…	…	…	…	…
		19	…	…	…	…	…
		20	…	…	…	…	…
	流动性弱 $g=3$	21	…	…	…	…	…
		22	…	…	…	…	…
		23√	38	84	79	16	15
		24√	39	85	79	16	15
		25	…	…	…	…	…

续表

第一步抽样层 h	第二步抽样层 g	第一步样本的小区 *i	0—14 岁男性及女性	15—59 岁男性	15—59 岁女性	60 岁及以上男性	60 岁及以上女性
乡村小型 h =6	流动性强 g = 1	1√	37	84	79	16	15
		2√	38	85	80	17	16
		3	…	…	…	…	…
		4	…	…	…	…	…
		5	…	…	…	…	…
		6	…	…	…	…	…
	流动性中 g = 2	7√	37	84	79	17	16
		8√	35	83	77	15	15
		9	…	…	…	…	…
		10	…	…	…	…	…
	流动性弱 g = 3	11					
		12√	40	87	82	16	15
		13	…	…	…	…	…
		14	…	…	…	…	…
		15√	39	86	81	15	14

注：＊标注"√"记号者为抽入第二步样本的调查小区。

表 9 - 3　　　　　　样本调查小区各事后层普查登记人数

第一步抽样层 h	第二步抽样层 g	第一步样本的小区 *i	0—14 岁男性及女性	15—59 岁男性	15—59 岁女性	60 岁及以上男性	60 岁及以上女性
城市大型 h =1	流动性强 g = 1	1	…	…	…	…	…
		2√	45	96	91	18	16
		3√	40	87	82	16	15
	流动性中 g = 2	4	…	…	…	…	…
		5√	41	88	83	17	16
		6√	44	95	90	17	14
		7√	36	78	73	14	13
	流动性弱 g = 3	8	…	…	…	…	…
		9√	35	77	72	13	12
		10√	42	88	83	17	16

续表

第一步抽样层 h	第二步抽样层 g	第一步样本的小区*i	0—14 岁男性及女性	15—59 岁男性	15—59 岁女性	60 岁及以上男性	60 岁及以上女性
城市中型 $h=2$	流动性强 $g=1$	1	…	…	…	…	…
		2√	36	78	73	14	13
		3	…	…	…	…	…
		4√	33	71	66	13	12
		5	…	…	…	…	…
	流动性中 $g=2$	6	…	…	…	…	…
		7	…	…	…	…	…
		8√	47	98	93	20	19
		9	…	…	…	…	…
		10	…	…	…	…	…
		11√	37	82	78	16	14
		12	…	…	…	…	….
		13√	40	87	82	16	15
		14	…	…	…	…	…
		15√	36	79	73	14	13
		16	…	…	…	…	…
		17	…	…	…	…	…
		18	…	…	…	…	…
		19	…	…	…	…	…
		20	…	…	…	…	…
	流动性弱 $g=3$	21	…	…	…	…	…
		22	…	…	…	…	…
		23	…	…	…	…	…
		24√	31	67	62	13	12
		25√	43	92	87	17	16

续表

第一步抽样层 h	第二步抽样层 g	第一步样本的小区 * i	0—14 岁男性及女性	15—59 岁男性	15—59 岁女性	60 岁及以上男性	60 岁及以上女性
城市小型 $h=3$	流动性强 $g=1$	1	…	…	…	…	…
		2√	39	85	80	16	15
		3√	38	82	77	16	15
		4	…	…	…	…	…
	流动性中 $g=2$	5	…	…	…	…	…
		6	…	…	…	…	…
		7√	36	78	72	14	13
		8	…	…	…	…	…
		9√	48	103	98	20	18
		10	…	…	…	…	…
	流动性弱 $g=3$	11	…	…	…	…	…
		12	…	…	…	…	…
		13√	46	101	96	18	16
		14√	45	100	95	17	15
		15	…	…	…	…	…
乡村大型 $h=4$	流动性强 $g=1$	1√	40	87	82	16	15
		2√	39	86	81	15	15
		3	…	…	…	…	…
	流动性中 $g=2$	4	…	…	…	…	…
		5√	40	87	82	16	16
		6√	38	85	80	14	14
		7	…	…	…	…	…
	流动性弱 $g=3$	8	…	…	…	…	…
		9√	38	86	81	14	14
		10√	40	87	82	15	15

第一步抽样层 h	第二步抽样层 g	第一步样本的小区 $*i$	0—14 岁男性及女性	15—59 岁男性	15—59 岁女性	60 岁及以上男性	60 岁及以上女性
乡村中型 $h=5$	流动性强 $g=1$	1	…	…	…	…	…
		2	…	…	…	…	…
		3√	40	88	82	16	15
		4√	39	87	81	15	14
		5	…	…	…	…	…
	流动性中 $g=2$	6	…	…	…	…	…
		7√	36	79	74	15	14
		8√	43	94	89	17	15
		9√	40	88	82	16	15
		10	…	…	…	…	…
		11	…	…	…	…	…
		12	…	…	…	…	…
		13	…	…	…	…	…
		14	…	…	…	…	…
		15	…	…	…	…	…
		16	…	…	…	…	…
		17	…	…	…	…	…
		18	…	…	…	…	…
		19	…	…	…	…	…
		20	…	…	…	…	…
	流动性弱 $g=3$	21	…	…	…	…	…
		22	…	…	…	…	…
		23√	39	84	79	16	15
		24√	40	85	80	17	16
		25	…	…	…	…	…

第一步 抽样层 h	第二步 抽样层 g	第一步 样本的 小区*i	0—14 岁 男性及女性	15—59 岁 男性	15—59 岁 女性	60 岁及 以上男性	60 岁及 以上女性
乡村小型 h = 6	流动性强 g = 1	1√	40	84	80	17	16
		2√	41	85	81	17	16
		3	…	…	…	…	…
		4	…	…	…	…	…
	流动性中 g = 2	5	…	…	…	…	…
		6	…	…	…	…	…
		7√	41	84	81	17	16
		8√	38	83	78	16	15
		9	…	…	…	…	…
		10	…	…	…	…	…
	流动性弱 g = 3	11	…	…	…	…	…
		12√	41	89	84	17	16
		13	…	…	…	…	…
		14	…	…	…	…	…
		15√	40	88	83	16	15

注：*标注"√"记号者为抽入第二步样本的调查小区。

表 9 – 4　　　　　　　　样本调查小区各事后层无移动者人数

第一步 抽样层 h	第二步 抽样层 g	第一步 样本的 小区*i	0—14 岁 男性及女性	15—59 岁 男性	15—59 岁 女性	60 岁及 以上男性	60 岁及 以上女性
城市大型 h = 1	流动性强 g = 1	1	…	…	…	…	…
		2√	43	94	89	17	16
		3√	39	85	80	16	15
	流动性中 g = 2	4	…	…	…	…	…
		5√	38	84	79	16	15
		6√	41	88	83	17	16
		7√	34	74	70	14	13
	流动性弱 g = 3	8	…	…	…	…	…
		9√	35	76	71	14	13
		10√	39	86	81	16	15

第一步抽样层 h	第二步抽样层 g	第一步样本的小区 * i	0—14 岁男性及女性	15—59 岁男性	15—59 岁女性	60 岁及以上男性	60 岁及以上女性
城市中型 h = 2	流动性强 g = 1	1	…	…	…	…	…
		2√	35	77	72	14	13
		3	…	…	…	…	…
		4√	30	65	60	12	11
		5	…	…	…	…	…
	流动性中 g = 2	6	…	…	…	…	…
		7	…	…	…	…	…
		8√	45	97	92	18	17
		9	…	…	…	…	…
		10	…	…	…	…	…
		11√	37	80	75	15	14
		12	…	…	…	…	…
		13√	39	85	80	16	15
		14	…	…	…	…	…
		15√	36	80	75	15	14
		16	…	…	…	…	…
		17	…	…	…	…	…
		18	…	…	…	…	…
		19	…	…	…	…	…
		20	…	…	…	…	…
	流动性弱 g = 3	21	…	…	…	…	…
		22	…	…	…	…	…
		23	…	…	…	…	…
		24√	30	67	62	13	12
		25√	42	92	87	17	16

续表

第一步 抽样层 h	第二步 抽样层 g	第一步 样本的 小区 * i	0—14 岁 男性及女性	15—59 岁 男性	15—59 岁 女性	60 岁及 以上男性	60 岁及 以上女性
城市小型 h = 3	流动性强 g = 1	1	…	…	…	…	…
		2√	38	82	78	15	14
		3√	37	80	75	15	14
		4	…	…	…	…	…
	流动性中 g = 2	5	…	…	…	…	…
		6	…	…	…	…	…
		7√	35	77	72	14	13
		8	…	…	…	…	…
		9√	44	102	98	20	19
		10	…	…	…	…	…
	流动性弱 g = 3	11	…	…	…	…	…
		12	…	…	…	…	…
		13√	46	99	92	19	18
		14√	44	96	92	18	17
		15	…	…	…	…	…
乡村大型 h = 4	流动性强 g = 1	1√	39	85	81	16	15
		2√	38	84	79	16	15
		3	…	…	…	…	…
	流动性中 g = 2	4	…	…	…	…	…
		5√	39	86	81	16	15
		6√	38	83	78	16	16
		7	…	…	…	…	…
	流动性弱 g = 3	8	…	…	…	…	…
		9√	38	83	78	16	15
		10√	39	84	78	15	14

续表

第一步 抽样层 h	第二步 抽样层 g	第一步 样本的 小区 * i	0—14 岁 男性及女性	15—59 岁 男性	15—59 岁 女性	60 岁及 以上男性	60 岁及 以上女性
乡村中型 $h = 5$	流动性强 $g = 1$	1	…	…	…	…	…
		2	…	…	…	…	…
		3√	40	87	82	16	15
		4√	39	84	79	16	15
		5	…	…	…	…	…
	流动性中 $g = 2$	6	…	…	…	…	…
		7√	36	77	72	15	14
		8√	42	92	87	17	16
		9√	40	87	82	16	15
		10	…	…	…	…	…
		11	…	…	…	…	…
		12	…	…	…	…	…
		13	…	…	…	…	…
		14	…	…	…	…	…
		15	…	…	…	…	…
		16	…	…	…	…	…
		17	…	…	…	…	…
		18	…	…	…	…	…
		19	…	…	…	…	…
		20	…	…	…	…	…
	流动性弱 $g = 3$	21	…	…	…	…	…
		22	…	…	…	…	…
		23√	38	84	79	16	15
		24√	39	85	80	16	15
		25	…	…	…	…	…

续表

第一步抽样层 h	第二步抽样层 g	第一步样本的小区 *i	0—14岁男性及女性	15—59岁男性	15—59岁女性	60岁及以上男性	60岁及以上女性
乡村小型 h=6	流动性强 g=1	1√	38	83	78	16	15
		2√	40	86	81	16	15
		3	…	…	…	…	…
		4	…	…	…	…	…
	流动性中 g=2	5	…	…	…	…	…
		6	…	…	…	…	…
		7√	38	84	79	16	15
		8√	37	81	76	15	14
		9	…	…	…	…	…
		10	…	…	…	…	…
	流动性弱 g=3	11	…	…	…	…	…
		12√	40	87	82	16	15
		13	…	…	…	…	…
		14	…	…	…·'	…	…
		15√	39	86	81	16	15

注：＊标注"√"记号者为抽入第二步样本的调查小区。

表9－5　　　　　　　　样本调查小区各事后层向外移动者人数

第一步抽样层 h	第二步抽样层 g	第一步样本的小区 *i	0—14岁男性及女性	15—59岁男性	15—59岁女性	60岁及以上男性	60岁及以上女性
城市大型 h=1	流动性强 g=1	1	…	…	…	…	…
		2√	1	3	2	2	1
		3√	1	3	2	2	1
	流动性中 g=2	4	…	…	…	…	…
		5√	2	4	3	2	1
		6√	1	3	2	1	1
		7√	2	4	3	2	1
	流动性弱 g=3	8	…	…	…	…	…
		9√	1	3	2	1	1
		10√	1	1	1	1	1

续表

第一步 抽样层 h	第二步 抽样层 g	第一步 样本的 小区*i	0—14 岁 男性及女性	15—59 岁 男性	15—59 岁 女性	60 岁及 以上男性	60 岁及 以上女性
城市中型 $h=2$	流动性强 $g=1$	1	…	…	…	…	…
		2√	1	2	1	1	1
		3	…	…	…	…	…
		4√	1	2	2	2	1
		5	…	…	…	…	…
	流动性中 $g=2$	6	…	…	…	…	…
		7	…	…	…	…	…
		8√	1	2	2	2	1
		9	…	…	…	…	…
		10	…	…	…	…	…
		11√	1	2	1	1	1
		12	…	…	…	…	…
		13√	1	2	2	2	1
		14	…	…	…	…	…
		15√	2	3	3	2	2
		16	…	…	…	…	…
		17	…	…	…	…	…
		18	…	…	…	…	…
		19	…	…	…	…	…
		20	…	…	…	…	…
	流动性弱 $g=3$	21	…	…	…	…	…
		22	…	…	…	…	…
		23	…	…	…	…	…
		24√	1	2	2	2	1
		25√	2	3	.2	2	1

续表

第一步抽样层 h	第二步抽样层 g	第一步样本的小区 $^*i$	0—14 岁男性及女性	15—59 岁男性	15—59 岁女性	60 岁及以上男性	60 岁及以上女性
城市小型 $h=3$	流动性强 $g=1$	1	…	…	…	…	…
		2√	1	1	1	1	1
		3√	1	1	1	1	1
		4	…	…	…	…	…
	流动性中 $g=2$	5	…	…	…	…	…
		6	…	…	…	…	…
		7√	1	2	2	2	1
		8	…	…	…	…	…
		9√	1	2	2	2	1
		10	…	…	…	…	…
	流动性弱 $g=3$	11	…	…	…	…	…
		12	…	…	…	…	…
		13√	1	1	1	1	1
		14√	1	1	1	1	1
		15	…	…	…	…	…
乡村大型 $h=4$	流动性强 $g=1$	1√	1	2	2	1	1
		2√	2	3	2	1	1
		3	…	…	…	…	…
	流动性中 $g=2$	4	…	…	…	…	…
		5√	1	2	1	1	1
		6√	1	1	1	1	1
		7	…	…	…	…	…
	流动性弱 $g=3$	8	…	…	…	…	…
		9√	1	2	2	2	1
		10√	1	1	1	1	1

续表

第一步抽样层 h	第二步抽样层 g	第一步样本的小区*i	0—14 岁男性及女性	15—59 岁男性	15—59 岁女性	60 岁及以上男性	60 岁及以上女性
乡村中型 $h=5$	流动性强 $g=1$	1	…	…	…	…	…
		2	…	…	…	…	…
		3√	1	2	2	1	1
		4√	1	3	3	1	1
		5	…	…	…	…	…
	流动性中 $g=2$	6	…	…	…	…	…
		7√	1	1	1	1	1
		8√	1	2	1	1	1
		9√	2	2	2	1	1
		10	…	…	…	…	…
		11	…	…	…	…	…
		12	…	…	…	…	…
		13	…	…	…	…	…
		14	…	…	…	…	…
		15	…	…	…	…	…
		16	…	…	…	…	…
		17	…	…	…	…	…
		18	…	…	…	…	…
		19	…	…	…	…	…
		20	…	…	…	…	…
	流动性弱 $g=3$	21	…	…	…	…	…
		22	…	…	…	…	…
		23√	2	3	2	1	1
		24√	1	1	1	1	1
		25	…	…	…	…	…

第一步 抽样层 h	第二步 抽样层 g	第一步 样本的 小区 * i	0—14 岁 男性及女性	15—59 岁 男性	15—59 岁 女性	60 岁及 以上男性	60 岁及 以上女性
乡村小型 $h=6$	流动性强 $g=1$	1√	1	2	2	1	1
		2√	1	1	1	1	1
		3	…	…	…	…	…
		4	…	…	…	…	…
	流动性中 $g=2$	5					
		6					
		7√	1	2	1	1	1
		8√	1	2	2	2	1
		9	…	…	…	…	…
		10	…	…	…	…	…
	流动性弱 $g=3$	11	…	…	…	…	…
		12√	1	2	2	1	1
		13	…	…	…	…	…
		14	…	…	…	…	…
		15√	1	2	1	1	1

注：＊标注"√"记号者为抽入第二步样本的调查小区。

表 9-6　　　　样本调查小区各事后层向内移动者人数

第一步 抽样层 h	第二步 抽样层 g	第一步 样本的 小区 * i	0—14 岁 男性及女性	15—59 岁 男性	15—59 岁 女性	60 岁及 以上男性	60 岁及 以上女性
城市大型 $h=1$	流动性强 $g=1$	1	…	…	…	…	…
		2√	1	2	2	2	1
		3√	1	2	1	1	1
	流动性中 $g=2$	4	…	…	…	…	…
		5√	1	2	2	2	1
		6√	1	2	2	2	1
		7√	3	4	4	2	1
	流动性弱 $g=3$	8	…	…	…	…	…
		9√	1	1	1	1	1
		10√	1	1	1	1	1

续表

第一步 抽样层 h	第二步 抽样层 g	第一步 样本的 小区 * i	0—14 岁 男性及女性	15—59 岁 男性	15—59 岁 女性	60 岁及 以上男性	60 岁及 以上女性
城市中型 $h = 2$	流动性强 $g = 1$	1	…	…	…	…	…
		2√	1	2	2	2	1
		3	…	…	…	…	…
		4√	2	2	3	1	1
		5	…	…	…	…	…
	流动性中 $g = 2$	6	…	…	…	…	…
		7	…	…	…	…	…
		8√	1	2	2	2	1
		9	…	…	…	…	…
		10	…	…	…	…	…
		11√	1	2	1	1	1
		12	…	…	…	…	…
		13√	1	2	2	2	2
		14	…	…	…	…	…
		15√	2	3	3	1	1
		16	…	…	…	…	…
		17	…	…	…	…	…
		18	…	…	…	…	…
		19	…	…	…	…	…
		20	…	…	…	…	…
	流动性弱 $g = 3$	21	…	…	…	…	…
		22	…	…	…	…	…
		23	…	…	…	…	…
		24√	1	1	1	1	1
		25√	1	2	1	1	1

续表

第一步 抽样层 h	第二步 抽样层 g	第一步 样本的 小区 * i	0—14 岁 男性及女性	15—59 岁 男性	15—59 岁 女性	60 岁及 以上男性	60 岁及 以上女性
城市小型 $h=3$	流动性强 $g=1$	1	…	…	…	…	…
		2√	2	3	3	2	2
		3√	1	1	1	1	1
		4	…	…	…	…	…
	流动性中 $g=2$	5	…	…	…	…	…
		6	…	…	…	…	…
		7√	1	2	2	2	1
		8	…	…	…	…	…
		9√	1	1	1	1	1
		10	…	…	…	…	…
	流动性弱 $g=3$	11	…	…	…	…	…
		12	…	…	…	…	…
		13√	1	1	1	1	1
		14√	1	1	1	1	1
		15	…	…	…	…	…
乡村大型 $h=4$	流动性强 $g=1$	1√	1	2	1	1	1
		2√	1	2	1	2	1
		3	…	…	…	…	…
	流动性中 $g=2$	4	…	…	…	…	…
		5√	1	2	2	2	1
		6√	1	2	1	1	1
		7	…	…	…	…	…
	流动性弱 $g=3$	8	…	…	…	…	…
		9√	1	2	2	2	2
		10√	1	2	2	2	1

续表

第一步 抽样层 h	第二步 抽样层 g	第一步 样本的 小区 * i	0—14 岁 男性及女性	15—59 岁 男性	15—59 岁 女性	60 岁及 以上男性	60 岁及 以上女性
乡村中型 $h = 5$	流动性强 $g = 1$	1	…	…	…	…	…
		2	…	…	…	…	…
		3√	1	1	1	1	1
		4√	1	2	2	1	1
		5	…	…	…	…	…
	流动性中 $g = 2$	6	…	…	…	…	…
		7√	1	2	2	2	1
		8√	1	2	2	2	2
		9√	1	2	2	1	1
		10	…	…	…	…	…
		11	…	…	…	…	…
		12	…	…	…	…	…
		13	…	…	…	…	…
		14	…	…	…	…	…
		15	…	…	…	…	…
		16	…	…	…	…	…
		17	…	…	…	…	…
		18	…	…	…	…	…
		19	…	…	…	…	…
		20	…	…	…	…	…
	流动性弱 $g = 3$	21	…	…	…	…	…
		22	…	…	…	…	…
		23√	1	2	1	1	1
		24√	1	2	1	1	1
		25	…	…	…	…	…

续表

第一步 抽样层 h	第二步 抽样层 g	第一步 样本的 小区 *i	0—14 岁 男性及女性	15—59 岁 男性	15—59 岁 女性	60 岁及 以上男性	60 岁及 以上女性
乡村小型 h=6	流动性强 g=1	1√	1	2	2	2	2
		2√	1	1	1	1	1
		3	…	…	…	…	…
		4	…	…	…	…	…
	流动性中 g=2	5					
		6					
		7√	2	3	2	1	1
		8√	1	2	1	1	1
		9	…	…	…	…	…
		10	…	…	…	…	…
	流动性弱 g=3	11	…	…	…	…	…
		12√	1	3	2	2	1
		13					
		14	…	…	…	…	…
		15√	1	2	2	1	1

注：＊标注"√"记号者为抽入第二步样本的调查小区。

表9−7　　　　样本调查小区各事后层无移动者匹配人数

第一步 抽样层 h	第二步 抽样层 g	第一步 样本的 小区 *i	0—14 岁 男性及女性	15—59 岁 男性	15—59 岁 女性	60 岁及 以上男性	60 岁及 以上女性
城市大型 h=1	流动性强 g=1	1	…	…	…	…	…
		2√	43	92	87	17	16
		3√	39	84	79	16	15
	流动性中 g=2	4	…	…	…	…	…
		5√	38	83	78	16	15
		6√	40	86	81	16	15
		7√	33	72	67	14	13
	流动性弱 g=3	8	…	…	…	…	…
		9√	34	76	71	14	13
		10√	39	85	81	15	14

续表

第一步抽样层 h	第二步抽样层 g	第一步样本的小区 * i	0—14 岁男性及女性	15—59 岁男性	15—59 岁女性	60 岁及以上男性	60 岁及以上女性
城市中型 $h=2$	流动性强 $g=1$	1	…	…	…	…	…
		2√	35	76	71	14	13
		3	…	…	…	…	…
		4√	29	63	58	11	10
		5	…	…	…	…	…
	流动性中 $g=2$	6	…	…	…	…	…
		7	…	…	…	…	…
		8√	44	96	91	18	17
		9	…	…	…	…	…
		10	…	…	…	…	…
		11√	37	78	73	16	15
		12	…	…	…	…	…
		13√	39	85	81	15	14
		14	…	…	…	…	…
		15√	36	77	72	15	14
		16	…	…	…	…	…
		17	…	…	…	…	…
		18	…	…	…	…	…
		19	…	…	…	…	…
		20	…	…	…	…	…
	流动性弱 $g=3$	21	…	…	…	…	…
		22	…	…	…	…	…
		23	…	…	…	…	…
		24√	30	65	60	12	11
		25√	42	90	85	17	16

续表

第一步 抽样层 h	第二步 抽样层 g	第一步 样本的 小区 * i	0—14 岁 男性及女性	15—59 岁 男性	15—59 岁 女性	60 岁及 以上男性	60 岁及 以上女性
城市小型 h = 3	流动性强 g = 1	1	…	…	…	…	…
		2√	37	81	76	15	14
		3√	36	80	75	14	13
		4	…	…	…	…	…
	流动性中 g = 2	5	…	…	…	…	…
		6	…	…	…	…	…
		7√	35	76	71	14	13
		8	…	…	…	…	…
		9√	47	101	96	19	18
		10	…	…	…	…	…
	流动性弱 g = 3	11	…	…	…	…	…
		12	…	…	…	…	…
		13√	45	98	93	18	17
		14√	44	92	87	18	17
		15	…	…	…	…	…
乡村大型 h = 4	流动性强 g = 1	1√	39	85	80	16	15
		2√	38	83	78	16	15
		3	…	…	…	…	…
	流动性中 g = 2	4	…	…	…	…	…
		5√	39	85	80	16	15
		6√	37	81	76	15	14
		7	…	…	…	…	…
	流动性弱 g = 3	8	…	…	…	…	…
		9√	38	82	78	15	14
		10√	38	83	78	16	15

续表

第一步抽样层 h	第二步抽样层 g	第一步样本的小区* i	0—14 岁男性及女性	15--59 岁男性	15—59 岁女性	60 岁及以上男性	60 岁及以上女性
乡村中型 $h=5$	流动性强 $g=1$	1	…	…	…	…	…
		2	…	…	…	…	…
		3√	40	86	81	16	15
		4√	38	83	78	16	15
		5	…	…	…	…	…
	流动性中 $g=2$	6	…	…	…	…	…
		7√	35	77	72	15	14
		8√	42	90	85	17	16
		9√	40	86	81	16	15
		10	…	…	…	…	…
		11	…	…	…	…	…
		12	…	…	…	…	…
		13	…	…	…	…	…
		14	…	…	…	…	…
		15	…	…	…	…	…
		16	…	…	…	…	…
		17	…	…	…	…	…
		18	…	…	…	…	…
		19	…	…	…	…	…
		20	…	…	…	…	…
	流动性弱 $g=3$	21	…	…	…	…	…
		22	…	…	…	…	…
		23√	38	83	78	16	15
		24√	39	84	79	16	15
		25	…	…	…	…	…

续表

第一步 抽样层 h	第二步 抽样层 g	第一步 样本的 小区 * i	0—14 岁 男性及女性	15—59 岁 男性	15—59 岁 女性	60 岁及 以上男性	60 岁及 以上女性
乡村小型 $h = 6$	流动性强 $g = 1$	1√	38	83	78	16	15
		2√	40	86	81	16	15
		3	…	…	…	…	…
		4	…	…	…	…	…
	流动性中 $g = 2$	5					
		6	…	…	…	…	…
		7√	38	83	78	16	15
		8√	37	80	75	15	14
		9	…	…	…	…	…
		10	…	…	…	…	…
	流动性弱 $g = 3$	11	…	…	…	…	…
		12√	40	86	81	16	15
		13	…	…	…	…	…
		14	…	…	…	…	…
		15√	38	83	78	16	15

注：＊标注"√"记号者为抽入第二步样本的调查小区。

表 9 - 8　　　　　　样本调查小区各事后层向外移动者匹配人数

第一步 抽样层 h	第二步 抽样层 g	第一步 样本的 小区 * i	0—14 岁 男性及女性	15—59 岁 男性	15—59 岁 女性	60 岁及 以上男性	60 岁及 以上女性
城市大型 $h = 1$	流动性强 $g = 1$	1	…	…	…	…	…
		2√	1	2	2	1	1
		3√	1	2	1	1	1
	流动性中 $g = 2$	4	…	…	…	…	…
		5√	2	3	2	2	1
		6√	1	2	2	1	1
		7√	2	3	3	2	1
	流动性弱 $g = 3$	8	…	…	…	…	…
		9√	1	2	2	1	1
		10√	1	1	1	1	1

续表

第一步抽样层 h	第二步抽样层 g	第一步样本的小区* i	0—14 岁男性及女性	15—59 岁男性	15—59 岁女性	60 岁及以上男性	60 岁及以上女性
城市中型 $h=2$	流动性强 $g=1$	1	…	…	…	…	…
		2√	1	2	1	1	1
		3	…	…	…	…	…
		4√	1	2	2	1	1
		5	…	…	…	…	…
	流动性中 $g=2$	6	…	…	…	…	…
		7	…	…	…	…	…
		8√	1	2	2	1	1
		9	…	…	…	…	…
		10	…	…	…	…	…
		11√	1	1	1	1	1
		12	…	…	…	…	…
		13√	1	2	2	2	1
		14	…	…	…	…	…
		15√	2	3	2	2	1
		16	…	…	…	…	…
		17	…	…	…	…	…
		18	…	…	…	…	…
		19	…	…	…	…	…
		20	…	…	…	…	…
	流动性弱 $g=3$	21	…	…	…	…	…
		22	…	…	…	…	…
		23	…	…	…	…	…
		24√	1	2	2	1	…
		25√	1	3	2	2	…

续表

第一步抽样层 h	第二步抽样层 g	第一步样本的小区 *i	0—14 岁男性及女性	15—59 岁男性	15—59 岁女性	60 岁及以上男性	60 岁及以上女性
城市小型 $h=3$	流动性强 $g=1$	1	…	…	…	…	…
		2√	1	1	1	1	1
		3√	1	1	1	1	1
		4	…	…	…	…	…
	流动性中 $g=2$	5	…	…	…	…	…
		6	…	…	…	…	…
		7√	1	2	2	1	1
		8	…	…	…	…	…
		9√	1	2	2	1	1
		10	…	…	…	…	…
	流动性弱 $g=3$	11	…	…	…	…	…
		12	…	…	…	…	…
		13√	1	1	1	1	1
		14√	1	1	1	1	0
		15	…	…	…	…	…
乡村大型 $h=4$	流动性强 $g=1$	1√	1	2	1	1	1
		2√	1	3	2	1	1
		3	…	…	…	…	…
	流动性中 $g=2$	4	…	…	…	…	…
		5√	1	2	1	1	1
		6√	1	1	1	1	1
		7	…	…	…	…	…
	流动性弱 $g=3$	8	…	…	…	…	…
		9√	1	2	2	1	1
		10√	1	1	1	1	0

续表

第一步 抽样层 h	第二步 抽样层 g	第一步 样本的 小区 * i	0—14 岁 男性及女性	15—59 岁 男性	15—59 岁 女性	60 岁及 以上男性	60 岁及 以上女性
乡村中型 $h = 5$	流动性强 $g = 1$	1	…	…	…	…	…
		2	…	…	…	…	…
		3√	1	2	1	1	1
		4√	1	2	2	2	1
		5	…	…	…	…	…
	流动性中 $g = 2$	6	…	…	…	…	…
		7√	1	1	1	1	1
		8√	1	1	1	1	1
		9√	1	2	2	1	1
		10	…	…	…	…	…
		11	…	…	…	…	…
		12	…	…	…	…	…
		13	…	…	…	…	…
		14	…	…	…	…	…
		15	…	…	…	…	…
		16	…	…	…	…	…
		17	…	…	…	…	…
		18	…	…	…	…	…
		19	…	…	…	…	…
		20	…	…	…	…	…
	流动性弱 $g = 3$	21	…	…	…	…	…
		22	…	…	…	…	…
		23√	1	2	2	2	1
		24√	1	1	1	1	1
		25	…	…	…	…	…

续表

第一步抽样层 h	第二步抽样层 g	第一步样本的小区 $*i$	0—14岁男性及女性	15—59岁男性	15—59岁女性	60岁及以上男性	60岁及以上女性
乡村小型 $h=6$	流动性强 $g=1$	1√	1	2	2	1	1
		2√	1	1	1	1	1
		3	…	…	…	…	…
		4	…	…	…	…	…
	流动性中 $g=2$	5	…	…	…	…	…
		6	…	…	…	…	…
		7√	1	1	1	1	1
		8√	1	2	2	1	1
		9	…	…	…	…	…
		10	…	…	…	…	…
	流动性弱 $g=3$	11	…	…	…	…	…
		12√	1	2	1	1	1
		13	…	…	…	…	…
		14	…	…	…	…	…
		15√	1	1	1	1	1

注：＊标注"√"记号者为抽入第二步样本的调查小区。

第二节　事后层及全省人数的估计

一　各个事后层七个人数指标的估计

本节的目标是根据第一节给出的某省人口普查质量评估抽样调查的假设数据，计算各个事后层（记作 v 层）的双系统估计量的七个人数指标估计量 $\widehat{CE}_v$、$\hat{N}_{ve}$、$\hat{N}_{vn}$、$\hat{N}_{vi}$、$\hat{N}_{vo}$、$\hat{M}_{vn}$、$\hat{M}_{vo}$。然后，把它们结合在一起，计算各个事后层实际人数的双系统估计量。

将第七章计算这七个估计量所使用的公式重新写在这里：

$$\hat{Y}_v = \sum_{h=1}^{H} \sum_{g=1}^{G} \sum_{i=1}^{n_h} \alpha_{hgi} x_{hgi} I_{hgi} y_{vhi} \tag{9.1}$$

式（9.1）中的 α_{hgi} 定义为：

$$\alpha_{hgi} = w_{hi} \frac{\sum_{j=1}^{n_h} w_{hi} x_{hgj}}{\sum_{j=1}^{n_h} w_{hi} x_{hgj} I_{hgi}} \tag{9.2}$$

在 h 层的第一步样本采用简单随机抽样的条件下，本层中第一步样本各个调查小区进入第一步样本的概率（从而，它们在第一步抽样中的抽样权数）相等，即 $w_{h1} = w_{h2} = \cdots = w_{hnh} = N_h / n_h$。在这样的条件下，式（9.2）成为：

$$\alpha_{hgi} = w_{hi} \frac{\sum_{j=1}^{n_h} w_{hi} x_{hgj}}{\sum_{j=1}^{n_h} w_{hi} x_{hgj} I_{hgi}} = \frac{N_h}{n_h} \frac{\frac{N_h}{n_h} \sum_{j=1}^{n_h} x_{hgj}}{\frac{N_h}{n_h} \sum_{j=1}^{n_h} x_{hgj} I_{hgi}} = \frac{N_h}{n_h} \frac{n_{hg}}{r_{hg}} \tag{9.3}$$

式（9.3）中，N_h 是 i 调查小区所在的 h 层总体的调查小区数，n_h 是这个 h 层第一步样本的调查小区数，n_{hg} 是 i 调查小区所在的 h 层并且所在的 g 子层中上述第一步样本属于该子层的调查小区数，r_{hg} 是从 n_{hg} 中抽取出来的第二步样本的调查小区数。

（一）事后层0—14岁男性及女性（$v = 1$ 事后层）普查正确计数人数估计值的计算

下面介绍如何计算 $\widehat{CE}_{v=1}$。

1. 抽样权数计算表

式（9.1）中第一步样本各个调查小区的抽样权数 α_{hgi}，用表9-9计算。该表的计算结果对所有的事后层的所有的七个人数指标都是适用的。

2. 估计量计算表

依据式（9.1）计算的表9-10用来计算0—14岁男性及女性事后层（$v = 1$ 事后层）的普查正确计数人数。表9-10的合计数显示，本省0—14岁男性及女性事后层（$v = 1$ 事后层）的普查正确计数人数的估计值为7745435。

（二）所有各个事后层七个人数指标估计值的计算结果

用表9-9给出的抽样权数，仿照表9-10所使用的计算过程，可以算出0—14岁男性及女性事后层的其他六个人数指标的估计值，以及另外四个事后层所有七个人数指标的估计值。所用的计算表从略。所有的计算结果如表9-11所示。

表 9 - 9　　　　　　　　　　抽样权数计算

第一步抽样层 h	第二步抽样层 g	第一步样本普查小区* i	N_h	n_h	n_{hg}	r_{hg}	$\dfrac{N_h}{n_h}$	$\dfrac{n_{hg}}{r_{hg}}$	$\alpha_{hgi}=\dfrac{N_h}{n_h}\dfrac{n_{hg}}{r_{hg}}$
城市大型 $h=1$	流动性强 $g=1$	1	9940	10	3	2	994.0	1.50	1491
		2√	9940	10	3	2	994.0	1.50	1491
		3√	9940	10	3	2	994.0	1.50	1491
	流动性中 $g=2$	4	9940	10	4	3	994.0	1.33	1322
		5√	9940	10	4	3	994.0	1.33	1322
		6√	9940	10	4	3	994.0	1.33	1322
		7√	9940	10	4	3	994.0	1.33	1322
	流动性弱 $g=3$	8	9940	10	3	2	994.0	1.50	1491
		9√	9940	10	3	2	994.0	1.50	1491
		10√	9940	10	3	2	994.0	1.50	1491
城市中型 $h=2$	流动性强 $g=1$	1	69580	25	5	2	2783.2	2.50	6958
		2√	69580	25	5	2	2783.2	2.50	6958
		3	69580	25	5	2	2783.2	2.50	6958
		4√	69580	25	5	2	2783.2	2.50	6958
		5	69580	25	5	2	2783.2	2.50	6958
	流动性中 $g=2$	6	69580	25	15	4	2783.2	3.75	10437
		7	69580	25	15	4	2783.2	3.75	10437
		8√	69580	25	15	4	2783.2	3.75	10437
		9	69580	25	15	4	2783.2	3.75	10437
		10	69580	25	15	4	2783.2	3.75	10437
		11√	69580	25	15	4	2783.2	3.75	10437
		12	69580	25	15	4	2783.2	3.75	10437
		13√	69580	25	15	4	2783.2	3.75	10437
		14	69580	25	15	4	2783.2	3.75	10437
		15√	69580	25	15	4	2783.2	3.75	10437
		16	69580	25	15	4	2783.2	3.75	10437
		17	69580	25	15	4	2783.2	3.75	10437
		18	69580	25	15	4	2783.2	3.75	10437
		19	69580	25	15	4	2783.2	3.75	10437
		20	69580	25	15	4	2783.2	3.75	10437
	流动性弱 $g=3$	21	69580	25	5	2	2783.2	2.50	6958
		22	69580	25	5	2	2783.2	2.50	6958
		23	69580	25	5	2	2783.2	2.50	6958
		24√	69580	25	5	2	2783.2	2.50	6958
		25√	69580	25	5	2	2783.2	2.50	6958

续表

第一步抽样层 h	第二步抽样层 g	第一步样本普查小区 * i	N_h	n_h	n_{hg}	r_{hg}	$\dfrac{N_h}{n_h}$	$\dfrac{n_{hg}}{r_{hg}}$	$\alpha_{hgi}=\dfrac{N_h}{n_h}\dfrac{n_{hg}}{r_{hg}}$
城市小型 h = 3	流动性强 g = 1	1	19880	15	4	2	1325. 3	2. 00	2651
		2√	19880	15	4	2	1325. 3	2. 00	2651
		3√	19880	15	4	2	1325. 3	2. 00	2651
		4	19880	15	4	2	1325. 3	2. 00	2651
	流动性中 g = 2	5	19880	15	6	2	1325. 3	3. 00	3976
		6	19880	15	6	2	1325. 3	3. 00	3976
		7√	19880	15	6	2	1325. 3	3. 00	3976
		8	19880	15	6	2	1325. 3	3. 00	3976
		9√	19880	15	6	2	1325. 3	3. 00	3976
		10	19880	15	6	2	1325. 3	3. 00	3976
	流动性弱 g = 3	11	19880	15	5	2	1325. 3	2. 50	3313
		12	19880	15	5	2	1325. 3	2. 50	3313
		13√	19880	15	5	2	1325. 3	2. 50	3313
		14√	19880	15	5	2	1325. 3	2. 50	3313
		15	19880	15	5	2	1325. 3	2. 50	3313
乡村大型 h = 4	流动性强 g = 1	1√	10060	10	3	2	1006. 0	1. 50	1509
		2√	10060	10	3	2	1006. 0	1. 50	1509
		3	10060	10	3	2	1006. 0	1. 50	1509
	流动性中 g = 2	4	10060	10	4	2	1006. 0	2. 00	2012
		5√	10060	10	4	2	1006. 0	2. 00	2012
		6√	10060	10	4	2	1006. 0	2. 00	2012
		7	10060	10	4	2	1006. 0	2. 00	2012
	流动性弱 g = 3	8	10060	10	3	2	1006. 0	1. 50	1509
		9√	10060	10	3	2	1006. 0	1. 50	1509
		10√	10060	10	3	2	1006. 0	1. 50	1509

续表

第一步抽样层 h	第二步抽样层 g	第一步样本普查小区* i	N_h	n_h	n_{hg}	r_{hg}	$\dfrac{N_h}{n_h}$	$\dfrac{n_{hg}}{r_{hg}}$	$\alpha_{hgi}=\dfrac{N_h}{n_h}\dfrac{n_{hg}}{r_{hg}}$
乡村中型 $h=5$	流动性强 $g=1$	1	70420	25	5	2	2816.8	2.50	7042
		2	70420	25	5	2	2816.8	2.50	7042
		3√	70420	25	5	2	2816.8	2.50	7042
		4√	70420	25	5	2	2816.8	2.50	7042
		5	70420	25	5	2	2816.8	2.50	7042
	流动性中 $g=2$	6	70420	25	15	3	2816.8	5.00	14084
		7√	70420	25	15	3	2816.8	5.00	14084
		8√	70420	25	15	3	2816.8	5.00	14084
		9√	70420	25	15	3	2816.8	5.00	14084
		10	70420	25	15	3	2816.8	5.00	14084
		11	70420	25	15	3	2816.8	5.00	14084
		12	70420	25	15	3	2816.8	5.00	14084
		13	70420	25	15	3	2816.8	5.00	14084
		14	70420	25	15	3	2816.8	5.00	14084
		15	70420	25	15	3	2816.8	5.00	14084
		16	70420	25	15	3	2816.8	5.00	14084
		17	70420	25	15	3	2816.8	5.00	14084
		18	70420	25	15	3	2816.8	5.00	14084
		19	70420	25	15	3	2816.8	5.00	14084
		20	70420	25	15	3	2816.8	5.00	14084
	流动性弱 $g=3$	21	70420	25	5	2	2816.8	2.50	7042
		22	70420	25	5	2	2816.8	2.50	7042
		23√	70420	25	5	2	2816.8	2.50	7042
		24√	70420	25	5	2	2816.8	2.50	7042
		25	70420	25	5	2	2816.8	2.50	7042

续表

第一步抽样层 h	第二步抽样层 g	第一步样本普查小区 * i	N_h	n_h	n_{hg}	r_{hg}	$\dfrac{N_h}{n_h}$	$\dfrac{n_{hg}}{r_{hg}}$	$\alpha_{hgi}=\dfrac{N_h}{n_h}\dfrac{n_{hg}}{r_{hg}}$
乡村小型 $h=6$	流动性强 $g=1$	1√	20120	15	4	2	1341.3	2.00	2683
		2√	20120	15	4	2	1341.3	2.00	2683
		3	20120	15	4	2	1341.3	2.00	2683
		4	20120	15	4	2	1341.3	2.00	2683
	流动性中 $g=2$	5	20120	15	6	2	1341.3	3.00	4024
		6	20120	15	6	2	1341.3	3.00	4024
		7√	20120	15	6	2	1341.3	3.00	4024
		8√	20120	15	6	2	1341.3	3.00	4024
		9	20120	15	6	2	1341.3	3.00	4024
		10	20120	15	6	2	1341.3	3.00	4024
	流动性弱 $g=3$	11	20120	15	5	2	1341.3	2.50	3353
		12√	20120	15	5	2	1341.3	2.50	3353
		13	20120	15	5	2	1341.3	2.50	3353
		14	20120	15	5	2	1341.3	2.50	3353
		15√	20120	15	5	2	1341.3	2.50	3353

注：* 标注"√"记号者为抽入第二步样本的调查小区。

表 9－10

普查正确计数人数估计量计算

所属事后层：0—14 岁男性及女性事后层（v = 1 事后层）

h (甲)	g (乙)	i* (丙)	α_hgi (1)	y_hi (2)	g=1 x_hgi (3)	I_hgi (4)	乘积 (5)=(1)(2)(3)(4)	g=2 x_hgi (6)	I_hgi (7)	乘积 (8)=(1)(2)(6)(7)	g=3 x_hgi (9)	I_hgi (10)	乘积 (11)=(1)(2)(9)(10)	对指定的 h 与 i 求 g 的乘积和 (12)=(5)+(8)+(11)
1	1	1	1491	…	1	0	0	0	0	0	0	0	0	0
		2	1491	43	1	1	64113	0	1	0	0	1	0	64113
		3	1491	39	1	1	58149	0	1	0	0	1	0	58149
		4	1322	…	0	0	0	1	0	0	0	0	0	0
	2	5	1322	40	0	1	0	1	1	52880	0	1	0	52880
		6	1322	42	0	1	0	1	1	55524	0	1	0	55524
		7	1322	36	0	1	0	1	1	47592	0	1	0	47592
	3	8	1491	…	1	0	0	0	0	0	1	0	0	0
		9	1491	35	0	1	0	0	1	0	1	1	52185	52185
		10	1491	40	0	1	0	0	1	0	1	1	59640	59640
2	1	1	6958	…	1	0	0	0	0	0	0	0	0	0
		2	6958	35	1	1	243530	0	1	0	0	1	0	243530
		3	6958	…	0	0	0	0	0	0	0	0	0	0
		4	6958	32	1	1	222656	0	1	0	0	1	0	222656
		5	6958	…	1	0	0	0	0	0	0	0	0	0

续表

h	g	i*	α_{hgi} (1)	y_{hi} (2)	x_{hgi} (3)	I_{hgi} (4)	乘积 (5)=(1)(2)(3)(4)	x_{hgi} (6)	I_{hgi} (7)	乘积 (8)=(1)(2)(6)(7)	x_{hgi} (9)	I_{hgi} (10)	乘积 (11)=(1)(2)(9)(10)	对指定的 h 与 i 求 g 的乘积和 (12)=(5)+(11) (8)+(11)
甲	乙	丙												
		6	10437	…	0	0	0	1	0	0	0	0	0	0
		7	10437	…	0	0	0	1	0	0	0	0	0	0
		8	10437	45	0	1	0	1	1	469665	0	1	0	469665
		9	10437	…	0	0	0	1	0	0	0	0	0	0
		10	10437	…	0	0	0	1	0	0	0	0	0	0
		11	10437	37	0	1	0	1	1	386169	0	1	0	386169
		12	10437	…	0	0	0	1	0	0	0	0	0	0
	2	13	10437	40	0	1	0	1	1	417480	0	1	0	417480
		14	10437	…	0	0	0	1	0	0	0	0	0	0
2		15	10437	36	0	1	0	1	1	375732	0	1	0	375732
		16	10437	…	0	0	0	1	0	0	0	0	0	0
		17	10437	…	0	0	0	1	0	0	0	0	0	0
		18	10437	…	0	0	0	1	0	0	0	0	0	0
		19	10437	…	0	0	0	1	0	0	0	0	0	0
		20	10437	…	0	0	0	1	0	0	0	0	0	0

续表

| h | g | i* | α_{hgi} | y_{hi} | g=1 | | | g=2 | | | g=3 | | | 对指定的 h 与 i 求 g 的乘积和 |
			(1)	(2)	x_{hgi} (3)	I_{hgi} (4)	乘积 (5)=(1)(2)(3)(4)	x_{hgi} (6)	I_{hgi} (7)	乘积 (8)=(1)(2)(6)(7)	x_{hgi} (9)	I_{hgi} (10)	乘积 (11)=(1)(2)(9)(10)	(12)=(5)+(8)+(11)
甲	乙	丙												
2	3	21	6958	…	0	0	0	0	0	0	1	0	0	0
		22	6958	…	0	0	0	0	0	0	1	0	0	0
		23	6958	…	0	0	0	0	0	0	1	0	0	0
		24	6958	30	0	1	0	0	1	0	1	1	208740	208740
		25	6958	42	0	1	0	0	1	0	1	1	292236	292236
3	1	1	2651	…	1	0	0	0	0	0	0	0	0	0
		2	2651	39	1	1	103389	0	1	0	0	1	0	103389
		3	2651	37	1	1	98087	0	1	0	0	1	0	98087
		4	2651	…	1	0	0	0	0	0	0	0	0	0
	2	5	3976	…	0	0	0	1	0	0	0	0	0	0
		6	3976	…	0	0	0	1	0	0	0	0	0	0
		7	3976	35	0	1	0	1	1	139160	0	1	0	139160
		8	3976	…	0	0	0	1	0	0	0	0	0	0
		9	3976	47	0	1	0	1	1	186872	0	1	0	186872
		10	3976	…	0	0	0	1	0	0	0	0	0	0

续表

h	g	i^*	α_{hgi} (1)	y_{hi} (2)	$g=1$ x_{hgi} (3)	$g=1$ I_{hgi} (4)	$g=1$ 乘积 (5)=(1)(2)(3)(4)	$g=2$ x_{hgi} (6)	$g=2$ I_{hgi} (7)	$g=2$ 乘积 (8)=(1)(2)(6)(7)	$g=3$ x_{hgi} (9)	$g=3$ I_{hgi} (10)	$g=3$ 乘积 (11)=(1)(2)(9)(10)	对指定的 h 与 i 求 g 的乘积和 (12)=(5)+(8)+(11)
甲	乙	丙												
3	3	11	3313	…	0	0	0	0	0	0	1	0	0	0
		12	3313	…	0	0	0	0	0	0	1	0	0	0
		13	3313	46	0	1	0	0	1	0	1	1	152398	152398
		14	3313	45	0	1	0	0	1	0	1	1	149085	149085
		15	3313	…	0	0	0	0	0	0	1	0	0	0
4	1	1	1509	40	1	1	60360	0	0	0	0	0	0	60360
		2	1509	39	1	1	58851	0	0	0	0	0	0	58851
		3	1509	…	1	0	0	0	1	0	0	1	0	0
	2	4	2012	…	0	0	0	1	0	0	0	0	0	0
		5	2012	40	0	0	0	1	1	80480	0	1	0	80480
		6	2012	38	0	1	0	1	1	76456	0	1	0	76456
		7	2012	…	0	0	0	1	0	0	0	0	0	0
	3	8	1509	…	0	0	0	0	0	0	0	0	0	0
		9	1509	38	0	1	0	0	1	0	1	1	57342	57342
		10	1509	40	0	1	0	0	1	0	1	1	60360	60360

续表

h 甲	g 乙	i* 丙	α_hgi (1)	y_hi (2)	g=1 x_hgi (3)	g=1 I_hgi (4)	g=1 乘积 (5)=(1)(2)(3)(4)	g=2 x_hgi (6)	g=2 I_hgi (7)	g=2 乘积 (8)=(1)(2)(6)(7)	g=3 x_hgi (9)	g=3 I_hgi (10)	g=3 乘积 (11)=(1)(2)(9)(10)	对指定的h与i 求g的乘积和 (12)=(5)+(8)+(11)
5	1	1	7042	…	1	0	0	0	0	0	0	0	0	0
	1	2	7042	…	1	0	0	0	0	0	0	0	0	0
	1	3	7042	40	1	1	281680	0	1	0	0	1	0	281680
	1	4	7042	39	1	1	274638	0	1	0	0	1	0	274638
	1	5	7042	…	1	0	0	0	0	0	0	0	0	0
	2	6	14084	…	0	0	0	1	0	0	0	0	0	0
	2	7	14084	36	0	1	0	1	1	507024	0	1	0	507024
	2	8	14084	42	0	1	0	1	1	591528	0	1	0	591528
	2	9	14084	40	0	1	0	1	1	563360	0	1	0	563360
	2	16	14084	…	0	0	0	1	0	0	0	0	0	0
	2	11	14084	…	0	0	0	1	0	0	0	0	0	0
	2	12	14084	…	0	0	0	1	0	0	0	0	0	0
	2	13	14084	…	0	0	0	1	0	0	0	0	0	0
	2	14	14084	…	0	0	0	1	0	0	0	0	0	0

续表

| h | g | i* | α_hgi | y_hi | g=1 | | | g=2 | | | g=3 | | | 对指定的 h 与 i 求 g 的乘积和 |
甲	乙	丙	(1)	(2)	x_hgi (3)	I_hgi (4)	乘积 (5)=(1)(2)(3)(4)	x_hgi (6)	I_hgi (7)	乘积 (8)=(1)(2)(6)(7)	x_hgi (9)	I_hgi (10)	乘积 (11)=(1)(2)(9)(10)	(12)=(5)+(8)+(11)
5	2	15	14084	...	0	0	0	1	0	0	0	0	0	0
		16	14084	...	0	0	0	1	0	0	0	0	0	0
		17	14084	...	0	0	0	1	0	0	0	0	0	0
		18	14084	...	0	0	0	1	0	0	0	0	0	0
		19	14084	...	0	0	0	1	0	0	0	0	0	0
		20	14084	...	0	0	0	1	0	0	0	0	0	0
	3	21	7042	...	0	1	0	0	1	0	1	0	0	0
		22	7042	...	0	1	0	0	1	0	1	0	0	0
		23	7042	38	0	0	0	0	0	0	1	1	267596	267596
		24	7042	39	0	1	0	0	1	0	1	1	274638	274638
		25	7042	...	0	1	0	0	1	0	1	0	0	0
6	1	1	2683	37	1	1	99271	0	0	0	0	0	0	99271
		2	2683	38	1	1	101954	0	0	0	0	0	0	101954
		3	2683	...	1	0	0	0	0	0	0	0	0	0
		4	2683	...	1	0	0	0	0	0	0	0	0	0

续表

h	g	i^*	α_{hgi} (1)	y_{hi} (2)	$g=1$			$g=2$			$g=3$			对指定的 h 与 i 求 g 的乘积和
					x_{hgi} (3)	I_{hgi} (4)	乘积 (5)=(1)(2)(3)(4)	x_{hgi} (6)	I_{hgi} (7)	乘积 (8)=(1)(2)(6)(7)	x_{hgi} (9)	I_{hgi} (10)	乘积 (11)=(1)(2)(9)(10)	(12)=(5)+(8)+(11)
甲	乙	丙												
		5	4024	…	0	0	0	1	0	0	0	0	0	0
		6	4024	…	0	0	0	1	0	0	0	0	0	0
		7	4024	37	0	1	0	1	1	148888	0	1	0	148888
	2	8	4024	35	0	1	0	1	1	140840	0	1	0	140840
		9	4024	…	0	0	0	1	0	0	0	0	0	0
6		10	4024	…	0	0	0	1	0	0	0	0	0	0
		11	3353	…	0	0	0	0	0	0	1	0	0	0
		12	3353	40	0	1	0	0	1	0	1	1	134120	134120
	3	13	3353	…	0	0	0	0	0	0	1	0	0	0
		14	3353	…	0	0	0	0	0	0	1	0	0	0
		15	3353	39	0	0	0	0	1	0	1	1	130767	130767
合计			…	…	…	…	…	…	…	…	…	…	…	7745435

注：*标注阴影者为抽入第二步样本的普查小区。

表 9 – 11　　　　　全省人口各个事后层七个人数指标估计结果　　　单位：人

	事后层 v				
	0—14 岁男性及女性 $v=1$	15—59 岁男性 $v=2$	15—59 岁女性 $v=3$	60 岁及以上男性 $v=4$	60 岁及以上女性 $v=5$
普查正确计数人数 $\widehat{CE}_v$	7745435	16946418	15909539	3109172	2869309
普查登记人数 $\hat{N}_{v,e}$	7895305	17131928	16113248	3192582	2961885
无移动者人数 $\hat{N}_{v,n}$	7708671	16828948	15833634	3155045	2955055
向外移动者人数 $\hat{N}_{v,o}$	242664	403302	338486	271286	210427
向内移动者人数 $\hat{N}_{v,i}$	226704	390171	347728	280649	231354
无移动者匹配人数 $\hat{M}_{v,n}$	7662454	16575435	15588922	3126364	2926374
向外移动者匹配人数 $\hat{M}_{v,o}$	213071	346869	306290	244550	195168

二　各个事后层实际人数的双系统估计以及全省实际人数的估计

将第七章计算各个事后层实际人数双系统估计量使用的计算式（7.1）重新写在下面：

$$\widehat{DSE}_v = N_{ve} \times \frac{\widehat{CE}_v}{\hat{N}_{ve}} \times \frac{\hat{N}_{vn} + \hat{N}_{vi}}{\hat{M}_{vn} + (\hat{M}_{vo}/\hat{N}_{vo})\hat{N}_{vi}} \tag{9.4}$$

式（9.4）中，N_{ve} 是事后层 v 的普查登记人数，五个 v 层的该指标数字我们已经在第一节中给出；式（9.4）两个分式因子中涉及的七个估计量的数据则在表 9 – 11 中给出；当我们计算 0—14 岁男性及女性事后层实际人数双系统估计量的时候，取该表 $v=1$ 栏的数据，其他类推。

（一）事后层 0—14 岁男性及女性（$v=1$ 事后层）实际人数双系统估计量的计算

针对 $v=1$ 进行式（9.4）的计算，即：

$$\widehat{DSE}_v = N_{ve} \times \frac{\widehat{CE}_v}{\hat{N}_{ve}} \times \frac{\hat{N}_{vn} + \hat{N}_{vi}}{\hat{M}_{vn} + (\hat{M}_{vo}/\hat{N}_{vo})\hat{N}_{vi}}$$

$$= 768 \times \frac{7745435}{7895305} \times \frac{7708671 + 226704}{7662454 + \dfrac{213071}{242664} \times 226704}$$

$$\approx 760.50 \; 万$$

（二）所有事后层实际人数双系统估计量的计算结果以及全省实际人数的合成估计值

其他四个事后层实际人数双系统估计量可以仿上计算。我们把所有五个事后层实际人数的估计值连同第九章第一节中给出的五个事后层的普查登记人数一起，制成表9－12。该表五个事后层实际人数的估计值的合计数便是全省实际人数的估计值。

表9－12　　　各个事后层及全省普查正确登记人数和实际人数估计值 单位：万

对人口的分层	普查正确登记人数	实际人数估计值
0—14 岁男性及女性	768	760.50
15—59 岁男性	1725	1737.41
15—59 岁女性	1641	1648.55
60 岁及以上男性	341	337.63
60 岁及以上女性	325	319.40
全省合计	4800	4803.49

第三节　事后层及全省人数的方差估计

一　各个事后层实际人数估计量的方差估计

此部分的目标是要估计表9－12各个估计值（不含合计数）的方差。估计的方法使用分层刀切方差估计量。下面只就 $v=1$ 事后层演示，其他事后层做法相同。

操作过程是：第一，把数字模拟资料中第一步样本的100个调查小区划分成100个随机组，每组1个调查小区；第二，对100个随机组进行轮换刀切，每次切掉1个随机组（也就是切掉1个调查小区），将其切掉之后，用另外的99个调查小区仿照式（9.1）计算切掉该调查小区条件下的 $\widehat{CE}_v$、$\hat{N}_{ve}$、$\hat{N}_{vn}$、$\hat{N}_{vi}$、$\hat{N}_{vo}$、$\hat{M}_{vn}$、$\hat{M}_{vo}$（$v=1，2，3，4，5$）的切断后复制值，进一步把 v 层（$v=1，2，3，4，5$）的这七个结果合在一起，计算切掉该调查小区条件下的 v 层实际人数双系统估计量的切断后复制值；第三，把经过轮换进行100次刀切所计算的所有100个 v 层实际人数双系统估计量的切断后复制值合在一起，计算 v 层实际人数双系统估计量分层刀切方差的估计值。这项工作的流程如图 9 – 1 所示。

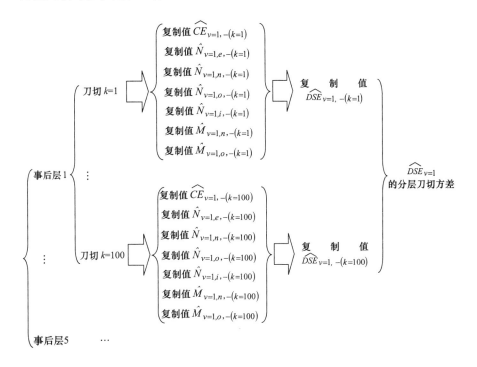

图 9 – 1　刀切法流程

下面分别考虑这三个操作步骤。

（一）把第一步样本的 100 个调查小区划分成 100 个随机组

把第一步样本的 100 个调查小区划分成的 100 个随机组，如表 9 – 13 所示。

（二）对 100 个随机组进行轮换刀切，计算每次刀切后各个事后层的 $\widehat{CE}_v$、$\hat{N}_{ve}$、$\hat{N}_{vn}$、$\hat{N}_{vi}$、$\hat{N}_{vo}$、$\hat{M}_{vn}$、$\hat{M}_{vo}$ 的切断后复制值以及各个事后层的实际人数双系统估计量的切断后复制值

1. 概说

切断后复制值是要用切掉 1 个调查小区以后剩下的 99 个调查小区对式（9.1）进行复制。但是，由于切掉了一个调查小区，剩下的 99 个调查小区的抽样权数将不同于式（9.1）中的 α_{hgi}，把改变后的抽样权数记作 $L_{hgi}^{\beta y}$，用此抽样权数计算切断后复制值的公式为：

$$\hat{Y}_{v,(-k)}^{(\beta\gamma)} = \sum_{h=1}^{H} \sum_{g=1}^{G} \sum_{i=1}^{n_h} L_{hgi}^{\beta\gamma} x_{hgi} I_{hgi} y_{vhi} \tag{9.5}$$

式（9.5）中，β 表示被切掉的调查小区 k 所在的 h 层，γ 表示被切掉的调查小区 k 是这个层中的一个调查小区，所使用的新权数 $L_{hgi}^{\beta\gamma}$ 见式（9.6）：

$$L_{hgi}^{\beta\gamma} \begin{cases} (A\ \text{型权数})\ \alpha_{hgi} & (h \neq \beta) \\[2mm] (B\ \text{型权数})\ \dfrac{n_h}{n_{h-1}} \alpha_{hgi} & (h = \beta,\ x_{\beta\gamma} = 0,\ i \neq \gamma) \\[2mm] (C\ \text{型权数})\ \dfrac{n_{hg} - 1}{n_{hg}} \dfrac{n_h}{n_{h-1}} \alpha_{hgi} & (h = \beta,\ x_{\beta g\gamma} = 1,\ I_{\beta g\gamma} = 0,\ i \neq \gamma) \\[2mm] (D\ \text{型权数})\ \dfrac{q_{hg}}{q_{hg} - 1} \dfrac{n_{hg} - 1}{n_{hg}} \dfrac{n_h}{n_{h-1}} \alpha_{hgi} & (h = \beta,\ x_{\beta g\gamma} = 1,\ I_{\beta g\gamma} = 1,\ i \neq \gamma) \\[2mm] (E\ \text{型权数})\ 0 & (h = \beta,\ i = \gamma) \end{cases}$$

$$\tag{9.6}$$

式（9.5）中，α_{hgi} 由式（9.3）定义，n_h 是层 h 的第一步样本的样本量，n_{hg} 是层 h 中的次级层 g 的第一步样本的样本量，q_{hg} 是层 h 中的次级层 g 的第二步样本的样本量，$x_{\beta g\gamma}$ 指示被切掉的调查小区 k 是否属于所论的 h 层 g 子层 i 调查小区所在的 g 子层，$I_{\beta g\gamma}$ 指示被切掉的调查小区 k 是否属于所论的 h 层 g 子层 i 调查小区所在的 g 子层的第二步样本。在式（9.6）中，我们为抽样权数 $L_{hgi}^{\beta\gamma}$ 的五种取值分别用 A、B、C、D、E 进行命名，是为了编制计算表时表述简明。

从式（9.5）和式（9.6）看出，表 9 - 13 中的所有 100 个调查小区中的每一个随着它与被切掉的调查小区 k 之间关系的不同情况，要选用式（9.6）中 A、B、C、D、E 五种型式权数中适当的一种；由于表 9 - 13 中的所有 100 个调查小区中的每一个都要遭遇到与被切掉的调查小区 k 之间关系的所有五种不同情况，所以，100 个调查小区中的每一个都要不例外地把五种型式权数都使用到。既然如此，我们不妨先编制一个计算表，为每一个调查小区计算出它的五种型式权数的数值。

2. 权数计算表

用式（9.6）计算 100 个调查小区的五种型式的权数如表 9 - 14 所示。

表 9 – 13　　　　　　　　　　　准备进行刀切的 100 个随机组

随机组编号	随机组中所含的调查小区（每组只 1 个）			
k	所在 h 层	所在 h 层 g 子层	在 h 层中对调查小区的编号	是否进入第二步样本
1	$h=1$	$h=1$, $g=1$	$h=1$, $i=1$	未进入
2	$h=1$	$h=1$, $g=1$	$h=1$, $i=2$	进入
3	$h=1$	$h=1$, $g=1$	$h=1$, $i=3$	进入
4	$h=1$	$h=1$, $g=2$	$h=1$, $i=4$	未进入
5	$h=1$	$h=1$, $g=2$	$h=1$, $i=5$	进入
6	$h=1$	$h=1$, $g=2$	$h=1$, $i=6$	进入
7	$h=1$	$h=1$, $g=2$	$h=1$, $i=7$	进入
8	$h=1$	$h=1$, $g=3$	$h=1$, $i=8$	未进入
9	$h=1$	$h=1$, $g=3$	$h=1$, $i=9$	进入
10	$h=1$	$h=1$, $g=3$	$h=1$, $i=10$	进入
11	$h=2$	$h=2$, $g=1$	$h=2$, $i=1$	未进入
12	$h=2$	$h=2$, $g=1$	$h=2$, $i=2$	进入
13	$h=2$	$h=2$, $g=1$	$h=2$, $i=3$	未进入
14	$h=2$	$h=2$, $g=1$	$h=2$, $i=4$	进入
15	$h=2$	$h=2$, $g=1$	$h=2$, $i=5$	未进入
16	$h=2$	$h=2$, $g=2$	$h=2$, $i=6$	未进入
17	$h=2$	$h=2$, $g=2$	$h=2$, $i=7$	未进入
18	$h=2$	$h=2$, $g=2$	$h=2$, $i=8$	进入
19	$h=2$	$h=2$, $g=2$	$h=2$, $i=9$	未进入
20	$h=2$	$h=2$, $g=2$	$h=2$, $i=10$	未进入
21	$h=2$	$h=2$, $g=2$	$h=2$, $i=11$	进入
22	$h=2$	$h=2$, $g=2$	$h=2$, $i=12$	未进入
23	$h=2$	$h=2$, $g=2$	$h=2$, $i=13$	进入
24	$h=2$	$h=2$, $g=2$	$h=2$, $i=14$	未进入
25	$h=2$	$h=2$, $g=2$	$h=2$, $i=15$	进入
26	$h=2$	$h=2$, $g=2$	$h=2$, $i=16$	未进入
27	$h=2$	$h=2$, $g=2$	$h=2$, $i=17$	未进入
28	$h=2$	$h=2$, $g=2$	$h=2$, $i=18$	未进入
29	$h=2$	$h=2$, $g=2$	$h=2$, $i=19$	未进入
30	$h=2$	$h=2$, $g=2$	$h=2$, $i=20$	未进入
31	$h=2$	$h=2$, $g=3$	$h=2$, $i=21$	未进入
32	$h=2$	$h=2$, $g=3$	$h=2$, $i=22$	未进入
33	$h=2$	$h=2$, $g=3$	$h=2$, $i=23$	未进入

随机组编号	随机组中所含的调查小区（每组只1个）			
k	所在 h 层	所在 h 层 g 子层	在 h 层中对调查小区的编号	是否进入第二步样本
34	$h=2$	$h=2,\ g=3$	$h=2,\ i=24$	进入
35	$h=2$	$h=2,\ g=3$	$h=2,\ i=25$	进入
36	$h=3$	$h=3,\ g=1$	$h=3,\ i=1$	未进入
37	$h=3$	$h=3,\ g=1$	$h=3,\ i=2$	进入
38	$h=3$	$h=3,\ g=1$	$h=3,\ i=3$	进入
39	$h=3$	$h=3,\ g=1$	$h=3,\ i=4$	未进入
40	$h=3$	$h=3,\ g=2$	$h=3,\ i=5$	未进入
41	$h=3$	$h=3,\ g=2$	$h=3,\ i=6$	未进入
42	$h=3$	$h=3,\ g=2$	$h=3,\ i=7$	进入
43	$h=3$	$h=3,\ g=2$	$h=3,\ i=8$	未进入
44	$h=3$	$h=3,\ g=2$	$h=3,\ i=9$	进入
45	$h=3$	$h=3,\ g=2$	$h=3,\ i=10$	未进入
46	$h=3$	$h=3,\ g=3$	$h=3,\ i=11$	未进入
47	$h=3$	$h=3,\ g=3$	$h=3,\ i=12$	未进入
48	$h=3$	$h=3,\ g=3$	$h=3,\ i=13$	进入
49	$h=3$	$h=3,\ g=3$	$h=3,\ i=14$	进入
50	$h=3$	$h=3,\ g=3$	$h=3,\ i=15$	未进入
51	$h=4$	$h=4,\ g=1$	$h=4,\ i=1$	进入
52	$h=4$	$h=4,\ g=1$	$h=4,\ i=2$	进入
53	$h=4$	$h=4,\ g=1$	$h=4,\ i=3$	未进入
54	$h=4$	$h=4,\ g=2$	$h=4,\ i=4$	未进入
55	$h=4$	$h=4,\ g=2$	$h=4,\ i=5$	进入
56	$h=4$	$h=4,\ g=2$	$h=4,\ i=6$	进入
57	$h=4$	$h=4,\ g=2$	$h=4,\ i=7$	未进入
58	$h=4$	$h=4,\ g=3$	$h=4,\ i=8$	未进入
59	$h=4$	$h=4,\ g=3$	$h=4,\ i=9$	进入
60	$h=4$	$h=4,\ g=3$	$h=4,\ i=10$	进入
61	$h=5$	$h=5,\ g=1$	$h=5,\ i=1$	未进入
62	$h=5$	$h=5,\ g=1$	$h=5,\ i=2$	未进入
63	$h=5$	$h=5,\ g=1$	$h=5,\ i=3$	进入
64	$h=5$	$h=5,\ g=1$	$h=5,\ i=4$	进入
65	$h=5$	$h=5,\ g=1$	$h=5,\ i=5$	未进入
66	$h=5$	$h=5,\ g=2$	$h=5,\ i=6$	未进入
67	$h=5$	$h=5,\ g=2$	$h=5,\ i=7$	进入
68	$h=5$	$h=5,\ g=2$	$h=5,\ i=8$	进入

随机组编号	随机组中所含的调查小区（每组只1个）			
k	所在 h 层	所在 h 层 g 子层	在 h 层中对调查小区的编号	是否进入第二步样本
69	$h=5$	$h=5$, $g=2$	$h=5$, $i=9$	进入
70	$h=5$	$h=5$, $g=2$	$h=5$, $i=10$	未进入
71	$h=5$	$h=5$, $g=2$	$h=5$, $i=11$	未进入
72	$h=5$	$h=5$, $g=2$	$h=5$, $i=12$	未进入
73	$h=5$	$h=5$, $g=2$	$h=5$, $i=13$	未进入
74	$h=5$	$h=5$, $g=2$	$h=5$, $i=14$	未进入
75	$h=5$	$h=5$, $g=2$	$h=5$, $i=15$	未进入
76	$h=5$	$h=5$, $g=2$	$h=5$, $i=16$	未进入
77	$h=5$	$h=5$, $g=2$	$h=5$, $i=17$	未进入
78	$h=5$	$h=5$, $g=2$	$h=5$, $i=18$	未进入
79	$h=5$	$h=5$, $g=2$	$h=5$, $i=19$	未进入
80	$h=5$	$h=5$, $g=2$	$h=5$, $i=20$	未进入
81	$h=5$	$h=5$, $g=3$	$h=5$, $i=21$	未进入
82	$h=5$	$h=5$, $g=3$	$h=5$, $i=22$	未进入
83	$h=5$	$h=5$, $g=3$	$h=5$, $i=23$	进入
84	$h=5$	$h=5$, $g=3$	$h=5$, $i=24$	进入
85	$h=5$	$h=5$, $g=3$	$h=5$, $i=25$	未进入
86	$h=6$	$h=6$, $g=1$	$h=6$, $i=1$	进入
87	$h=6$	$h=6$, $g=1$	$h=6$, $i=2$	进入
88	$h=6$	$h=6$, $g=1$	$h=6$, $i=3$	未进入
89	$h=6$	$h=6$, $g=1$	$h=6$, $i=4$	未进入
90	$h=6$	$h=6$, $g=2$	$h=6$, $i=5$	未进入
91	$h=6$	$h=6$, $g=2$	$h=6$, $i=6$	未进入
92	$h=6$	$h=6$, $g=2$	$h=6$, $i=7$	进入
93	$h=6$	$h=6$, $g=2$	$h=6$, $i=8$	进入
94	$h=6$	$h=6$, $g=2$	$h=6$, $i=9$	未进入
95	$h=6$	$h=6$, $g=2$	$h=6$, $i=10$	未进入
96	$h=6$	$h=6$, $g=3$	$h=6$, $i=11$	未进入
97	$h=6$	$h=6$, $g=3$	$h=6$, $i=12$	进入
98	$h=6$	$h=6$, $g=3$	$h=6$, $i=13$	未进入
99	$h=6$	$h=6$, $g=3$	$h=6$, $i=14$	未进入
100	$h=6$	$h=6$, $g=3$	$h=6$, $i=15$	进入

表 9－14　计算刀切法复制值所用的权数 ($k=1$)

h, i	α_{hgi}	n_h	n_{hg}	q_{hg}	普查小区 hi 与被切掉的 k 之间不同关系情况下普查小区 hi 的刀切法复制权数 L_{hgi}				
					A: hi 与 k 不在同一个 h 层 α_{hgi}	B: hi 与 k 在同一个 h 层, 不在同一个 g 层 $\frac{n_h}{n_h-1}\alpha_{hgi}$	C: hi 与 k 在同一个 h 层, 在同一个 g 层, k 未进入第二步样本 $\frac{n_{hg}-1}{n_{hg}}\cdot\frac{n_h}{n_h-1}\alpha_{hgi}$	D: hi 与 k 在同一个 h 层, 在同一个 g 层, k 进入第二步样本 $\frac{q_{hg}-1}{q_{hg}}\cdot\frac{n_{hg}}{n_{hg}-1}\cdot\frac{n_h}{n_h-1}\alpha_{hgi}$	E: 普查小区 hi 本身就是被切掉的 k 0
1, 1	1491	10	3	2	—	—	—	—	0
1, 2	1491	10	3	2	—	—	1104	—	—
1, 3	1491	10	3	2	—	—	1104	—	—
1, 4	1322	10	4	3	—	1469	—	—	—
1, 5	1322	10	4	3	—	1469	—	—	—
1, 6	1322	10	4	3	—	1469	—	—	—
1, 7	1491	10	4	3	—	1469	—	—	—
1, 8	1491	10	3	3	—	1657	—	—	—
1, 9	1491	10	3	2	—	1657	—	—	—
1, 10	1491	10	3	2	—	1657	—	—	—
2, 1	6958	25	5	2	6958	—	—	—	—
2, 2	6958	25	5	2	6958	—	—	—	—
2, 3	6958	25	5	2	6958	—	—	—	—
2, 4	6958	25	5	2	6958	—	—	—	—

续表

h, i	α_{hgi}	n_h	n_{hg}	q_{hg}	普查小区 hi 与被切掉的 k 之间不同关系情况下普查小区 hi 的刀切法复制权数 L_{hgi}				
					A: hi 与 k 不在同一个 h 层 α_{hgi}	B: hi 与 k 在同一个 h 层，不在同一个 g 层 $\frac{n_h}{n_h-1}\alpha_{hgi}$	C: hi 与 k 在同一个 h 层，在同一个 g 层，k 未进入第二步样本 $\frac{n_{hg}-1}{n_{hg}}\frac{n_h}{n_h-1}\alpha_{hgi}$	D: hi 与 k 在同一个 h 层，在同一个 g 层，k 进入第二步样本 $\frac{q_{hg}-1}{q_{hg}}\frac{n_{hg}}{n_{hg}-1}\frac{n_h}{n_h-1}\alpha_{hgi}$	E: 普查小区 hi 本身就是被切掉的 k 0
2, 5	6958	25	5	2	6958	—	—	—	—
2, 6	10437	25	15	4	10437	—	—	—	—
2, 7	10437	25	15	4	10437	—	—	—	—
2, 8	10437	25	15	4	10437	—	—	—	—
2, 9	10437	25	15	4	10437	—	—	—	—
2, 10	10437	25	15	4	10437	—	—	—	—
2, 11	10437	25	15	4	10437	—	—	—	—
2, 12	10437	25	15	4	10437	—	—	—	—
2, 13	10437	25	15	4	10437	—	—	—	—
2, 14	10437	25	15	4	10437	—	—	—	—
2, 15	10437	25	15	4	10437	—	—	—	—
2, 16	10437	25	15	4	10437	—	—	—	—
2, 17	10437	25	15	4	10437	—	—	—	—
2, 18	10437	25	15	4	10437	—	—	—	—

续表

h, i	α_{hgi}	n_h	n_{hg}	q_{hg}	普查小区 hi 与被切掉的 k 之间不同关系情况下普查小区 hi 的刀切法复制权数 L_{hgi}				
					A: hi 与 k 不在同一个 h 层 α_{hgi}	B: hi 与 k 在同一个 h 层，不在同一个 g 层 $\dfrac{n_h}{n_h-1}\alpha_{hgi}$	C: hi 与 k 在同一个 h 层，在同一个 g 层，k 未进入第二步样本 $\dfrac{n_{hg}-1}{n_{hg}}\dfrac{n_h}{n_h-1}\alpha_{hgi}$	D: hi 与 k 在同一个 h 层，在同一个 g 层，k 进入第二步样本 $\dfrac{q_{hg}-1}{q_{hg}}\dfrac{n_{hg}-1}{n_{hg}}\dfrac{n_h}{n_h-1}\alpha_{hgi}$	E: 普查小区 hi 本身就是被切掉的 k 0
2, 19	10437	25	15	4	10437	—	—	—	—
2, 20	10437	25	15	4	10437	—	—	—	—
2, 21	6958	25	5	2	6958	—	—	—	—
2, 22	6958	25	5	2	6958	—	—	—	—
2, 23	6958	25	5	2	6958	—	—	—	—
2, 24	6958	25	5	2	6958	—	—	—	—
2, 25	6958	25	4	2	6958	—	—	—	—
3, 1	2651	15	4	2	2651	—	—	—	—
3, 2	2651	15	4	2	2651	—	—	—	—
3, 3	2651	15	4	2	2651	—	—	—	—
3, 4	2651	15	4	2	2651	—	—	—	—
3, 5	3976	15	6	2	3976	—	—	—	—
3, 6	3976	15	6	2	3976	—	—	—	—
3, 7	3976	15	6	2	3976	—	—	—	—

续表

h, i	α_{lgi}	n_h	n_{hg}	q_{hg}	普查小区 hi 与被切掉的 k 之间不同关系情况下普查小区 hi 的刀切法复制权数 L_{hgi}				
					A: hi 与 k 不在同一个 h 层 α_{hgi}	B: hi 与 k 在同一个 h 层，不在同一个 g 层 $\frac{n_h}{n_h-1}\alpha_{hgi}$	C: hi 与 k 在同一个 h 层，在同一个 g 层，k 未进入第二步样本 $\frac{n_{hg}-1}{n_{hg}}\frac{n_h}{n_h-1}\alpha_{hgi}$	D: hi 与 k 在同一个 h 层，在同一个 g 层，k 进入第二步样本 $\frac{q_{hg}-1}{q_{hg}}\frac{n_h}{n_h-1}\alpha_{hgi}$	E: 普查小区 hi 本身就是被切掉的 k 0
3, 8	3976	15	6	2	3976	—	—	—	—
3, 9	3976	15	6	2	3976	—	—	—	—
3, 10	3976	15	6	2	3976	—	—	—	—
3, 11	3313	15	5	2	3313	—	—	—	—
3, 12	3313	15	5	2	3313	—	—	—	—
3, 13	3313	15	5	2	3313	—	—	—	—
3, 14	3313	15	5	2	3313	—	—	—	—
3, 15	3313	15	5	2	3313	—	—	—	—
4, 1	1509	10	3	2	1509	—	—	—	—
4, 2	1509	10	3	2	1509	—	—	—	—
4, 3	1509	10	3	2	1509	—	—	—	—
4, 4	2012	10	4	2	2012	—	—	—	—
4, 5	2012	10	4	2	2012	—	—	—	—
4, 6	2012	10	4	2	2012	—	—	—	—

续表

普查小区 hi 与被切掉的 k 之间不同关系情况下普查小区 hi 的刀切法复制权数 L_{hgi}

h, i	α_{hgi}	n_h	n_{hg}	q_{hg}	A: hi 与 k 不在同一个 h 层 α_{hgi}	B: hi 与 k 在同一个 h 层，不在同一个 g 层 $\frac{n_h}{n_h-1}\alpha_{hgi}$	C: hi 与 k 在同一个 h 层，在同一个 g 层，k 未进入第二步样本 $\frac{n_{hg}-1}{n_{hg}}\frac{n_h}{n_h-1}\alpha_{hgi}$	D: hi 与 k 在同一个 h 层，在同一个 g 层，k 进入第二步样本 $\frac{q_{hg}-1}{q_{hg}}\frac{n_{hg}-1}{n_{hg}}\frac{n_h}{n_h-1}\alpha_{hgi}$	E: 普查小区 hi 本身就是被切掉的 k 0
4, 7	2012	10	4	2	2012	—	—	—	—
4, 8	1509	10	3	2	1509	—	—	—	—
4, 9	1509	10	3	2	1509	—	—	—	—
4, 10	1509	10	3	2	1509	—	—	—	—
5, 1	7042	25	5	2	7042	—	—	—	—
5, 2	7042	25	5	2	7042	—	—	—	—
5, 3	7042	25	5	2	7042	—	—	—	—
5, 4	7042	25	5	2	7042	—	—	—	—
5, 5	7042	25	5	2	7042	—	—	—	—
5, 6	14084	25	15	3	14084	—	—	—	—
5, 7	14084	25	15	3	14084	—	—	—	—
5, 8	14084	25	15	3	14084	—	—	—	—
5, 9	14084	25	15	3	14084	—	—	—	—
5, 10	14084	25	15	3	14084	—	—	—	—

续表

h,i	α_{hgi}	n_h	n_{hg}	q_{hg}	普查小区 hi 与被切掉的 k 之间不同关系情况下普查小区 hi 的刀切法复制权数 L_{hgi}				
					A：hi 与 k 不在同一个 h 层 α_{hgi}	B：hi 与 k 在同一 h 层，不在同一个 g 层 $\frac{n_h}{n_h-1}\alpha_{hgi}$	C：hi 与 k 在同一 h 层，在同一个 g 层，k 未进入第二步样本 $\frac{n_{hg}-1}{n_{hg}}\frac{n_h}{n_h-1}\alpha_{hgi}$	D：hi 与 k 在同一 h 层，在同一个 g 层，k 进入第二步样本 $\frac{q_{hg}}{q_{hg}-1}\frac{n_{hg}-1}{n_{hg}}\frac{n_h}{n_h-1}\alpha_{hgi}$	E：普查小区 hi 本身就是被切掉的 k 0
5，11	14084	25	15	3	14084	—	—	—	—
5，12	14084	25	15	3	14084	—	—	—	—
5，13	14084	25	15	3	14084	—	—	—	—
5，14	14084	25	15	3	14084	—	—	—	—
5，15	14084	25	15	3	14084	—	—	—	—
5，16	14084	25	15	3	14084	—	—	—	—
5，17	14084	25	15	3	14084	—	—	—	—
5，18	14084	25	15	3	14084	—	—	—	—
5，19	14084	25	15	3	14084	—	—	—	—
5，20	14084	25	15	3	14084	—	—	—	—
5，21	7042	25	5	2	7042	—	—	—	—
5，22	7042	25	5	2	7042	—	—	—	—
5，23	7042	25	5	2	7042	—	—	—	—
5，24	7042	25	5	2	7042	—	—	—	—
5，25	7042	25	5	2	7042	—	—	—	—

续表

h, i	α_{hgi}	n_h	n_{hg}	q_{hg}	普查小区 hi 与被切掉的 k 之间不同关系情况下普查小区 hi 的刀切法复制权数 L_{hgi}				
					A: hi 与 k 不在同一个 h 层 α_{hgi}	B: hi 与 k 在同一 h 层, 不在同一个 g 层 $\dfrac{n_h}{n_h-1}\alpha_{hgi}$	C: hi 与 k 在同一个 h 层, 在同一个 g 层, k 未进入第二步样本 $\dfrac{n_{hg}-1}{n_{hg}}\dfrac{n_h}{n_h-1}\alpha_{hgi}$	D: hi 与 k 在同一个 h 层, 在同一个 g 层, k 进入第二步样本 $\dfrac{q_{hg}}{q_{hg}-1}\dfrac{n_{hg}}{n_{hg}-1}\dfrac{n_h}{n_h-1}\alpha_{hgi}$	E: 普查小区 hi 本身就是被切掉的 k 0
6, 1	2683	15	4	2	2683	—	—	—	—
6, 2	2683	15	4	2	2683	—	—	—	—
6, 3	2683	15	4	2	2683	—	—	—	—
6, 4	2683	15	4	2	2683	—	—	—	—
6, 5	4024	15	6	2	4024	—	—	—	—
6, 6	4024	15	6	2	4024	—	—	—	—
6, 7	4024	15	6	2	4024	—	—	—	—
6, 8	4024	15	6	2	4024	—	—	—	—
6, 9	4024	15	6	2	4024	—	—	—	—
6, 10	4024	15	6	2	4024	—	—	—	—
6, 11	3353	15	5	2	3353	—	—	—	—
6, 12	3353	15	5	2	3353	—	—	—	—
6, 13	3353	15	5	2	3353	—	—	—	—
6, 14	3353	15	5	2	3353	—	—	—	—
6, 15	3353	15	5	2	3353	—	—	—	—

3.0—14 岁男性及女性事后层（即 $v=1$ 事后层）的切断后复制值

先计算切掉 $k=1$ 随机组的切断后复制值。

（1）普查正确计数人数估计量的切断后复制值。

这里要计算的是 $\widehat{CE}_{v=1,-(k=1)}$，将要依据的计算公式是式（9.5）。我们用表 9 – 15 来展示计算过程，该表的总和计数便是所需要的计算结果。

由表 9 – 15 的总和计数得到，$\widehat{CE}_{v=1,-(k=1)}=7743497$ 人。

（2）所有七个人数指标的切断后复制值。

仿照表 9 – 15 可以分别编制计算表算出另外六个人数指标的切断后复制值。把这六个结果连同表 9 – 15 的结果一起列在表 9 – 16。

（3）0—14 岁男性及女性（$v=1$）事后层实际人数双系统估计量的切除 $k=1$ 后复制值。

0—14 岁男性及女性（$v=1$）事后层实际人数双系统估计量的切除 $k=1$ 后复制值计算如下：

$$\widehat{DSE}_{v=1,-(k=1)}=N_{v=1,e}\frac{\widehat{CE}_{v=1,-(k=1)}}{\hat{N}_{v=1,e,-(k=1)}}\frac{\hat{N}_{v=1,n,-(k=1)}+\hat{N}_{v=1,i,-(k=1)}}{\hat{M}_{v=1,n,-(k=1)}+\frac{\hat{M}_{v=1,o,-(k=1)}}{\hat{N}_{v=1,o,-(k=1)}}\hat{N}_{v=1,i,-(k=1)}}$$

$$=768\times\frac{7743497}{7892979}\times\frac{7705832+226997}{7659155+\frac{213364}{242957}\times226997}$$

$$\approx760.58\ \text{万}$$

即 0—14 岁男性及女性（$v=1$）事后层实际人数双系统估计量的切除 $k=1$ 后复制值约为 760.58 万。上面的计算中，$N_{v=1,e}=760.50$ 万的数值来自表 9 – 12 第二列，两个分式因子中的有关数值来自表 9 – 16 第二列。

接下来，我们计算轮换切掉 $k=2$，$\cdots$，$k=100$ 随机组的切断后复制值。

仿照上面关于切掉 $k=1$ 随机组后 0—14 岁男性及女性（$v=1$）事后层七个人数指标以及事后层实际人数双系统估计量的切断后复制值的计算程序，可以计算 $k=2$，$\cdots$，$k=100$ 情况下的 99 种切除的切断后复制值。

我们把 0—14 岁男性及女性（$v=1$）事后层的所有这 100 种切除的切断后复制值计算结果列在表 9 – 17 中。

表 9 – 15　普查正确计数人数估计量复制值计算

事后层：0—14 岁男性及女性事后层（$v=1$ 事后层）　被切掉者情况：$k=1$；所在为 $h=1$ 层，h 中的 $g=1$，h 中的 $i=1$；未进入第二步样本

甲	乙	丙	丁			$g=1$			$g=2$			$g=3$			对指定的 h 与 i 求 g 的乘积和
h	h,g	h,i^*	复制权数型式	L_{hgi}	y_{hi}	x_{hgi}	I_{hgi}	乘积	x_{hgi}	I_{hgi}	乘积	x_{hgi}	I_{hgi}	乘积	$(12)=(5)+$ $(8)+(11)$
				(1)	(2)	(3)	(4)	$(5)=(1)$ $(2)(3)(4)$	(6)	(7)	$(8)=(1)$ $(2)(6)(7)$	(9)	(10)	$(11)=(1)$ $(2)(9)(10)$	
1	1,1	1,1	E	0	...	1	0	0	0	0	0	0	0	0	0
1	1,1	1,2	C	1104	43	1	1	47472	0	1	0	0	1	0	47472
1	1,1	1,3	C	1104	39	1	1	43056	0	1	0	0	1	0	43056
1	1,2	1,4	B	1469	...	0	0	0	1	0	0	0	0	0	0
1	1,2	1,5	B	1469	40	0	1	0	1	1	58760	0	1	0	58760
1	1,2	1,6	B	1469	42	0	1	0	1	1	61698	0	1	0	61698
1	1,2	1,7	B	1469	36	0	1	0	1	1	52884	1	1	0	52884
1	1,3	1,8	B	1657	...	0	0	0	0	0	0	0	0	0	0
1	1,3	1,9	B	1657	35	0	1	0	0	0	0	1	1	57995	57995
1	1,3	1,10	B	1657	40	0	1	0	0	0	0	1	1	66280	66280
2	2,1	2,1	A	6958	...	1	0	0	0	0	0	0	0	0	0
2	2,1	2,2	A	6958	35	1	1	243530	0	1	0	0	1	0	243530
2	2,1	2,3	A	6958	...	1	0	0	0	0	0	0	0	0	0

续表

甲	乙	丙	丁	(1)	(2)	g=1			g=2			g=3			对指定的 h 与 i 求 g 的乘积和
h	h, g	h, i^*	复制权数型式	L_{hgi}	y_{hi}	x_{hgi}	I_{hgi}	乘积	x_{hgi}	I_{hgi}	乘积	x_{hgi}	I_{hgi}	乘积	$(12)=(5)+(8)+(11)$
						(3)	(4)	$(5)=(1)(2)(3)(4)$	(6)	(7)	$(8)=(1)(2)(6)(7)$	(9)	(10)	$(11)=(1)(2)(9)(10)$	
2	2, 1	2, 4	A	6958	32	1	1	222656	0	1	0	0	1	0	222656
2	2, 1	2, 5	A	6958	⋮	1	0	0	0	0	0	0	0	0	0
2	2, 2	2, 6	A	10437	⋮	0	0	0	1	0	0	0	0	0	0
2	2, 2	2, 7	A	10437	⋮	0	0	0	1	0	0	0	0	0	0
2	2, 2	2, 8	A	10437	45	0	1	0	1	1	469665	0	1	0	469665
2	2, 2	2, 9	A	10437	⋮	0	0	0	1	0	0	0	0	0	0
2	2, 2	2, 10	A	10437	⋮	0	0	0	1	0	0	0	0	0	0
2	2, 2	2, 11	A	10437	37	0	1	0	1	1	386169	0	1	0	386169
2	2, 2	2, 12	A	10437	⋮	0	0	0	1	0	0	0	0	0	0
2	2, 2	2, 13	A	10437	40	0	1	0	1	1	417480	0	1	0	417480
2	2, 2	2, 14	A	10437	⋮	0	0	0	1	0	0	0	0	0	0
2	2, 2	2, 15	A	10437	36	0	1	0	1	1	375732	0	1	0	375732
2	2, 2	2, 16	A	10437	⋮	0	0	0	1	0	0	0	0	0	0
2	2, 2	2, 17	A	10437	⋮	0	0	0	1	0	0	0	0	0	0
2	2, 2	2, 18	A	10437	⋮	0	0	0	1	0	0	0	0	0	0

续表

甲 h	乙 h, g	丙 h, i*	丁 复制权数型式	L_hgi (1)	y_hi (2)	g=1 x_hgi (3)	g=1 I_hgi (4)	g=1 乘积 (5)=(1)(2)(3)(4)	g=2 x_hgi (6)	g=2 I_hgi (7)	g=2 乘积 (8)=(1)(2)(6)(7)	g=3 x_hgi (9)	g=3 I_hgi (10)	g=3 乘积 (11)=(1)(2)(9)(10)	对指定的 h 与 i 求 g 的乘积和 (12)=(5)+(8)+(11)
2	2, 2	2, 19	A	10437	…	0	0	0	1	0	0	0	0	0	0
2	2, 2	2, 20	A	10437	…	0	0	0	1	0	0	0	0	0	0
2	2, 3	2, 21	A	6958	…	0	0	0	0	0	0	1	0	0	0
2	2, 3	2, 22	A	6958	…	0	0	0	0	0	0	1	0	0	0
2	2, 3	2, 23	A	6958	…	0	0	0	0	0	0	1	0	0	0
2	2, 3	2, 24	A	6958	30	0	0	0	1	0	0	1	1	208740	208740
2	2, 3	2, 25	A	6958	42	0	0	0	1	0	0	1	1	292236	292236
3	3, 1	3, 1	A	2651	…	1	0	0	0	0	0	0	0	0	0
3	3, 1	3, 2	A	2651	39	1	1	103389	0	1	0	0	1	0	103389
3	3, 1	3, 3	A	2651	37	1	1	98087	0	1	0	0	1	0	98087
3	3, 1	3, 4	A	2651	…	1	0	0	0	0	0	0	0	0	0
3	3, 2	3, 5	A	3976	…	0	0	0	1	0	0	0	0	0	0
3	3, 2	3, 6	A	3976	…	0	0	0	1	0	0	0	0	0	0
3	3, 2	3, 7	A	3976	35	0	1	0	1	1	139160	0	1	0	139160
3	3, 2	3, 8	A	3976	…	0	0	0	1	0	0	0	0	0	0

续表

甲	乙	丙	复制权数型式			g=1			g=2			g=3			对指定的h与i求g的乘积和
h	h, g	h, i^*	丁	L_{hgi}	y_{hi}	x_{hgi}	I_{hgi}	乘积	x_{hgi}	I_{hgi}	乘积	x_{hgi}	I_{hgi}	乘积	乘积
				(1)	(2)	(3)	(4)	(5)=(1)(2)(3)(4)	(6)	(7)	(8)=(2)(6)(7)	(9)	(10)	(11)=(2)(9)(10)	(12)=(5)+(8)+(11)
3	3, 2	3, 9	A	3976	47	0	1	0	1	1	186872	0	1	0	186872
3	3, 2	3, 10	A	3976	…	0	0	0	1	0	0	0	0	0	0
3	3, 3	3, 11	A	3313	…	0	0	0	0	0	0	1	0	0	0
3	3, 3	3, 12	A	3313	…	0	0	0	0	0	0	1	0	0	0
3	3, 3	3, 13	A	3313	46	0	1	0	0	1	0	1	1	152398	152398
3	3, 3	3, 14	A	3313	45	0	1	0	0	1	0	1	1	149085	149085
3	3, 3	3, 15	A	3313	…	0	0	0	0	0	0	0	0	0	0
4	4, 1	4, 1	A	1509	40	1	1	60360	0	1	0	0	1	0	60360
4	4, 1	4, 2	A	1509	39	1	1	58851	0	1	0	0	1	0	58851
4	4, 1	4, 3	A	1509	…	1	0	0	0	0	0	0	0	0	0
4	4, 2	4, 4	A	2012	…	0	0	0	1	0	0	0	0	0	0
4	4, 2	4, 5	A	2012	40	0	1	0	1	1	80480	0	1	0	80480
4	4, 2	4, 6	A	2012	38	0	1	0	1	1	76456	0	1	0	76456
4	4, 2	4, 7	A	2012	…	0	1	0	1	0	0	0	0	0	0
4	4, 3	4, 8	A	1509	…	0	0	0	0	0	0	1	0	0	0

续表

h	h, g	h, i*	复制权数型式	L_{hgi}	y_{hi}	x_{hgi}	I_{hgi}	乘积	x_{hgi}	I_{hgi}	乘积	x_{hgi}	I_{hgi}	乘积	对指定的 h 与 i 求 g 的乘积和
						g=1			g=2			g=3			
甲	乙	丙	丁	(1)	(2)	(3)	(4)	(5)=(1)(2)(3)(4)	(6)	(7)	(8)=(1)(2)(6)(7)	(9)	(10)	(11)=(1)(2)(9)(10)	(12)=(5)+(8)+(11)
4	4, 3	4, 9	A	1509	38	0	1	0	0	1	0	1	1	57342	57342
4	4, 3	4, 10	A	1509	40	0	1	0	0	1	0	1	1	60360	60360
5	5, 1	5, 1	A	7042	⋯	1	0	0	0	0	0	0	0	0	0
5	5, 1	5, 2	A	7042	⋯	1	0	0	0	0	0	0	0	0	0
5	5, 1	5, 3	A	7042	40	1	1	281680	0	0	0	0	1	0	281680
5	5, 1	5, 4	A	7042	39	1	1	274638	0	1	0	0	1	0	274638
5	5, 1	5, 5	A	7042	⋯	1	0	0	0	0	0	0	0	0	0
5	5, 2	5, 6	A	14084	⋯	0	0	0	1	0	0	0	0	0	0
5	5, 2	5, 7	A	14084	36	0	1	0	1	1	507024	0	1	0	507024
5	5, 2	5, 8	A	14084	42	0	1	0	1	1	591528	0	1	0	591528
5	5, 2	5, 9	A	14084	40	0	1	0	1	1	563360	0	1	0	563360
5	5, 2	5, 10	A	14084	⋯	0	0	0	1	0	0	0	0	0	0
5	5, 2	5, 11	A	14084	⋯	0	0	⋮	1	0	0	0	0	0	0
5	5, 2	5, 12	A	14084	⋯	0	0	⋮	1	0	0	0	0	0	0
5	5, 2	5, 13	A	14084	⋯	0	0	0	1	0	0	0	0	0	0

续表

甲	乙	丙	复制权数型式			g=1			g=2			g=3			对指定的 h 与 i 求 g 的乘积和
h	h, g	h, i^*	丁	L_{hgi}	y_{hi}	x_{hgi}	I_{hgi}	乘积	x_{hgi}	I_{hgi}	乘积	x_{hgi}	I_{hgi}	乘积	
				(1)	(2)	(3)	(4)	(5)=(1)(2)(3)(4)	(6)	(7)	(8)=(2)(6)(7)	(9)	(10)	(11)=(1)(2)(9)(10)	(12)=(5)+(8)+(11)
5	5, 2	5, 14	A	14084	...	0	0	0	1	0	0	0	0	0	0
5	5, 2	5, 15	A	14084	...	0	0	0	1	0	0	0	0	0	0
5	5, 2	5, 16	A	14084	...	0	0	0	1	0	0	0	0	0	0
5	5, 2	5, 17	A	14084	...	0	0	0	1	0	0	0	0	0	0
5	5, 2	5, 18	A	14084	...	0	0	0	1	0	0	0	0	0	0
5	5, 2	5, 19	A	14084	...	0	0	0	1	0	0	0	0	0	0
5	5, 2	5, 20	A	14084	...	0	0	0	1	0	0	0	0	0	0
5	5, 3	5, 21	A	7042	...	0	0	0	0	0	0	1	0	0	0
5	5, 3	5, 22	A	7042	38	0	0	0	0	1	0	1	1	267596	267596
5	5, 3	5, 23	A	7042	39	0	0	0	0	1	0	1	1	274638	274638
5	5, 3	5, 24	A	7042	...	0	0	0	0	0	0	1	0	0	0
5	5, 3	5, 25	A	7042	...	0	0	0	0	0	0	1	0	0	0
6	6, 1	6, 1	A	2683	37	1	1	99271	0	1	0	0	1	0	99271
6	6, 1	6, 2	A	2683	38	1	1	101954	0	1	0	0	1	0	101954
6	6, 1	6, 3	A	2683	...	1	0	0	0	0	0	0	0	0	0

续表

h	h, g	h, i*	复制权数型式	L_{hgi}	y_{hi}	g=1 x_{hgi}	g=1 I_{hgi}	g=1 乘积	g=2 x_{hgi}	g=2 I_{hgi}	g=2 乘积	g=3 x_{hgi}	g=3 I_{hgi}	g=3 乘积	对指定的 h 与 i 求 g 的乘积和
甲	乙	丙	丁	(1)	(2)	(3)	(4)	$(5)=(1)(2)(3)(4)$	(6)	(7)	$(8)=(1)(2)(6)(7)$	(9)	(10)	$(11)=(1)(2)(9)(10)$	$(12)=(5)+(8)+(11)$
6	6, 1	6, 4	A	2683	…	1	0	0	0	0	0	0	0	0	0
6	6, 2	6, 5	A	4024	…	0	0	0	1	0	0	0	0	0	0
6	6, 2	6, 6	A	4024	…	0	0	0	1	0	0	0	0	0	0
6	6, 2	6, 7	A	4024	37	0	1	0	1	1	148888	0	1	0	148888
6	6, 2	6, 8	A	4024	35	0	1	0	1	1	140840	0	1	0	140840
6	6, 2	6, 9	A	4024	…	0	0	0	1	0	0	0	0	0	0
6	6, 2	6, 10	A	4024	…	0	0	0	1	0	0	0	0	0	0
6	6, 3	6, 11		3353	…	0	0	0	0	0	0	1	0	0	0
6	6, 3	6, 12	A	3353	40	0	1	0	0	1	0	1	1	134120	134120
6	6, 3	6, 13		3353	…	0	0	0	0	0	0	1	0	0	0
6	6, 3	6, 14		3353	…	0	0	0	0	0	0	1	0	0	0
6	6, 3	6, 15	A	3353	39	0	1	0	0	1	0	1	1	130767	130767
合计			…		…	…	…	…	…	…	…	…	…	…	7743497

注：*标注阴影者为进入第二步样本的普查小区。

表 9 – 16　　　　　　0—14 岁男性及女性（$v=1$）事后层七个人数
指标的切除 $k=1$ 后复制值

	切除 $k=1$ 后复制值
普查正确计数人数 $\widehat{CE}_{v=1,-(k=1)}$	7743497
普查登记人数 $\hat{N}_{v=1,e,-(k=1)}$	7892979
无移动者人数 $\hat{N}_{v=1,n,-(k=1)}$	7705832
向外移动者人数 $\hat{N}_{v=1,o,-(k=1)}$	242957
向内移动者人数 $\hat{N}_{v=1,i,-(k=1)}$	226997
无移动者匹配人数 $\hat{M}_{v=1,n,-(k=1)}$	7659155
向外移动者匹配人数 $\hat{M}_{v=1,o,-(k=1)}$	213364

（三）事后实际人数估计量的方差和协方差

1. 事后层 0—14 岁男性及女性（即 $v=1$ 事后层）实际人数双系统估计量的刀切法方差

前面我们已经算出，0—14 岁男性及女性事后层（即 $v=1$ 事后层）实际人数双系统估计量切除 $k=1$ 的切断后复制值是 $\widehat{DSE}_{v=1} \approx 760.58$ 万。现在要计算这个估计量的刀切法方差，所依据的计算公式是：

$$v(\widehat{DSE}_{v=1}) \approx \sum_{h=1}^{H} \sum_{\gamma=1}^{n_h} \frac{n_h-1}{n_h} (\widehat{DSE}_{v=1,(-k)}^{(\beta\gamma)} - \widehat{DSE}_{v=1})^2 \qquad (9.7)$$

注意式（9.7）中上标 $\beta\gamma$ 指的是被切掉的随机组（即 $-k$）中的调查小区所在的 h 层以及在该层中的序号 i。我们用表 9 – 18 来完成式（9.7）的计算。表 9 – 18 的总合计数便是式（9.7）的计算结果。

从表 9 – 18 的总合计数看到，0—14 岁男性及女性事后层（即 $v=1$ 事后层）实际人数双系统估计量的刀切法方差是 17.75。

2. 事后层 0—14 岁男性及女性（即 $v=1$ 事后层）与事后层 15—64 岁男性（即 $v=2$ 事后层）实际人数双系统估计量之间的刀切法协方差

我们已经在前面算出，0—14 岁男性及女性事后层（即 $v=1$ 事后层）实际人数双系统估计量的值是 $\widehat{DSE}_{v=1}=760.50$，15—64 岁男性事后层（即 $v=2$ 事后层）实际人数双系统估计量的值是 $\widehat{DSE}_{v=2}=1737.41$ 万。现在要计算这两个估计量之间的刀切法协方差，其计算公式为：

$$\mathrm{cov}(\widehat{DSE}_v, \widehat{DSE}_{v'}) \approx \sum_{\beta=1}^{H} \sum_{\gamma=1}^{n_h} \frac{n_h-1}{n_h} (\widehat{DSE}_v^{(\beta\gamma)} - \widehat{DSE}_v)(\widehat{DSE}_{v'}^{(\beta\gamma)} -$$

$$\widehat{DSE}_{v'}) \qquad (9.8)$$

表 9 - 17　0—14 岁男性及女性（$v = 1$）事后层实际人数的切断后复制值汇总

切掉的随机组 k	切掉随机组 k 后的切断后复制值（下面各栏一律 $v = 1$）						
	$\widehat{CE}_{v, -k}$	$\hat{N}_{v, e, -k}$	$\hat{N}_{v, n, -k}$	$\hat{N}_{v, o, -k}$	$\hat{N}_{v, i, -k}$	$\hat{M}_{v, n, -k}$	$\hat{M}_{v, o, -k}$	$\widehat{DSE}_{v, -k}$ （万）
1	7743497	7892979	7705832	242957	226997	7659155	213364	760.58
2	7739081	7887459	7701416	242957	226997	7654739	213364	760.68
3	7747913	7898499	7710248	242957	226997	7663571	213364	760.48
4	7745773	7895819	7709933	242238	226278	7663986	212645	760.46
5	7744747	7894795	7709456	241689	227386	7662403	212096	760.58
6	7741433	7889824	7704485	243346	227386	7659089	213753	760.58
7	7751375	7903080	7716084	241689	224072	7670688	212096	760.23
8	7747368	7897403	7710256	242957	226997	7664132	213364	759.48
9	7752888	7905131	7714672	242957	226997	7669652	213364	759.17
10	7741848	7889675	7705840	242957	226997	7658612	213364	760.79
11	7757167	7906165	7722289	243384	225974	7676798	213501	760.53
12	7739773	7888771	7693299	243384	231772	7642010	213501	761.15
13	7757167	7906165	7722289	243384	225974	7676798	213501	760.53
14	7774561	7923559	7751279	243384	220176	7711586	213501	759.92
15	7757167	7906165	7722289	243384	225974	7676798	213501	760.53
16	7739925	7890375	7702871	242664	226704	7656654	212781	760.47
17	7739925	7890375	7702871	242664	226704	7656654	212781	760.47
18	7665476	7795632	7625040	246045	230085	7588970	216162	761.38
19	7739925	7890375	7702871	242664	226704	7656654	212781	760.47
20	7739925	7890375	7702871	242664	226704	7656654	212781	760.47
21	7773708	7930922	7733272	246045	230085	7683673	216162	760.18
22	7739925	7890375	7702871	242664	226704	7656654	212781	760.47
23	7733121	7890335	7706214	246045	230085	7656615	216162	760.12
24	7739925	7890375	7702871	242664	226704	7656654	212781	760.47
25	7787237	7944451	7746801	232516	216556	7697202	202633	760.19
26	7739925	7890375	7702871	242664	226704	7656654	212781	760.47
27	7739925	7890375	7702871	242664	226704	7656654	212781	760.47
28	7739925	7890375	7702871	242664	226704	7656654	212781	760.47
29	7739925	7890375	7702871	242664	226704	7656654	212781	760.47
30	7739925	7890375	7702871	242664	226704	7656654	212781	760.47
31	7762877	7912235	7725099	242474	227784	7678158	213861	760.56
32	7762877	7912235	7725099	242474	227784	7678158	213861	760.56
33	7762877	7912235	7725099	242474	227784	7678158	213861	760.56
34	7819493	7968491	7781715	247732	227424	7734774	213501	761.09
35	7680341	7829339	7642563	236136	227424	7595622	213501	760.02
36	7750694	7900611	7713362	242664	226183	7668802	213071	760.34
37	7746434	7898481	7711232	242664	224053	7666672	213071	760.10

切掉的随机组 k	切掉随机组 k 后的切断后复制值（下面各栏一律 $v=1$）							
	$\widehat{CE}_{v,-k}$	$\hat{N}_{v,e,-k}$	$\hat{N}_{v,n,-k}$	$\hat{N}_{v,o,-k}$	$\hat{N}_{v,i,-k}$	$\hat{M}_{v,n,-k}$	$\hat{M}_{v,o,-k}$	$\widehat{DSE}_{v,-k}$（万）
38	7754954	7902741	7715492	242664	228313	7670932	213071	760.57
39	7750694	7900611	7713362	242664	226183	7668802	213071	760.34
40	7746434	7895641	7710522	242664	226893	7662412	213071	760.75
41	7746434	7895641	7710522	242664	226893	7662412	213071	760.75
42	7789034	7938241	7742472	242664	226893	7705012	213071	759.77
43	7746434	7895641	7710522	242664	226893	7662412	213071	760.75
44	7703834	7853041	7678572	242664	226893	7619812	213071	761.74
45	7746434	7895641	7710522	242664	226893	7662412	213071	760.75
46	7740044	7890671	7702712	242664	226893	7657442	213071	760.33
47	7740044	7890671	7702712	242664	226893	7657442	213071	760.33
48	7737204	7887831	7697032	242664	226893	7654602	213071	760.06
49	7742884	7893511	7708392	242664	226893	7660282	213071	760.61
50	7740044	7890671	7702712	242664	226893	7657442	213071	760.33
51	7744044	7893874	7707630	243393	226706	7661021	213073	760.60
52	7746240	7896110	7709866	241157	226706	7663257	213073	760.42
53	7745122	7894992	7708748	242275	226706	7662139	213073	760.51
54	7745122	7894992	7708748	242275	226706	7662139	213073	760.51
55	7745122	7894992	7708748	242275	226706	7662139	213073	760.51
56	7745122	7894992	7708748	242275	226706	7662139	213073	760.51
57	7745122	7894992	7708748	242275	226706	7662139	213073	760.51
58	7745122	7894992	7708748	242275	226706	7662139	213073	760.51
59	7745681	7895551	7708748	242834	226706	7662698	213073	760.50
60	7745681	7895551	7708748	242834	226706	7662698	213073	760.50
61	7745681	7895551	7708748	242834	226706	7662698	213073	760.50
62	7745681	7895551	7708748	242834	226706	7662698	213073	760.50
63	7745681	7895551	7708748	242834	226706	7662698	213073	760.50
64	7742327	7892197	7707071	242834	226706	7659344	213073	760.66
65	7749035	7898905	7710425	242834	226706	7666052	213073	760.34
66	7745681	7895551	7708748	242834	226706	7662698	213073	760.50
67	7745681	7895551	7708748	242834	226706	7662698	213073	760.50
68	7745681	7895551	7708748	242834	226706	7662698	213073	760.50
69	7747917	7897787	7709866	242834	226706	7662698	213073	760.61

切掉的随机组 k	切掉随机组 k 后的切断后复制值（下面各栏一律 $v=1$）							
	$\widehat{CE}_{v,-k}$	$\hat{N}_{v,e,-k}$	$\hat{N}_{v,n,-k}$	$\hat{N}_{v,o,-k}$	$\hat{N}_{v,i,-k}$	$\hat{M}_{v,n,-k}$	$\hat{M}_{v,o,-k}$	$\widehat{DSE}_{v,-k}$（万）
70	7743445	7893315	7707630	242834	226706	7662698	213073	760.39
71	7744398	7895440	7707634	243539	226700	7662005	213067	760.40
72	7744398	7895440	7707634	243539	226700	7662005	213067	760.40
73	7738530	7889572	7701766	243539	226700	7650269	213067	760.96
74	7750266	7901308	7713502	243539	226700	7673741	213067	759.84
75	7744398	7895440	7707634	243539	226700	7662005	213067	760.40
76	7744887	7894951	7708123	242561	226700	7662005	213067	760.46
77	7813347	7970257	7776583	249407	226700	7744157	213067	759.09
78	7690119	7826491	7653355	249407	226700	7600391	213067	762.94
79	7731195	7888105	7694431	228869	226700	7641467	213067	759.30
80	7744887	7894951	7708123	242561	226700	7662005	213067	760.46
81	7747332	7895440	7710568	242072	226700	7663472	213067	760.71
82	7747332	7895440	7710568	242072	226700	7663472	213067	760.71
83	7741464	7889572	7704700	247940	226700	7657604	213067	761.16
84	7741464	7889572	7704700	247940	226700	7657604	213067	761.16
85	7747332	7895440	7710568	242072	226700	7663472	213067	760.71
86	7747573	7896765	7712243	242661	226988	7665787	213068	760.59
87	7743262	7892454	7703621	242661	226988	7657165	213068	760.59
88	7745380	7894569	7707893	242660	226987	7661437	213067	760.59
89	7745380	7894569	7707893	242660	226987	7661437	213067	760.59
90	7747687	7896169	7710206	242664	226272	7663750	213071	760.66
91	7747687	7896169	7710206	242664	226272	7663750	213071	760.66
92	7740538	7885431	7706651	242665	222681	7660195	213072	760.95
93	7754908	7906986	7713836	242665	229866	7667380	213072	760.36
94	7696135	7839605	7656506	241232	224124	7610050	211639	761.09
95	7696135	7839605	7656506	241232	224124	7610050	211639	761.09
96	7742891	7894974	7707567	242670	226997	7661827	213077	760.24
97	7739859	7891938	7704535	242666	226993	7655923	213073	760.52
98	7742891	7894974	7707567	242670	2226997	7661827	213077	760.24
99	7742891	7894974	7707567	242670	226997	7661827	213077	760.24
100	7854899	8009854	7819575	245542	229869	7770963	215949	760.35

表 9 - 18　　　　0—14 岁男性及女性（$v=1$）事后层实际人数
双系统估计量方差计算

$$\widehat{DSE}_v = 760.50 \text{ 万}$$

k	h	i	n_h	$\widehat{DSE}_{v,-k}^{(hi)}$	$\left(\widehat{DSE}_{v,-k}^{(hi)} - \widehat{DSE}_v\right)^2$	$\frac{n_h-1}{n_h}\left(\widehat{DSE}_{v,-k}^{(hi)} - \widehat{DSE}_v\right)^2$
1		1		760.58	0.0064	0.00576
2		2		760.68	0.0324	0.02916
3		3		760.48	0.0004	0.00036
4		4		760.46	0.0016	0.00144
5	1	5	10	760.58	0.0064	0.00576
6		6		760.56	0.0036	0.00324
7		7		760.23	0.0729	0.06561
8		8		760.48	0.0004	0.00036
9		9		760.17	0.1089	0.09801
10		10		760.79	0.0841	0.07569
11		1		760.53	0.0009	0.00086
12		2		761.15	0.4225	0.40560
13		3		760.53	0.0009	0.00086
14		4		759.92	0.3364	0.32294
15		5		760.53	0.0009	0.00086
16		6		760.47	0.0009	0.00086
17		7		760.47	0.0009	0.00086
18		8		761.38	0.7744	0.74342
19		9		760.47	0.0009	0.00086
20		10		760.47	0.0009	0.00086
21		11		760.18	0.1024	0.09830
22		12		760.47	0.0009	0.00086
23	2	13	25	760.12	0.1444	0.13862
24		14		760.47	0.0009	0.00086
25		15		760.19	0.0961	0.09226
26		16		760.47	0.0009	0.00086
27		17		760.47	0.0009	0.00086
28		18		760.47	0.0009	0.00086
29		19		760.47	0.0009	0.00086
30		20		760.47	0.0009	0.00086
31		21		760.56	0.0036	0.00346
32		22		760.56	0.0036	0.00346
33		23		760.56	0.0036	0.00346
34		24		761.09	0.3481	0.33418
35		25		760.02	0.2304	0.22118

k	h	i	n_h	$\widehat{DSE}_{v,-k}^{(hi)}$	$(\widehat{DSE}_{v,-k}^{(hi)} - \widehat{DSE}_v)^2$	$\dfrac{n_h-1}{n_h}(\widehat{DSE}_{v,-k}^{(hi)} - \widehat{DSE}_v)^2$
36		1		760.34	0.0256	0.02389
37		2		760.10	0.1600	0.14933
38		3		760.57	0.0049	0.00457
39		4		760.34	0.0256	0.02389
40		5		760.75	0.0625	0.05833
41		6		760.75	0.0625	0.05833
42		7		759.77	0.5329	0.49737
43	3	8	15	760.75	0.0625	0.05833
44		9		761.74	1.5376	1.43509
45		10		760.75	0.0625	0.05833
46		11		760.33	0.0289	0.02697
47		12		760.33	0.0289	0.02697
48		13		760.06	0.1936	0.18069
49		14		760.61	0.0121	0.01129
50		15		760.33	0.0289	0.02697
51		1		760.60	0.0100	0.00900
52		2		760.42	0.0064	0.00576
53		3		760.51	0.0001	0.00009
54		4		760.51	0.0001	0.00009
55	4	5	10	760.51	0.0001	0.00009
56		6		760.51	0.0001	0.00009
57		7		760.51	0.0001	0.00009
58		8		760.51	0.0001	0.00009
59		9		760.50	0.0000	0.00000
60		10		760.50	0.0000	0.00000
61		1		760.50	0.0000	0.00000
62		2		760.50	0.0000	0.00000
63		3		760.50	0.0000	0.00000
64		4		760.66	0.0256	0.02458
65	5	5	25	760.34	0.0256	0.02458
66		6		760.50	0.0000	0.00000
67		7		760.50	0.0000	0.00000
68		8		760.50	0.0000	0.00000
69		9		760.61	0.0121	0.01161
70		10		760.39	0.0121	0.01161

k	h	i	n_h	$\widehat{DSE}_{v,-k}^{(hi)}$	$(\widehat{DSE}_{v,-k}^{(hi)}-\widehat{DSE}_v)^2$	$\dfrac{n_h-1}{n_h}(\widehat{DSE}_{v,-k}^{(hi)}-\widehat{DSE}_v)^2$
71		11		760.40	0.0100	0.00960
72		12		760.40	0.0100	0.00960
73		13		760.96	0.2116	0.20314
74		14		759.84	0.4356	0.41818
75		15		760.40	0.0100	0.00960
76		16		760.46	0.0016	0.00154
77		17		759.09	1.9881	1.90858
78	5	18	25	762.94	5.9536	5.71546
79		19		759.30	1.4400	1.38240
80		20		760.46	0.0016	0.00154
81		21		760.71	0.0441	0.04234
82		22		760.71	0.0441	0.04234
83		23		761.16	0.4356	0.41818
84		24		761.16	0.4356	0.41818
85		25		760.71	0.0441	0.04234
86		1		760.59	0.0081	0.00756
87		2		760.59	0.0081	0.00756
88		3		760.59	0.0081	0.00756
89		4		760.59	0.0081	0.00756
90		5		760.66	0.0256	0.02389
91		6		760.66	0.0256	0.02389
92		7		760.95	0.2025	0.01890
93	6	8	15	760.36	0.0196	0.01829
94		9		761.09	0.3481	0.32489
95		10		761.09	0.3481	0.32489
96		11		760.24	0.0676	0.06309
97		12		760.52	0.0004	0.00037
98		13		760.24	0.0676	0.06309
99		14		760.24	0.0676	0.06309
100		15		760.35	0.0225	0.02100
合计		—	—	—	—	16.99099

我们用表 9 – 19 来完成式（9.8）的计算。在表 9 – 19 中，我们把 $v=1$ 事后层记作 v 事后层，把 $v=2$ 事后层记作 v' 事后层。表 9 – 19 的合计数便是式（9.8）的计算结果。

二　全省实际人数估计量的方差估计

本题的任务是要估计表 9 – 12 第 3 列合计数所表示的估计量的方差。我们知道，表 9 – 12 第 3 列的各个加项是在各个事后层构造的双系统估计量，而这些加项的合计则是基于各个事后层的双系统估计量所得到的总体（这里是省）估计量。

我们在前文用表 9 – 18 计算了 $v=1$ 事后层的实际人数估计量的方差，用表 9 – 19 计算了这种估计量 $v=1$ 事后层与 $v=2$ 事后层之间的协方差。仿照表 9 – 18 可以同样计算其他四个事后层的方差，仿照表 9 – 19 可以同样计算其他九对事后层之间的协方差。

表 9 – 19　　0—14 岁男性及女性（$v=1$）事后层和 15—59 岁男性

（$v=2$）事后层实际人数双系统估计量之间刀切法协方差计算

$$\widehat{DSE}_v = 760.50 \text{ 万} \quad \widehat{DSE}_{v'} = 1737.41 \text{ 万}$$

k	h	i	n_h	$\widehat{DSE}_{v,-k}^{(hi)}$	$\widehat{DSE}_{v',-k}^{(hi)}$	$(\widehat{DSE}_{v,-k}^{(hi)} - \widehat{DSE}_v)$ $(\widehat{DSE}_{v',-k}^{(hi)} - \widehat{DSE}_{v'})$	$\dfrac{n_h-1}{n_h}(\widehat{DSE}_{v,-k}^{(hi)} - \widehat{DSE}_v)$ $(\widehat{DSE}_{v',-k}^{(hi)} - \widehat{DSE}_{v'})$
1	1	1	10	760.58	1737.49	0.0064	0.00576
2	1	2	10	760.68	1737.50	0.01620	0.01458
3	1	3	10	760.48	1737.48	− 0.00140	− 0.00126
4	1	4	10	760.46	1737.29	0.00480	0.00432
5	1	5	10	760.58	1737.43	0.00160	0.00144
6	1	6	10	760.56	1737.41	0.00000	0.00000
7	1	7	10	760.23	1737.04	0.09990	0.08991
8	1	8	10	760.48	1737.48	− 0.00140	− 0.00126
9	1	9	10	760.17	1737.74	− 0.10890	− 0.09801
10	1	10	10	760.79	1737.23	− 0.05220	− 0.04698
11	2	1	25	760.53	1737.47	0.00180	0.00173
12	2	2	25	761.15	1738.16	0.48750	0.46800
13	2	3	25	760.53	1737.47	0.00180	0.00173
14	2	4	25	759.92	1736.80	0.35380	0.33965

续表

k	h	i	n_h	$\widehat{DSE}_{v,-k}^{(hi)}$	$\widehat{DSE}_{v',-k}^{(hi)}$	$\left(\widehat{DSE}_{v,-k}^{(hi)} - \widehat{DSE}_v\right)$ $\left(\widehat{DSE}_{v',-k}^{(hi)} - \widehat{DSE}_{v'}\right)$	$\dfrac{n_h-1}{n_h}\left(\widehat{DSE}_{v,-k}^{(hi)} - \widehat{DSE}_v\right)$ $\left(\widehat{DSE}_{v',-k}^{(hi)} - \widehat{DSE}_{v'}\right)$
15	2	5	25	760. 53	1737. 47	0.00180	0.00173
16	2	6	25	760. 47	1737. 44	− 0.00090	− 0.00086
17	2	7	25	760. 47	1737. 44	− 0.00090	− 0.00086
18	2	8	25	761. 38	1737. 19	− 0.19360	− 0.18586
19	2	9	25	760. 47	1737. 44	− 0.00090	− 0.00086
20	2	10	25	760. 47	1737. 44	− 0.00090	− 0.00086
21	2	11	25	760. 18	1737. 06	0.11200	0.10752
22	2	12	25	760. 47	1737. 44	− 0.00090	− 0.00086
23	2	13	25	760. 12	1738. 45	− 0.39520	− 0.37939
24	2	14	25	760. 47	1737. 44	− 0.00090	− 0.00086
25	2	15	25	760. 19	1737. 02	0.10540	0.10118
26	2	16	25	760. 47	1737. 44	− 0.00090	− 0.00086
27	2	17	25	760. 47	1737. 44	− 0.00090	− 0.00086
28	2	18	25	760. 47	1737. 44	− 0.00090	− 0.00086
29	2	19	25	760. 47	1737. 44	− 0.00090	− 0.00086
30	2	20	25	760. 47	1737. 44	− 0.00090	− 0.00086
31	2	21	25	760. 56	1737. 27	− 0.00840	− 0.00806
32	2	22	25	760. 56	1737. 27	− 0.00840	− 0.00806
33	2	23	25	760. 56	1737. 27	− 0.00840	− 0.00806
34	2	24	25	761. 09	1737. 72	0.18290	0.17558
35	2	25	25	760. 02	1736. 76	0.31200	0.29952
36	3	1	15	760. 34	1737. 38	0.00480	0.00448
37	3	2	15	760. 10	1736. 89	0.20800	0.19413
38	3	3	15	760. 57	1737. 87	0.03220	0.03005
39	3	4	15	760. 34	1737. 38	0.00480	0.00448
40	3	5	15	760. 75	1737. 42	0.00250	0.00233
41	3	6	15	760. 75	1737. 42	0.00250	0.00233
42	3	7	15	759. 77	1737. 31	0.07300	0.06813
43	3	8	15	760. 75	1737. 42	0.00250	0.00233
44	3	9	15	761. 74	1737. 53	0.14880	0.13888

续表

k	h	i	n_h	$\widehat{DSE}^{(hi)}_{v,-k}$	$\widehat{DSE}^{(hi)}_{v',-k}$	$(\widehat{DSE}^{(hi)}_{v,-k}-\widehat{DSE}_v)$ $(\widehat{DSE}^{(hi)}_{v',-k}-\widehat{DSE}_{v'})$	$\dfrac{n_h-1}{n_h}(\widehat{DSE}^{(hi)}_{v,-k}-\widehat{DSE}_v)$ $(\widehat{DSE}^{(hi)}_{v',-k}-\widehat{DSE}_{v'})$
45	3	10	15	760.75	1737.42	0.00250	0.00233
46	3	11	15	760.33	1737.42	− 0.00170	− 0.00159
47	3	12	15	760.33	1737.42	− 0.00170	− 0.00159
48	3	13	15	760.06	1738.01	− 0.26400	− 0.24640
49	3	14	15	760.61	1736.82	− 0.06490	− 0.06057
50	3	15	15	760.33	1737.42	− 0.00170	− 0.00159
51	4	1	10	760.60	1737.53	0.01200	0.01080
52	4	2	10	760.42	1737.56	− 0.01200	− 0.01080
53	4	3	10	760.51	1737.55	0.00140	0.00126
54	4	4	10	760.51	1737.55	0.00140	0.00126
55	4	5	10	760.51	1737.55	0.00140	0.00126
56	4	6	10	760.51	1737.55	0.00140	0.00126
57	4	7	10	760.51	1737.55	0.00140	0.00126
58	4	8	10	760.51	1737.55	0.00140	0.00126
59	4	9	10	760.50	1737.30	0.00000	0.00000
60	4	10	10	760.50	1737.30	0.00000	0.00000
61	5	1	25	760.50	1737.30	0.00000	0.00000
62	5	2	25	760.50	1737.30	0.00000	0.00000
63	5	3	25	760.50	1737.30	0.00000	0.00000
64	5	4	25	760.66	1736.99	− 0.06720	− 0.06451
65	5	5	25	760.34	1737.61	− 0.03200	− 0.03072
66	5	6	25	760.50	1737.30	0.00000	0.00000
67	5	7	25	760.50	1737.30	0.00000	0.00000
68	5	8	25	760.50	1737.41	0.00000	0.00000
69	5	9	25	760.61	1737.66	0.02750	0.02640
70	5	10	25	760.39	1737.17	0.02640	0.02534
71	5	11	25	760.40	1737.18	0.02300	0.02208
72	5	12	25	760.40	1737.18	0.02300	0.02208
73	5	13	25	760.96	1737.78	0.17020	0.16339
74	5	14	25	759.84	1736.57	0.55440	0.53222

续表

k	h	i	n_h	$\widehat{DSE}_{v,-k}^{(hi)}$	$\widehat{DSE}_{v',-k}^{(hi)}$	$\left(\widehat{DSE}_{v,-k}^{(hi)} - \widehat{DSE}_v\right)$ $\left(\widehat{DSE}_{v',-k}^{(hi)} - \widehat{DSE}_{v'}\right)$	$\dfrac{n_h-1}{n_h}\left(\widehat{DSE}_{v,-k}^{(hi)} - \widehat{DSE}_v\right)$ $\left(\widehat{DSE}_{v',-k}^{(hi)} - \widehat{DSE}_{v'}\right)$
75	5	15	25	760.40	1737.18	0.02300	0.02208
76	5	16	25	760.46	1737.58	− 0.00680	− 0.00653
77	5	17	25	759.09	1739.31	− 2.67900	− 2.57184
78	5	18	25	762.94	1735.67	− 4.24560	− 4.07578
79	5	19	25	759.30	1737.70	− 0.34800	− 0.33408
80	5	20	25	760.46	1737.58	− 0.00680	− 0.00653
81	5	21	25	760.71	1737.14	− 0.05670	− 0.05443
82	5	22	25	760.71	1737.14	− 0.05670	− 0.05443
83	5	23	25	761.16	1736.71	− 0.46200	− 0.44352
84	5	24	25	761.16	1737.56	0.09900	0.09504
85	5	25	25	760.71	1737.14	− 0.05670	− 0.05443
86	6	1	15	760.59	1737.52	0.00990	0.00924
87	6	2	15	760.59	1737.54	0.01170	0.01092
88	6	3	15	760.59	1737.53	0.01080	0.01008
89	6	4	15	760.59	1737.53	0.01080	0.01008
90	6	5	15	760.66	1737.30	− 0.01760	− 0.01643
91	6	6	15	760.66	1737.30	− 0.01760	− 0.01643
92	6	7	15	760.95	1736.91	− 0.22500	− 0.2100
93	6	8	15	760.36	1737.69	− 0.03920	− 0.03659
94	6	9	15	761.09	1737.16	− 0.14750	− 0.13767
95	6	10	15	761.09	1737.16	− 0.14750	− 0.13767
96	6	11	15	760.24	1737.45	− 0.01040	− 0.00971
97	6	12	15	760.52	1738.29	0.01760	0.01643
98	6	13	15	760.24	1737.45	− 0.01040	− 0.00971
99	6	14	15	760.24	1737.45	− 0.01040	− 0.00971
100	6	15	15	760.35	1737.84	− 0.06450	− 0.0602
合计			—	—	—	—	− 6.3600

用所有上述这些方差、协方差，可以计算全省实际人数估计量的方差。其计算公式为：

$$v(\text{省}) = v\left(\sum_{v=1}^{5} \widehat{DSE}_v\right) = \sum_{v=1}^{5} v(\widehat{DSE}_v) + 2\sum_{v=1}^{4}\sum_{v'>v} \mathrm{cov}(\widehat{DSE}_v, \widehat{DSE}_{v'})$$

$$(9.9)$$

我们用表 9 - 20 来完成式（9.9）的计算。表 9 - 20 的合计数便是使用式（9.9）计算的结果。

表 9 - 20　　　　　　　　　全省实际人数估计量的方差计算

		v'					合计
		1	2	3	4	5	
v	1	17.75	-6.36	-10.74	-6.78	-6.50	-12.63
	2	-6.36	14.32	18.19	1.42	1.56	29.13
	3	-10.74	18.19	36.20	-10.75	6.43	39.33
	4	-6.78	1.42	-10.75	17.19	10.82	11.90
	5	-6.50	1.56	6.43	10.82	14.55	26.86
合计		-12.63	29.13	39.33	11.90	26.86	94.59

注：$v = v'$ 各组格数字是 v 层实际人数双系统估计量的方差，$v \neq v'$ 各组格数字是 v 层实际人数双系统估计量与 v' 层实际人数双系统估计量之间的协方差。

从表 9 - 20 的合计数看到，全省实际人数估计量的方差是 94.59。

第十章 中国人口普查
事后质量抽查

自 1982 年起，中国开始利用事后质量抽查对人口普查数据质量进行评估。经过不断的努力、改进与完善，已经初步形成了比较完整的事后质量抽查理论与实践评估体系。

本章共分三节。第一节是 2000 年中国人口普查事后质量抽查；第二节是 2010 年中国人口普查事后质量抽查；第三节是中国人口普查事后质量抽查实施细则。

第一节　2000 年中国人口普查事后质量抽查

本节介绍中国在 2000 年人口普查后是怎样进行事后质量抽查的，它的工作目标、工作过程、调查结果和对评估结果的使用。

2000 年 11 月，我国进行了第五次全国人口普查。为评估全国人口普查登记质量，在距普查标准时点 25 天的 11 月 25 日进行事后质量抽查，对抽查小区的现有人口进行登记。2000 年全国人口普查登记对象为常住人口。与以往相比，2000 年的事后质量抽查，在理论和方法以及可操作性上更加科学和严密，评估技术也有很大改进。

这项调查在国务院人口普查办公室统一组织指导下，由省级人口普查办公室负责具体实施，成立事后质量抽查指导组，培训抽查人员。每个抽中调查小区设一个抽查组，每组由指导员 1 人和抽查员 3—4 人组成，负责抽中调查小区的抽查工作。参加事后质量抽查的人员是从各级人口普查机构中挑选的责任心强、熟悉普查业务的人。为确保普查与事后质量抽查的独立性，事后质量抽查人员不得是抽中调查小区所在县、市、区的工作人员。

这次事后质量抽查目标是估计覆盖误差和内容误差。具体地说，估计常住人口多报率、常住人口少报率和常住人口漏报率；出生人口多报率、出生人口少报率和出生人口漏报率；年龄差错率和性别差错率。

一　抽样设计

2000 年事后质量抽查与 1982 年、1990 年相比，在抽样设计方面主要有两项改进：一是采用一阶段整群分层抽样；二是由国家直接抽取各省的调查小区以确保样本的随机性。

首先编制抽样框。抽样框为人口普查地址码库。普查登记前已经建立的人口普查地址码库，不仅包括省级（省、自治区、直辖市）、地级（地区、地级市、州、盟）、县级（县、区、县级市、旗）、乡级（乡、镇、街道）、普查区、调查小区六级的地址名称和地址代码，而且还具备城乡划分的乡级属性和普查区属性。结合地址代码和乡级、普查区属性，可将城乡划分出来。

其次进行分层。将全国 31 个省（自治区、直辖市）按总人口的多少分为四层：2600 万人口以下省层；2600 万—5000 万人省层；5000 万人以上省层；西藏（单独一层）。在每个省（自治区、直辖市），按城乡再分层。

再次确定样本总量并进行分配。全国共抽取 601 个县的 602 个调查小区，抽样比例为 0.131‰，涉及 45952 户常住人口 157085 人、暂住人口 5855 人。这 602 个调查小区分布在 601 个县级单位，占全国 2869 个县级单位的 21%。在每一层等量分配样本，即同一层的省，均分配相同的样本量。其中，2600 万人口以下省层，各抽 10 个调查小区；2600 万—5000 万人省层，各抽取 20 个调查小区；5000 万人以上的省层，各抽取 30 个调查小区；西藏城乡各抽取 1 个调查小区。

最后是抽取样本。在每一层，采取一阶段整群等距方式抽取调查小区样本。为了保证样本在全国分布的随机性，由国务院人口普查办公室直接抽取各省的调查小区。

抽样结果见表 10 - 1 和表 10 - 2。

表 10 - 1　　　　　**2000 年全国人口普查事后质量抽查各省抽查的调查小区数**　　　　单位：个

地区	调查小区数	地区	调查小区数
全国	602	贵州	20
西藏	2	黑龙江	20

地区	调查小区数	地区	调查小区数
青海	10	辽宁	20
宁夏	10	云南	20
海南	10	江西	20
天津	10	浙江	20
北京	10	广西	20
上海	10	湖北	30
新疆	10	安徽	30
内蒙古	10	湖南	30
甘肃	10	河北	30
吉林	20	江苏	30
重庆	20	广东	30
山西	20	四川	30
福建	20	山东	30
陕西	20	河南	30

表 10 – 2　　　2000 年事后质量抽查各省（自治区、直辖市）抽取县级单位比例和抽样比例

地区	县级单位比例（%）	抽样比例（‰）	地区	县级单位比例（%）	抽样比例（‰）
全国	21	1.5	浙江	23	1.3
天津	56	3.1	山东	22	1.0
北京	56	2.4	江西	20	1.4
海南	50	3.9	辽宁	20	1.4
上海	50	2.0	河南	19	1.0
重庆	50	2.0	陕西	19	1.7
宁夏	42	5.5	广西	18	1.3
吉林	33	2.3	河北	17	1.4
湖北	30	1.5	山西	17	1.9
安徽	28	1.4	四川	17	1.1
江苏	28	1.2	云南	16	1.4

续表

地区	县级单位 比例（%）	抽样比例 （‰）	地区	县级单位 比例（%）	抽样比例 （‰）
湖南	25	1.4	黑龙江	15	1.6
广东	25	1.2	甘肃	12	1.2
福建	24	1.8	新疆	10	1.7
青海	23	5.9	内蒙古	10	1.3
贵州	23	1.6	西藏	3	2.3

二　数据采集及处理

事后质量抽查范围为样本调查小区的完整地域。抽查对象包括两部分人：一是普查时应在该调查小区登记的人，包括普查时常住本调查小区、抽查时已离开或死亡的人，为常住人口；二是普查登记时不属于本调查小区的登记对象，但抽查前一天晚上在本调查小区过夜、抽查时尚未离开的人，称为暂住人口。但 11 月 1 日零时以后出生的人口不登记，现役军人也不登记。

2000 年 11 月 25 日开始抽查登记，在两天内登记完毕。全部采用入户访问方式。凡可能有人停留过夜的地方都要查看。

每个抽查范围内的人均要填写"2000 年全国人口普查事后质量抽查常住人口表"（以下简称常住人口表）和"2000 年全国人口普查事后质量抽查暂住人口表"（以下简称暂住人口表）（见附表 2 和附表 4）。其中，常住人口填写常住人口表，包括姓名、性别、出生年月和本户 1999 年 11 月 1 日至 2000 年 10 月 31 日死亡人口；暂住人口填写暂住人口表，包括姓名、性别、出生年月、是否已普查登记和 2000 年 11 月 1 日常住地。如果答复为"在普查中登记过"，就填写"2000 年 11 月 1 日常住地"，且务必填写清楚。各抽查项目，以 2000 年 11 月 1 日零时为标准时间。

在填写常住人口表时，务必准确查清常住人数、出生人数、死亡人数。对出生人口、死亡人口，除入户登记外，还应通过向邻居调查、召开熟悉情况人员小型座谈会、向妇幼保健部门了解情况等方法或其他有效办法，尽量把他们登记准确。这对评估普查数据质量至关重要，因为出生人口、死亡人口是影响普查数据质量的关键人口。

对常住人口表中的人记录，逐项与同一样本调查小区的人口普查表中个人记录进行比对。在此基础上，完成"2000 年全国人口普查事后质量抽查常住人口汇总表"（以下简称常住人口汇总表）（见附表 3）的填写。常住人口汇总表提供在普查中登记但未在事后质量抽查中登记的人数、未在普查中登记但在事后质量抽查中登记的人数、同时在这两项调查中登记的人数。国务院人口普查办公室汇总各省上报的这些数据和其他有关数据。根据汇总结果和估计方法，估计全国人口普查登记阶段的人口漏登率、重登率、性别差错率和年龄差错率。

对暂住人口表中的人记录，如果某人答复"在普查中登记过"，就先通过查询方式获悉其"2000 年 11 月 1 日常住地"，根据他或她回答的"2000 年 11 月 1 日常住地"的具体地址，由省级人口普查办公室统一组织，利用电话（传真、网络）了解他或她在原普查登记地的普查登记情况；然后与这个人的人口抽查表中的记录进行比对。根据比对结果，便可以估计暂住人口在人口普查登记中的重登率和漏登率。

三 覆盖误差与内容误差估计

（一）各省覆盖误差和内容误差估计

2000 年事后质量抽查对总人口登记质量的估计采用常住人口和暂住人口相结合的方法。暂住人口的漏报，在实际中可能要远远大于常住人口的漏报，暂住人口也就是其他地方的常住人口。对全国范围来讲，无论是常住人口，还是暂住人口，都是普查的登记对象。因此，事后质量抽查实际调查的是现有人口。常住地在本省的暂住人口的漏报，也就是本省的常住人口的漏报。常住地在外省的暂住人口的漏报，可以反映出外省常住人口的漏报情况。下面分别写出常住人口、出生人口及死亡人口的全省覆盖误差以及内容误差。

覆盖误差的具体估计方法有两种：一是以事后质量抽查人数为准；二是以双系统估计量估计的人数为准。

1. 以事后质量抽查人数为准

$$常住人口多报率 = \frac{n_{10}}{n_{11} + n_{01}} \tag{10.1}$$

$$常住人口漏报率 = \frac{n_{01}}{n_{11} + n_{01}} \tag{10.2}$$

$$常住人口净误差率 = \frac{n_{01}}{n_{11} + n_{01}} - \frac{n_{10}}{n_{11} + n_{01}} \qquad (10.3)$$

式（10.1）、式（10.2）、式（10.3）中，n_{10} 为全省所有样本调查小区在人口普查中登记但未在事后质量抽查中登记的常住人数；n_{01} 为全省所有样本调查小区在事后质量抽查中登记但未在人口普查中登记的常住人数；n_{11} 为全省所有样本调查小区同时在人口普查和事后质量抽查中登记的常住人数。

$$出生人口多报率 = \frac{m_{10}}{m_{11} + m_{01}} \qquad (10.4)$$

$$出生人口漏报率 = \frac{m_{01}}{m_{11} + m_{01}} \qquad (10.5)$$

$$出生人口净漏报率 = \frac{m_{01}}{m_{11} + m_{01}} - \frac{m_{10}}{m_{11} + m_{01}} \qquad (10.6)$$

式（10.4）、式（10.5）、式（10.6）中，m_{10} 为全省所有样本调查小区在人口普查中登记但未在事后质量抽查中登记的出生人数；m_{01} 为全省所有样本调查小区在事后质量抽查中登记但未在人口普查中登记的出生人数；m_{11} 为全省所有样本调查小区同时在人口普查和事后质量抽查中登记的出生人数。

关于死亡人口的人口普查多报率、漏报率及净误差率计算，仿照式（10.4）、式（10.5）、式（10.6）写出，只需要将其中的出生人数换成死亡人数即可。

2. 以双系统估计量估计的人数为准

由于双系统估计量只能估计人口普查净误差，因此这里写出常住人口、出生人口及死亡人口的人口普查净误差率。

$$常住人口的普查净误差率 = 1 - \frac{n_{11} + n_{10}}{DSE} \qquad (10.7)$$

$$出生人口的普查净误差率 = 1 - \frac{m_{11} + m_{10}}{DSE} \qquad (10.8)$$

$$死亡人口的普查净误差率 = 1 - \frac{l_{11} + l_{10}}{DSE} \qquad (10.9)$$

式（10.9）中，l_{11} 为所有样本调查小区在人口普查及其质量评估调查中登记的死亡人数，l_{10} 为所有样本调查小区在人口普查中登记但未在质量评估调查中登记的死亡人数。

常住人数的双系统估计量：

$$DSE = n_{11} + n_{10} + n_{01} + \frac{n_{10} \times n_{01}}{n_{11}} \tag{10.10}$$

同理，可以分别写出出生人口与死亡人口的双系统估计量。

需要说明的是，式（10.10）估计的是全省所有样本调查小区本身的常住人数，而不是全省，也不是全国的常住人数。

3. 内容误差估计

内容误差（年龄差错率和性别差错率）以事后质量抽查为准进行估计。这种方法计算的结果，实际上是事后质量抽查与人口普查一致的人口中性别和年龄不一致的比例。人口普查年龄和性别准确性的检验可用人口学上的各年龄性别比例以及年龄构成、韦伯指数、玛叶指数、联合国综合指标法等多种指标来检验。基于事后质量抽查有关指标计算的人口普查性别差错率和年龄差错率如下：

$$性别差错率 = \frac{\sum x_i}{\sum y_i} \tag{10.11}$$

$$年龄差错率 = \frac{\sum z_i}{\sum y_i} \tag{10.12}$$

其中，x_i 为第 i 样本调查小区性别差错人数，y_i 为第 i 样本调查小区同时在人口普查和事后质量抽查中登记的人数，z_i 为第 i 样本调查小区年龄差错人数。

（二）全国覆盖误差和内容误差估计

严格来讲，对事后质量抽查要进行加权汇总。各省按（分层）随机等距抽样原则进行的抽样，得到的样本是一个按省级总人口自加权的样本，即总体总量（或均值）的一个估计量可以表达为样本观测值（或平均数）的常数倍。因此，各种指标的计算可直接由样本数据得到。全国汇总数据采用各省调查的原始记录数据，按各省抽样比例还原为全国同一调查比例的方法汇总。但按单一指标加权推算总体的一些其他数量特征时，如果一些重要指标，例如城乡人口的分布出现较大偏差时，不仅不能反映总体，而且对其他调查指标也有影响。因此，按各省总人口、全国城镇人口对抽样数据进行加权，加权后的数据将改变样本的分配。

对于全国事后质量抽样调查，调查的各省样本量为 n_i，按各省总人口的权数 $w_i = f_{nation}/f_i$（$i = 1$，2，…，31）加权，权数与概率成反比例，其中，f_{nation} 为全国抽样比例，f_i 为各省抽样比例，样本量在各省将按等比例重新分配，省级样本量变为 $n_i \times w_i$，发生了相应的变化，重新分配的样本抽样比例均相等。再将第一次加权后的全国数据，按全国已知的总体城镇人口和农村人口对首次加权后的数据进行二次加权，便可以得到不同的样本估计。城镇和农村权数分别为：

$$w_{town} = \frac{f_{nation}}{f_{town}} \tag{10.13}$$

$$w_{countryside} = \frac{f_{nation}}{f_{countryside}} \tag{10.14}$$

四 对 2000 年事后质量抽查评价

相比于 1982 年、1990 年事后质量抽查，2000 年事后质量抽查的改进主要体现在三个方面：

第一，在抽样方面，采用一阶段整群抽样，直接抽取各省的调查小区。调查小区的分布面扩大了，抽查的调查小区均分布在 601 个不同的县级单位，初级抽样单元县的个数多于以往，分布面广，代表性好，抽样设计的变异系数低于以往；由国务院人口普查办公室直接抽取各省的调查小区，保证了样本的随机分布。三次人口普查事后质量抽查样本比较见表 10 - 3。

表 10 - 3　　　　我国三次人口普查事后质量抽查样本比较

年份	抽中县（个）	调查小区（个）	户（户）	样本量（人）
1982	245	972	43570	187362
1990	198	591	43527	173409
2000	601	602	45952	162940

注：1982 年调查小区为生产小队和居民小组。

第二，在调查方面，调查表进一步简化。调查表分为常住人口表和暂住人口表。与 1990 年相比，项目虽一致，但是表的形式却简化了很多，易于操作；汇总表与以往相比也简化了许多。对抽查的常住人口与原普查表比较后，发现不一致的，不再要求入户核实。对暂住人口的普查登记状况由县级人口普查办公室核对普查表，利用电话（传真、网络）进行查询。这是与以往在调查方面的明显区别。

第三，在组织方面，最大的特点就是要求抽查人员异县调查，即要求被抽调参加事后质量抽查者，不得是抽中调查小区所在县、市、区的工作人员。而在 1990 年要求被抽调参加事后质量抽查者，只是不得在原来参加过普查的调查小区内进行质量抽查工作。因此，在人员组织方面更加严密了。

人口普查覆盖误差是客观存在的，其估计值是通过科学的手段、严密的操作得出的。这次事后质量抽查，采用计算机随机抽样和普查员异地调查的方法进行，在全国抽取 602 个调查小区 16 万人口，抽中调查小区分布比较均匀。依据样本推算的全国净漏报率为 1.81%，净漏报了 2000 多万人。

2000 年事后质量抽查的总人口净漏报率的抽样误差为 0.08%，相对误差为 2.18%；出生率抽样误差为 0.61‰，相对误差为 2.8%；死亡率抽样误差为 0.41‰，相对误差为 4.0‰。因此，2000 年事后质量抽查对全国主要指标具有很好的代表性。另外，在抽样精确度方面，样本对省级总人口漏报率也有一定代表性。

1982 年人口普查总人口重报率为 0.15‰，1990 年人口普查总人口净漏报率为 0.6‰，2000 年人口普查净漏报率为 1.81%。与前两次普查相比，2000 年人口普查的漏报率明显地增大了，但仍是正常的，它真实地反映了市场经济条件下人口迁移流动频繁、人户分离现象突出等给普查带来的巨大困难。2000 年人口普查总人口漏报是客观存在的，只有加上误差，普查数据才能真正反映我国人口情况。

虽然这次人口普查的净漏报率为 1.81%，较我国前几次普查有所增加，但与国际相比，仍在普查登记较好的质量范围内。国际上对人口普查质量的基本共识是，普查净漏报率在 2% 以下是正常的，2%—5% 是可以接受的，如果超过 5%，资料的使用价值就要大打折扣。

在 1985—1994 年各国报给联合国的数据中，公布净漏报率的一共有 58 个国家，低于 2% 的有 31 个国家，超过 2% 的有 27 个国家，其中 16 个国家人口净漏报率在 5% 以上，11 个国家在 2%—5%，美国、印度、澳大利亚、加拿大的净漏报率都在1.6%—3.4%。

对于中国这样一个有着近13亿人口的大国来说，净漏报率为1.81%，是比较令人满意的。第五次全国人口普查面临着空前复杂的情况，遇到了前所未有的困难，能取得这样的结果，是在认真做了各项准备工作，特别是认真细致地做了复查补漏工作后才获得的。因此，我国的人口普查漏报率比较客观地反映了普查登记的实际。

第二节　2010年中国人口普查事后质量抽查

2010年我国进行了第六次全国人口普查，与2000年第五次全国人口普查登记对象为常住人口不同，第六次全国人口普查采用现住地登记的原则。所有普查对象必须在现住地进行登记，普查对象不在户口登记地居住的，户口登记地要登记其相应信息。本次普查要求各地对现有人口与户籍外出人口均进行登记。

事后质量抽查作为整个普查的一部分，其目的在于评价全国人口普查登记的质量。鉴于普查对象和抽查对象有着密不可分的关系，2010年全国人口普查事后质量抽查在抽查对象、抽查表设计、数据处理、评估方法方面与2000年全国人口普查事后质量抽查相比均有变化。

这次事后质量抽查目标是，估计现有人口漏报率、常住人口漏报率、户籍人口漏报率；估计现有人口重报率、常住人口重报率、户籍人口重报率；估计年龄差错率和性别差错率。

一　抽样设计

2010年事后质量抽查样本以第六次全国人口普查地址码库为抽样框抽取。抽样框包括全国31个省、地（市）、县（市、区）和乡（镇、街道）的552万个调查小区的地址码、行政区划名称和调查小区所在的城乡属性。城乡属性包括了：111——主城区；112——城乡结合区；121——镇中心区；122——镇乡结合区；123——特殊区域；210——乡中心区；220——村庄。各行政区划个数见表10-4。

表 10 - 4　　　　　　　　2010 年全国人口普查事后质量抽查
样本框各级行政区划个数　　　　　单位：个

地区	地	县	乡	普查区	调查小区	地区	地	县	乡	普查区	调查小区
全国	345	2872	43577	694908	5528716	河南	18	159	2472	51387	401015
北京	2	18	325	6575	71451	湖北	14	103	1454	30406	246983
天津	2	16	290	5466	40247	湖南	14	122	2506	47085	252780
河北	11	172	2287	52372	278406	广东	21	123	1700	25858	411826
山西	11	119	1447	30047	144985	广西	14	110	1279	16243	214654
内蒙古	12	101	988	14247	99916	海南	3	24	290	3627	34808
辽宁	14	100	1562	15783	187847	重庆	2	40	1017	10951	108712
吉林	9	60	1024	11571	103633	四川	21	181	4676	53641	448804
黑龙江	13	132	1725	14047	134756	贵州	9	88	1561	18795	159233
上海	2	18	230	5432	83481	云南	16	129	1382	14168	182992
江苏	13	106	1502	21794	323403	西藏	7	73	692	5454	8617
浙江	11	90	1533	33245	227524	陕西	10	107	1749	29060	161812
安徽	17	105	1604	18962	226517	甘肃	14	87	1404	17377	123257
福建	9	84	1179	16827	161717	青海	8	46	413	4510	21899
江西	11	99	1746	20536	163897	宁夏	5	22	258	2839	25426
山东	17	140	1909	82873	394409	新疆	15	98	1373	13730	83709

　　首先，将全国 31 个省（自治区、直辖市）按照人口流动类型分为三类即流入地区、流出地区以及流入流出基本平衡地区；其次，在不同类中按照净流入人口规模或常住人口规模等指标进行分层；最后，在每层内等量分配每个省（自治区、直辖市）的样本。按分层、随机、等距、整群抽样方式抽取省级调查小区。

　　按照全国总人口漏报率相对误差控制在 5% 以内、人口出生率相对误差控制在 6% 以内、人口死亡率相对误差控制在 8% 以内的设计目标，全国共抽取 402 个县级单位的 402 个调查小区，约 4 万户 12 万人。具体抽样结果见表 10 - 5 和表 10 - 6。

表 10 - 5　　　　　2010 年全国人口普查事后质量抽查样本量　　　单位：个

地区	调查小区数	地区	调查小区数
全国	402	河南	18
北京	20	湖北	10
天津	10	湖南	10
河北	15	广东	25
山西	10	广西	10
内蒙古	10	海南	10
辽宁	15	重庆	10
吉林	10	四川	15
黑龙江	10	贵州	10
上海	20	云南	15
江苏	20	西藏	2
浙江	20	陕西	10
安徽	10	甘肃	10
福建	15	青海	10
江西	10	宁夏	10
山东	22	新疆	10

表 10 - 6　　　　　2010 年全国人口普查事后质量

抽查抽中调查小区属性与数量　　　单位：个、%

属性	抽中调查小区数	比例	国家抽查组抽中调查小区数	比例
111	129	32.1	13	43.3
112	27	6.7	8	26.7
121	61	15.2	7	23.3
122	46	11.4	2	6.7
123	9	2.2	0	0
210	6	1.5	0	0
220	124	30.8	0	0
合计	402	100	30	100

二　抽查表设计

第六次全国人口普查登记原则，是现有人口与户籍外出人口均要登记。对某个地区来讲，依据普查数据可以汇总出现有人口、常住人口和户籍人口三种口径数据。不同口径的人口登记情况不同，漏报率也可能不同。因此，事后质量抽查表的设计要充分考虑到人口统计的口径问题。

作为收集人口信息的普查表项目设置，本次人口普查与第五次全国人口普查相比变化不大。普查表短表项目主要包括姓名、性别、出生年月、民族和受教育程度等基本信息，以及判断常住地的普查时点居住地、户口登记地和离开户口登记地时间、原因等信息。事后质量抽查作为评价人口普查登记质量的手段，同时作为人口普查后独立的一次调查，在抽查时点、范围、对象和项目的设计上，既要考虑与人口普查项目和时间的衔接，又要保证其独立性。

下面分别从抽查时点、范围、对象和抽查表内容进行介绍。

（一）抽查时点

第六次全国人口普查标准时点为 2010 年 11 月 1 日零时。人口普查与事后质量抽查两次登记时点不能距离太近。因为，一方面，如果两次入户登记时间间隔太短，不能准确反映出人口的变动（迁移流动和自然变动）；另一方面，我国人口多，普查登记难度大，普查登记时间为 10 天，但有些地方可能放宽到 15 天，在普查登记结束前，不宜进行事后质量抽查。另外，两次入户登记也不能间隔太长时间，事后质量抽查作为评价人口普查登记质量的手段，必然涉及普查时点的人口情况，间隔时间太长，不利于获得准确信息。参考国际做法，抽查时点选择在普查标准时点后半个月到一个月较为合适。考虑到后期专业编码与数据处理等工作流程安排，抽查标准时点定为普查标准时点后 25 天，即 2010 年 11 月 26 日零时。

（二）抽查范围

人口普查登记具有地域性原则。为了与普查对象相对应，事后质量抽查范围为抽中调查小区完整地域。人口普查与抽查数据以调查小区完整地域作为基本的比对单位。对地域内抽查时点的现有人口进行登记。通过普查表和抽查表对本小区内普查时点的现有人口、常住人口分别进行比对。

（三）抽查对象

抽查对象为抽中调查小区内 2010 年 11 月 25 日晚居住在本户的具有中华人民共和国国籍的人。事后质量抽查是人口普查中继摸底、普查登记后的第三次入户，简化抽查表指标与抽查登记难度是十分必要的。户籍外出人口的信息登记难度大，准确率较低，这是历次人口调查所证实的。在不影响抽查目的情况下，抽查对象不考虑户籍外出人口。为了获得准确、详细的人口信息，对抽查时点现有人口进行登记，是本次事后质量抽查的原则。考虑到我国人口与外籍人员的比重与作用，对于本次普查新增加的境外人员，不作为事后质量抽查对象予以考虑。

（四）抽查表内容

事后质量抽查是在普查登记 25 天后进行的，考虑到回答问题的可操作性与准确性，抽查项目的设计尽量反映抽查时点的客观情况，减少人为判断与涉及普查时点的详细情况的项目。2010 年全国人口普查事后质量抽查表（以下简称抽查表）分为本户地址、户记录和人记录三部分（见附表 7）。

1. 本户地址

详细情况见附表 7。

2. 户记录

与普查相同，户（家庭户或集体户）是事后质量抽查的最基本调查单位，抽查表设置了户记录，在调查登记个人项目之前，先对本户的抽查对象人数与出生人数、死亡人数进行调查登记。

户记录中 H2 项为 2010 年 11 月 25 日晚居住在本户的人数，是指抽查标准时点本户的现有人数，即本户的抽查对象人数，与人记录的人数是相对应的。在这个项目的填报中需要注意的是，对于 2010 年 11 月出生的人口、港澳台和外籍人员以及现役军人不登记，这几类人口不是本次事后质量抽查的抽查对象。

H3 项为 2009 年 11 月 1 日至 2010 年 10 月 31 日出生人口，H4 项为 2009 年 11 月 1 日至 2010 年 10 月 31 日死亡人口，它们是普查年度的出生人数和死亡人数，与普查表中本户记录中的出生人口、死亡人口相对应。项目设置的目的是检验普查登记中出生人口、死亡人口的登记情况。

3. 人记录

抽查表的个人项目设置，需要能够通过抽查表信息找到此人的普查表，并与其项目进行比对，最终计算汇总出漏报率，以此评价普查登记的质量。作为个人比对信息，抽查表项目包括姓名、性别、出生年月等人口基本信息；通过调查被抽查人口普查时点的居住地和户籍地情况，查找普查表，并与普查表项目进行比对，以判断现有人口和户籍人口的登记情况，因此，抽查表设置了户口登记地和普查时点居住地两个项目。作为判断区域常住人口的时间标准，抽查表项目还包括离开户口登记地时间。

人记录有六项：R1—R3 项为姓名、性别和出生年月。R4 项为普查时点居住地，设有两个选项，本调查小区和其他地方，并要求填写具体地址。根据此项填报，可以得到被抽查人口在普查时点的现住地分布情况，选择本调查小区的人口，与本调查小区的普查表进行比对；选择其他地方的，查看其普查登记情况。把所有被抽查人口作为一个整体，通过比对和查询，可以得到普查时点现有人口的登记情况。

R5 项为离开户口登记地时间，设有三个选项，离开户口登记地半年是判断常住人口的时间标准，4 月 30 日距普查标准时点（11 月 1 日）为半年时间，因此，以 4 月 30 日为分界点，来判断普查时点被抽查人口的常住地情况。4 月 30 日后，为离开户口登记地不满半年的人口，其常住地为户口登记地，选择此项的人口继续填报 R6 项，即户口登记地。4 月 30 日及以前，为离开户口登记地半年以上的人口，其常住地为普查时点居住地，选择没有离开户口登记地（户口待定）的人口，其常住地和普查时点居住地、户口登记地是一致的，选择这两项的人口填报项目到此结束。

R6 项为户口登记地，设有两个选项，同 R4 项和其他地方，填报此项的人口户口登记地即为普查时常住地。

本抽查表通过抽查时点的抽中调查小区的现有人口对普查时点居住地、离开户口登记地时间和户口登记地的回答，可以判断出这部分人普查时点的现住地和常住地情况。与普查表登记情况进行比对，从全国范围来讲，可以看出现有人口和常住人口的登记情况。

通过抽查表项目的填报，只能得到部分被抽查人口的户口登记地，离开户口登记地半年以上的人口，其户口登记地在抽查表中没有反映。

若把被抽查人口作为一个整体，反映户籍人口的登记情况，被抽查人口少了离开户口登记地半年以上的这一部分人口的户口登记地情况。根据以往人口抽样调查的结果显示，外出时间对户籍外出人口的漏报没有明显的影响，即外出半年以上和外出不满半年的户籍外出人口在普查登记时的漏报没有显著区别，因此，可以用外出不满半年的被抽查人口的户籍登记情况来代替外出半年以上的人口的登记，得出户籍人口的登记情况。

（五）抽查表填写说明

抽查表填写说明在《第六次全国人口普查事后质量抽样调查工作细则》里面有较为详细的介绍，此处不再赘述，下面这部分内容主要是针对实际操作中部分特殊情况处理的说明。

H1 项为户编号，原则上与户主姓名底册的户编号一致。户主姓名底册上的户编号为三位码：999 为全户死亡的户编号；600 以上（999除外）的户编号为全户外出半年以上、全户寄挂户口、全户为港澳台和外籍人员以及全户因房屋拆迁等原因已离开本调查小区的户；正常户编号从 001 开始顺序排列。

特殊情况的处理：抽查时点有人居住，但未能入户的，仍然填写原有户编号，户记录其他项目和人记录可不填写。对于户主姓名底册上有，抽查时已搬走的或抽查时点没有人居住的户，不需要填写户编号和抽查表。户主姓名底册上没有，抽查时搬来或多出来的户，户编号续在本调查小区所有户编号的最后（不包括 600 以上的户），按顺序编写。

对于户主姓名底册上户编号 600 以上的，抽查时回到本调查小区居住的户，作为新增户，户编号续在正常户编号的后面，不用原来 600 以上的户编号。全户死亡户的户编号填写"999"，全户死亡的户，除填写"H1. 户编号"外，只填写"H4. 2009 年 11 月 1 日至 2010 年 10 月31 日死亡人口"，其他户记录和人记录不再登记。

若小区内有宾馆，如抽查时点居住人数少于 100 人，可作为一户进行登记，给一个户编号；若居住人员较多，超过 100 人，则可分成两户或多户进行登记。住校的学生，以宿舍为单位，给户编号。

H2 项为 2010 年 11 月 25 日晚居住在本户的人数，不管户口是否在本户，只要当晚住在本户，均要登记。

特殊人员的处理：由于临时出差、旅游、走亲访友等原因居住在本户的人口，要在本户进行调查登记。抽查时点居住在宾馆的人、学校里的住校生等也要登记。对于本调查小区内经营场所的工作人员，抽查时点未住在本小区，也要进行调查登记。如发廊、小吃店、门面店里的工作人员（正规的写字楼、工厂不包括在内）。居住在本户的 2010 年 11 月出生人口、现役军人、港澳台和外籍人员不计入此项人数，人记录不登记。

H3 项为 2009 年 11 月 1 日至 2010 年 10 月 31 日出生人口。本户 2009 年 11 月 1 日至 2010 年 10 月 31 日出生人口，居住在本户，或户口在本户，此处均要计数。对于户口在本户、未居住在本户的出生人口，人记录不登记。2010 年 11 月出生人口也不登记。

H4 项为 2009 年 11 月 1 日至 2010 年 10 月 31 日死亡人口。特别注意不要漏掉出生时有某种生命现象（如在胎儿脱离母体时，有呼吸或心跳、脐带搏动、随意肌收缩），不久即死亡的婴儿，要填写出生数，同时要填写死亡数。

不同死亡时间的人口，在户记录的 H4 项和人记录中的登记情况不同，见表 10 - 7。

表 10 - 7 事后质量抽查死亡时间、死亡人口（H4）与人口登记规则

死亡时间	H4：2009 年 11 月 1 日至 2010 年 10 月 31 日死亡人口	是否作为现有人口登记
2009 年 11 月 1 日至 2010 年 10 月 31 日	登记	不登记
2010 年 11 月 1 日至 2010 年 11 月 25 日	不登记	不登记
2010 年 11 月 25 日以后	不登记	登记

R4 项为普查时点居住地，指被抽查人口在普查标准时点（2010 年 11 月 1 日零时）那一晚上的居住地，每个抽查对象都需要填写。

特殊情况：对于普查时点因临时出差、探亲访友、旅游、出国等原因离开的人，此处填报离开前的普查时点应登记地。经营场所的工作人员，此处填报其普查时点居住地或普查时点登记地（在经营场所普查登记的可填报经营场所）。

R5 项为离开户口登记地时间。被抽查人口根据实际情况，填报是否离开户口登记地及其离开时间，表中"3.4 月 30 日后"，指抽查时居住在本户，户口登记地在其他村（居）委会，离开户口登记地不满半年的人，包括普查标准时点（11 月 1 日零时）后离开户口登记地的人口。

R6 项为户口登记地，指被抽查人口的常住户口登记地情况。设有两个选项：（1）"1. 同 R4"，即被抽查人口的户口登记地与普查时点居住地相同，如果选此项的被抽查人口是普查标准时点后离开户口登记地的，此人 R4 的选项为 2；（2）"2. 其他地方"，请详细填写地址和户主姓名，具体要求同 R4 的选项"2"。

三　组织与实施

事后质量抽查由国务院人口普查办公室统一组织，采用国家和省两级抽查的办法进行。国务院人口普查办公室组织成立了 30 个国家级抽查组，赴各省（西藏自治区除外）对抽中调查小区的质量抽查工作进行监督，并对每省（自治区、直辖市）抽中调查小区中的 1 个调查小区具体实施质量抽查。各省级人口普查办公室负责成立若干省级抽查组，负责对本地其余抽中调查小区实施质量抽查。

每个国家抽查组由 5 名人员组成，设 1 名组长、1 名副组长、1 名录入员和 2 名抽查员。组长、副组长由国务院人口普查办公室在国家统计局和部分省级人口普查办公室相关人员中选定，其余人员从省地级以上人口普查办公室抽调，每个省抽调 3 人，并由国务院人口普查办公室统一分派，跨省开展抽查工作。

各省级人口普查办公室根据本地需要负责抽查的调查小区数量，参照国家抽查组的组建方式，在本省统计局以及地、县级人口普查办公室中抽调人员，组建若干省级抽查组，跨县进行质量抽查工作。

参加事后质量抽样调查工作的人员必须具有较高的政治素质，责任心强，熟悉人口普查业务，能承担繁重的工作任务。抽查人员要严格遵守保密规定，对抽查前抽中调查小区的名单和抽查后被调查户申报的资料，必须保守秘密。

国家抽查组人员的培训由国务院人口普查办公室负责组织，集中进行。省级抽查组人员的培训由各省级人口普查办公室负责组织，国务院人口普查办公室负责对各省级人口普查办公室负责质量抽查工作的人员进行先期培训。

国务院人口普查办公室对 30 个国家级抽查组的事后质量抽查工作流程进行了规范，各省级抽查组工作流程与国家级抽查组的相近，由省级人口普查办公室根据实际情况进行安排。

抽查前，国务院人口普查办公室对抽查人员进行集中培训、分组，领取抽查资料和密封的抽查点名单后，各抽查组统一订票分赴抽查省份，到达省会城市，在省人口普查办公室负责人在场的情况下，组长开启第一层信封，宣布抽中县（市、区），抽查组在省人口普查办公室工作人员陪同下赴抽中县（市、区）后，开启第二层信封，宣布抽中调查小区名单，及时调取抽中调查小区的普查表、普查区图、调查小区图和户主姓名底册，抽查组组长安排录入人员对普查表进行录入，抽查人员进行入户登记，抽查结束后，抽查组人员返回原单位，根据要求报送相关资料。

对于抽查表中 R4 项（普查时点居住地）和 R6 项（户口登记地）未填写具体地址的人口，与本调查小区的普查表进行比对，得到这部分人口的普查登记情况。

对于抽查表中普查时点居住地和户口登记地填写其他地址的人口均要进行查询，以查到这部分人口的普查时点居住地和常住地的普查表登记情况。根据抽查表和查询得到的普查表信息进行匹配，得到这部分人口的普查登记情况。

国务院人口普查办公室根据抽查表填报情况，对需要查询的人口信息进行整理分类后，下发到各省级人口普查办公室，各省人口普查办公室根据通知和工作细则要求，对各地人口普查办公室提出更为详细的要求，通过各地人口普查办公室和基层普查员的认真工作，各省在规定时间内把查询结果报送到国务院人口普查办公室。

四 数据处理

2010 年全国人口普查事后质量抽查数据处理过程，分为普查表录入、抽查表录入、抽查数据与普查数据比对、反馈查询、加权汇总等步骤。

（一）普查表录入

由抽查组负责，在抽中调查小区进行。录入员将抽中调查小区的普查表户记录和人记录的部分内容进行录入。需要录入的内容包括：地址码；户记录，包括户编号、本户应登记人口、出生人口、死亡人口；人记录，包括姓名、性别、出生年月、普查时点居住地、户口登记地、离开户口登记地时间、离开户口登记地原因。姓名使用汉字录入，用于后续比对工作。录入完成后，每条人记录形成一个20位的人编码，其中前15位为调查小区码，16—18位为户编码，19—20位为人编码，用于比对及汇总工作。录入程序使用严格的逻辑审核，保证普查数据逻辑上的准确性。

（二）抽查表录入

由国务院人口普查办公室统一组织。录入员将各小区抽查表进行录入。录入项目主要有：户记录，包括户编号、抽查时点居住在本户的人数、出生人口、死亡人口；人记录，包括姓名、性别、出生年月、普查时点居住地、离开户口登记地时间、户口登记地。姓名同样使用汉字录入。抽查表的地址码由系统自动生成，录入过程中只需选择需要录入的小区即可。录入结束后，生成与普查表相同的20位人编码。录入程序同样使用严格的逻辑审核，保证抽查数据逻辑上的准确性。

（三）抽查数据与普查数据比对

抽查数据与普查数据比对分为机器比对和人工比对。机器比对是将抽查表中的人记录在普查表中进行比对，查找对应的普查记录。分为两步：首先进行对应户的比对，在对应户编码中，查找姓名、性别、出生年月一致的人，若有，则比对成功，结束比对；若本户内未比对成功，则扩展到本小区内，查找姓名、性别、出生年月一致的人，若有，则比对成功。若比对成功，则在抽查人记录后写入普查表中的人记录项目R6—R9，结束比对。若未比对成功，则做好标记，留待人工比对。

人工比对是将机器比对未成功的人记录列出，逐条进行人工比对。每条未比对成功记录对应若干条疑似记录，若经人工判断可以断定为对应普查记录，则选中，比对成功。否则，继续下一条未比对成功人记录。若比对成功，在抽查人记录后写入普查表中的人记录项目R6—R9。普查人记录疑似标准：本人户编码对应普查户的所有人记录；本人所在小区中姓氏、性别相同，出生年相差两年以内的人记录。人工判断标准：主要是判断是否是周岁、虚岁或记忆错误造成的出生年差异；农历公历造成的出生月差异；发音不准或录入错误造成的姓名差异。若属于以上错误，则可以判断为同一人。比对匹配标准见表 10-8。

表 10-8　　　　　　　　机器比对和人工比对匹配标准

比对批次	机器比对	第一次人工比对	第二次人工比对	第三次人工比对
比对标准	在本户或本小区内姓名、性别、出生年月一致	本户内，姓名相同；本调查小区内，姓相同，名音相近	列出本户内所有人记录和本调查小区内姓氏、性别和出生年月相同的疑似记录中，判断出认为是同一人的记录	查阅抽查表、户主姓名底册和普查表录入数据，在姓氏、性别相同的条件下，出生年月放宽到相近两年内，对抽查和普查个人进行人工判断和比对

所有比对结束后，比对成功的人记录后将写入普查人记录项目 R6—R9，未比对成功的人记录做出标记。

（四）反馈查询

对于普查时点居住地不在本调查小区或者离开户口登记地不满半年的抽查对象，反馈各省查询。反馈的信息主要有：姓名、性别、出生年月和地址。各地根据提供的信息进行查询。查询后需报送的信息主要有：普查时是否已登记（已登记、未登记、无法查询）；如已登记，则填写普查表项目 R6—R9。查询结束后将查询结果导入数据库中。则查询结果为已登记的人记录后面写入通过 R4 地址查询得到的普查登记情况或者通过 R6 地址查询得到的普查登记情况，使用不同的字段进行标记。

（五）加权汇总

前面的四个步骤完成后，以抽查数据为主体形成了数据文件，除抽查数据外，还包含本调查小区普查比对数据、通过 R4 地址查询得到的普查数据、通过 R6 地址查询得到的普查数据，利用这些数据完成汇总工作。按常住人口、城乡人口和乡村人口三个指标进行加权汇总。汇总指标主要有：抽查总户数、总人数、出生人口、死亡人口、入户率、现有口径漏报率、常住口径漏报率、户籍口径漏报率、分性别漏报率和分年龄段漏报率。

数据处理过程使用专门的软件《第六次全国人口普查事后质量抽查数据处理系统》进行。该软件的主要目的是对普查表数据和抽查表数据进行电子化，并利用普查表和抽查表中普查对象的姓名和其他信息进行机器比对，机器比对未成功的普查对象和抽查对象再进行人工比对，以排除姓名录入错误影响。对在抽查表中录入地址的抽查对象，按普查时点居住地和户口登记地分类，将姓名、性别、出生年月、地址等信息导出，反馈给各省，查询这部分人口的普查信息。各省查询后，将得到的普查信息报送国务院人口普查办公室，国务院人口普查办公室将报送信息导入数据库，与普查表和抽查表录入信息合并。利用《第六次全国人口普查事后质量抽查数据处理系统》生成的包括普查表、抽查表、比对情况、人口查询表等数据在内的数据库，使用统计软件对事后质量抽查数据进行加权汇总。

五 普查漏报率与多报率的估计

在介绍普查漏报与多报估计之前，先明确现有人口与常住人口这两个概念。现有人口，指普查时点居住在本调查小区的人口。常住人口，指普查时点满足以下条件之一的人口：居住在本户，户口在本村（居）委会（或户口待定）；居住在本户，户口在其他村（居）委会，离开户口登记地半年以上；未居住在本户，户口在本村（居）委会，离开户口登记地不满半年。根据居住地和户籍地情况，将普查登记对象分为以下几类，如表 10－9 所示。

表 10－9 普查登记对象分类

调查小区人口类型	住本户，户口在本户（或户口待定）	住本户，户口不在本户，离开户口登记地不满半年	住本户，户口不在本户，离开户口登记地半年以上	未住本户，户口在本户，离开户口登记地半年以上	未住本户，户口在本户，离开户口登记地不满半年
现有人口	√	√	√	×	×
常住人口	√	×	√	×	√

注：居住情况和离开户口登记地时间都是指普查时点情况。

根据抽查时点居住地、普查时点居住地和户籍地情况，将抽查登记对象分为以下几类，如表 10－10 所示。

表 10 - 10　　　　　　　　　　　抽查登记对象分类

抽查小区人口类型	抽查、普查均住本户，户口在本户（或户口待定）	抽查、普查均住本户，户口不在本户，离开户口登记地不满半年	抽查、普查均住本户，户口不在本户，离开户口登记地半年以上	户口不在本户，抽查时点住本户，普查时点不住本户	户口在本户，抽查时点住本户，普查时点离开户口登记地半年以上	户口在本户，抽查时点住本户，普查时点离开户口登记地不满半年
现有人口	√	√	√	×	×	×
常住人口	√	×	√	×	×	√

注：人口类型是指普查登记中的人口类型；离开户口登记地是指普查时点情况。

（一）漏报率估计

针对 2010 年人口普查登记项目的特点，本次事后质量抽查可以给出三种漏报率，即现有人口漏报率、常住人口漏报率和户籍人口漏报率。以下表述中的 R4、R5、R6 均为抽查表中的指标，R4 为"普查时点居住地"，R4 = 1 表示本调查小区，R4 = 2 表示在所填地址；R5 为"离开户口登记时间"，R5 = 1 表示没有离开户口登记地（或户口待定），R5 = 2 表示 4 月 30 日及以前离开户口登记地，R5 = 3 表示 4 月 30 日后离开户口登记地；R6 为"户口登记地"，R6 = 1 表示户口登记地"同 R4"，R6 = 2 表示户口登记地在所填地址。

1. 现有人口漏报率

对每个抽查对象按普查时点居住地的登记情况进行比对和查询。若抽查对象普查时点居住地在本调查小区，则与普查表数据进行比对，未作为现有人口登记的计为漏报；若抽查时点居住地与普查时点居住地不同，则到给出的普查时点居住地进行查询，判断抽查对象在普查时点的居住地是否作为现有人口登记，若未登记，判断为普查时点居住地的现有人口漏报。

在实际操作过程中，由于部分抽查对象的抽查数据与普查数据之间存在不匹配的问题或抽查数据本身存在问题，为消除这些误差的影响，根据实际情况做出以下调整：（1）R4 = 1、R5 = 3、R6 = 2 时，根据 R6 的查询结果，抽查对象在户口登记地为现有人口，则计为未漏报；（2）R4 = 2 时，根据 R4 = 2 给出的地址查询，判断为漏登，但根据抽查小区普查比对结果或者 R6 = 2 的地址查询结果为现有人口，则计为未漏报。图 10 - 1 给出的是现有人口漏报判断流程。

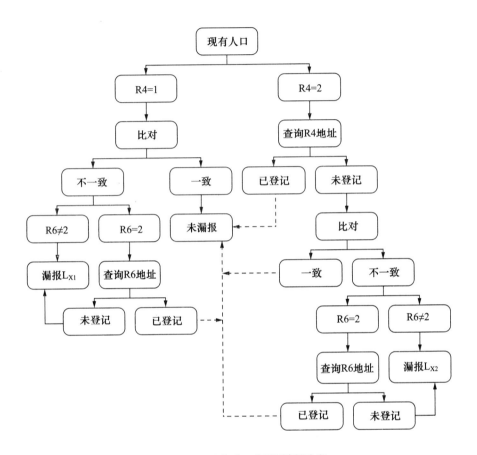

图 10 - 1　现有人口漏报判断流程

　　注：比对是指对抽查表与抽查小区普查表进行比对以获得抽查对象普查信息；查询 R4 地址是指通过查询 R4 地址的普查表以获得抽查对象普查信息；查询 R6 地址是指通过查询 R6 地址的普查表以获得抽查对象普查信息。一致是指通过比对得到抽查对象在普查表中登记为现有人口；不一致是指通过比对得知没有对应普查信息或普查表中未作为现有人口登记。已登记是指通过查询得到抽查对象在普查表中登记为现有人口；未登记是指查询结果为未登记或虽然已登记但未作为现有人口登记。现有人口漏报数 = L_{X1} + L_{X2}。

　　图 10 - 1 经过分类整理即为表 10 - 11，按现住地比对方法计算现有人口漏报率分类方法。

表 10 – 11　　　　按现住地比对方法计算现有人口漏报率分类方法

普查结果 ＼ 抽查结果	R4 = 1 （本调查小区）	R4 = 2 （其他地方）
未漏报	在本调查小区登记	在 R4 = 2 地址登记 在本调查小区登记 在 R6 = 2 地址登记
漏报	L_{X1}：在本调查小区和 R6 = 2 地址未登记	L_{X2}：在 R4 = 2 地址、本调查小区 和 R6 = 2 地址未登记
无法查询	—	无法查询

注：此表为按现住地比对方法计算现有人口漏报率分类方法，既可以用于对单个抽查对象的普查漏报情况判断，也可以用于对抽查总体的普查漏报情况分类汇总。L_{X1} 为抽查数据显示普查时点居住在本调查小区，但比对普查数据显示在本调查小区未作为现有人口登记（对于 R6 = 2 的人，还应满足在 R6 提供的户口登记地经查询显示未作为现有人口登记）的人数；L_{X2} 为抽查数据显示普查时点未居住在本调查小区，比对本调查小区普查数据在本调查小区未作为现有人口登记，且通过查询后显示在提供的普查时点居住地和户口登记地也未作为现有人口登记的人数；N 为抽查总人数减去无法查询的人口。$L_{X1} + L_{X2}$ 即为漏报总人数。现有人口漏报率 $P_X = （L_{X1} + L_{X2}）/N$。

2. 常住人口漏报率

对每个抽查对象按抽查中普查时点常住地的登记情况进行比对和查询。若抽查对象普查时点常住地在本调查小区，则与普查表数据进行比对，未作为常住人口登记的计为漏报；若抽查时点居住地与普查时点常住地不同，则到给出的普查时点常住地（普查时居住地或户籍登记地）进行查询，判断抽查对象在普查时点是否作为常住人口登记，若未登记，则判断为普查时点的常住人口漏报。汇总漏报数和抽查总人数，计算常住人口漏报率。

类似于现有人口漏报的判断，为消除抽查数据误差的影响，根据实际情况做出以下调整：（1）R4 = 2、R5 = 1 或 2 时，按抽查表，常住地应在 R4 地址，但 R4 地址查询后为非常住地，而抽查小区普查数据显示为常住地，则未漏报；（2）抽查表 R5 = 3，但本小区比对结果为常住人口，则未漏报；（3）R4 = 2、R5 = 3、R6 = 2 时，通过 R6 地址查询普查登记为非常住人口，通过 R4 地址查询为常住人口，则未漏报。图 10 – 2 给出常住人口漏报判断流程。

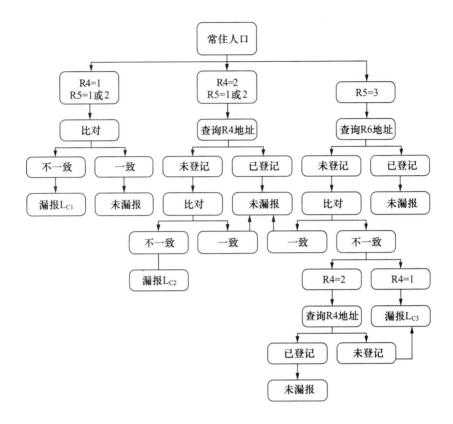

图 10 - 2　常住人口漏报判断流程

注：比对是指对抽查表与抽查小区普查表进行比对以获得抽查对象普查信息。查询 R4 地址是指通过查询 R4 地址的普查表以获得抽查对象普查信息。查询 R6 地址是指通过查询 R6 地址的普查表以获得抽查对象普查信息。一致是指通过比对得到抽查对象在普查表中登记为常住人口；不一致是指通过比对得知没有对应普查信息或普查表中未作为常住人口登记。已登记是指通过查询得到抽查对象在普查表中登记为常住人口；未登记是指查询结果为未登记或虽然已登记但未作为常住人口登记。常住人口漏报数 = L_{C1} + L_{C2} + L_{C3}。

图 10 - 2 经过分类整理即为表 10 - 12 按常住地比对方法计算常住人口漏报率分类方法。

3. 户籍人口漏报率

抽查对象根据抽查结果应在当地作为户籍人口登记而未作为户籍人口登记的，视为户籍人口漏报。对每个抽查对象按户口登记地的登记情况进行比对和查询，若抽查对象户口登记地在本调查小区，则与普查表数据进行比对，未作为常住人口登记的计为漏报；若户口登记地不在本

表 10 – 12　　　　按常住地比对方法计算常住人口漏报率分类方法

抽查结果 普查结果	R4 = 1 且 R5 = 1 或 2 （本调查小区常住）	R4 = 2 且 R5 = 1 或 2 （非本调查小区的普查 时点居住地）	R5 = 3 （离开户籍地 不满半年）
未漏报	在本调查小区登记	在本调查小区登记	在本调查小区登记 在 R6 = 2 地址登记 在 R4 = 2 地址登记
漏报	L_{C1}： 在本调查小区未登记	L_{C2}：在本调查小区地址、 R4 = 2 地址未登记	L_{C3}：在 R4 = 2 地址、 本调查小区和 R6 = 2 地址均未登记
无法查询	—	无法查询	无法查询

注：此表为按常住地比对方法计算常住人口漏报率分类方法，既可以用于对单个抽查对象的普查漏报情况判断，也可以用于对抽查总体的普查漏报情况分类汇总。L_{C1}为抽查数据显示普查时点常住地为本调查小区，但普查数据显示未在本调查小区作为常住人口登记的人数；L_{C2}为抽查数据显示普查时点未居住在本调查小区（R5 不等于 3），经比对在本调查小区未作为常住人口登记，且通过查询后显示在提供的普查时点居住地也未作为常住人口登记的人数；L_{C3}为抽查数据显示普查时点常住地为户口登记地，经比对在本调查小区未作为常住人口登记，且通过查询后显示在提供的户口登记地未作为常住人口登记（对于其中 R4 = 2 的人，在普查时点居住地也未作为常住人口登记）的人数；$L_{C1} + L_{C2} + L_{C3}$ 即为漏报总人数。N 为抽查总人数减去无法查询的人口。常住人口漏报率 P_C =（$L_{C1} + L_{C2} + L_{C3}$）/N。

调查小区，则到给出的户口登记地进行查询，判断抽查对象在普查时点是否作为户籍人口登记，若未登记，则判断为普查时点的户籍人口漏报。户籍人口漏报人数占户籍总人数的比例为户籍人口漏报率。

类似于现有人口和常住人口，为消除抽查数据误差的影响，户籍人口漏报判断也做出相应调整。调整方法：（1）R4 = 2 且 R5 = 1 时，按抽查表，户籍地应在本调查小区，但如比对后显示非本调查小区户籍人口，而 R4 地址查询结果显示为查询地户籍人口，则未漏报；（2）R5 = 3，但本调查小区比对结果为户籍人口，则未漏报；（3）R4 = 2、R5 = 3、R6 = 2 时，通过 R6 地址查询普查登记非户籍人口，但通过 R4 地址查询为户籍人口，则未漏报。图 10 – 3 给出事后质量抽查户籍人口漏报判断流程。

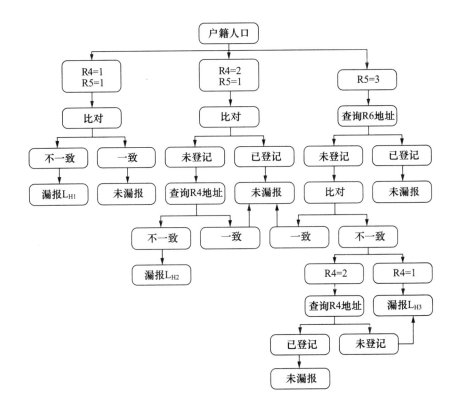

图 10 - 3　事后质量抽查户籍人口漏报判断流程

　　注：比对是指对抽查表与抽查小区普查表进行比对以获得抽查对象普查信息。查询 R4 地址是指通过查询 R4 地址的普查表以获得抽查对象普查信息。查询 R6 地址是指通过查询 R6 地址的普查表以获得抽查对象普查信息。一致是指通过比对得到抽查对象在普查表中登记为户籍人口；不一致是指通过比对得知没有对应普查信息或普查表中未作为户籍人口登记。已登记是指通过查询得到抽查对象在普查表中登记为户籍人口；未登记是指查询结果为未登记或虽然已登记但未作为户籍人口登记。户籍人口漏报数 = L_{H1} + L_{H2} + L_{H3}。

　　图 10 - 3 经过分类整理即为表 10 - 13 按户籍地比对方法计算户籍人口漏报率分类方法。

　　（二）重报率估计

　　1. 现有人口重报率

　　抽查对象在抽查地、非抽查地的普查时点居住地和户口登记地三个地点的普查登记中，如果在两个地点（若普查时点居住地与户口登记地相同，则不计）均作为现有人口登记，则判断此人为现有人口重报。现有人口重报数占总抽查人数的比例为现有人口重报率。

表 10 – 13　　　　按户籍地比对方法计算户籍人口漏报率分类方法

普查结果＼抽查结果	R4 = 1 且 R5 = 1（本调查小区户籍）	R4 = 2 且 R5 = 1（本调查小区户籍）	R5 = 3（离开户籍地不满半年）
未漏报	在本调查小区登记	在本调查小区登记	在本调查小区登记
			在 R6 = 2 地址登记
			在 R4 = 2 地址登记
漏报	L_{H1}：在本调查小区未登记	L_{H2}：在本调查小区和 R4 = 2 地址未登记	L_{H3}：在本调查小区、R6 = 2 地址和 R4 = 2 地址未登记
无法查询	—	无法查询	无法查询

注：此表为按户籍地比对方法计算户籍人口漏报率分类方法，既可以用于对单个抽查对象的普查漏报情况判断，也可以用于对抽查总体的普查漏报情况分类汇总。L_{H1} 为抽查数据显示户口登记地为本调查小区且普查时点住本调查小区，但经与普查数据比对未作为本调查小区户籍人口登记的人数；L_{H2} 为抽查数据显示户口登记地为本调查小区且普查时点居住在其他地方，但经比对后未作为本调查小区户籍人口登记，且通过查询后在普查时点居住地也未作为户籍人口登记的人数；L_{H3} 为抽查数据显示户口登记地为 R6 地址，经比对未作为本调查小区户籍人口登记，通过查询后显示在提供的两个地址也均未作为户籍人口登记的人数；N 为抽查户籍总人数减去无法查询的人口。为评估离开户口登记地半年以上人口的漏报情况，记 N_2 为 R5 = 2 时的人数，N_3 为 R5 = 3 时的人数，用 $L_{H3} \times N_2/N_3$ 估计离开户口登记地半年以上漏报人口，则 $L_{H1} + L_{H2} + L_{H3} + L_{H3} \times N_2/N_3$ 即为漏报总人数。估计的户籍人口漏报率 P_H =（$L_{H1} + L_{H2} + L_{H3} + L_{H3} \times N_2/N_3$）$/N$。

2. 常住人口重报率

抽查对象在抽查地、非抽查地的普查时点居住地、户口登记地三个地点的普查登记中，如果在两个地点（若普查时点居住地与户口登记地相同，则不计）均作为常住人口登记，则判断此人为常住人口重报。常住人口重报数占总抽查人数的比例为常住人口重报率。

3. 户籍人口重报率

抽查对象在抽查地、非抽查地的普查时点居住地和户口登记地三个地点的普查登记中，如果在两个地点（若普查时点居住地与户口登记地相同，则不计）均作为户籍人口登记，则判断此人为户籍人口重报。户籍人口的重报数占总抽查人数的比例为户籍人口重报率。

2010 年 11 月 1 日普查时点中国内地总人口 133792 万人，总人口净漏报率为0.12%。按国际公认的普查质量标准来看，我国第六次人口普查是相当成功的，普查总量数据与年度总人口相衔接，和部门行政记录总体上是比较匹配的。

第三节　中国人口普查事后质量抽查实施细则[①]

在本节，我们提供中国2000年和2010年人口普查事后质量抽查实施细则。这么做的目的是，让读者全面了解中国人口普查事后质量抽查工作的全过程，以及每一项工作程序是如何展开的。

一　2000年全国人口普查事后质量抽查工作细则

（一）制定依据

根据《第五次全国人口普查办法》的规定，制定本细则。

（二）调查目的

事后质量抽样调查的目的，是评价全国人口普查登记的质量，并不评价省级及省级以下各级的登记质量，也不评价抽中调查小区的登记质量。事后质量抽样调查，要做到实事求是，在抽查过程中发现与普查登记不一致的地方，必须如实反映，严禁修改原普查登记表。

（三）事后质量抽样调查的组织

事后质量抽样调查是整个普查工作的一部分，但又是普查登记之后单独进行的一次调查。这项调查在国务院人口普查办公室统一组织指导下，由省级人口普查办公室负责具体实施。

省级人口普查办公室要建立事后质量抽样调查指导组，负责培训抽查人员；每个抽中调查小区设一个抽查组，负责抽中调查小区的抽查工作，每组由指导员1人、抽查员3—4人组成。参加事后质量抽样调查工作的人员应从各级人口普查机构中挑选，要选责任心强、熟悉普查业务的人担任。被抽调参加事后质量抽样调查工作的人，不得是抽中调查小区所在县、市、区的工作人员。

---

① 本节主要参考冯乃林等著的《人口普查的事后质量抽查》，国家统计局人口和就业统计司，2012年。

（四）抽样方法和样本量

事后质量抽样调查样本的抽取，按照分层随机等距整群抽样的方法进行。为了保证样本在全国分布的随机性，由国务院人口普查办公室直接抽取各省的调查小区。

全国共抽取 602 个调查小区。2600 万人（按 1999 年年末数据，以下同）以下的省、自治区、直辖市，各抽 10 个调查小区，西藏抽取 2 个调查小区；2600 万—5000 万人的省份抽取 20 个调查小区，5000 万人及以上的省份抽取 30 个调查小区。

（五）抽查人员的培训

国务院人口普查办公室负责培训省级事后质量抽样调查骨干，省级人口普查办公室负责培训抽查工作人员，时间为一至两天。培训内容如下：事后质量抽样调查的目的和意义；抽查员的职责、任务和要求，抽查的方法和步骤；事后质量抽样调查表的填写；抽查与普查登记结果的比较方法、各种汇总表、人口查询表的填写方法；抽查人员的纪律。

（六）抽查的范围、对象和项目

抽查范围为抽中调查小区的完整地域范围。抽查对象为：普查时应在该调查小区登记的常住人口，包括普查时常住本调查小区，抽查时已离开或死亡的人；普查登记时不属于本调查小区的常住人口，抽查的前一天晚上在本调查小区过夜、抽查时尚未离开的人。但 11 月 1 日零时以后出生的不登记，现役军人不登记。抽查项目包括常住人口表四项，即姓名、性别、出生年月和本户 1999 年 11 月 1 日至 2000 年 10 月 31 日死亡人口，暂住人口表五项，即姓名、性别、出生年月、是否已普查登记和 2000 年 11 月 1 日常住地。各抽查项目，以 2000 年 11 月 1 日零时为标准时间。

（七）抽查步骤

抽查前的准备包括：国务院人口普查办公室于 11 月 16 日前将抽中的调查小区和调查小区所在县级单位名单通知省级人口普查办公室，省级人口普查办公室根据名单组织抽查小组并培训抽查员；省级人口普查办公室将每个抽中的调查小区名单及地址码密封在一个信封里，派人送到被抽中的县级人口普查办公室，当场拆封宣布被抽中的调查小区；封存调查小区的普查表和死亡人口调查表；抽查人员编制住户底册（见附表 1）。由抽中调查小区所在普查区的负责人带领抽查人员沿抽中调查小区的边界走一遍，使抽查人员了解抽中调查小区的范围，并对调查小区地图进行补充和完善，然后由抽查人员按一定的房屋编号顺序逐户编制"2000 年全国人口普查事后质量抽查住户底册"（以下简称住户底册）。住户底册中的"房屋编号"与调查小区地图的房屋编号要一致，便于与原普查表对比。

抽查登记包括：11 月 25 日开始进行抽查登记，尽可能在两天内登记完毕。全部采用入户访问的方式，按照住户底册逐户进行登记，凡可能有人停留过夜的地方都要查看。抽查时要填写常住人口表和暂住人口表两种调查表。

比较、汇总包括：填写两种表，即常住人口汇总表和暂住人口汇总表。

（八）各种表的填写方法

1. 事后质量抽样调查表

（1）常住人口表：本调查小区的常住人口填写，包括普查时在该调查小区、抽查时已离开或死亡的人。

抽查时先填人记录，后填户记录。人记录为姓名、性别、出生年月，以及本户 1999 年 11 月 1 日至 2000 年 10 月 31 日死亡人口的死亡月份。死亡人口的出生年月也应填报。户记录中总人口、出生人口、死亡人口为本户相应人记录的合计。

常住人口表一户一张，表内第一人要填户主。超过 10 人的户加表填写，从第二页起只需填写个人情况。一户登记完毕后，要将所登记的人名，念给申报人听，并再次提醒申报人想一想，有无 11 月 1 日常住本户、现已离开或死亡人员尚未登记。若没有，则问暂住人口表的内容。

在填写常住人口表时，务必准确查清常住人口数量、出生人口和死亡人口。对出生人口、死亡人口除入户登记外，还应采取向邻居调查、召开熟悉情况人员的小型座谈会、向妇幼保健部门了解情况等方式或其他有效办法尽量把出生人口、死亡人口登记准确。

（2）暂住人口表：普查登记时不属于本调查小区的常住人口，抽查的前一天晚上在本调查小区过夜，抽查时尚未离开的人登记此表。现役军人和 11 月 1 日零时以后出生的人口不登记。

此表第一至第四项每个人都要填写，第五项只由在第四项中圈填

"1. 已登记"的人填写。"是否已普查登记"是指暂住人口在常住地的普查登记状况；"2000 年 11 月 1 日常住地"是指作为常住人口的普查登记地，这一项要详细填写，如果不清楚详细地址，可以在备注中注明家里的电话或村长的姓名等；"户主姓名"要填写本人常住地的户主姓名。同一调查小区的暂住人口登在一起，超过五人加表填写。

2. 各种汇总表的填写方法

（1）常住人口汇总表

"抽查单位"栏：调查小区以户为单位填写，省级以调查小区为单位填写。

"抽查"栏：将常住人口表中的户以及户记录的总人口、出生人口和死亡人口过录到"抽查"栏中。

"普查"栏：将此户普查登记表户记录中的总人口、出生人口和死亡人口过到与抽查相对应的"普查"栏中。对在抽查中未能入户而普查登记表上有的户，则只过录"户数"下的"普查"栏，不过录人数、出生人口和死亡人口。

"抽查有而普查没有"栏：将抽查登记时有而普查时没有的人数填入此栏。

"普查有而抽查没有"栏：将普查登记时有而抽查时没有的人数填入此栏。

"性别不一致人数"栏：将两次调查中都有，但性别不同的人数填入此栏。

"年龄不一致人数"栏：将两次调查中都有，但周岁年龄不同的人数填入此栏。周岁年龄的换算以 2000 年 11 月 1 日为标准时间。

常住人口汇总表的逻辑关系：抽查 = 普查 + 抽查有而普查没有 − 普查有而抽查没有。

（2）暂住人口汇总表

由省级人口普查办公室以抽查的调查小区为单位进行汇总，包括暂住人数和是否已普查登记情况（见附表5）。

（九）暂住人口查询工作要求

1. 查询对象

只对在暂住人口表中"是否已普查登记"项回答"1. 已登记"的人进行查询。并根据回答的"2000 年 11 月 1 日常住地"的具体地址，查询当地普查表上是否登记了此人。

2. 查询方法

由省级人口普查办公室统一组织，利用电话（传真、网络）对需查询的暂住人口在原普查登记地的普查登记情况进行查询。

（1）省级人口普查办公室将各抽中调查小区上报的暂住人口进行分类。

按暂住人口表中"2000年11月1日常住地"在本省的暂住人口和常住地在外省的暂住人口进行分类。并将暂住人口表中"姓名"、"性别"、"出生年月"和"2000年11月1日常住地"（包括户主姓名）分开过录到"2000年全国人口普查事后质量抽查暂住人口查询表"（以下简称暂住人口查询表）（见附表6）中。

（2）对2000年11月1日常住地在本省、自治区、直辖市的暂住人口，省级人口普查办公室将要查询的暂住人口基本情况发给县级人口普查办公室，由县级人口普查办公室对普查登记表进行核查，也可以派人直接去查表，并将查询结果利用电话（传真、网络）上报省级人口普查办公室。

（3）对2000年11月1日常住地在外省、自治区、直辖市的暂住人口，省级人口普查办公室要将这部分暂住人口的基本情况过录到暂住人口查询表中，并上报国务院人口普查办公室。由国务院人口普查办公室按省分类后，将暂住人口查询表反馈给各省，各省再对这部分人口进行查询。

（4）查询后，根据查询的具体情况在"1. 已登记"、"2. 未登记"或"3. 无法查询"上画"√"。"无法查询"是指要查询的常住地的地址不详细而无法进行查询。

3. 上报内容

（1）暂住人口表中常住地在本省的暂住人口的暂住人口查询表，包括个人记录；

（2）国家反馈给省的暂住人口查询表，包括个人记录；

（3）查询情况工作小结。

4. 工作日程

（1）12月1—4日省级人口普查办公室对暂住人口进行分类，过录暂住人口查询表。

（2）12月5日将常住地在外省的暂住人口查询表上报国务院人口普查办公室。

（3）12月5—10日本省暂住人口查询。

（4）12月10日国务院人口普查办公室将按省分类后的暂住人口查询表反馈给省级人口普查办公室。

（5）12月11日后省级人口普查办公室按国家反馈的暂住人口查询表进行电话（传真、网络）查询。

（6）12月20日前省级人口普查办公室将查询材料以及工作小结上报国务院人口普查办公室。

（十）上报内容

1. 各抽中的调查小区在抽查工作结束后，要上报省级人口普查办公室：常住人口表；常住人口汇总表；暂住人口表；事后质量抽样调查工作小结，包括遇到了什么问题，如何解决的等有关情况。

2. 省级人口普查办公室要上报国务院人口普查办公室：常住人口汇总表，以调查小区开列；暂住人口汇总表，以调查小区开列；事后质量抽样调查工作小结。

国务院人口普查办公室将各省的数据汇总后，计算全国普查的登记人口漏报率、性别差错率和年龄差错率。

（十一）各省工作日程

（1）11月16—24日抽查前的准备工作。

（2）11月25—26日抽查登记。

（3）11月27—28日抽中调查小区的常住人口比较汇总。

（4）11月30日抽中调查小区上报抽查表和汇总表以及工作小结。

（5）11月30日后暂住人口的查询工作。

（6）12月20日前省级人口普查办公室将各种汇总表以及事后质量抽样调查工作总结上报国务院人口普查办公室。

二 2010年全国人口普查事后质量抽查工作细则

（一）制定依据

根据《第六次全国人口普查方案》，制定本细则。

（二）调查目的

事后质量抽样调查作为整个普查工作的一部分，是普查登记之后进行的一次独立调查。事后质量抽查的目的是用于评价全国人口普查登记的质量，不评价省级及省级以下各级的登记质量，也不评价抽中调查小区的登记质量。

（三）抽样方法与样本设计

事后质量抽查样本抽取，以第六次全国人口普查的地址码库作为样本框，将全国 31 个省（自治区、直辖市）按照人口流动类型（流入地区、流出地区以及流入流出基本平衡地区类型），在不同类中按照净流入人口规模或常住人口规模等指标进行分层，在每层内等量分配每个省份的样本。对省级调查小区的抽取，按照分层、随机、等距、整群抽样的方法进行。

按照全国总人口漏报率相对误差控制在 5% 以内，人口出生率相对误差控制在 6% 以内，人口死亡率相对误差控制在 8% 以内的设计目标，全国共抽取 402 个县级单位的 402 个调查小区，约 4 万户 12 万人。样本抽取工作由国务院人口普查办公室统一完成。各省抽查调查小区数（见表 10 - 5）。

（四）事后质量抽查的组织

事后质量抽查由国务院人口普查办公室统一组织，采用国家和省两级抽查的办法进行。国务院人口普查办公室组织成立 31 个国家级抽查组，赴各省对抽中调查小区的质量抽查工作进行监督，并对每省（自治区、直辖市）抽中调查小区中的 1 个调查小区具体实施质量抽查。各省级人口普查办公室负责成立若干省级抽查组，负责对本地其余的抽中调查小区实施质量抽查。

（五）抽查人员的组成与培训

1. 抽查人员的组成

（1）国家抽查组的组成。每个国家抽查组由 5 名人员组成，设 1 名组长，1 名副组长，1 名录入员，2 名抽查员。组长、副组长由国务院人口普查办公室在国家统计局和部分省级人口普查办公室相关人员中选定，其余人员从省地级以上人口普查办公室抽调，每个省抽调 3 人，并由国务院人口普查办公室统一分派，跨省开展抽查工作。

（2）省级抽查组的组成。各省级人口普查办公室根据本地需要负责抽查的调查小区数量，参照国家抽查组的组建方式，在本省统计局以及地、县级人口普查办公室中抽调人员，组建若干省级抽查组，跨县进行质量抽查工作。

（3）抽查人员的要求

参加事后质量抽样调查工作的人员必须具有较高的政治素质，责任心强，熟悉人口普查业务，能承担繁重的工作任务。抽查人员要严格遵守保密规定，对抽查前抽中小区名单和抽查后被调查户申报的情况，必须保守秘密。

2. 抽查人员的培训

国家抽查组人员的培训由国务院人口普查办公室负责组织，集中进行。省级抽查组人员的培训由各省级人口普查办公室负责组织，国务院人口普查办公室负责对各省级人口普查办公室负责质量抽查的人员进行先期培训。

培训内容包括：事后质量抽查的目的和意义；抽查员的职责、任务和要求；抽查的方法和现场操作规程；抽查样本和抽取方法；抽查对象、时点和内容；事后质量抽查表的填写；人口查询表的填写及查询方法；普查表录入方法；抽查人员的纪律。

（六）抽查的时点、范围、对象和项目

（1）抽查时点：2010 年 11 月 26 日零时。

（2）范围：抽中调查小区的完整地域。

（3）对象：抽中调查小区内 2010 年 11 月 25 日晚居住在本户的具有中华人民共和国国籍的人。调查以户为单位进行登记，包括家庭户和集体户。

抽查时应在该调查小区登记的人口为 2010 年 11 月 25 日晚居住在本户的人口，不管其户口是否在本户都要进行登记。对于出差、旅游、走亲访友等原因临时居住本户的人口，也要进行登记。户籍外出人口、2010 年 11 月出生的人口、港澳台和外籍人员以及现役军人不登记。

（4）项目：户记录有四项，包括：H1. 户编号；H2. 2010 年 11 月 25 日晚居住在本户的人数；H3. 2009 年 11 月 1 日至 2010 年 10 月 31 日出生人口；H4. 2009 年 11 月 1 日至 2010 年 10 月 31 日死亡人口。

人记录有六项，包括：R1. 姓名；R2. 性别；R3. 出生年月；R4. 普查时点居住地；R5. 离开户口登记地时间；R6. 户口登记地。

（七）抽查表的填写说明

H1. 户编号，原则上与户主姓名底册的户编号一致。若未能入户，仍然填写原有户编号，户记录和人记录可不填写。对于户主姓名底册上有，抽查时已搬走的或抽查时点没有人居住的户，不需要填写抽查表和户编号。户主姓名底册上没有，抽查时搬来或多出来的户，户编号续在本调查小区所有户编号的最后，按顺序编写。

H2. 2010 年 11 月 25 日晚居住在本户的人数，既包括户口在本户、2010 年 11 月 25 日晚居住在本户的人数，也包括户口不在本户、2010 年 11 月 25 日晚居住在本户的人数，对于临时出差、旅游、走亲访友等原因居住在本户的人口，也要进行调查，不管这部分人口离开户口登记地时间长短。

R1. 姓名，要填写被登记人的正式姓名。婴儿未起名的，可填"未取名"。

R2. 性别，指被登记人的性别，男性圈填"1"，女性圈填"2"。

R3. 出生年月，指被登记人的出生年、月，用阿拉伯数字填写。出生年月按公历填写，只知道农历的，要换算成公历。按照一般规律，农历的月份与公历的月份相差一个月左右，换算时农历的月份加 1 即可作为公历的月份，但要注意农历的 12 月应当是公历下一年的 1 月。

R4. 普查时点居住地，指被抽查人口在普查标准时点（2010 年 11 月 1 日零时）那一晚上的居住地，每个抽查对象都需要填写。对于普查时点因临时出差、探亲访友、旅游、出国等原因离开的人此处填报离开前的普查时点应登记地。设有两个选项，"1. 本调查小区"和"2. 其他地方"，根据实际情况圈填。圈填"2"的，要详细填写地址和户主姓名，在地址中县级为区的要填写地（市）名称。对于难以按填写要求说清楚地址的，可填写普查时点居住地的具体通讯地址，并注明家里的电话或村长的姓名等。

R5. 离开户口登记地时间，是指被抽查人口离开户口登记地时间，设有三个选项，"1. 没有离开户口登记地（或户口待定）"，指抽查时居住在本户，户口登记地在本村（居）委会的人，或者户口待定的人；"2. 4 月 30 日及以前"，即抽查时居住在本户，户口登记地在其他村（居）委会，普查时点时已经离开户口登记地半年以上的人。圈填"1"、"2"选项的，此人所需填报项目到此结束。"3. 4 月 30 日后"，即抽查时居住在本户，户口登记地在其他村（居）委会，普查时点时离开户口登记地不满半年的人，圈填此项的，继续填报 R6。

R6. 户口登记地，指被抽查人口的常住户口登记地情况。设有两个选项，"1. 同 R4"，即被抽查人口的户口登记地与普查时点居住地相同；"2. 其他地方"，请详细填写地址和户主姓名，具体要求同 R4 的选项"2"。

事后质量抽查表一户一张，表内第一人要填户主。超过 5 人的户加表填写，从第二页起只需填写本户地址、户编号和按人填报的项目。一户登记完毕后，要将所登记的内容，念给申报人听，并需申报人签字确认。

（八）抽查工作流程与时间安排

抽查工作流程（见附图）与时间安排具体情况如下：

（1）11 月 15 日前，国务院人口普查办公室培训各省级人口普查办公室负责事后质量抽查的人员，下发省级抽查组负责抽查的调查小区名单并由各省级人口普查办公室封存备用。

（2）11 月 15 日前，国务院人口普查办公室抽调抽查人员组建国家抽查组，各省人口普查办公室抽调抽查人员组建省级抽查组。

（3）11 月 24 日前，国务院人口普查办公室组织国家抽查组人员进行集中培训，各省级人口普查办公室组织省级抽查组人员进行集中培训。

（4）11 月 25—28 日，各抽查组到达抽中调查小区所在地，开展现场抽查工作。

（5）12 月 1 日前，国家各抽查组和省级人口普查办公室将抽查相关资料报送到国务院人口普查办公室。

（6）12 月 1—12 日，国务院人口普查办公室集中进行抽查表的数据录入、与普查表数据的匹配分析，并整理形成人口查询表。

（7）12 月 13 日前，国务院人口普查办公室将人口查询表反馈给省级人口普查办公室。

（8）12 月 22 日前，各省级人口普查办公室组织开展查询工作，并将填写完成后的人口查询表报送国务院人口普查办公室。

（9）12 月 4 日前，国家各抽查组将事后质量抽查报告报送到国务院人口普查办公室；12 月 31 日前，各省级人口普查办公室将事后质量抽查以及查询情况报告报送到国务院人口普查办公室。

（10）2011 年 3 月前，国务院人口普查办公室录入人口查询表并进行数据汇总分析，计算漏报率，对数据质量进行评估。

（九）抽查现场工作步骤

（1）各抽查组在赴抽中县（市、区）前，抽查组组长开启抽中县（市、区）的名单，并由省级人口普查办公室通知抽中县（市、区）做好配合抽查的相关工作。要求至少有1名省级人口普查办公室人员、1名地级人口普查办公室人员全程参与国家抽查组的抽查工作。

（2）抽查组到达抽中的县（市、区）后，抽查组组长开启抽中的调查小区名单，及时调取抽中调查小区的原始普查表（包括普查表短表和普查表长表）、抽中调查区图、抽中调查小区图和户主姓名底册，并复印调查区图、调查小区图以及户主姓名底册。

（3）安排录入员按照录入软件使用要求对普查表短表和普查表长表进行数据录入。注意普查表不得带离录入现场，录入完毕后交还给当地人口普查办公室。

（4）抽查组携带抽查用品、普查区和调查小区地图以及户主姓名底册复印件，在当地人员带领下，了解抽中调查小区的范围，查看调查小区地图上反映的建筑物是否与调查小区内的建筑物一致，若有不一致的，如小区内临时搭建、拆除和遗漏的建筑物，在调查小区图复印件上进行补充和完善。

（5）抽查组参考户主姓名底册，采用入户访问、现场填报的方式，逐户进行登记，凡可能有人停留过夜的地方都要查看，防止遗漏。

抽查员入户后，按照抽查表填写的要求，逐人逐项进行询问，根据本户申报人的回答据实填写，做到不重不漏、准确无误。登记完一户，抽查人员应将填写的内容，向申报人当面宣读，进行核对。

户主姓名底册只是抽查登记的参考，抽查登记不要求与户主姓名底册完全一致。抽查与普查的登记对象不同，时点不同，因此会使得户主姓名底册所列人口情况与抽查登记时的情况不完全相同。对抽查时与户主姓名底册不一致的，要认真核查，据实登记，并在户主姓名底册上注明具体情况，如迁走、搬来、未能入户或全户外出等。

（6）入户抽查登记工作结束后，国家抽查组将相关资料直接报送到国务院人口普查办公室，省级抽查组将相关资料以特快专递等邮寄形式上报国务院人口普查办公室。相关资料包括：事后质量抽查表；抽中调查小区的数据录入电子文件；户主姓名底册。

（十）查询工作方法

国务院人口普查办公室根据抽查结果，整理并开列需要查询对象的信息，形成人口查询表反馈给各省级人口普查办公室。

各省级人口普查办公室组织，利用人口查询表上提供的被查询对象的地址信息，在当地配合下，判断本地址所在普查登记时的调查区或调查小区，查阅普查表，结合姓名、性别、年龄信息，判断被查询对象在普查时是否登记，据情填写人口查询表。全部查询工作完毕后，将人口查询表上报国务院人口普查办公室。

在填写人口查询表的"普查是否已登记"栏时，若在普查表中确认已经登记，则圈填"1. 已登记"，并进一步将此人普查表上 R6、R7、R8 和 R9 四项的填报结果填写在人口查询表相对应项目下。若普查表中 R6 和 R7 两项填有具体地址，此处不需进行填写，只填报其圈填数字即可；若调查小区能够明确，被查询对象信息齐全，但通过查阅普查表确认被查询对象普查中没有登记，圈填"2. 未登记"；若根据人口查询表上被查询对象的信息难以确定其普查所在调查区或调查小区，或被查询对象个人信息不全难以与普查表对比，则圈填"3. 无法查询"。

（十一）抽查工作相关物资

（1）事后质量抽查的相关物资由国务院人口普查办公室统一准备，包括工作文件、抽查表、U 盘、抽查员入户调查用品（抽查员证件、资料袋、垫板、手电筒、鞋套）以及被抽查户礼品。

（2）国务院人口普查办公室统一编制数据处理软件，各抽查组自带笔记本电脑一台，用于抽中调查小区普查表的数据录入。

附　录

户编号	户主姓名	住址	户编号	户主姓名	住址

本户住址：____县（市、区）____乡（镇、街道）____调查区____调查小区

一、本户序号	二、本户 2000 年 11 月 1 日总人口合计____	三、本户 1999 年 11 月 1 日至 2000 年 10 月 31 日出生人口合计____	四、本户 1999 年 11 月 1 日至 2000 年 10 月 31 日死亡人口合计____
一、姓名	二、性别	三、出生年月	四、本户 1999 年 11 月 1 日至 2000 年 10 月 31 日死亡人口
	1. 男 2. 女	____年____月	死亡时间____月
	1. 男 2. 女	____年____月	死亡时间____月
	1. 男 2. 女	____年____月	死亡时间____月
	1. 男 2. 女	____年____月	死亡时间____月
	1. 男 2. 女	____年____月	死亡时间____月
	1. 男 2. 女	____年____月	死亡时间____月

续表

一、姓名	二、性别	三、出生年月	四、本户 1999 年 11 月 1 日至 2000 年 10 月 31 日死亡人口
	1. 男 2. 女	___年___月	死亡时间___月
	1. 男 2. 女	___年___月	死亡时间___月
	1. 男 2. 女	___年___月	死亡时间___月
	1. 男 2. 女	___年___月	死亡时间___月

申报人____ 抽查员____ 填报日期：11 月___日 本户共___页

附表 3　　　2000 年全国人口普查事后质量抽查常住人口汇总表

____省____县（市、区）____乡（镇、街道）____调查区____调查小区

抽查单位	户数		人数				性别不一致人数	年龄不一致人数	出生人数		死亡人数	
	抽查	普查	抽查	普查	抽查有而普查没有	普查有而抽查没有			抽查	普查	抽查	普查

填表人：____　　____月___日　共___页，第___页

附表 4　　　2000 年全国人口普查事后质量抽查暂住人口表

____省____县（市、区）____乡（镇、街道）____调查区____调查小区

暂住人口是指普查时不是本调查小区的常住人口，抽查的前一天晚上在本调查小区过夜，抽查时尚未离开的人，现役军人和 11 月 1 日零时后出生的人口不登记。

一、姓名	二、性别	三、出生年月	四、是否已普查登记	五、2000 年 11 月 1 日常住地
	1. 男 2. 女	____年 ____月	1. 已登记 2. 未登记（结束） 3. 不知道（结束）	_____省_____县（市、区）_____乡（镇、街道）_____村（居委会）_____门牌号户主姓名_____备注：

续表

一、姓名	二、性别	三、出生年月	四、是否已普查登记	五、2000 年 11 月 1 日常住地
	1. 男 2. 女	＿＿＿年 ＿＿＿月	1. 已登记 2. 未登记（结束） 3. 不知道（结束）	＿＿＿省＿＿＿县（市、区） ＿＿＿乡（镇、街道）＿＿＿ 村（居委会）＿＿＿门牌号 户主姓名＿＿＿＿ 备注：
	1. 男 2. 女	＿＿＿年 ＿＿＿月	1. 已登记 2. 未登记（结束） 3. 不知道（结束）	＿＿＿省＿＿＿县（市、区） ＿＿＿乡（镇、街道）＿＿＿ 村（居委会）＿＿＿门牌号 户主姓名＿＿＿＿ 备注：

抽查员＿＿＿＿　　填报日期：11 月＿＿＿＿日　　本册共＿＿＿＿页，第＿＿＿＿页

附表 5　　2000 年全国人口普查事后质量抽查暂住人口汇总表

＿＿＿＿省、自治区、直辖市

抽查的调查小区	暂住人数			是否已普查登记		
	合计	男	女	已登记	未登记	不知道
总计						

附表 6　　2000 年全国人口普查事后质量抽查暂住人口查询表

＿＿＿＿省＿＿＿县（市、区）

查询内容				查询结果		
姓名	性别	出生年月	2000 年 11 月 1 日 常住地	是否已普查登记		
	1. 男 2. 女	＿＿＿年＿＿＿月		1. 已登记	2. 未登记	3. 无法查询
	1. 男 2. 女	＿＿＿年＿＿＿月		1. 已登记	2. 未登记	3. 无法查询
	1. 男 2. 女	＿＿＿年＿＿＿月		1. 已登记	2. 未登记	3. 无法查询
合计	—	—	—			

共＿＿＿页　　第＿＿＿页

附表7

2010年全国人口普查事后质量抽查表

本户地址：_____ 地（市）_____ 县（市、区）_____ 乡（镇、街道）_____ 调查区_____ 调查小区_____

H1. 户编号 _____	H2. 2010年11月25日晚居住在本户的人数 _____人	H3. 2009年11月1日至2010年10月31日出生人口 _____人	H4. 2009年11月1日至2010年10月31日死亡人口 _____人

R1. 姓名	R2. 性别	R3. 出生年月	R4. 普查时点居住地	R5. 离开户口登记地时间	R6. 户口登记地
	1. 男 2. 女	_____年 _____月	1. 本调查小区 2. 其他地方，请填写下面地址 _____省 _____县（市、区） _____乡（镇、街道）_____村（居）委会 _____门牌号、户主姓名	1. 没有离开户口登记地（或户口待定） 2. 4月30日及以前 3. 4月30日后 }结束	1. 同R4 2. 其他地方，请填写下面地址 _____省 _____县（市、区） _____乡（镇、街道）_____村（居）委会 _____门牌号、户主姓名
	1. 男 2. 女	_____年 _____月	1. 本调查小区 2. 其他地方，请填写下面地址 _____省 _____县（市、区） _____乡（镇、街道）_____村（居）委会 _____门牌号、户主姓名	1. 没有离开户口登记地（或户口待定） 2. 4月30日及以前 3. 4月30日后 }结束	1. 同R4 2. 其他地方，请填写下面地址 _____省 _____县（市、区） _____乡（镇、街道）_____村（居）委会 _____门牌号、户主姓名

续表

R1. 姓名	R2. 性别	R3. 出生年月	R4. 普查时点居住地	R5. 离开户口登记时间	R6. 户口登记地
	1. 男 2. 女	＿＿年 ＿＿月	1. 本调查小区 2. 其他地方，请填写下面地址 省＿＿　县（市、区）＿＿ 乡（镇、街道）＿＿　村（居）委会＿＿ 门牌号、户主姓名＿＿	1. 没有离开户口登记地 （或户口待定） 2. 4月30日及以前　｝结束 3. 4月30日后	1. 同R4 2. 其他地方，请填写下面地址 省＿＿　县（市、区）＿＿ 乡（镇、街道）＿＿　村（居）委会＿＿ 门牌号、户主姓名＿＿
	1. 男 2. 女	＿＿年 ＿＿月	1. 本调查小区 2. 其他地方，请填写下面地址 省＿＿　县（市、区）＿＿ 乡（镇、街道）＿＿　村（居）委会＿＿ 门牌号、户主姓名＿＿	1. 没有离开户口登记地 （或户口待定） 2. 4月30日及以前　｝结束 3. 4月30日后	1. 同R4 2. 其他地方，请填写下面地址 省＿＿　县（市、区）＿＿ 乡（镇、街道）＿＿　村（居）委会＿＿ 门牌号、户主姓名＿＿
	1. 男 2. 女	＿＿年 ＿＿月	1. 本调查小区 2. 其他地方，请填写下面地址 省＿＿　县（市、区）＿＿ 乡（镇、街道）＿＿　村（居）委会＿＿ 门牌号、户主姓名＿＿	1. 没有离开户口登记地 （或户口待定） 2. 4月30日及以前　｝结束 3. 4月30日后	1. 同R4 2. 其他地方，请填写下面地址 省＿＿　县（市、区）＿＿ 乡（镇、街道）＿＿　村（居）委会＿＿ 门牌号、户主姓名＿＿

申报人（签字）　　抽查员（签字）　　填报日期：11月＿＿日　　本户共＿＿张

附表8

省_____

2010年全国人口普查事后质量抽查人口查询表

需要查询对象的信息						查询情况			
						人口普查短表（或长表）中相应项目圈填结果			
序号	姓名	性别	出生年月	普查时点居住地或户口登记地	普查是否已登记	R6	R7	R8	R9
001		1. 男　2. 女	___年___月		1. 已登记 ⎱结束 2. 未登记 ⎰ 3. 无法查询				
002		1. 男　2. 女	___年___月		1. 已登记 ⎱结束 2. 未登记 ⎰ 3. 无法查询				
003		1. 男　2. 女	___年___月		1. 已登记 ⎱结束 2. 未登记 ⎰ 3. 无法查询				
004		1. 男　2. 女	___年___月		1. 已登记 ⎱结束 2. 未登记 ⎰ 3. 无法查询				
…		1. 男　2. 女	___年___月		1. 已登记 ⎱结束 2. 未登记 ⎰ 3. 无法查询				

共_____页　第_____页

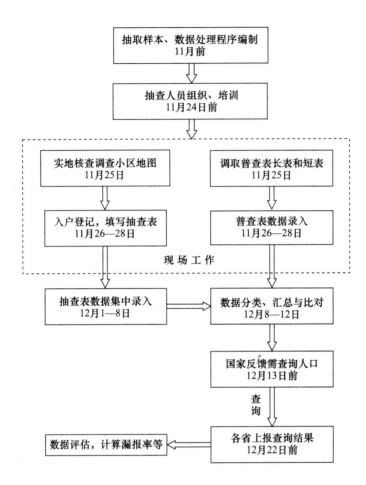

附图　2010 年全国人口普查事后质量抽查工作流程

参考文献

［1］ Andrew Keller and Tyler Fox, *Components of Census Coverage for House-hold Population in the United States*, U. S. Census Bureau, 2012.

［2］ Anne Chao, "An Overview of Closed Capture – Recapture Models", *Journal of Agricultural Biological and Environmental Statistics*, Vol. 6, No. 2, 2001.

［3］ Anne Chao, H. Pan and Shu – Chuan Chiang, "The Petersen – Lincoln Estimator and its Extension to Estimate the Size of a Shared Population", *Biometrical Journal*, Vol. 50, No. 6, 2008.

［4］ Anne Renand, *Coverage Estimation for the Swiss Population Census* 2000, Swiss Federal Statistical Office, 2004.

［5］ Australian Bureau of Statistics, *Census of Population and Housing – Details of Undercount* 2011, Australian Bureau of Statistics, 2012.

［6］ Bean, S. L. and D. M. Bauder, *Census and Administrative Records Duplication Study*, U. S. Census Bureau, 2002.

［7］ Bell, W. R. , "Using Information from Demographic Analysis in Post – Enumeration Survey Estimation", *Journal of the American Statistical Association*, Vol. 84, No. 423, 1993.

［8］ Berka Christopher, Humer Sefan, Lenk Manuela, Moster Mathias, Rechta Henrik, Schwerer. , "A Quality Framework for Statistics Based on Administrative Data Sources Using the Example of the Austrian Census 2011", *Austrian Journal of Statistics*, Vol. 39, No. 4, 2010.

［9］ Bernard Baffour – Awuah, *Estimation of Population Totals from Imperfect Census*, *Survey and Administrative Records*, Ph. D. Dissertation University of Southampton, 2009.

［10］ Birch, M. W. , "Maximum Likelihood in Three Contingency Tables",

Journal of Royal Statistical Society, Vol. 25, No. 1, 1963.

[11] Bishop, Y. M. M., S. E. Fienberg and P. W. Holland, *Discrete Multivariate Analysis: Theory and Practice*, Cambridge, MA: MIT, 1975.

[12] Bohning, D. and D. Schon, "Non – Parametric Maximum Likelihood Estimation of the Population Size Based upon the Counting Distribution", *Journal of the Royal Statistical Society*, Vol. 54, No. 4, 2005.

[13] Coale, A., "The Population of the United States in 1950 Classified by Age, Sex and Color: A Revision of Census Figures", *Journal of the American Statistical Association*, Vol. 50, No. 269, 1955.

[14] Coale, A. and Zelnick M., *New Estimates of Fertility and Population in the United States*, Princeton University Press, 1963.

[15] Cochran, W., *Sampling Technique*, John Wiley & Sons, 1977.

[16] Congdon, P., *Bayesian Statistical Modelling*, Second Edition, John Wiley & Sons, 2005.

[17] Cormack, R., "Log – Linear Models for Capture – Recapture", *Biometrics*, Vol. 45, No. 2, 1989.

[18] Davis, P. and J. Mulligan, *2010 Census Coverage Measurement Estimation Report: Net Coverage for the Household Population in the United States*, U. S. Census Bureau, 2012.

[19] Dempster, A., N. Laird and D. Rubin, "Maximum Likelihood from Incomplete Data via EM Algorithm", *Journal of the Royal Statistical Society*, Vol. 39, No. 1, 1977.

[20] Devine, Jason, Renuka Bhaskar, Bethany DeSalvo, J. Gregory Robinson, Melissa Scopilliti and Kristen K. West, *The Development and Sensitivity Analysis of the 2010 Demographic Analysis Estimates*, U. S. Census Bureau, 2012.

[21] Don Kerr, *Review of Procedures for Estimating Net Undercount of Censuses in Canada, the United States, Britian and Australia*, Statistics Canada, 1998.

[22] Efron, B., "Bootstrap Methods: Another Look at the Jackknife",

The Annals of Statistics, Vol. 7, No. 1, 1979.

[23] Ericksen, E., J. Kadane, B. Bailar, R. Fay, I. Fellegi, M. Hansen, P. Hauser, J. Passel, S. Preston and J. Rolph, "Estimating the Population in a Census Year: 1980 and Beyond", *Journal of American Statistical Association*, Vol. 80, No. 389, 1985.

[24] Eric B. Jensen, *A Review of Methods for Estimating Emigration*, U. S. Census Bureau, 2013.

[25] Fienberg, S. E., "The Multiple Recapture Census for Closed Populations and Incomplete 2k Contingency Tables", *Biometrika*, Vol. 59, No. 3, 1972.

[26] Ghosh, M. and J. N. K. Rao, "Small Area Estimation: An Appraisal", *Statistical Science*, Vol. 9, No. 1, 1994.

[27] Gosselin, J. F. and G. Theroux, *Census Parametric Evaluation – Reverse Record Check Method Ological Report*, Statistics Canada, 1976.

[28] Gregory J. Robinson, Kirsten K. West and Arjun Adlakha., "Coverage of Population in Census 2000: Results from Demographic Analysis", *Population Research and Policy Review*, Vol. 21, No. 1, 2002.

[29] Hogan, H., "The 1990 Post – Enumeration Survey: An Overview", *American Statistical Association*, Vol. 46, No. 4, 1992.

[30] Hogan, H., "The 1990 Post – Enumeration Survey: Operation and Results", *Journal of the American Statistical Association*, Vol. 88, No. 423, 1993.

[31] Hogan, H., "The Accuracy and Coverage Evaluation: Theory and Design", *Survey Methodology*, Vol. 29, No. 2, 2003.

[32] Hogan, H., P. Cantwell, J. Devine, V. T. Mule and V. Velkoff, "Quality and the 2010 Census", *Population Research and Public Policy*, Vol. 32, No. 5, 2013.

[33] Ikeda, M., *Census Program for Evaluations and Experiments Study Plan: Explaining How Census Errors Occur through Comparing Census Operations History with Census Coverage Measurement (CCM) Results*, U. S. Census Bureau, 2010.

[34] Jennifer D. Williams, *2010 Decennial Census: Background and Issues*,

Congressional Research Service, 2012.

[35] John N. Darroch, Stephen E. Fienberg, F. V. Gray and W. J. Brian unker, "A Three – Sample Multiple Recapture Approach to Census Population Estimation with Heterogeneous Catchability", *Journal of the American Statistical Association*, Vol. 88, No. 423, 1993.

[36] Juha M. Alho, Mary H. Mulry, Kent Wurdeman and Jay Kim, "Estimating Heterogeneity in the Probabilities of Enumeration for Dual – System Estimation", *Journal of the American Statistical Association*, Vol. 88, No. 423, 1993.

[37] Kenneth W. Wachter and David A. Freedman, *The Fifth Cell Correlation Bias in U. S. Census Adjustment*, University California, Berkely, 1999.

[38] Kenneth H. Pollock, "Capture – recapture Models", *Journal of the American Statistical Association*, Vol. 95, No. 449, 2000.

[39] Kirk M. Wolter, "Some Coverage Error Models for Census Data", *Journal of the American Statistical Association*, Vol. 81, No. 394, 1986.

[40] Kirsten West, Jason Devine, Bethany De Salvo and Katherine Condon, *The Use of Medicare Enrollment Data in the* 2010 *Demographic Analysis Estimates*, U. S. Census Bureau, 2010.

[41] Leo Breiman, "The 1991 Census Adjustment: Undercount or Bad Data?", *Statistical Science*, Vol. 9, No. 4, 1994.

[42] Lincoln, F. , "Calculating Waterfowl Abundance on Basis of Banding Returns", *Circular of the Department of Agriculture*, Vol. 118, No. 6, 1930.

[43] Madigan, D. and J. York, "Bayesian Methods for Estimation of Size of Closed Population", *Biometrika*, Vol. 84, No. 1, 1997.

[44] Marks, E. S. , W. Seltzer and Krotki, *Population Growth Estimation: A Handbook of Vital Statistics Measurement*, The Population Council, 1974.

[45] Mary H. Mulry and Donna K. Kostanich, *Framework for Census Coverage Error Components*, 2006, http://www. amstat. org/sections/ SRMS/Proceedings/.

[46] Mule, T. and Konicki, S. , *Census Coverage Measurement Estimation Report: Summary of Estimates of Coverage for Housing Unites in the United States*, U. S. Census Bureau, 2012.

[47] Mule, T. , *Census Coverage Measurement Estimation Report: Summary of Estimates of Coverage for Persons in the United States*, U. S. Census Bureau, 2012.

[48] Mulry, M. and B. Spencer, "Total Error in the Dual System Estimator: The 1986 Census of Central Los Angeles County", *Survey Methodology Journal*, Vol. 14, No. 2, 1988.

[49] Mulry M. H. , S. L. Bean, D. M. Bauder, D. Wagner, T. Mule, R. Petroni, "Evaluation of Estimates of Census Duplication Using Administrative Records Information", *Journal of Official Statistics*, Vol. 22, No. 4, 2006.

[50] Nandran, B. and D. Zelterman, "Computation Bayesian Inference for Estimating Size of a Finite Population", *Computational Statistics and Data Analysis*, Vol. 51, No. 6, 2007.

[51] National Research Council, *Coverage Measurement in the 2010 Census*, The National Academies Press, 2009.

[52] Peter P. Davis and James Mulligan, *Net Coverage for the Household Population in the United States*, U. S. Census Bureau, 2012.

[53] Petersen, C. G. J. , "The Yearly Immigration of Young Plaice into the Limfjord from the German Sea", *The Danish Biological Station*, 1896.

[54] Price, D. O. , "A Check on Undernumeration in the 1940 Census", *American Sociological Review*, Vol. 12, No. 44, 1940.

[55] Renuka Bhaskar, Rachel Cortés, Melissa Scopilliti, Eric Jensen, Chris Dick, David Armstrong and Belkinés Arenas – Germosén, *Estimating Net International Migration for 2010 Demographic Analysis: An Overview of Methods and Results*, U. S. Census Bureau, 2013.

[56] Richard Griffin, "Potential Uses of Administrative Records for Triple System Modeling for Estimation of Census Coverage Error in 2020", *Journal of Official Statistics Stockholm*, Vol. 30, No. 2, 2014.

[57] Richard Griffin and M. H. Mulry, 2010 *Census Program for Evaluations*

and Experiments Study Plan：2010 *Census Coverage Measurement Matching Error Study*, U. S. Census Bureau, 2011.

[58] Richard Griffin, Thomas Mule and Douglas Olson, "2010 Census Coverage Measurement – Initial Results of Net Error Empirical Research Using Logistic Regression", in Richard Griffin and R. William, eds. , *Bell of Census Coverage Measurement Session 191* , U. S. Census Bureau, 2006.

[59] Robinson, J. , *Coverage of Population in Census* 2000 *Based on Demographic Analysis*：*The History behind the Numbers*, U. S. Census Bureau, 2010.

[60] Schnabel, Z. E. , "The Estimation of the Total Fish Population of a Lake", *American Mathematical Monthly*, Vol. 45, No. 6, 1938.

[61] Scott Konicki, *2010 Census Coverage Measurement Estimation Report*：*Adjustment for Correlation Bias*, U. S. Census Bureau, 2012.

[62] Seber, G. A. F. , *The Estimation of Animal Abundance*, London：Edward Arnold, 1982.

[63] Smith, P. , "Bayesian Methods for Multiple Capture – Recapture Model", *Biometrics*, Vol. 44, No. 4, 1988.

[64] Statistics Canada, *2006 Census Technical Report*：*Coverage*, Social Survey Method Division, 2010.

[65] Statistics Canada, *2011 Census Technical Report*：*Coverage*, Authority of the Minister Responsible for Statistics Canada, 2015.

[66] Statistics New Zealand, *A Report on the 2006 Post – Enumeration Survey*, 2007.

[67] Statistics South Africa, *Census 2011 Post – Enumeration Survey*：*Results and Methodology*, 2012.

[68] *Thomas Mule*, *2010 Census Coverage Measurement Estimation Methodology*, U. S. Census Bureau, 2008.

[69] Thurston, W. , *Using Ethnographic Data to Evaluate Dual System Estimates*, Harvard University Department of Statistics, Cambride MA, 1995.

[70] Uganda Bureau of Statistics, *Post – Enumeration Survey*：*2002 Uganda*

Population and House Census, 2005.

[71] United Nations Secretariat, *Post Enumeration Survey*, 2010.

[72] U. S. Bureau of the Census, *Accuracy and Coverage Evaluation of Census* 2000: *Design and Methodology*, 2004.

[73] Whitford, D., *Overview of 2010 Census Coverage Measurement Program*, U. S. Census Bureau, 2008.

[74] Vincent Thomas Mule, Don Malec, Jerry Maples and Teresa Schellhamer, "Using Continuous Variables as Modeling Covariates for Net Coverage Estimation", in Richard Griffin and William R., eds., *Bell of Census Coverage Measurement Session* 191, U. S. Census Bureau, 2008.

[75] Wolter, K. M., *Introduction to Variance Estimation*, Springer, 2007.

[76] Zaslavsky, A. M. and G. S. Wolfgang, "Triple System Modeling of Census, Post – Enumeration Survey and Administrative – List Data", *Journal of Business and Economic Statistics*, Vol. 11, No. 3, 1993.

[77] Zaslavsky, A. M., "Combining Census, Dual System and Evaluation Study Data to Estimate Population Shares", *Journal of the American Statistical Association*, Vol. 88, No. 423, 1993.

[78] 陈培培、金勇进:《对我国人口普查数据质量评估的若干思考》,《现代管理科学》2014 年第 9 期。

[79] 丁杨、陈新华、杜艾卿、胡桂华:《论双系统估计量的无偏性》,《数理统计与管理》2016 年优先出版。

[80] Elisa T. Lee:《生存数据分析的统计方法》,陈家鼎、戴中维译,中国统计出版社 1998 年版。

[81] 冯乃林等:《人口普查的事后质量抽查》,国家统计局人口和就业统计司,2012 年。

[82] 国务院人口普查办公室、国家统计局人口和就业统计司:《第六次全国人口普查科学讨论会论文集》,中国统计出版社 2013 年版。

[83] 金勇进、杜子芳、蒋妍:《抽样技术》,中国人民大学出版社 2010 年版。

[84] 贺本岚、金勇进、巩红禹:《人口普查事后质量抽查的有关问题:

国外经验及借鉴》，《商业经济与管理》2010 年第 9 期。

[85] 胡桂华、余鲁、丁杨：《人口普查净误差估计中的双系统估计量研究》，《数量经济技术经济研究》2016 年第 8 期。

[86] 胡桂华：《美国 2000 年和 2010 年人口普查质量评估方法解读》，《数理统计与管理》2010 年第 2 期。

[87] 胡桂华：《人口普查覆盖误差估计方法综述》，《统计与信息论坛》2013 年第 9 期。

[88] 胡桂华：《人口普查质量评估的三系统模型》，《中国人口科学》2013 年第 6 期。

[89] 胡桂华、武洁：《Logistic 回归模型在人口普查质量评估中的应用》，《数量经济技术经济研究》2015 年第 4 期。

[90] 胡桂华：《人口普查质量评估中抽样后分层变量的选择》，《数理统计与管理》2015 年第 2 期。

[91] 胡桂华：《人口普查质量评估调查的抽样设计》，《数量经济技术经济研究》2014 年第 4 期。

[92] 胡桂华：《人口普查净误差构成部分的估计》，《统计研究》2011 年第 3 期。

[93] 胡桂华、丁杨：《人口普查，事后计数调查和行政记录的三系统估计量》，《数理统计与管理》2016 年第 4 期。

[94] 胡桂华、杜艾卿、武洁：《人口普查质量评估调查中的双系统估计量》，《数理统计与管理》2016 年第 2 期。

[95] 胡桂华：《人口普查误差刍议》，《统计与信息论坛》2011 年第 11 期。

[96] 胡桂华：《关于我国 2010 年人口普查事后质量检查样本量测算的建议》，《数理统计与管理》2008 年第 6 期。

[97] 胡桂华、廖歆：《捕获—再捕获模型的统计学原理》，《统计与信息论坛》2012 年第 9 期。

[98] 胡桂华：《论人口普查质量评估统计量》，《统计与信息论坛》2011 年第 4 期。

[99] 梁小筠、陈亮：《设计效应的计算》，《统计研究》2000 年第 1 期。

[100] Robert McCaa 等：《相同出生队列小学及以上人口比例统计的一

致性——基于亚太十三国人口普查数据的分析》,《中国人口科学》2016 年第 1 期。

[101] 林少宫:《概率基础与数理统计》,人民教育出版社 1978 年版。

[102] 陶然:《扩展双系统估计模型及其匹配性质研究》,《数理统计与管理》2014 年第 2 期。

[103] 陶然、金勇进:《普查事后抽查的理论分析与经验启示》,《调研世界》2010 年第 4 期。

[104] 杨贵军、刘艳玲、王清:《捕获—再捕获抽样估计量的模拟研究》,《统计与信息论坛》2011 年第 3 期。